8466 bis

PRINCIPES
MATHÉMATIQUES
DE LA
PHILOSOPHIE NATURELLE.

PRINCIPES
MATHÉMATIQUES
DE LA
PHILOSOPHIE NATURELLE

PRINCIPES MATHÉMATIQUES
DE LA
PHILOSOPHIE NATURELLE,

Par feue Madame la Marquise DU CHASTELLET.

TOME SECOND.

A PARIS,

Chez { DESAINT & SAILLANT, rue S. Jean de Beauvais, LAMBERT, Imprimeur-Libraire, rue & à côté de la Comédie Françoise, au Parnasse.

M. D. CC LIX.

AVEC APPROBATION ET PRIVILÉGE DU ROI.

DU SYSTÊME DU MONDE.

LIVRE TROISIÉME.

'AI donné dans les Livres précédens les principes de la Philofophie naturelle, & je les ai traités plutôt en Mathématicien qu'en Phyficien, car les vérités mathématiques peuvent fervir de bafe à plufieurs recherches philofophiques, telles que les loix du mouvement & des forces motrices. Et afin de rendre les matieres plus intereffantes, j'y ai joint quelques fcholies dans lefquels j'ai traité de la denfité des corps & de leur réfiftance, du vuide, du mouvement du fon & de celui de la lumiere; qui font, à proprement parler, des recherches plus phyfiques. Il me refte à expliquer par les mêmes principes mathématiques le fyftême général du monde.

J'avois d'abord traité l'objet de ce troifiéme Livre par une Méthode moins mathématique, afin qu'il pût être à la portée de plus de perfonnes. Mais de crainte de donner lieu aux chicanes

Tome II.   A.

de ceux qui ne voudroient pas quitter leurs anciens préjugés, parce qu'ils ne fentiroient pas la force des conféquences que je tire de mes principes, faute d'avoir affez médité les Propofitions que j'ai données dans les Livres précedens, j'ai rédigé ce Livre en plufieurs Propofitions, felon la méthode des Mathématiciens, pour ceux qui auront lu les deux premiers Livres; car c'eft pour eux que ce troifiéme Livre eft deftiné; & comme il y a dans les deux premiers Livres plufieurs Propofitions qui pourroient arrêter long-temps, même les Mathématiciens, je ne prétends pas exiger qu'ils lifent ces deux premiers Livres entiers; il leur fuffira d'avoir lu attentivement les Définitions, les Loix du Mouvement, & les trois premieres Sections du premier Livre, & ils pourront paffer enfuite à ce troifiéme Livre, qui traite du Syftême du Monde, & avoir foin feulement de confulter les autres Propofitions des deux premiers Livres lorfqu'ils les trouveront citées & qu'ils en auront befoin.

REGLES QU'IL FAUT SUIVRE DANS L'ETUDE DE LA PHYSIQUE.

REGLE PREMIERE.

Il ne faut admettre de caufes, que celles qui font néceffaires pour expliquer les Phénomenes.

La nature ne fait rien en vain, & ce feroit faire des chofes inutiles que d'opérer par un plus grand nombre de caufes ce qui peut fe faire par un plus petit.

REGLE II.

Les effets du même genre doivent toujours être attribués, autant qu'il eft poffible, à la même caufe.

Ainfi la refpiration de l'homme & celle des bêtes; la chute d'une pierre en Europe & en Amérique; la lumiere du feu d'ici-bas

DE LA PHILOSOPHIE NATURELLE.
& celle du Soleil ; la réflexion de la lumiere fur la terre & dans les Planettes, doivent être attribuées refpectivement aux mêmes caufes.

REGLE III.

Les qualités des corps qui ne font fufceptibles ni d'augmentation ni de diminution, & qui appartiennent à tous les corps fur lefquels on peut faire des expériences, doivent être regardées comme appartenantes à tous les corps en général.

On ne peut connoître les qualités des corps que par l'expérience, ainfi on doit regarder comme des qualités générales celles qui fe trouvent dans tous les corps, & qui ne peuvent fouffrir de diminution, car il eft impoffible de dépouiller les corps des qualités qu'on ne peut diminuer. On ne peut pas oppofer des rêveries aux expériences, & on ne doit point abandonner l'analogie de la nature qui eft toujours fimple & femblable à elle-même.

L'étendue des corps ne fe connoît que par les fens, & elle ne fe fait pas fentir dans tous les corps : mais comme l'étendue appartient à tous ceux qui tombent fous nos fens, nous affirmons qu'elle appartient à tous les corps en général.

Nous éprouvons que plufieurs corps font durs : or la dureté du tout vient de la dureté des parties, ainfi nous admettons cette qualité non-feulement dans les corps dans lefquels nos fens nous la font éprouver, mais nous en inférons, avec raifon, que les particules indivifées de tous les corps doivent être dures.

Nous concluons de la même maniere, que tous les corps font impénétrables. Car tous ceux que nous touchons étant impénétrables, nous regardons l'impénétrabilité comme une propriété qui appartient à tous les corps.

Tous les corps que nous connoiffons étant mobiles, & doués d'une certaine force (que nous appellons force d'inertie) par laquelle ils perféverent dans le mouvement ou dans le repos, nous concluons que tous les corps en général ont ces propriétés. L'extenfion, la dureté, l'impénétrabilité, la mobilité, & l'inertie

A ij

du tout vient donc de l'extenſion, de la dureté, de l'impénétrabilité, de la mobilité, & de l'inertie des parties : d'où nous concluons que toutes les petites parties de tous les corps ſont étendues, dures, impénétrables, mobiles, & douées de la force d'inertie. Et c'eſt-là le fondement de toute la Phyſique.

De plus, nous ſçavons encore par les phénomenes, que les parties contigues des corps peuvent ſe ſéparer, & les Mathématiques font voir que les parties indiviſées les plus petites peuvent être diſtinguées l'une de l'autre par l'eſprit. On ignore encore ſi ces parties diſtinctes, & non diviſées, pourroient être ſéparées par les forces de la nature ; mais s'il étoit certain, par une ſeule expérience, qu'une des parties, qu'on regarde comme indiviſibles, eût ſouffert quelque diviſion en ſéparant ou briſant un corps dur quelconque : nous conclurions par cette regle, que non ſeulement les parties diviſées ſont ſéparables, mais que celles qui ſont indiviſées peuvent ſe diviſer à l'infini.

Enfin, puiſqu'il eſt conſtant par les expériences & par les obſervations aſtronomiques, que tous les corps qui ſont près de la ſurface de la terre péſent ſur la terre, ſelon la quantité de leur matiere ; que la lune péſe ſur la terre à raiſon de ſa quantité de matiere, que notre mer péſe à ſon tour ſur la lune, que toutes les planettes péſent mutuellement les unes ſur les autres, & que les cométes péſent auſſi ſur le ſoleil, on peut conclure, ſuivant cette troiſiéme regle que tous les corps gravitent mutuellement les uns vers les autres. Et ce raiſonnement en faveur de la gravité univerſelle des corps, tiré des phénomenes, ſera plus fort que celui par lequel on conclut leur impénétrabilité : car nous n'avons aucune expérience ni aucune obſervation qui nous aſſure que les corps céleſtes ſont impénétrables. Cependant je n'affirme point que la gravité ſoit eſſentielle aux corps. Et je n'entends par la force qui réſide dans les corps, que la ſeule force d'inertie, laquelle eſt immuable ; au-lieu que la gravité diminue lorſqu'on s'éloigne de la terre.

DE LA PHILOSOPHIE NATURELLE.
REGLE IV.

Dans la Philosophie expérimentale, les propositions tirées par induction des phénomenes doivent être regardées malgré les hypothèses contraires, comme éxactement ou à peu près vraies, jusqu'à ce que quelques autres phénomenes les confirment entierement ou fassent voir qu'elles sont sujettes à des exceptions.

Car une hypothèse ne peut affoiblir les raisonnemens fondés sur l'induction tirée de l'expérience.

PHÉNOMENES.

PHÉNOMENE PREMIER.

Les satellites de Jupiter décrivent autour de cette Planette des aires proportionnelles aux temps, & leurs temps périodiques (en supposant que les étoiles fixes soient en repos) sont en raison sesquiplée de leurs distances au centre de cette Planette.

C'est ce qui est constaté par les observations astronomiques. Car les orbes de ces planetes sont à peu près des cercles concentriques à Jupiter, & leurs mouvemens dans ces cercles paroissent uniformes. A l'égard de leurs temps périodiques tous les Astronomes conviennent qu'ils sont en raison sesquiplée des demi diamétres de leurs orbes ; & c'est ce qu'on va voir par la table suivante.

Temps périodiques des satellites de Jupiter.

1^j 18^h $27'$ $34''$. 3^j 13^h $13'$ $42''$. 7^j 3^h $42'$ $36''$. 16^j 16^h $32'$ $9''$.

Distances des satellites au centre de Jupiter.

	1	2	3	4	
Par les observations de Borelli.	$5\frac{2}{3}$	$8\frac{2}{3}$	14	$24\frac{2}{3}$	
de Townley, par le Micromètre.	$5,52$	$8,78$	$13,47$	$24,72$	demi diamétre de Jupiter.
de Cassini, par le Télescope.	5	8	13	23	
de Cassini, par les éclipses des satellites.	$5\frac{2}{3}$	9	$14\frac{23}{60}$	$25\frac{3}{10}$	
Par les temps périodiques.	$5,667$	$9,017$	$14,384$	$25,299$	

Les élongations des satellites de Jupiter & son diamétre ont été déterminées trés-exactement par le Docteur *Pound* avec d'excellens micrométres de la maniere suivante.

La plus grande élongation héliocentrique du quatriéme satellite au centre de Jupiter fut prise avec un micrométre placé dans un tube de 15 pieds, & elle se trouva de 8′ 16″ environ dans la moyenne distance de Jupiter à la terre.

Celle du troisiéme satellite fut prise avec un télescope de 123 pieds armé d'un micrométre, & elle se trouva à la même distance de Jupiter à la terre, de 4′ 42″. Les plus grandes élongations des autres satellites, à la même distance de Jupiter à la terre, sont, par les temps périodiques, de 2′ 56″ 47‴, & de 1′ 51″ 6‴.

Le diamétre de Jupiter fut pris souvent avec un micrométre placé dans un télescope de 123 pieds, & ce diamétre étant réduit à la moyenne distance de Jupiter au Soleil ou à la terre, il se trouva toujours avoir moins de 40″, mais jamais moins que 38″, & il en avoit souvent 39″. Avec des télescopes moins grands ce diamétre est de 40″ ou de 41″. Car la lumiere de Jupiter à cause de l'inégale refrangibilité des rayons, est un peu dilatée, & cette dilatation a une moindre raison au diamétre de Jupiter dans les grands télescopes qui sont faits avec exactitude, que dans ceux qui sont plus petits ou moins parfaits.

Dans les observations des passages du premier & du troisiéme satellite sur le disque de Jupiter, par lesquelles on détermina les temps écoulés depuis le commencement de l'entrée sur le disque jusqu'au commencement de la sortie, & depuis l'entrée totale jusqu'à la sortie totale, on employa un telescope de la même longueur. Et le diamétre de Jupiter dans sa moyenne distance à la terre se trouva, par le passage du premier satellite, de 37⅛″, & par le passage du troisiéme, de 37 3/8″. Mais le temps que l'ombre du premier satellite employa à traverser le disque de Jupiter ayant été observé, il donna le diamétre de Jupiter de 37″

environ, dans la moyenne distance de Jupiter à la terre. Prenant donc environ $37\frac{1}{4}''$ pour ce diamétre, les plus grandes élongations du premier, du second, du troisiéme, & du quatriéme satellite mesurées en demi diamétres de Jupiter sont de $5,965. 9,494. 15,141.$ & $26,63.$ respectivement.

PHÉNOMENE II.

Les satellites de Saturne décrivent autour de cette Planette des aires proportionnelles aux temps ; & leurs temps périodiques, (les étoiles fixes étant supposées en repos) sont en raison sesquiplée de leurs distances au centre de Saturne.

Les observations de Cassini donnent les distances de ces planettes au centre de Saturne, & leurs temps périodiques, tels qu'ils sont marqués dans la table suivante.

Temps périodiques des satellites de Saturne.
$1^j\ 21^h\ 18'\ 27''$. $2^j 17^h\ 41'\ 22''$. $4^j\ 12^h\ 25'\ 12''$. $15^j\ 22^h\ 41'\ 14''$. $79^j\ 7^h\ 48'\ 00''$.

Distances des satellites au centre de Saturne en demi diamétres de son anneau.

Par les observations. $1\frac{19}{20}$. $2\frac{1}{2}$. $3\frac{1}{2}$. 8. 24.
Par les temps périodiques. $1,93$. $2,47$. $3,45$. 8. $23,35$.

Les observations donnent ordinairement pour la plus grande élongation du quatriéme satellite au centre de Saturne environ huit demi diamétres. Mais cette plus grande élongation prise avec un excellent micromètre adapté à un téléscope d'*Hughens* de 123 pieds, a été trouvée de huit demi diamétres & $\frac{7}{10}$. Par cette observation & par les temps périodiques, les distances des satellites au centre de Saturne sont en demi diamétres de son anneau de $2, 1. 2,69. 3,75. 8, 7.$ & $25,35.$

Le diamétre de Saturne, par le même téléscope, étoit au diamétre de son anneau, comme 3 à 7, & le diamétre de l'anneau les 28 & 29 May de l'année 1719. fut trouvé de 43″, ce qui donne 42″ pour le diamétre de l'anneau dans la moyenne diſtance de Saturne à la terre, & 18″ pour le diamétre de Saturne. C'eſt ainſi qu'on les trouve avec les meilleurs & les plus grands téleſcopes, car dans les grands téleſcopes, les grandeurs apparentes des corps céleſtes ont une plus grande proportion à la dilatation de la lumiere vers les bords de leurs diſques, que dans les petits. Si on ôte toute la lumiere erratique, le diamétre de Saturne ſera à peine de 16″.

PHÉNOMENE III.

Les cinq principales planettes, Mercure, Venus, Mars, Jupiter & Satūrne enferment le Soleil dans leurs orbes.

Il eſt prouvé par les phaſes de Mercure & de Venus que ces planettes tournent autour du Soleil. Lorſque tout leur diſque eſt éclairé elles ſont au-delà du Soleil ; quand leur diſque eſt à moitié obſcurci elles ſont en quadrature avec le Soleil ; & quand elles paroiſſent en croiſſant elles ſont entre le Soleil & nous ; & quelquefois elles paſſent ſur ſon diſque ſur lequel elles paroiſſent alors comme des eſpéces de taches. On eſt certain que Mars enferme le Soleil dans ſon orbe, parce que ſon diſque eſt entierement éclairé lorſqu'il eſt prêt d'être en conjonction avec le Soleil, & qu'il eſt gibbeux dans ſes quadratures. La même choſe eſt prouvée pour Saturne & pour Jupiter parce qu'ils nous paroiſſent toujours entierement éclairés : & la projection des ombres de leurs ſatellites ſur leur globe prouve que ces planettes empruntent leur lumiere du Soleil.

PHÉNOMENE IV.

Les temps périodiques des cinq principales planettes autour du Soleil, & celui de la terre autour du Soleil, ou du Soleil autour de la terre, (en ſuppoſant les étoiles fixes en repos) ſont en raiſon ſeſquiplée de leur moyenne diſtance au Soleil.

Tout le monde ſçait que cette Proportion a été découverte

par

DE LA PHILOSOPHIE NATURELLE.

par *Kepler*. Les temps périodiques & les dimensions des orbites sont les mêmes, soit que le Soleil tourne autour de la terre, soit que la terre tourne autour du Soleil. Tous les Aftronomes conviennent de la raison dans laquelle sont les temps périodiques. Mais pour les grandeurs des orbites, *Kepler & Bouillaut* sont ceux qui les ont déterminées avec le plus de soin d'après les observations : & les distances moyennes, qui répondent aux temps périodiques, ne différent pas sensiblement des distances qu'ils ont trouvées, & elles sont pour la plûpart moyennes entre ce que donnent leurs observations ; comme on le peut voir dans la table suivante.

Temps périodiques de la terre & des planettes autour du Soleil par rapport aux fixes, en jours & en parties décimales de jour.

♄	♃	♂	⊕	♀	☿
10759,275.	4332,514.	686,9785.	365,2565.	224,6176.	87,9692.

Distances moyennes des planettes & de la terre au Soleil.

	♄	♃	♂	⊕	♀	☿
Selon *Kepler*.	951000.	519650.	152350.	100000.	72400.	38806.
Selon *Bouillaut*.	954198.	522520.	152350.	100000.	72398.	38585.
Selon les temps périodiques.	954006.	520096.	152369.	100000.	72333.	38710.

Il n'y a point de disputes sur les distances de Venus & de Mercure au Soleil, car elles sont déterminées par leurs élongations au Soleil. Et les éclipses des satellites de Jupiter ôtent toute espéce de doute sur les distances au Soleil des planettes supérieures. Car par ces éclipses on détermine la position de l'ombre que Jupiter projette, & par-là on a la longitude héliocentrique de Jupiter. Et les longitudes héliocentriques & géocentriques comparées entre elles déterminent la distance de Jupiter.

PHÉNOMENE V.

Si on prend la terre pour centre des révolutions des planettes principales, les aires qu'elles décrivent ne seront point proportionnelles aux temps ; mais si on regarde le Soleil comme le centre de leurs mouvemens, on trouvera alors leurs aires proportionnelles aux temps.

Dans la premiere de ces suppositions on trouveroit que les planettes avancent quelquefois, que quelquefois elles sont stationnaires, & que d'autres fois elles sont rétrogrades : mais dans la seconde elles avancent toujours, & cela d'un mouvement à peu près uniforme, qui est cependant un peu plus prompt dans leurs périhélies, & plus lent dans leurs aphélies, ensorte que les aires sont toujours égales en temps égaux. Cette Proposition est très-connue des Astronomes, & elle est démontrée surtout avec une grande évidence pour la planette de Jupiter par les éclipses de ses satellites, lesquelles, comme nous avons déja dit, déterminent les longitudes héliocentriques de cette planette & ses distances au Soleil.

PHÉNOMENE VI.

La Lune décrit autour de la terre des aires proportionnelles aux temps.

Cela se prouve par le mouvement angulaire de la Lune, & par son diametre apparent. Les mouvemens de la Lune sont à la vérité un peu troublés par la force du Soleil, mais je néglige dans ces Phénomenes ces petites erreurs insensibles.

DE LA PHILOSOPHIE NATURELLE.

PROPOSITIONS.

PROPOSITION I. THÉORÉME I.

Les forces par lesquelles les satellites de Jupiter sont retirés perpétuellement du mouvement rectiligne & retenus dans leurs orbites, tendent au centre de Jupiter & sont en raison réciproque des quarrés de leurs distances à ce centre.

La premiere partie de cette Proposition est prouvée par le Phénomene 1. & par la seconde & la troisiéme Proposition du premier Livre : & la derniere l'est par le premier Phénomene, & par le Cor. 6. de la Prop. 4. du même Livre.

Il en est de même des satellites de Saturne par le Phénomene 2.

PROPOSITION II. THÉORÉME II.

Les forces par lesquelles les planettes principales sont perpétuellement retirées du mouvement rectiligne, & retenues dans leurs orbites, tendent au Soleil, & sont réciproquement comme le quarré de leurs distances à son centre.

La premiere partie de cette Proposition se prouve par le Phénomene 5. & par la seconde Proposition du Livre 1. l'autre partie se prouve par le Phénomene 4. & la Prop. 4. du même Livre. Cette seconde partie de la Proposition se démontreroit encore très-rigoureusement par la fixité des aphélies. Car pour peu que les planettes s'écartassent de cette loi le mouvement des apsides seroit remarquable à chaque révolution, (par le Cor. 1. de la Prop. 45. Liv. 1.) & deviendroit très-considérable au bout de plusieurs révolutions.

PROPOSITION III. THÉORÉME III.

La force qui retient la Lune dans son orbite, tend vers la terre, &

est en raison réciproque du quarré de la distance des lieux de la Lune au centre de la terre.

La premiere partie de cette Proposition se prouve par le Phénomene 6. & par les Propositions 2. & 3. du premier Livre, & la derniere par le mouvement très-lent de l'apogée lunaire. Car ce mouvement, qui à chaque révolution n'est que de trois dégrés & de trois minutes en conséquence, peut être négligé. Or il est clair (par le Cor. 1. de la Prop. 45. Liv. 1.) que si on prend le rapport de D à 1. pour exprimer celui de la distance de la Lune du centre de la terre au demi diametre de la terre; la force qui produit ce mouvement, sera réciproquement comme $D^2 \frac{4}{243}$, c'est-à-dire, en une raison un peu plus grande que la raison doublée inverse de la distance, mais qui approche plus de $59\frac{3}{4}$ parties de la doublée que de la triplée ; & comme la différence de cette force à celle qui seroit exactement en raison inverse du quarré, vient de l'action du Soleil, (comme je l'expliquerai dans la suite) on peut la négliger ici. L'action du Soleil en tant qu'il détourne la Lune de la terre, est à peu près comme la distance de la Lune à la terre ; donc (par ce qui a été dit dans le Cor. 2. de la Prop. 45. du Liv. 1.) elle est à la force centripéte de la Lune comme 2 à 357, 45 à peu près, ou comme 1 à $178\frac{29}{40}$. Et en négligeant cette petite action du Soleil, la force restante par laquelle la Lune est retenue dans son orbite, sera réciproquement comme D^2, ce qui paroîtra clairement en comparant cette force avec la force de la gravité, comme dans la Proposition suivante.

Cor. Si la force centripéte médiocre par laquelle la Lune est retenue dans son orbite est premiérement augmentée dans la raison de $177\frac{29}{40}$, à $178\frac{29}{40}$, & ensuite en raison doublée du demi diametre de la terre à la moyenne distance du centre de la Lune au centre de la terre : on aura la force centripéte de la Lune près de la surface de la terre, en supposant que cette force, en

DE LA PHILOSOPHIE NATURELLE.

descendant vers la surface de la terre, augmente continuellement en raison doublée inverse de la hauteur.

PROPOSITION IV. THÉORÉME IV.

La Lune gravite vers la terre, & par la force de la gravité elle est continuellement retirée du mouvement rectiligne & retenue dans son orbite.

La moyenne distance de la Lune à la terre dans les syzygies est, suivant *Ptolomée* & plusieurs Astronomes, de 59 demi diamétres de la terre, *Vendelinus* & *Hughens* la font de 60, *Copernic* de $60\frac{1}{3}$, *Street* de $60\frac{2}{7}$ & *Ticho* de $56\frac{1}{2}$. Mais *Ticho* & tous ceux qui suivent ses tables de réfraction, supposent que les réfractions du Soleil & de la Lune sont plus grandes que celles des étoiles fixes, de 4 ou 5 minutes environ, (ce qui est entierement contraire à ce qu'on connoît de la lumiere) & par-là ils ont augmenté la parallaxe de la Lune d'autant de minutes, c'est-à-dire, presque de la douziéme ou de la quinziéme partie de toute sa parallaxe.

En corrigeant cette erreur, on trouvera cette distance déterminée par *Ticho* de $60\frac{1}{2}$ demi diamétres de la terre environ, c'est-à-dire, telle à peu près que les autres Astronomes l'avoient trouvée.

Prenons 60 demi diamétres de la terre pour la distance moyenne dans les syzygies ; & supposons que la révolution de la Lune autour de la terre, par rapport aux étoiles fixes, s'acheve en 27 jours 7 heures 43 minutes, comme les Astronomes l'ont déterminé : enfin prenons 123249600 pieds de Paris pour la circonférence de la terre, suivant les mesures prises en France : on aura $15\frac{1}{12}$ pieds de Paris pour l'espace que la Lune parcoureroit en une minute, si elle étoit privée de tout autre mouvement & qu'elle descendit vers la terre par la seule force qui la retient (selon le Cor. de la Prop. 3.) dans son orbite : ce qui est aisé à tirer, par le calcul, soit de la Prop. 36. du Liv. 1. ou (ce qui revient au même) du Cor. 9. de la quatriéme Proposition du même Livre. Car le sinus verse de l'arc que la

Lune parcourt en une minute, dans son mouvement moyen, à la distance de 60 demi diamétres de la terre, est de $15\frac{1}{12}$ pieds de Paris environ, ou plus exactement de 15 pieds un pouce & $1\frac{4}{9}$ lignes. Or, comme cette force doit augmenter en approchant de la terre en raison doublée inverse de la distance, & que par conséquent elle doit être 60 × 60 fois plus grande à la surface de la terre qu'à la distance où est la Lune ; un corps qui tomberoit avec cette force, devroit parcourir ici-bas dans une minute 60 × 60 × $15\frac{1}{12}$ pieds de Paris, & dans une seconde $15\frac{1}{12}$ pieds de Paris, ou plus exactement 15 pieds 1 pouce & $1\frac{4}{9}$ lignes. Et c'est en effet l'espace que les corps décrivent dans une seconde en tombant vers la terre. Car la longueur du pendule qui bat les secondes dans la latitude de Paris, est de 3 pieds de Paris & 8 lignes & demie, selon que *M. Hughens* l'a déterminé ; & la hauteur qu'un corps grave parcourt en tombant pendant une seconde, est à la demi longueur de ce pendule en raison doublée de la circonférence du cercle à son diamètre (comme *M. Hughens* l'a aussi déterminé) c'est-à-dire, que cette hauteur est de 15 pieds de Paris 1 pouce & $1\frac{7}{9}$ lignes. Donc la force par laquelle la Lune est retenue dans son orbite, seroit égale à la force de la gravité ici-bas, si la Lune étoit près de la surface de la terre, donc (selon les Regles 1 & 2.) c'est cette même force que nous appellons *gravité*. Car si cette force étoit autre que la gravité, les corps en s'approchant de la terre par ces deux forces réunies descendroient deux fois plus vîte, & ils parcoureroient en tombant pendant une seconde un espace de $30\frac{1}{6}$ pieds de Paris : ce qui est entierement contraire à l'expérience.

Ce calcul est fondé sur l'hypotése que la terre est en repos, car si la terre & la Lune se meuvent autour du Soleil, & qu'elles tournent en même temps autour de leur commun centre de gravité : la distance respective des centres de la Lune & de la terre sera de $60\frac{1}{2}$ demi diamétres de la terre environ, la loi de la gravité demeurant la même ; c'est ce qu'on verra clairement si on en veut faire le calcul, lequel ne demande que la Prop. 60. du Livre 1.

DE LA PHILOSOPHIE NATURELLE.

SCHOLIE.

On peut rendre la démonstration de cette Proposition plus sensible, par le raisonnement suivant. Si plusieurs Lunes faisoient leurs révolutions autour de la terre, ainsi que dans le systême de Jupiter ou de Saturne, leurs temps périodiques, par l'induction, suivroient la loi découverte par *Kepler*, & par conséquent leurs forces centripétes. (Prop. 1. de ce Livre) seroient réciproquement comme les quarrés de leurs distances au centre de la terre. Et si celle de ces Lunes qui seroit la plus proche de la terre étoit petite, & qu'elle touchât presque le sommet des plus hautes montagnes : la force centripéte, par laquelle cette Lune seroit retenue dans son orbite, seroit, suivant le calcul précédent, à peu près égale à celle des corps graves placés sur le sommet de ces montagnes. Ensorte que si cette même petite Lune étoit privée de tout le mouvement par lequel elle avance dans son orbe, & qu'elle n'eût plus par conséquent de force centrifuge, elle descendroit vers la terre avec la même vîtesse que les corps graves placés au sommet de ces montagnes tombent vers la terre, & cela à cause de l'égalité qui seroit entre la gravité & la force qui agiroit alors sur cette petite Lune. Or si la force par laquelle cette petite Lune descend étoit autre que la gravité, & que cependant elle pesât sur la terre comme les corps graves placés au sommet de ces montagnes, cette petite Lune devroit par ces deux forces réunies descendre deux fois plus vîte. Donc, puisque ces deux forces, c'est-à-dire, celles des corps graves & celles de ces petites Lunes, sont dirigées vers le centre de la terre, & qu'elles sont égales & semblables entr'elles, ces forces sont les mêmes & par conséquent elles doivent avoir (Regles 1. & 2.) une même cause. Donc la force, qui retient la Lune dans son orbite, est celle-là même que nous appellons gravité : puisque sans cela cette petite Lune n'auroit point de gravité au sommet de cette montagne, ou bien elle tomberoit deux fois plus vîte que les graves.

PROPOSITION V. THÉORÉME V.

Les satellites de Jupiter gravitent vers Jupiter, ceux de Saturne vers Saturne, & les planettes principales vers le Soleil, & c'est par la force de leur gravité que ces corps révolvans sont retirés à tout moment de la ligne droite & qu'ils sont retenus dans des orbites curvilignes.

Car les révolutions des satellites de Jupiter autour de Jupiter, celles des satellites de Saturne autour de Saturne, & celles de Mercure, de Venus & des autres planettes principales autour du Soleil, sont des Phénoménes du même genre que celui de la révolution de la Lune autour de la terre; & par conséquent, par la seconde Regle, ils doivent dépendre de causes du même genre: surtout puisqu'il est démontré, que les forces dont dépendent ces révolutions tendent au centre de Jupiter, de Saturne & du Soleil, & qu'en s'éloignant de Jupiter, de Saturne & du Soleil, ces forces décroissent dans la même raison, dans laquelle la force de la gravité décroît en s'éloignant de la terre.

Cor. 1. Toutes les planettes sont donc pesantes. Car personne ne doute que Venus, Mercure & toutes les autres planettes ne soient des corps du même genre que Jupiter & Saturne. Et comme toute attraction est mutuelle par la troisiéme loi du mouvement, Jupiter doit graviter vers tous ses satellites, Saturne vers tous les siens, la terre vers la Lune, & le Soleil vers toutes les planettes principales.

Cor. 2. La gravité vers chaque planette est réciproquement comme le quarré de la distance à son centre.

Cor. 3. Par les *Cor.* 1. & 2. toutes les planettes gravitent les unes vers les autres, ainsi Jupiter & Saturne en s'attirant mutuellement, troublent sensiblement leurs mouvemens vers leur conjonction, le Soleil trouble ceux de la Lune, & le Soleil & la Lune ceux de notre mer, comme je l'expliquerai dans la suite.

SCHOLIE.

DE LA PHILOSOPHIE NATURELLE.

SCHOLIE.

Nous avons appelé jufqu'ici la force qui retient les corps céleftes dans leur orbite *force centripéte*. On a prouvé que cette force eft la même que la gravité, ainfi dans la fuite nous l'appellerons *gravité*. Car la caufe de cette force centripéte, qui retient la Lune dans fon orbite, doit s'étendre à toutes les planettes par les Regles 1. 2 & 4.

PROPOSITION VI. THÉORÉME VI.

Tous les corps gravitent vers chaque planette, & fur la même planette quelconque leurs poids, à égale diftance du centre, font proportionnels à la quantité de matiere que chacun d'eux contient.

Tous les corps defcendent vers la terre dans des temps égaux (en faifant abftraction de l'inégale rétardation caufée par la petite réfiftance de l'air) c'eft ce que plufieurs Philofophes avoient déja obfervé, & ce qu'on peut connoître avec précifion par l'égalité des temps dans lefquels fe font les ofcillations des pendules. J'en ai fait l'expérience avec des pendules d'or, d'argent, de plomb, de verre, de fable, de fel commun, de bois, d'eau, & de froment. Pour y réuffir, je fis faire deux boëtes de bois rondes & égales, j'en emplis une de bois, & je mis un poids égal d'or dans l'autre, en le plaçant auffi exactement que je le pus dans le point qui répondoit au centre d'ofcillation de la premiere boëte. Ces boëtes étoient fufpendues à deux fils égaux de 11 pieds chacun, ainfi j'avois par-là deux pendules entierement pareils quant au poids, à la figure, & à la réfiftance de l'air. Ces pendules, dont les poids étoient placés à côté l'un de l'autre firent des ofcillations qui fe fuivirent pendant un très-long-temps. Donc, la quantité de matiere de l'or, étoit à la quantité de matiere du bois (par les Cor. 1. & 6. de la Prop. 24. du Liv. 2.) comme l'action de la force motrice fur tout l'or à cette même action fur tout le

Tome. II.

bois, c'est-à-dire, comme le poids au poids. Il en fut de même dans les autres pendules. Dans ces expériences une différence d'un milliéme dans la matiere des corps de même poids étoit aisée à appercevoir.

Il n'y a donc aucun doute que la nature de la gravité ne soit la même dans les planettes & sur la terre. Car supposé que quelque corps terrestre fut élevé jusqu'à l'orbe de la lune, & que la lune & ce corps, étant privés de tout mouvement, fussent abandonnés à leur gravité, & tombassent ensemble vers la terre ; il est certain, par ce qu'on a déja dit, que ce corps & la lune parcoureroient des espaces égaux en temps égaux, & que par conséquent son poids seroit à celui de la lune en même raison que leurs quantités de matiere.

De plus, comme les satellites de Jupiter font leurs révolutions autour de cette planette dans des temps qui sont en raison sesquiplée de leurs distances à son centre, leurs gravités accélératrices vers Jupiter seront réciproquement comme le quarré de leurs distances à son centre ; & par conséquent, à égales distances de Jupiter, elles seront égales. Ainsi ils parcoureroient des espaces égaux en temps égaux en tombant vers Jupiter de hauteurs égales ; comme il arrive aux graves sur notre terre. Et par le même raisonnement les planettes qui tournent autour du Soleil, étant abandonnées à la force qui les porte vers cet astre, parcoureroient en descendant vers lui des espaces égaux en temps égaux s'ils tomboient de hauteurs égales. Or les forces qui accelérent également des corps inégaux sont comme ces corps ; c'est-à-dire, que les poids des corps sur les planettes sont comme la quantité de matiere qu'ils contiennent.

De plus, les poids de Jupiter & de ses satellites sur le Soleil sont proportionnels à leur quantité de matiere, c'est ce qui est prouvé (Cor. 3. Prop. 65. Liv. 1.) par le mouvement très-régulier des satellites de Jupiter ; car si l'un de ces satellites étoit plus attiré que les autres vers le Soleil, parce qu'il contient plus de

DE LA PHILOSOPHIE NATURELLE. 19

matiere, le mouvement des satellites (Cor. 2. Prop. 65. Liv. 1.) feroit dérangé par cette inégale attraction. Si, à distance égale du Soleil, un de ces satellites étoit plus pesant sur le Soleil à raison de sa quantité de matiere que Jupiter à raison de la sienne, dans une raison quelconque donnée, comme, par exemple, dans la raison de d à e, la distance entre le centre du Soleil & le centre de l'orbe de ce satellite seroit toujours plus grande que la distance entre le centre du Soleil & le centre de Jupiter à peu près en raison sousdoublée, comme je l'ai trouvé en faisant le calcul. Et si le satellite étoit moins pesant vers le Soleil dans cette raison de d à e, la distance du centre de l'orbe du satellite au centre du Soleil seroit moindre que la distance du centre de Jupiter au centre du Soleil dans cette même raison sousdoublée. Donc, si, à distances égales du Soleil, la gravité accélératrice d'un satellite quelconque vers le Soleil étoit plus grande ou plus petite que la gravité accélératrice de Jupiter vers le Soleil, seulement de la millième partie de sa gravité totale ; la distance du centre de l'orbe du satellite au Soleil seroit plus ou moins grande que la distance de Jupiter au Soleil de $\frac{1}{2000}$ partie de la distance totale, c'est-à-dire, de la cinquième partie de la distance du satellite le plus éloigné du centre de Jupiter, ce qui rendroit cet orbe très-sensiblement excentrique. Mais les orbes des satellites sont concentriques à Jupiter, ainsi les gravités accélératrices de Jupiter & de ses satellites vers le Soleil sont égales entr'elles. Par le même raisonnement, les poids de Saturne & de ses satellites sur le Soleil sont, à des distances égales du Soleil, comme la quantité de matière que chacun d'eux contient : & la lune & la terre ou ne pésent point sur le Soleil, ou bien y pésent dans la proportion éxacte de leurs masses : or par les Cor. 1. & 3. de la Prop. 5. on voit qu'ils y doivent péser.

Ainsi les poids de chacune des parties d'une planette quelconque sur une autre planette sont entr'eux comme la quantité de matiére que chacune de ces parties contient. Car si quelques-

C ij

unes de ces parties gravitoient plus & d'autres moins que selon leur quantité de matiére : la planette totale graviteroit dans une raison plus ou moins grande que celle de sa quantité de matiére, suivant la nature des parties dont elle contiendroit une plus grande quantité ; & il n'importe que ces parties fussent extérieures ou intérieures à la planette. Qu'on suppose, par exemple, que les corps d'ici-bas soient élevés jusqu'à l'orbe de la Lune, & qu'on les compare avec le corps de la Lune : si leurs poids étoient aux poids des parties externes de la Lune comme les quantités de matiére, & qu'ils fussent aux poids de ses parties internes dans une plus grande ou une moindre raison, ces mêmes corps seroient au poids de la Lune entiere dans une plus grande ou une moindre raison : ce qui seroit contraire à ce qu'on vient de prouver.

Cor. 1. Ainsi, les poids des corps ne dépendent point de leur forme & de leur texture. Car si ces poids varioient avec la forme, ils seroient tantôt plus grands, & tantôt moindres, selon les différentes formes, quoique la quantité de matiere fut la même : ce qui est entiérement contraire à l'expérience.

Cor. 2. Tous les corps qui sont autour de la terre pésent sur la terre, & leurs poids, lorsqu'ils sont également éloignés de son centre, sont comme la quantité de matiére que chacun d'eux contient. C'est ce que les expériences ont fait voir dans tous les corps sur lesquels on a pu en faire. Ainsi, par la troisiéme régle, on doit affirmer la même chose de tous les corps en général. Si l'Ether ou quelqu'autre corps étoit entiérement privé de gravité, ou qu'il gravitât dans une moindre raison que celle de sa quantité de matiére : comme cette espéce de corps ne seroit différente des autres, suivant Aristote, Descartes & d'autres, que par la forme de ses parties, il pourroit arriver, que ces corps, en changeant peu à peu de forme, se changeroient dans l'espéce des corps qui gravitent en raison de leur quantité de matiére ; & au contraire les corps graves pourroient perdre par la suite des temps leur gravité en prenant la même forme que les premiers. Ainsi les poids dépendroient des formes & pourroient varier avec elles, contre ce qui a été prouvé dans le Cor. précédent.

Cor. 3. Tous les espaces ne sont pas également pleins. Car s'ils l'étoient, toute matière seroit également dense, ainsi la gravité spécifique du fluide qui rempliroit la région de l'air, ne céderoit point à la gravité spécifique du vif argent, de l'or, ou de quelqu'autre corps, quelque dense qu'il fut ; ainsi l'or ni aucun autre corps quelconque ne pourroit descendre dans l'air. Car les corps ne descendent dans les fluides que parce qu'ils sont spécifiquement plus pesans. Or si la quantité de matière peut diminuer par la raréfaction jusqu'à un certain point dans un espace donné, pourquoi ne pourra-t-elle pas diminuer à l'infini ?

Cor. 4. Si les parties solides de tous les corps sont de la même densité, & qu'elles ne puissent se raréfier sans pores, il y a du vuide. Je dis que les parties ont la même densité lorsque leurs forces d'inertie sont comme leur grandeur.

Cor. 5. La force de la gravité est d'un autre genre que la force magnétique. Car l'attraction magnétique n'est point comme la quantité de matière attirée. Certains corps sont plus attirés par l'aiman, d'autres moins : & plusieurs ne le sont point du tout. La force magnétique d'un même corps peut être augmentée ou diminuée, elle est quelquefois beaucoup plus grande par rapport à la quantité de matière que la force de la gravité, elle ne décroît point en s'éloignant de l'aiman en raison doublée de la distance, mais presque en raison triplée, autant que je l'ai pû déterminer par des expériences assez grossiéres.

PROPOSITION VII. THÉORÉME VII.

La gravité appartient à tous les corps, & elle est proportionnelle à la quantité de matière que chaque corps contient.

On a prouvé ci-dessus que toutes les planettes gravitent mutuellement les unes vers les autres : que la gravité vers une planette quelconque, considérée à part, est réciproquement comme le quarré de la diſtance au centre de cette planette : & que par conſéquent (Prop. 69. Liv. 1. & ſes Cor.) la gravité dans toutes les planettes eſt proportionnelle à leur quantité de matiére.

Mais comme toutes les parties d'une planette quelconque *A*, peſent ſur une autre planette quelconque *B*, que la gravité d'une partie quelconque eſt à la gravité du tout, comme la matiere de la partie eſt à la matiere totale, & que, par la troiſiéme loi du mouvement, l'action & la réaction ſont toujours égales ; la planette *B* gravitera à ſon tour vers toutes les parties de la planette *A*, & ſa gravité vers une partie quelconque ſera à ſa gravité vers toute la planette, comme la matiére de cette partie à la matiere totale. *C. Q. F. D.*

Cor. 1. La gravité vers toute une planette, eſt donc compoſée de la gravité vers toutes ſes parties. Nous en avons des exemples dans les attractions magnétiques & électriques. Car l'attraction vers le tout eſt compoſée des attractions vers chacune des parties. On verra qu'il en eſt de même dans la gravité, en ſuppoſant que pluſieurs petites planettes s'uniſſent en un globe, & forment une groſſe planette. Car on conçoit aiſément par là que la force totale doit naître de la force des parties compoſantes. Si quelqu'un objecte que ſelon cette loi tous les corps d'ici bas devroient graviter les uns vers les autres, & que cependant cette gravité mutuelle n'eſt pas ſenſible : je répondrai, que cette gravité mutuelle des corps étant à leur gravité vers la terre, comme la maſſe de ces corps à la maſſe de la terre, elle n'eſt pas à beaucoup près aſſez forte pour pouvoir être apperçue.

Cor. 2. La gravité vers chaque particule égale d'un corps, eſt réciproquement comme le quarré des diſtances des lieux de ces particules. Ce qui eſt clair par le Cor. 3. de la Prop. 74. du premier Livre.

DE LA PHILOSOPHIE NATURELLE.

PROPOSITION VIII. THÉORÉME VIII.

Si la matiére de deux globes qui gravitent l'un vers l'autre eſt homogène à égales diſtances de leurs centres : le poids de l'un de ces globes vers l'autre ſera réciproquement comme le quarré de la diſtance qui eſt entre leurs centres.

Après avoir trouvé que la gravité d'une planette entiére eſt compoſée de celles de toutes ſes parties ; & que la force de chaque partie eſt réciproquement proportionnelle aux quarrés des diſtances : j'ai voulu ſçavoir ſi cette proportion réciproque doublée étoit ſuivie exaɥtement pour la force totale compoſée de toutes les forces partiales, ou ſi elle ne l'étoit qu'à peu près. Car on pourroit croire que cette proportion, qui eſt aſſez exactement ſuivie à de grandes diſtances, devroit ſouffrir beaucoup d'altération près de la ſuperficie des planettes, à cauſe de l'inégalité des diſtances des parties & de leurs différentes poſitions. Les Prop. 75. & 76. du premier Livre & leurs Corollaires m'ont fait voir que cette proportion étoit encore éxactement obſervée dans le cas dont il s'agit.

Cor. 1. Par-là on peut trouver les poids des corps ſur diverſes planettes & les comparer entr'eux. Car les poids des corps égaux qui font leurs révolutions dans des cercles autour des planettes ſont, par le Cor. 2. de la Prop. 4. du Liv. 1. comme les diamétres de ces cercles directement, & le quarré des temps périodiques inverſement ; & leurs poids, à la ſurface de ces planettes, ou à quelqu'autres diſtances quelconques de leur centre, ſont, par cette préſente Propoſition, plus grands ou moindres dans la raiſon doublée inverſe des diſtances. Ainſi, le temps périodique de Venus autour du Soleil étant de 224 jours & 16 heures $\frac{3}{4}$, celui du ſatellite le plus éloigné de Jupiter autour de cette planette de 16 jours & 16 heures $\frac{8}{15}$, le temps périodique du ſatellite d'*Hughens* autour de Saturne de 15 jours 22 heures $\frac{2}{3}$, & celui de la Lune autour de la terre de 27 jours 7 heures 43 minutes, j'ay trouvé, en employant ces temps périodiques, & de plus la distance médiocre de Venus au Soleil, la plus grande élongation héliocentrique du satellite de Jupiter le plus éloigné de cette planette au centre de Jupiter qui est $8'\ 16''$, celle du satellite d'Hughens au centre de Saturne qui est de $3'\ 4''$ & celle de la Lune au centre de la terre qui est de $10'\ 33''$, qu'à égale distance, les poids des corps égaux vers les centres du Soleil, de Jupiter, de Saturne & de la terre, sont comme 1, $\frac{1}{1067}$, $\frac{1}{3021}$, & $\frac{1}{169282}$ respectivement ; à des distances inégales ces poids varient en raison renversée du quarré des distances : par exemple, les poids des corps égaux sur le Soleil, Jupiter, Saturne & la terre aux distances 10000, 997, 791 & 109 de leurs centres, c'est-à-dire, à leurs superficies, seront comme 10000, 943, 529 & 435 respectivement. On dira dans la suite ce que les corps pèsent à la surface de la Lune.

Cor. 2. On connoîtra aussi la quantité de matiére que contient chaque planette. Car les quantités de matiére dans les planettes sont comme leurs forces attractives à égales distances de leurs centres, c'est-à-dire, que les quantités de matiére du Soleil, de Jupiter, de Saturne, & de la terre sont comme 1, $\frac{1}{1067}$, $\frac{1}{3021}$ & $\frac{1}{169282}$ respectivement. Si on trouve la parallaxe du Soleil plus grande ou plus petite que $10''\ 30'''$, il faudra augmenter ou diminuer la quantité de matiére de la terre en raison triplée.

Cor. 3. On connoîtra aussi les densités des planettes. Car les poids des corps égaux & homogènes aux surfaces des sphéres homogènes étant comme leurs diamétres, par la Prop.' 72. du Liv. 1. les densités des spheres hétérogènes sont comme ces poids divisés par leurs diamétres. Or on a trouvé que les vrais diamétres du Soleil, de Jupiter, de Saturne, & de la terre, sont l'un à l'autre comme 10000, 997, 791 & 109, & que les poids sur ces planettes étoient comme 10000, 943, 529 & 435 respectivement. Donc leurs densités sont comme 100, $94\frac{1}{2}$, 67, & 400.

La

DE LA PHILOSOPHIE NATURELLE.

La denfité de la terre que ce calcul donne ne dépend point de la parallaxe du Soleil, mais elle eſt déterminée par la parallaxe de la Lune, ainſi elle l'eſt exactement.

Le Soleil eſt donc un peu plus denſe que Jupiter, Jupiter l'eſt plus que Saturne, & la terre l'eſt quatre fois plus que le Soleil; ce qu'il faut attribuer à la grande chaleur du Soleil, laquelle raréfie ſa matiere. La Lune eſt plus denſe que la terre comme on le verra dans la ſuite.

Cor. 4. Les planettes ſont donc d'autant plus denſes, qu'elles ſont plus petites, toutes choſes égales. Ainſi la force de la gravité à leur ſurface, approche plus de l'égalité. Les planettes qui ſont plus près du Soleil ſont auſſi plus denſes, toutes choſes égales, ainſi Jupiter l'eſt plus que Saturne, & la terre plus que Jupiter. Les planettes devoient donc être placées à différentes diſtances du Soleil, afin que chacune, à raiſon de ſa denſité, fut plus ou moins échauffée par le Soleil. Si la terre étoit placée à l'orbe de Saturne, notre eau feroit perpétuellement gelée, & ſi la terre étoit dans l'orbe de Mercure, toute l'eau s'évaporeroit dans l'inſtant. Car la lumiére du Soleil, à laquelle la chaleur eſt proportionnelle, eſt ſept fois plus denſe dans Mercure que ſur la terre: & j'ai éprouvé par le Thermométre que lorſque la chaleur étoit ſept fois plus forte que celle du Soleil dans notre Eté, elle faiſoit bouillir l'eau dans l'inſtant. Il n'eſt pas douteux que la matiere de Mercure ne ſoit proportionnée à la chaleur qu'il éprouve, & que par conſéquent elle ne ſoit plus denſe que celle de la terre; car plus la matiére eſt denſe, plus il faut de chaleur pour produire les mêmes effets.

PROPOSITION IX. THÉORÉME IX.

La gravité dans l'intérieur des planettes, décroît à peu près en raiſon des diſtances au centre.

Si la matiere de la planette étoit d'une denſité uniforme, cette Propoſition ſeroit vraie exactement, par la Prop. 73. du Liv. 1.

Ainsi la loi de la pesanteur ne peut s'écarter de la proportion des distances que par l'inégalité de la densité.

PROPOSITION X. THÉORÊME X.

Les mouvemens des planettes peuvent se conserver très-longtemps dans les espaces célestes.

Dans le scholie de la Prop. 40. du Liv. 2. on a fait voir qu'un globe d'eau gelée mû librement dans notre air, perdroit par la résistance de l'air $\frac{1}{4586}$ partie de son mouvement en parcourant son demi diamétre. La même proportion doit avoir lieu à peu près, dans des globes beaucoup plus grands, & qui se mouveroient avec beaucoup plus de vîtesse que ceux dont on a parlé alors.

Mais le globe de la terre est plus dense que s'il étoit entiérement formé d'eau, ce que je prouve ainsi. Si le globe de la terre étoit d'eau, il y auroit des corps qui ayant moins de gravité spécifique surnâgeroient & reviendroient d'eux-mêmes à la superficie. Et par cette raison un globe composé de terre qui seroit entiérement entouré d'eau, surnâgeroit en quelque lieu s'il étoit plus léger que l'eau & cette eau s'amasseroit vers le côté opposé. Il en est de même de notre terre qui est en grande partie entourée par la mer. Si elle n'étoit pas plus dense que l'eau, elle surnâgeroit, & selon le dégré de sa légereté spécifique elle sortiroit en partie de l'eau qui se ramasseroit toute dans les régions opposées.

Par le même raisonnement on doit conclure, que les taches du Soleil sont plus légeres que la matiére du Soleil sur laquelle elles nâgent. Et dans la formation d'une planette quelconque qu'on suppose avoir été originairement fluide, la matière la plus pesante doit avoir été au centre. Ainsi comme la terre est ordinairement à sa surface environ deux fois plus pesante que l'eau, & qu'en fouillant plus avant, elle est trois, quatre, & même cinq fois plus dense : il est vraisemblable qu'il y a envi-

DE LA PHILOSOPHIE NATURELLE.

ron cinq ou six fois plus de matiére dans le globe de la terre que s'il n'étoit formé que d'eau ; surtout puisqu'on vient de faire voir que la terre est environ quatre fois plus dense que Jupiter. Si donc la matiére de Jupiter est un peu plus dense que l'eau, il est clair que dans l'espace de trente jours, dans lesquels il parcourt la longueur de 459 de ses demi diamétres, il ne perdroit que la dixiéme partie environ de son mouvement dans un milieu qui seroit de la même densité que notre air. Or comme la résistance des milieux diminue avec leurs poids & leur densité ; que l'eau, par exemple, qui est $13\frac{1}{2}$ fois environ moins dense que le vif-argent, résiste $13\frac{3}{5}$ fois moins que ce fluide ; & que l'air qui est 860 fois plus léger que l'eau résiste 860 fois moins : dans les cieux, où le poids du milieu dans lequel les planettes se meuvent diminue à l'infini, la résistance y doit être presque nulle.

On a fait voir dans le Scholie de la Prop. 22. Liv. 2. que si on montoit à la hauteur de deux cens milles au-dessus de la surface de la terre, la densité de l'air à cette distance, seroit à celle de l'air qui nous environne, comme 30 à 0, 0000000000003998, ou comme 75000000000000 à 1 environ. Ainsi la planette de Jupiter, en faisant sa révolution dans un milieu de cette densité, ne perdroit pas en 1000000 ans la $\frac{1}{1000000}$ partie de son mouvement par la résistance du milieu. Nous ne connoissons que l'air, les exhalaisons & les vapeurs, qui résistent près de la surface de la terre puisque lorsqu'on les a ôté avec soin du récipient d'une machine pneumatique les corps y tombent librement, & sans éprouver aucune résistance sensible ; ensorte que l'or même & une plume très-légere étant jettés ensemble tombent avec une vîtesse égale, & arrivent en même temps au fond de la machine en tombant de la hauteur de 4, 6 ou 8 pieds. Il est donc clair que les planettes pourront se mouvoir très-longtemps sans éprouver de résistance sensible dans les espaces célestes vuides d'air & d'exhalaisons.

PRINCIPES MATHÉMATIQUES
HYPOTHESE PREMIERE.

Le centre du syſtème du monde eſt en repos.

C'eſt ce dont on convient généralement, les uns ſeulement prétendent que la terre eſt ce centre, & d'autres que c'eſt le ſoleil. Voyons ce qui réſulte de cette hypothèſe.

PROPOSITION XI. THÉORÉME XI.

Le centre commun de gravité du Soleil, de la terre, & de toutes les planettes, eſt en repos.

Car ce centre, par le Cor. 4. des Loix, ou ſera en repos, ou ſera mû uniformement en ligne droite. Mais ſi ce centre avançoit toujours, le centre du monde ne ſeroit donc pas en repos, ce qui eſt contre l'hypothèſe.

PROPOSITION XII. THÉORÉME XII.

Le Soleil eſt toujours en mouvement, mais il s'éloigne très-peu du centre commun de gravité de toutes les planettes.

Car puiſque, par le Cor. 2. de la Prop. 8. la matiére du Soleil eſt à la matiére de Jupiter comme 1067 à 1, & que la diſtance de Jupiter au Soleil eſt au demi diamétre du Soleil dans une raiſon un peu plus grande ; le commun centre de gravité du Soleil & de Jupiter tombera dans un point qui ſera un peu au-deſſus de la ſurface du Soleil. Par le même raiſonnement, la matiére du Soleil étant à la matiére de Saturne comme 3021 à 1, & la diſtance de Saturne au Soleil étant au demi diamétre du Soleil dans une raiſon un peu moindre : le commun centre de gravité de Saturne & du Soleil tombera dans un point qui ſera un peu au-deſſous de la ſurface du Soleil. Et en ſuivant le même calcul on trouvera que ſi la terre & toutes les planettes étoient placées d'un même côté du Soleil, le commun centre de gravité de tous ces aſtres s'éloigneroit à peine du centre du Soleil d'un demi diamétre de cet aſtre. Comme dans les autres cas la diſtance entre le centre du Soleil

DE LA PHILOSOPHIE NATURELLE. 29

& le commun centre de gravité est encore moindre, & que ce commun centre de gravité est toujours en repos. Il arrive que le Soleil, selon la différente position des planettes, se meut successivement de tous les côtés, mais il ne s'écarte jamais que très-peu du centre commun de gravité.

Cor. Le commun centre de gravité du Soleil, de la terre, & de toutes les planettes, doit donc être regardé comme le centre du monde. Car la terre, les planettes & le Soleil s'attirant mutuellement, ils sont toujours en mouvement par la force de leur gravité en vertu des loix du mouvement : ainsi leurs centres mobiles ne peuvent être pris pour le centre du monde, qui doit être en repos. Si le corps vers lequel la gravité entraine plus fortement tous les autres devoit être placé dans ce centre, (comme c'est l'opinion vulgaire) ce privilége appartiendroit au Soleil ; mais comme le Soleil se meut, il faut choisir pour le centre commun un point immobile duquel le centre du Soleil s'éloigne très-peu, & duquel il s'éloigneroit encore moins, si le Soleil étoit plus grand & plus dense, car alors il seroit mû moins fortement.

PROPOSITION XIII. THÉOREME XIII.

Les planettes se meuvent dans des ellipses qui ont un de leurs foyers dans le centre du Soleil, & les aires décrites autour de ce centre sont proportionnelles au temps.

Nous avons discuté ci-dessus ces mouvemens d'après les Phénoménes. Les principes des mouvemens une fois connus, donnent les mouvemens célestes *à priori*. Ayant donc trouvé que les poids des planettes sur le Soleil sont réciproquement comme le quarré de leurs distances à son centre ; il est évident, par les Prop. 1. & 11, & par le Cor. 1. de la Prop. 13. du 1. Livre, que si le Soleil étoit en repos, & que les planettes n'agissent point mutuellement les unes sur les autres, tous leurs orbes feroient des ellipses qui auroient le Soleil dans leur foyer commun, & elles décriroient autour de ce foyer des aires proportionnelles au temps. Or les actions mutuelles des planettes les unes sur les autres sont si foibles qu'elles peuvent être négligées, & , par la Prop. 66. du Liv. 1. elles troublent moins la description de leurs ellipses autour du Soleil lorsqu'on suppose cet astre mobile, que si on le faisoit immobile.

Cependant l'action de Jupiter sur Saturne ne doit pas être absolument négligée : car la gravité vers Jupiter est à la gravité vers le Soleil (à distances égales) comme 1 à 1067 ; donc, dans la conjonction de Jupiter & de Saturne, la distance de Saturne à Jupiter étant à sa distance au Soleil à peu près comme 4 à 9, la gravité de Saturne vers Jupiter sera à sa gravité vers le Soleil comme 81 à 16 × 1067 ou comme 1 à 211 à peu près. Et delà vient que l'orbe de Saturne est dérangé si sensiblement dans chaque conjonction avec Jupiter, que les Astronomes s'en apperçoivent. L'excentricité de cette planete est tantôt augmentée & tantôt diminuée selon sa situation dans ses conjonctions ; son aphélie avance quelquefois & quelquefois recule, & son mouvement moyen est tour à tour accéléré & retardé. Cependant tout le dérangement que l'attraction de Jupiter cause dans le mouvement de Saturne autour du Soleil, excepté dans le mouvement moyen, peut presque s'éviter en supposant le foyer inférieur de son orbite placé dans le centre commun de gravité de Jupiter & du Soleil (par la Prop. 67. du Liv. 1.) alors lorsque ce dérangement est le plus grand, il passe à peine deux minutes. Et le plus grand dérangement dans le mouvement moyen surpasse à peine deux minutes par an.

Dans la conjonction de Jupiter & de Saturne les gravités accélératrices du Soleil vers Saturne, de Jupiter vers Saturne & de Jupiter vers le Soleil sont à peu près comme 16, 81 & $\frac{16 \times 81 \times 3021}{25}$ ou 156609 : ainsi la différence des gravités du Soleil & de Jupiter vers Saturne est à la gravité de Jupiter vers le Soleil comme 65 à 156609, ou comme 1 à 2409. La plus grande force de Saturne pour troubler les mouvemens de Jupiter est proportionnelle à cette différence, aussi le dérangement de l'orbe de Jupiter est-il beaucoup moindre que celui de l'orbe de Saturne.

Les dérangemens qu'éprouvent les orbes des autres planettes par leurs actions mutuelles sont beaucoup moins considérables si on en excepte l'orbe de la terre que la Lune dérange sensiblement. Le commun centre de gravité de la terre & de la Lune décrit autour du Soleil une ellipse dont cet astre est le foyer, & dont les aires décrites par ce centre sont proportionnelles au temps : la terre fait sa révolution autour de ce centre commun dans un mois.

PROPOSITION XIV. THÉORÉME XIV.

L'Aphélie & les nœuds des orbites sont en repos.

Les aphélies sont en repos par la Prop. 11. du Liv. 1. & par la première du même livre les plans des orbes sont aussi immobiles, & par conséquent les nœuds. Il faut avouer cependant que les actions des planettes & des comètes les unes sur les autres, peuvent causer quelques inégalités tant dans les aphélies que dans les nœuds, mais ce sont des inégalités assez petites pour qu'il soit permis de les négliger.

Cor. 1. Les étoiles fixes sont aussi en repos, car elles conservent les mêmes positions par rapport aux nœuds & aux aphélies.

Cor. 2. Donc puisque le mouvement annuel de la terre ne leur cause point de parallaxe sensible, leurs forces attractives ne produisent point d'effets sensibles dans la région de notre système à cause de la distance immense de ces corps. Peut-être les étoiles fixes, qui sont également dispersées dans toutes les parties du ciel, détruisent-elles leurs forces mutuelles par leurs attractions contraires, selon la Prop. 70. du Liv. 1.

SCHOLIE.

Comme l'action mutuelle des planettes qui font le plus près du Soleil, telles que Venus, Mercure, la terre & Mars font presque infenfibles à caufe de la petitefſe de ces planettes : leurs nœuds & leurs aphélies font en repos, à l'altération près que peut y apporter l'action de Saturne, de Jupiter & des autres corps placés au-deſſus d'elles. En ayant égard à cette altération, on trouve, par la théorie de la gravité, que leurs aphélies fe meuvent un peu en conféquence par rapport aux fixes, & cela dans la proportion fefquiplée des diſtances de ces planettes au Soleil. Enforte que fi l'aphélie de Mars fait 33' 20" en cent ans, en conféquence par rapport aux fixes : les aphélies de la terre, de Venus, & de Mercure feront dans le même efpace de cent ans 17' 40", 10' 53" & 4' 16" respectivement. Mais on ne fait pas attention dans cette Propofition à ces mouvemens qui font prefque infenfibles.

PROPOSITION XV. PROBLÉME I.

Trouver les diamétres principaux des orbes.

Il faut les prendre en raifon fefquiplée des temps périodiques, par la Prop. 15 du Liv. 1. Enfuite, par la Prop. 60 du Liv. 1. il faut augmenter le diamétre de chacun des orbes dans la raifon qu'il y a entre la maſſe de la planette ajoutée à celle du Soleil, & la premiere des deux moyennes proportionnelles entre cette fomme & le Soleil.

PROPOSITION XVI. PROBLÉME II.

Trouver les excentricités & les aphélies des orbes.

Ce Problême fe réfout par la Prop. 18 du Liv. 1.

DE LA PHILOSOPHIE NATURELLE.

PROPOSITION XVII. THÉORÉME XV.

Les mouvemens diurnes des planettes sont uniformes, & la libration de la Lune vient de son mouvement diurne.

Cela est clair par la première loi du mouvement & par le Cor. 22. de la Prop. 66. Liv. I.

Jupiter par rapport aux fixes fait sa révolution diurne en 9 h. 56', Mars en 24 h. 39', Venus en 23 h. environ, la terre en 23 h. 56', le Soleil en 25 jours ½, & la Lune en 27 jours 7 h. 43'; c'est ce que les Phénoménes prouvent. Les taches du Soleil revenant sur son disque dans la même situation au bout de 27 j. ½ par rapport à la terre; il faut que le Soleil fasse sa révolution par rapport aux fixes en 25 j. ½ environ. Et comme le jour de la Lune par sa révolution uniforme autour de son axe est d'un mois, sa même face doit regarder toujours la terre à la différence près qui est produite par l'excentricité de son orbite. C'est-là la libration de la Lune en longitude : quant à sa libration en latitude, elle dépend de la latitude de la Lune, & de l'inclinaison de son axe au plan de l'écliptique.

Mercator a amplement expliqué la théorie de cette libration de la Lune d'après mes lettres dans son Astronomie publiée au commencement de l'année 1676.

Le satellite le plus éloigné de Saturne paroît tourner autour de son axe d'un mouvement semblable, & présenter toujours le même côté à Saturne; car toutes les fois qu'il approche de la partie orientale de l'orbe de cette planette, on le voit à peine, & souvent il disparoît entierement : ce qui peut venir de ce qu'il présente alors à la terre une partie de son disque dans laquelle il se trouve des taches, comme Cassini l'a remarqué.

Le satellite le plus éloigné de Jupiter paroît tourner aussi de même autour de son axe, car il a, dans la partie de son disque opposée à Jupiter, une tache que l'on voit comme si elle étoit dans le disque même de Jupiter, toutes les fois que ce satellite passe entre Jupiter & nos yeux.

Tome II.

PROPOSITION XVIII. THÉORÉME XVI.

Les axes des planettes sont plus petits que les rayons de leurs équateurs.

Si les planettes n'avoient point le mouvement journalier de rotation autour de leur axe, elles devroient être sphériques à cause de l'égale gravité de leurs parties. Le mouvement de rotation fait que les parties qui s'éloignent de l'axe font effort pour monter vers l'équateur. Et par conséquent, si la matiére dont elles sont composées étoit fluide, son élévation vers l'équateur augmenteroit le diamétre de ce cercle, & son abbaissement vers les Pôles diminueroit l'axe. Aussi les observations astronomiques nous apprennent-elles que dans Jupiter le diamétre qui va d'un pôle à l'autre est plus court que celui qui va de l'Orient à l'Occident. Par le même raisonnement, on verra que si notre terre n'étoit pas un peu plus haute à l'équateur qu'aux pôles, les mers s'affaissant vers les pôles, & s'élevant vers l'équateur inonderoient toutes ces régions.

PROPOSITION XIX. PROBLÉME III.

Trouver la proportion des axes d'une planette.

Norvood, notre compatriote, vers l'année 1635. trouva en mesurant un espace de 905751 pieds anglois entre *Londres* & *Yorck*, & en observant la différence des latitudes de ces deux villes qui est de 2^d 28′, que le dégré avoit 367196 pieds anglois, c'est-à-dire, 57300 toises *de Paris*.

Picart en mesurant un arc de 1^d 22′ 55″ dans le méridien entre *Amiens* & *Malvoisine*, trouva que le dégré avoit 57060 toises *de Paris*, *Cassini* le pere mesura dans le méridien la distance entre la ville de *Collioure* en *Roussillon* & l'observatoire de *Paris* : & son fils ajouta à cette mesure celle de la distance entre l'observatoire de *Paris*, & la tour de *Dunkerque* : la distance totale étoit de

DE LA PHILOSOPHIE NATURELLE.

486156½ toises, & la différence des latitudes des villes de *Collioure* & de *Dunkerque* de 8ᵈ 31′ 11⅙″, ce qui donne l'arc d'un dégré de 57061 toises de *Paris*. De ces mesures on conclud la circonférence de la terre de 123249600 pieds *de Paris*, & son demi diamétre de 19615800 pieds, en supposant que la terre soit sphérique.

On a vu ci-dessus que dans la latitude *de Paris* les corps graves en tombant parcourent 15 pieds 1 pouces & 1 $\frac{7}{9}$ lignes ou 2173 $\frac{7}{9}$ lignes en une seconde. Mais le poids des corps diminue par le poids de l'air qui les environne ; supposons que cette diminution soit la $\frac{1}{11000}$ᵉ partie du poids total, le corps en tombant dans le vuide parcoureroit 2174 lignes en une seconde.

Un corps qui circuleroit dans un cercle à la distance de 19615800 pieds du centre, & qui feroit sa révolution uniformement en 23ʰ 56′ 4″ sidérales, décriroit un arc de 1433, 46 pieds en une seconde, le sinus verse de cet arc est de 0, 0523656 pieds ou de 7, 54064 lignes. Ainsi la force avec laquelle les graves descendent à la latitude *de Paris*, est à la force centrifuge des corps sous l'équateur causée par le mouvement de rotation de la terre, comme 2174 à 7, 54064.

La force centrifuge des corps sous l'équateur, est à la force centrifuge par laquelle les corps tendent à s'éloigner perpendiculairement de la terre à la latitude de Paris qui est de 48ᵈ 50′ 10″ en raison doublée du rayon au sinus du complement de cette latitude, c'est-à-dire, comme 7, 54064 à 3, 267. En ajoutant cette force à la force qui fait descendre les graves à la latitude de Paris, la chute des graves produite à cette latitude par la force totale de la gravité sera dans une seconde de 2177, 267 lignes ou 15 pieds 1 pouce, 5, 267 lignes de Paris. Et la force totale de la gravité dans cette latitude sera à la force centrifuge des corps sous l'équateur comme 2177, 267 à 7, 54064 ou comme 289 à 1.

Si présentement *A P B Q* représente la terre non supposée sphérique comme auparavant, mais formée par la révolution

E ij

d'une ellipfe autour de fon petit axe PQ, & que $ACQqca$ foit un canal plein d'eau depuis le pôle Qq jufqu'au centre Cc, & depuis ce centre jufqu'à l'équateur Aa : le poids de l'eau dans la branche $ACca$ du canal, doit être au poids de l'eau dans l'autre branche $QCcq$ comme 289 à 288 à caufe que la force centrifuge qui vient du mouvement circulaire foutient & ôte du poids de l'eau une partie fur 289 & que par conféquent les 288 parties d'eau qui font dans la branche $ACca$ foutiennent les 289 de l'autre.

En fuivant la méthode du Cor. 2. de la Prop. 91. du 1. Livre, je trouve que fi la terre étoit compofée d'une matiére homogène, qu'elle fut privée de tout mouvement, & que fon axe PQ fut à fon diamétre AB comme 100 à 101 : la gravité au lieu Q de la terre feroit à la gravité dans le même lieu Q d'une fphére décrite du centre C & du rayon PC ou QC, comme 126 à 125.

Par le même raifonnement, on trouvera que la gravité dans le lieu A d'un fphéroïde décrit par la révolution de l'ellipfe $APBQ$ autour de fon axe AB, eft à la gravité au même lieu A dans une fphére décrite du centre C & du rayon AC, comme 125 à 126. De plus la gravité au lieu A de la terre eft moyenne proportionnelle entre les gravités dans ce fphéroïde & dans cette fphére : à caufe que la fphére, en diminuant le diamétre PQ dans la raifon de 101 à 100, fe changeroit dans la figure de la terre ; & que cette figure en diminuant dans la même raifon le diamétre perpendiculaire aux deux diamétres AB, PQ, fe changeroit dans le fphéroïde décrit par la révolution de l'ellipfe $ABPQ$ autour de AB ; & dans l'un & l'autre cas, la gravité en A diminueroit dans la même raifon à peu près.

Enfin la gravité en A dans la fphére dont le centre eft C & le rayon AC, eft à la gravité au même lieu A fur la terre, comme 126 à $125\frac{1}{2}$, & la gravité au lieu Q dans la fphére dont le centre eft C & le rayon QC, eft à la gravité au lieu A dans la fphére dont le centre eft C & le rayon AC, en raifon des dia-

DE LA PHILOSOPHIE NATURELLE. 37

mètres, (par la Prop. 72. du Liv. 1.) c'est-à-dire, comme 100 à 101. Joignant donc ces trois raisons 126 à 125, 126 à 125$\frac{1}{4}$, & 100 à 101, la gravité sur la terre au lieu Q sera à la gravité sur la terre au lieu A, comme 126 × 126 × 100 à 125 × 125$\frac{1}{4}$ × 101, ou comme 501 à 500.

Or, comme (par le Cor. 3. de la Prop. 91. du Liv. 1.) la gravité dans l'un ou l'autre branche $ACca$ ou $QCcq$ du canal est comme la distance des lieux au centre de la terre; si ces branches sont séparées en parties proportionnelles aux touts par des surfaces transversales & équidistantes, les poids d'un nombre quelconque de parties de l'une de ces branches, seront aux poids d'autant de parties dans l'autre branche en raison composée des quantités de matiére & des forces accélératrices, c'est-à-dire, de la raison de 101 à 100 & de celle de 500 à 501, ou, ce qui revient au même, en raison simple de 505 à 501. Donc, si la force centrifuge d'une partie quelconque de la branche $ACca$, laquelle vient du mouvement diurne, étoit au poids de la même partie, comme 4 à 505, ensorte que du poids de cette partie divisée en 505, sa force centrifuge en ôtât 4; les poids seroient égaux dans l'une & l'autre branche, & par conséquent le fluide resteroit en équilibre.

Mais la force centrifuge d'une partie quelconque est au poids de cette même partie comme 1 à 289, c'est-à-dire, que la force centrifuge qui devroit être la $\frac{4}{505}^e$ partie du poids n'en est que la $\frac{1}{289}^e$ partie, ainsi on peut dire, par une simple analogie, si la force centrifuge $\frac{4}{505}$ fait que la hauteur de l'eau dans la branche $ACca$ surpasse la hauteur de l'eau dans la branche $QCcq$ d'une centiéme partie de toute la hauteur: la force centrifuge $\frac{1}{289}$ fera que l'excès de la hauteur dans la branche $ACca$ ne sera que $\frac{1}{229}^e$ partie de la hauteur de l'eau dans l'autre branche $QCcq$. Et le diamétre de la terre qui passe par ses pôles sera au diamétre de l'équateur comme 229 à 230. Ainsi, comme le demi diamétre médiocre de la terre est, selon la mesure de *Picart*, de

19615800 pieds de Paris, ou de 3923, 16 milles, (supposé que le mille soit de 5000 pieds) la terre sera plus haute à l'équateur qu'aux pôles de 85472 pieds, ou de $17\frac{1}{10}$ milles, & sa hauteur à l'équateur sera de 19658600 pieds environ, & de 19573000 aux pôles.

Si la planette est plus petite, ou plus grande que la terre, mais que sa densité, & le temps périodique de sa révolution diurne soient les mêmes, la proportion de la force centrifuge à la gravité demeurera la même, & par conséquent la proportion entre l'axe & le diamétre de l'équateur sera aussi la même.

Mais si le mouvement diurne est accéléré ou retardé dans une raison quelconque, il augmentera ou diminuera la force centrifuge dans la raison doublée de cette raison, & par conséquent la différence des diamétres augmentera ou diminuera dans cette même raison doublée à peu près. Si la densité de la planette augmente ou diminue dans une raison quelconque, la gravité vers cette planette augmentera ou diminuera dans la même raison. Mais la différence des diamétres diminuera au contraire en raison de l'augmentation de la gravité, ou augmentera en raison de la diminution de la gravité. Ainsi comme la terre fait sa révolution en $23^h 56'$ & Jupiter en $9^h 56'$, par rapport aux fixes, & que par conséquent les quarrés des temps sont comme 29 à 5, & les densités comme 400 à $94\frac{1}{2}$: la différence des diamétres de Jupiter sera à son petit diamétre comme $\frac{29}{5} \times \frac{400}{94\frac{1}{2}} \times \frac{1}{229}$ à 1, ou comme 1 à $9\frac{1}{3}$ à peu près. Le diamétre de Jupiter de l'Orient à l'Occident est donc à son diamétre entre les pôles comme $10\frac{1}{3}$ à $9\frac{1}{3}$ à peu près. Donc, puisque son plus grand diamétre est de $37''$, son petit diamétre entre ses pôles sera de $33'' 25'''$ & ajoutant $3''$ à peu près pour la lumiére erratique, les diamétres apparens de cette planette seront de $40''$ & $36'' 25'''$ à peu près : c'est-à-dire, qu'ils seront l'un à l'autre comme $11\frac{1}{2}$ à $10\frac{1}{3}$ à peu près. Mais ce rapport ne doit avoir lieu qu'en supposant toute

DE LA PHILOSOPHIE NATURELLE.

la matiére de Jupiter d'une égale denſité; car ſi elle étoit plus denſe vers le plan de l'équateur que vers les pôles, ſes diamétres pourroient être l'un à l'autre comme 12 à 11, ou comme 13 à 12, ou même comme 14 à 13. Caſſini a obſervé dans l'année 1691. que le diamétre de Jupiter de l'Orient à l'Occident ſurpaſſoit ſon autre diamétre environ d'une de ſes quinziémes parties. Notre compatriote *Pound* avec un téleſcope de 123 pieds & un excellent Micrométre, ayant meſuré les diamétres de Jupiter en 1719. les trouva tels qu'ils ſont marqués dans la table ſuivante.

Temps.		Grand diamétre.	Petit diamétre.	Différence des diamétres entr'eux.
Jours	Heures	Parties	Parties	
Janv. 28	6	13, 40	12, 28	comme 12 à 11
Mars 6	7	13, 12	12, 20	$13\frac{1}{4}$ à $12\frac{3}{4}$
Mars 9	7	13, 12	12, 08	$12\frac{2}{3}$ à $11\frac{2}{3}$
Avril 9	9	12, 32	11, 48	$14\frac{1}{2}$ à $13\frac{1}{2}$

Cette théorie s'accorde avec les Phénoménes; car l'équateur des planettes étant beaucoup plus expoſé que les autres parties à l'action du Soleil, la matiére qui y eſt, pour ainſi dire, plus cuite doit y être plus denſe que vers les pôles.

Que la gravité diminue ſous l'équateur par la rotation diurne de notre terre, & que parconſéquent elle doive être plus élevée vers l'équateur qu'aux pôles, (ſi ſa matiére eſt d'une denſité uniforme) c'eſt ce qui paroîtra clairement par les expériences des pendules que je vais rapporter dans la Propoſition ſuivante.

PROPOSITION XX. PROBLEME IV.

Trouver & comparer entr'eux les poids des corps dans les diverſes régions de la terre.

Comme les poids de l'eau renfermée dans les branches inégales du canal *A C Q q c a* ſont égaux; & que les poids de ſes parties, qui ſont proportionnelles aux branches, & ſituées de même dans leur totalité, ſont entr'eux comme les poids entiers,

& que par conséquent ils sont égaux entr'eux ; les poids des parties égales & également situées dans ces branches, seront réciproquement comme ces branches, c'est-à-dire, comme 230 à 229. Il en est de même de tous les corps quelconques homogènes égaux, & qui seront situées semblablement dans les branches de ce canal; leurs poids seront réciproquement comme ces branches, c'est-à-dire, réciproquement comme les distances de ces corps au centre de la terre. C'est pourquoi, les poids des corps situés dans les parties supérieures de ces canaux, ou à la surface de la terre, seront entr'eux réciproquement comme leur distance à son centre. Par le même raisonnement, les poids, dans quelque région de la terre que ce soit, sont réciproquement comme les distances des lieux au centre de la terre ; & par conséquent, en supposant que la terre soit un sphéroïde, leur proportion est donnée.

On tire de-là ce théorème, que l'augmentation du poids, en allant de l'équateur vers les pôles, doit être à peu près comme le sinus verse du double de la latitude, ou, ce qui est la même chose, comme le quarré du sinus droit de la latitude. Les arcs des dégrés de latitude augmentent à peu près dans la même raison dans le méridien. Ainsi la latitude de Paris étant de 48^d $50'$, celle des lieux situés sous l'équateur de 00^d $00'$, & celle des lieux situés aux pôles de 90^d, les sinus verses des arcs doubles étant par conséquent de 11334, 00000, & 20000, pour le rayon de 10000 ; & la gravité aux pôles étant à la gravité sous l'équateur comme 230, à 229, ou, ce qui revient au même, l'excès, de la gravité aux pôles étant à la gravité sous l'équateur comme 1 à 229 : on trouvera que l'excès de la gravité dans la latitude de Paris, est à la gravité sous l'équateur, comme $1 \times \frac{11334}{10000}$ à 229, ou comme 5667 à 2290000. Donc les gravités totales dans ces lieux, seront l'une à l'autre comme 2295667 à 2290000. Or comme les longueurs des pendules qui font leurs oscillations en temps égaux, sont en raison directe des gravités, & qu'à la latitude de Paris la longueur du pendule qui bat les secondes est de 3 pieds de Paris

DE LA PHILOSOPHIE NATURELLE.

Paris 8¼ lignes, ou plûtôt de 3 pieds 8 5/9 lignes, à cause du poids de l'air: la longueur du pendule sous l'équateur sera moindre que la longueur du pendule synchrone à la latitude de Paris. Et cette différence sera d'une ligne & 87 milliémes de lignes. C'est par un semblable calcul qu'on a dressé la table suivante.

Latitude du lieu.	Longueur du Pendule.		Mesure d'un dégré du Méridien.
Dégrés.	Pieds.	Lignes.	Toises.
0	3	7, 468	56637
5	3	7, 482	56642
10	3	7, 526	56659
15	3	7, 596	56687
20	3	7, 692	56724
25	3	7, 812	56769
30	3	7, 948	56823
35	3	8, 099	56882
40	3	8, 261	56945
1	3	8, 294	56958
2	3	8, 327	56971
3	3	8, 361	56984
4	3	8, 394	56997
45	3	8, 428	57010
6	3	8, 461	57022
7	3	8, 494	57035
8	3	8, 528	57048
9	3	8, 561	57061
50	3	8, 594	57074
55	3	8, 756	57137
60	3	8, 907	57196
65	3	9, 044	57250
70	3	9, 162	57295
75	3	9, 258	57332
80	3	9, 329	57360
85	3	9, 372	57377
90	3	9, 387	57382

On voit par cette table que l'inégalité des dégrés est si petite, que dans la géographie on peut supposer la terre sphérique: surtout si la matiére est plus dense vers l'équateur que vers les pôles.

PRINCIPES MATHÉMATIQUES

Quelques Aftronomes envoyés dans des régions fort éloignées pour faire des obfervations aftronomiques, obferverent que le mouvement des horloges à pendule étoit plus lent vers l'équateur que dans nos pays. M. *Richer* fut le premier qui fit cette obfervation dans l'Ifle de *Cayenne* en 1672. En obfervant au mois d'Août le paffage des fixes par le méridien, il trouva que fa pendule retardoit fur le moyen mouvement du Soleil, & que la différence par jour étoit de 2' 28". Enfuite ayant fait ofciller un pendule fimple enforte que fes vibrations fuffent ifochrones à celles de fa pendule qui étoit excellente, il détermina la longueur du pendule fimple, & il répéta fes expériences plufieurs fois chaque femaine pendant 10 mois. Etant enfuite retourné en France il compara la longueur de ce pendule avec celle du pendule qui bat les fecondes à Paris (lequel avoit 3 pieds de Paris & 8 lignes $\frac{1}{3}$) & il trouva que le pendule fous l'équateur étoit plus court qu'à Paris d'une ligne & un quart de ligne.

Depuis ce temps, *Halley* notre compatriote trouva vers l'année 1677. qu'à l'ifle de *Sainte Hélene* le mouvement de fa pendule étoit plus lent qu'à *Londres*, il n'en détermina pas la différence, mais il racourcit fon pendule de plus de la huitiéme partie d'un pouce, c'eft-à-dire, d'une ligne & demie. Pour faire cette opération, comme la longueur de la vis vers le bas du pendule n'étoit pas fuffifante, il mit un anneau de bois à la boëte de la vis, & il y fufpendit le poids du pendule.

Enfuite dans l'année 1682. MM. *Varin & Deshayes* déterminerent la longueur du pendule qui bat les fecondes à l'Obfervatoire de *Paris*, de 3 pieds de Paris 8 lignes & $\frac{5}{9}$, & dans l'Ifle de *Gorée* ils trouverent par la même méthode que la longueur du pendule fynchrone étoit de 3 pieds 6 lignes & $\frac{5}{9}$, ainfi la différence étoit de deux lignes. La même année, aux ifles de la *Guadaloupe* & de la *Martinique*, ils trouverent la longueur du pendule fynchrone de 3 pieds 6 lignes $\frac{1}{2}$.

M. *Couplet le fils* en 1697. au mois de Juillet, régla fa pendule

DE LA PHILOSOPHIE NATURELLE. 43

sur le moyen mouvement du Soleil à l'observatoire de Paris, enforte que pendant un temps assez long, elle s'accordoit parfaitement avec le mouvement du Soleil, & étant à *Lisbonne* au mois de Novembre suivant il trouva que cette même pendule retardoit, & que la différence étoit de 2′ 13″ en 24 heures. Au mois de Mars suivant, il trouva qu'à *Paraïbe* son horloge retardoit sur *Paris* de 4′ 12″ en 24 heures. Et il assure que le pendule qui battoit les secondes à *Lisbonne* étoit plus court que celui qui les battoit à *Paris* de 2 lignes $\frac{1}{5}$ & que celui qui les battoit à *Paraïbe* étoit plus court que celui qui les battoit à *Paris* de 3 lignes $\frac{2}{7}$. Il auroit déterminé plus exactement ces différences s'il eût fait celle de *Lisbonne* de 1 ligne $\frac{1}{5}$ & celle de *Paraïbe* de 2 lignes $\frac{5}{9}$, car ces différences répondent respectivement à 2′ 13″ & à 4′ 12″ qui sont les différences qu'il avoit remarquées entre les temps marqués par son horloge, ainsi on ne doit pas beaucoup ajouter de foi à ces observations grossières.

Les années suivantes, c'est-à-dire, en 1699. & en 1700. M. *Deshayes* étant de nouveau en Amérique, détermina la longueur du pendule qui bat les secondes dans les isles de *Cayenne* & de *Grenade* un peu moindre de 3 pieds 6 lignes $\frac{1}{2}$. Dans l'isle de *S. Christophe*, il trouva cette longueur de 3 pieds 6 lignes $\frac{1}{4}$. Et dans l'isle de *S. Domingue* de 3 pieds 7 lignes.

En l'année 1704. le P. *Feuillée* trouva à *Portobello* en Amérique, la longueur du pendule qui bat les secondes de 3 pieds de Paris, 5 lignes & $\frac{7}{12}$, c'est-à-dire, près de 3 lignes moindre qu'à Paris, mais il dût y avoir de l'erreur dans son observation, car étant allé ensuite à la *Martinique*, il trouva que la longueur du pendule isochrone n'étoit que trois pieds de Paris 5 lignes & $\frac{10}{12}$e.

Or la latitude méridionale de *Paraïbe* est de 6^d 38′, la latitude septentrionale de *Portobello* de 9^d 33′, & les latitudes septentrionales des isles de *Cayenne*, de *Gorée*, de la *Guadaloupe*, de la *Martinique*, de *Grenade*, de *S. Christophe*, & de *S. Domingue*, sont respectivement de 4^d 55′, 14^d 40′, 14^d 00′, 14^d

44′, 12ᵈ 6′, 17ᵈ 19′, & de 19ᵈ 48′; & les excès de la longueur du pendule de Paris fur les longueurs des pendules ifochrones obfervées dans ces latitudes, font un peu plus grands que ne les donne la table des longueurs du pendule calculée ci-deffus. Ainfi la terre doit être un peu plus élevée à l'équateur que ce calcul ne l'a donné, & fa matière doit être plus denfe à fon centre que près de la fuperficie, fuppofé cependant que la chaleur de la Zone torride n'ait pas un peu augmenté la longueur du pendule.

M. *Picart* a obfervé qu'une barre de fer, qui pendant la gelée étoit longue d'un pied, devenoit, étant échauffée par le feu, d'un pied & un quart de ligne. Et M. *de la Hire* a remarqué depuis, qu'une barre de fer qui avoit fix pieds pendant l'hyver, devenoit de fix pieds & $\frac{2}{3}$ de ligne lorfqu'elle étoit expofée au Soleil de l'Eté.

Dans le premier cas, la chaleur fut plus grande que dans le fecond, & dans celui-ci la chaleur fut plus grande que celle des parties externes du corps humain, car les métaux acquerrent une grande chaleur lorfqu'ils font expofés au Soleil de l'Eté. Mais le pendule d'une horloge n'eft jamais expofé au Soleil de l'Eté, & n'atteint même jamais la chaleur des parties externes du corps humain. Ainfi le pendule de l'horloge dont la longueur étoit de trois pieds, n'a jamais pu devenir plus long l'Eté que l'Hyver, que d'un quart de ligne, & par conféquent on ne peut attribuer les différences qui fe trouvent entre les longueurs des pendules ifochrones en différentes régions à la différente chaleur des climats. Elle ne peut être attribuée non plus aux erreurs gliffées dans les obfervations des Aftronomes françois, car quoiqu'elles ne s'accordent pas parfaitement entr'elles, cependant les différences font fi petites qu'on peut les négliger. Ces obfervations s'accordent toutes à donner les pendules ifochrones plus courts vers l'équateur qu'à l'obfervatoire de Paris, & felon toutes ces obfervations, cette différence n'eft pas moindre que

DE LA PHILOSOPHIE NATURELLE. 45

d'une ligne & un quart, & elle ne passe pas 2 lignes $\frac{2}{3}$.

Dans les observations de M. *Richer* à *Cayenne*, la différence fut d'une ligne & un quart, dans celle de M. *Deshayes* la différence corrigée fut d'une ligne & demie, ou d'une ligne trois quarts, dans les autres observations qui sont moins éxactes elle étoit environ de deux lignes ; & ces différences doivent être attribuées, partie aux erreurs commises dans les observations, partie à la dissemblance des parties internes de la terre, & à la différente hauteur des montagnes, & partie enfin à la différente température de l'air.

Une barre de fer longue de trois pieds est plus courte en Angleterre l'Hyver que l'Eté de la sixiéme partie d'une ligne, autant que j'en puis juger ; ainsi ôtant cette différence causée par la chaleur, d'une ligne & un quart, qui est la différence trouvée par M. *Richer*, il restera toujours une différence de $1\frac{1}{12}$ ligne, qui approche assez de $1\frac{87}{1000}$ trouvée ci-dessus par la théorie. *Richer* répéta ses observations à la *Cayenne* toutes les semaines pendant 10 mois, & il compara les longueurs du pendule à *Cayenne* avec les longueurs du même pendule en France déterminées de même. Les autres observateurs n'avoient point fait leurs observations avec tant de soin & de précaution, si donc on regarde les observations de M. *Richer* comme éxactes, il s'ensuivra que la terre doit être plus haute à l'équateur qu'aux pôles de 17 milles environ, comme la théorie précédente l'a donné.

PROPOSITION XXI. THÉORÉME XVII.

Les points équinoxiaux rétrogradent, & l'axe de la terre, à chaque révolution annuelle, a une nutation par laquelle il s'incline deux fois vers l'écliptique & retourne deux fois à sa premiere position.

C'est ce qui est prouvé par le Cor. 20. de la Prop. 66. du Liv. 1. mais ce mouvement de nutation doit être très-foible, & on peut à peine s'en appercevoir.

PROPOSITION XXII. THÉORÉME XVIII.

Tous les mouvemens de la Lune, & toutes ses inégalités sont une suite & se tirent des principes qu'on a posés ci-dessus.

Pendant que les grandes planettes sont portées autour du Soleil, elles peuvent emporter dans leur révolution d'autres planettes plus petites, qui tournent autour d'elles dans des ellipses dont le foyer est placé dans le centre des grandes planettes, ce qui est clair par la Prop. 65. du Liv. 1. Les mouvemens de ces petites planettes, doivent être troublés de plusieurs façons par l'action du Soleil qui doit causer des inégalités dans leur mouvement telles qu'on en remarque dans notre Lune ; car dans les syzygies cette planette (selon les Cor. 2. 3. 4. & 5. de la Prop. 66.) se meut plus vîte & décrit autour de la terre des aires plus grandes en temps égaux que dans les quadratures, & alors elle parcourt un orbe moins courbe, & approche par conséquent plus près de la terre, à moins que son mouvement excentrique ne fasse un effet contraire. Car l'excentricité de la Lune est la plus grande (par le Cor. 9. de la Prop. 66.) lorsque son apogée est dans les syzygies, & elle est la moindre lorsque l'apogée est dans les quadratures ; ensorte que la Lune va plus vîte & est plus près de la terre dans son périgée ; & elle va plus lentement, & est plus loin de nous dans son apogée, lorsqu'elle est dans les syzygies que lorsqu'elle est dans les quadratures. De plus, l'apogée avance, & les nœuds rétrogradent, mais d'un mouvement inégal : l'apogée (par les Cor. 7. & 8. de la Prop. 66.) avance plus vîte dans ses syzygies, & rétrograde plus lentement dans ses quadratures, & l'excès du mouvement progressif sur la rétrogradation se fait, pour l'année entiere, en conséquence. Mais les nœuds (par le Cor. 2. de la Prop. 66.) sont en repos dans leurs syzygies, & rétrogradent très-vîte dans leurs quadratures. Quant à la plus grande latitude de la Lune, elle est plus grande dans ses quadratures (par le Cor. 10. de la Prop. 66.) que dans ses syzygies : & le

DE LA PHILOSOPHIE NATURELLE. 47

moyen mouvement est plus lent dans le périhélie de la terre (par le Cor. 6. de la Prop. 66.) que dans son aphélie. Ce sont là les inégalités les plus remarquables que les Astronomes ayent observées dans le mouvement de la Lune.

Il y en a encore quelques-unes qui n'avoient pas été observées par les premiers Astronomes, & qui troublent tellement les mouvemens lunaires, que jusqu'à-présent, on n'avoit pû les réduire à aucune règle certaine. Telles sont les vîtesses ou les mouvemens horaires de l'apogée & des nœuds de la Lune, & leurs équations, ainsi que la différence entre la plus grande excentricité dans les syzygies & la plus petite dans les quadratures, & l'inégalité qu'on appelle variation; toutes ces quantités augmentent & diminuent annuellement (par le Cor. 14. de la Prop. 66.) en raison triplée du diamétre apparent du Soleil. De plus, la variation augmente ou diminue à peu près en raison doublée du temps qui s'écoule entre les quadratures (par les Cor. 1. & 2. du Lemme 10. & le Cor. 16. de la Prop. 66. Liv. 1.) mais cette inégalité est ordinairement rapportée dans le calcul astronomique à la prosthaphérèse de la Lune, & est confondue avec elle.

PROPOSITION XXIII. PROBLÉME V.

Les inégalités des mouvemens des satellites de Jupiter & de Saturne peuvent se déduire des mouvemens de la Lune.

On peut déduire des mouvemens de notre Lune les mouvemens analogues des Lunes ou des satellites de Jupiter, & cela en cette sorte.

Par le Cor. 16. de la Prop. 66. du Liv. 1. le mouvement moyen des nœuds du satellite le plus éloigné de Jupiter est au mouvement moyen des nœuds de notre Lune, en raison composée de la raison doublée du temps périodique de la terre autour du Soleil, au temps périodique de Jupiter autour du Soleil, & de la raison simple du temps périodique de ce satellite autour de Jupiter au temps périodique de la Lune autour de la terre ; ainsi en cent ans les nœuds du dernier satellite de Jupiter feront $8^d\ 24'$ en antécédence.

Par le même corollaire, les mouvemens moyens des nœuds des satellites intérieurs sont au mouvement des nœuds de ce dernier satellite comme les temps périodiques de ces satellites intérieurs au temps périodique du satellite extérieur, ainsi ils sont donnés.

Il suit encore du même Corollaire que le mouvement en conséquence de l'apside la plus haute d'un satellite est au mouvement de ses nœuds en antécédence, comme le mouvement de l'apogée de notre Lune au mouvement de ses nœuds, & il est par conséquent donné.

Le mouvement de la plus haute apside ainsi trouvé, doit être diminué dans la raison de 5 à 9 ou de 1 à 2 à peu près, pour une raison qu'il n'est pas à propos d'expliquer ici.

Les plus grandes équations des nœuds, & de l'apside la plus haute d'un satellite quelconque sont, à peu près, aux plus grandes équations des nœuds & de l'apside la plus haute de la Lune, respectivement, comme le mouvement des nœuds & de l'apside la plus haute des satellites dans le temps d'une révolution des premieres équations, au mouvement des nœuds & de l'apogée de la Lune dans le temps d'une révolution des dernières équations.

La variation d'un satellite, telle qu'on l'observeroit de Jupiter, est à la variation de la Lune comme sont entr'eux les mouvemens entiers des nœuds pendant les temps pendant lesquels ce satellite & la Lune font leur révolution autour du Soleil, par le même Cor. Ainsi dans le satellite le plus éloigné de Jupiter elle ne passe pas $5''\ 12'''$.

PROPOSITION

DE LA PHILOSOPHIE NATURELLE.

PROPOSITION XXIV. THÉORÈME XIX.

Le flux & le reflux de la mer font causés par les actions de la Lune & du Soleil.

Par les Cor. 19. & 20. de la Prop. 66. du premier Livre, on voit que la mer doit s'abbaisser & s'élever deux fois chaque jour tant solaire que lunaire, & que la plus grande élévation de l'eau dans les mers libres & profondes, doit suivre le passage de l'astre par le méridien du lieu dans un espace de temps moindre que six heures. C'est en effet ce qui arrive dans la mer Atlantique & d'Ethiopie, & dans tout le trajet qui est entre la France & le Cap de bonne Espérance vers l'Orient, ainsi que dans la mer Pacifique sur les rivages du Chili & du Pérou : car dans toutes ces côtes les marées arrivent vers la 2, 3, ou quatriéme heure, excepté que dans les lieux où l'eau rencontre beaucoup de sables, la marée retarde jusqu'à la 5, 6 & septiéme heure, & quelquefois au de-là. Je compte les heures depuis le passage de l'un & de l'autre astre par le méridien du lieu tant au-dessus qu'au-dessous de l'horison, & par les heures du jour lunaire j'entends la vingt-quatriéme partie du temps que la Lune employe dans son mouvement diurne apparent à revenir au méridien du lieu.

La plus grande force du Soleil ou de la Lune, pour élever les eaux de la mer, se trouve dans le moment même qu'ils atteignent le méridien du lieu. Cette force qu'ils impriment alors à la mer y subsiste pendant un certain temps, & s'augmente par la force nouvelle qui lui est ensuite imprimée, jusqu'à ce que la mer soit parvenue à sa plus grande hauteur, ce qui arrive dans l'espace d'une heure, de deux heures, & le plus souvent dans celui de trois heures environ vers les rivages, ou même dans un temps plus long, si la mer a beaucoup de bancs.

Les deux mouvemens que ces deux astres excitent, ne peuvent pas être apperçus chacun à part, mais il s'en compose un

Tome. II.

mouvement mixte. Dans la conjonction ou l'opposition de ces astres, leurs actions conspirent & causent le plus grand flux & le plus grand reflux. Dans les quadratures, le Soleil éleve l'eau lorsque la Lune l'abbaisse, & il l'abbaisse lorsque la Lune l'éleve; & la marée étant l'effet de la différence de ces actions opposées, elle est alors la plus petite. Or comme l'expérience fait voir que la Lune fait plus d'effet sur la mer que le Soleil, la plus grande hauteur de l'eau arrive, à peu près, à la troisiéme heure lunaire.

Hors des syzygies & des quadratures, la plus grande hauteur de l'eau devroit toujours arriver à la troisiéme heure lunaire par la seule action de la Lune, & à la troisiéme heure solaire par la seule action du Soleil; & par ces actions composées elle arrive à un temps intermédiaire, mais qui est plus près de la troisiéme heure lunaire que de la troisiéme heure solaire; ainsi dans le passage de la Lune des syzygies aux quadratures, où la troisiéme heure solaire précede la troisiéme heure lunaire, la plus grande hauteur de l'eau précede aussi la troisiéme heure lunaire, & elle la précede d'un intervalle qui est le plus grand un peu après les octans de la Lune; dans le passage des quadratures aux Syzygies c'est le contraire, la plus haute marée suit la troisiéme heure lunaire avec des intervalles égaux à ceux avec lesquels elle l'avoit précédée.

Telles sont les loix du flux & du reflux dans les mers libres, mais aux embouchures des fleuves, les plus grandes hauteurs de l'eau arrivent plus tard, toutes choses d'ailleurs égales.

Les effets du Soleil & de la Lune sur la mer dépendent de leurs distances de la terre; car dans leurs moindres distances ils font de plus grands effets, & dans leurs plus grandes distances leurs effets sont moindres, & cela en raison triplée de leurs diamétres apparens. Ainsi le Soleil étant l'hyver dans son périgée, il fait plus d'effet sur la mer, & par conséquent, toutes choses égales, les marées sont un peu plus hautes dans les syzygies, &

un peu moindres dans les quadratures, en Hyver qu'en Eté ; & la Lune étant chaque mois dans son périgée, les marées sont plus grandes alors que 15 jours devant ou 15 jours après qu'elle est dans son apogée. Par ces deux causes il arrive que dans deux syzygies continues les deux plus grandes marées ne se suivent pas éxactement.

Les effets du Soleil & de la Lune sur la mer dépendent aussi de la déclinaison de ces astres, ou de leur distance de l'équateur ; car si l'astre étoit dans le pôle, il attireroit d'une manière constante toutes les parties de l'eau, sans que son action fut augmentée ni diminuée, & par conséquent elle n'exciteroit aucun mouvement de réciprocation. Donc ces astres s'éloignant de l'équateur vers le pôle, leurs effets doivent diminuer peu à peu, & par conséquent ils doivent causer de moindres marées dans leurs syzygies solsticiales que dans leurs syzygies équinoxiales. Dans leurs quadratures solsticiales elles doivent, au contraire, être plus grandes que dans leurs quadratures équinoxiales ; parce que les effets de la Lune, qui est alors dans l'équateur, surpassent beaucoup ceux du Soleil : ainsi les plus grandes marées arrivent dans les syzygies, & les moindres dans les quadratures de ces astres, vers les temps de l'équinoxe de l'un & de l'autre ; & la plus grande marée dans les syzygies est toujours accompagnée de la plus petite dans les quadratures, comme l'expérience le fait voir.

Le Soleil étant moins éloigné de la terre en Hyver qu'en Eté, les plus grandes & les plus petites marées précedent plus souvent l'équinoxe du Printemps qu'elles ne le suivent, & elles suivent plus souvent l'équinoxe d'Automne qu'elles ne le précedent.

Les effets du Soleil & de la Lune sur la mer dépendent encore de la latitude des lieux. Que $ApEP$ représente la terre couverte de toutes parts par une mer très-profonde ; que C soit son centre ; P & p ses pôles ; AE son équateur ; F un lieu quelconque de la terre pris hors de l'équateur ; Ff le parallele

Fig. 2.

de ce lieu ; Dd le parallele qui lui répond de l'autre côté de l'équateur ; L le lieu où la Lune étoit trois heures auparavant ; H le lieu de la terre qui y répond perpendiculairement ; h le lieu opposé à celui-là ; K, k les lieux qui en sont distans de 90^d ; CH, Ch les plus grandes hauteurs de la mer mesurées du centre de la terre ; & CK, Ck ses plus petites hauteurs : si sur les axes Hh, Kk on décrit une ellipse, cette ellipse par sa révolution autour de son grand axe Hh décrira un sphéroïde HPK hpk ; lequel représentera à peu près la figure de la mer, & CF, Cf, CD, Cd seront les hauteurs de la mer aux lieux F, f, D & d. De plus, si dans la révolution de l'ellipse dont on vient de parler, un point quelconque N décrit un cercle MN, lequel coupe les parallèles Ff, Dd dans les lieux quelconques R & T & l'équateur AE en S ; CN sera la hauteur de la mer dans tous les lieux R, S, T, situés dans ce cercle. Ainsi dans la révolution diurne d'un lieu quelconque F, l'élévation des eaux sera la plus grande en F, la troisiéme heure après le passage de la Lune par le méridien sur l'horison ; & leur plus grand abbaissement sera en Q la troisiéme heure après le coucher de la Lune ; ensuite la plus grande élévation sera en f la troisiéme heure après le passage de la Lune par le méridien sous l'horison ; & enfin le plus grand abbaissement en Q la troisiéme heure après le lever de la Lune ; & la derniére élévation des eaux en f sera moindre que la premiere en F.

Supposons toute la mer séparée en deux flots hémisphériques, l'un boréal dans l'hémisphère KHk, & l'autre austral dans l'hémisphére opposé Khk ; ces flots étant toujours opposés l'un à l'autre viennent tour à tour au méridien de chaque lieu de la terre dans l'intervalle de 12 heures lunaires. Mais comme les régions boréales participent plus du flux boréal, & les australes du flux austral, il doit s'en composer des marées qui seront alternativement plus grandes & moindres dans chacun des lieux hors de l'équateur, dans lesquels le Soleil & la Lune se levent &

DE LA PHILOSOPHIE NATURELLE.

fe couchent. Ainfi la plus grande marée, lorfque la Lune décline vers le Zenith du lieu, tombera à peu près à la troifiéme heure après le paffage de la Lune au méridien fur l'horifon ; & la déclinaifon de la Lune changeant, cette plus grande marée deviendra la plus petite. La plus grande différence de ces marées tombera dans le temps des folftices ; furtout fi le nœud afcendant de la Lune fe trouve dans le premier point d'Aries. C'eft ce qui eft conforme à l'expérience, car en hyver les marées du matin font plus grandes que celles du foir, & en Eté celles du foir furpaffent celles du matin. A *Plimouth* cette différence va prefque à un pied, & à *Briftol* elle va à 15 pouces : comme l'ont obfervé *Colepreffius & Sturmius*.

Les mouvemens de la mer dont j'ai parlé jufqu'à préfent font un peu altérés par cette force de réciprocation des eaux, par laquelle le flux pourroit fubfifter quelque temps quoique les actions du Soleil & de la Lune fur la mer vinffent à ceffer. Cette confervation du mouvement une fois imprimé diminue la différence des marées alternatives ; & elle rend les marées plus grandes immédiatement après les fyzygies, & plus petites immédiatement après les quadratures. C'eft pourquoi les marées alternatives à *Plimouth* & à *Briftol* ne différent pas entr'elles beaucoup plus que d'un pied ou de 15 pouces ; en forte que les plus grandes marées dans ces ports ne font pas les premieres après les fyzygies, mais les troifiémes.

Tous ces mouvemens font retardés lorfque les eaux de la mer paffent fur des bas fonds, ainfi les plus grandes marées dans les détroits & dans les embouchures des fleuves, ne font que le quatriéme ou même le cinquiéme jour après les fyzygies.

De plus, il fe peut faire que le flux fe propage de l'océan par plufieurs détroits jufqu'au même port, & qu'il paffe plus vîte par quelques-uns de ces détroits que par les autres : d'où il arrive que le même flux étant divifé en deux ou plufieurs flux qui arrivent fucceffivement, il peut compofer de nouveaux mouvemens de différens genres. Suppofons deux flux égaux qui arrivent de deux endroits différens dans le même port, & dont l'un précéde l'autre de six heures, & tombe dans la troisiéme heure après le paſſage de la Lune par le méridien de ce port ; ſi la Lune, lorſqu'elle arrive à ce méridien, étoit dans l'équateur, il y auroit toutes les ſix heures des flux qui feroient contrebalancés par des reflux égaux & l'eau feroit ſtagnante pendant tout l'eſpace de ce jour-là ; mais ſi la Lune déclinoit alors, les marées feroient tour à tour plus grandes & moindres dans l'océan, comme on l'a dit ; & elles ſe propageroient de l'océan dans ce port deux à deux ; ainſi il y arriveroit deux marées fortes & deux marées foibles tour à tour. Les deux marées fortes feroient que l'eau acquéreroit ſa plus grande hauteur dans le milieu entre l'une & l'autre, la marée forte & la marée foible feroient que l'eau acquéreroit ſa hauteur moyenne entre ces deux marées, & entre les deux marées foibles l'eau monteroit à ſa moindre hauteur. Ainſi dans l'eſpace de 24 heures l'eau n'acquéreroit pas deux fois, comme il arrive ordinairement, mais ſeulement une fois ſa plus grande hauteur, & une fois ſa moindre hauteur. La plus grande hauteur de l'eau, ſi la Lune décline vers le pôle qui eſt ſur l'horiſon du lieu, tombera à la ſixiéme ou à la treiziéme heure après le paſſage de la Lune au méridien, & elle ſe changera en reflux lorſque la déclinaiſon de la Lune changera.

Halley a trouvé des exemples de tout cela dans les obſervations des pilotes faites à *Batsham* port du royaume de *Tunquin*, ſitué à 20^d 50' de latitude boréale. Dans ce port, il n'y a point de marée le jour qui ſuit le paſſage de la Lune par l'équateur, enſuite, lorſque la Lune commence à décliner vers le Nord on commence à s'appercevoir du flux & du reflux, non pas deux fois par jour comme dans les autres ports, mais une fois ſeulement chaque jour ; & le flux arrive lorſque la Lune ſe couche, & le reflux lorſqu'elle ſe leve.

Le flux augmente dans ce port avec la déclinaiſon de la Lune juſqu'au ſeptiéme ou huitiéme jour, enſuite il diminue par les mêmes dégrés pendant sept autres jours ; & lorsqu'ensuite la Lune passe dans les signes opposés il cesse entierement & se change après en reflux. Le reflux arrive alors au coucher de la Lune, & le flux à son lever, jusqu'à ce que la Lune revienne dans les premiers signes.

On arrive à ce port par deux détroits, l'un qui est dans la mer de la Chine entre le continent & l'isle de *Laconie*, l'autre dans la mer des Indes entre le continent & l'isle de *Borneo*. De sçavoir si les marées, en passant par ces détroits, & venant de la mer des Indes dans l'espace de 12 heures, & de la mer de la Chine dans l'espace de 6 heures, & en arrivant ainsi à la troisiéme & à la neuviéme heure lunaire, composent seules ces sortes de mouvemens, ou s'il ne s'y mêle point d'autres causes propres à ces mers, c'est ce que je laisse à déterminer par les observations qu'on pourra faire sur les côtes voisines.

J'ai expliqué jusqu'ici les causes des mouvemens de la Lune & de la mer, il me reste à traiter à présent de la quantité de ces mouvemens.

PROPOSITION XXV. PROBLÉME VI.

Trouver les forces du Soleil pour troubler les mouvemens de la Lune.

Que S représente le Soleil, T la terre, P la Lune, $CADB$ l'orbe de la Lune. Que SK prise sur SP soit égale à ST; & que SL soit à SK en raison doublée de SK à SP; enfin que LM soit parallele à PT; si la gravité accélératrice de la terre vers le Soleil est exprimée par la distance ST ou SK, SL sera la gravité accélératrice de la Lune vers le Soleil, laquelle est composée des parties SM, LM, desquelles LM & la partie TM de SM troublent les mouvemens de la Lune, comme on l'a fait voir au Livre premier dans la Proposition 66. & ses Corollaires.

Fig. 3.

La terre & la Lune faisant leur révolution autour de leur commun centre de gravité, le mouvement de la terre autour de ce centre est aussi troublé par des forces semblables; mais on peut rapporter la somme de ces mouvemens & de ces forces à la Lune & représenter les sommes de ces forces par des lignes analogues TM & LM.

La force LM, dans sa moyenne quantité, est à la force centripète, par laquelle la Lune peut faire sa révolution dans son orbite à la distance PT, autour de la terre supposée en repos, en raison doublée des temps périodiques de la Lune autour de la terre & de la terre autour du Soleil, par le Cor. 17. de la Prop. 66. du Liv. 1. c'est-à-dire, en raison doublée de 27 jours, $7^h\ 43'$ à 365 jours $6^h\ 9'$, ou, ce qui revient au même, comme 1000 à 178725, ou enfin comme 1 à $178\frac{29}{40}$: Or nous avons trouvé dans la Prop. 4. que si la terre & la Lune tournent autour d'un commun centre de gravité, leur moyenne distance entr'elles sera environ de $60\frac{1}{2}$ demi diamétres médiocres de la terre à peu près : & la force par laquelle la Lune peut tourner dans son orbe autour de la terre en repos, à la distance PT, qui est de $60\frac{1}{2}$ demi diamétres de la terre, est à la force par laquelle elle peut y tourner dans le même temps à la distance de 60 demi diamétres comme $60\frac{1}{2}$ est à 60 ; de plus, cette force est à la force de la gravité sur la terre comme 1 à 60×60 à peu près. Donc la force moyenne ML est à la force de la gravité sur la surface de la terre, comme $1 \times 60\frac{1}{2}$ à $60 \times 60 \times 60 \times 178\frac{29}{40}$, ou comme 1 à 638092, 6. Il n'est plus question maintenant que de connoître la proportion des lignes TM, ML pour avoir la force TM, & par conséquent celles par lesquelles le Soleil trouble les mouvemens de la Lune. *C. Q. F. T.*

PROPOSITION XXVI. PROBLÈME VII.

Trouver l'incrément horaire de l'aire que la Lune décrit autour de la terre, en supposant que son orbite soit circulaire.

Nous avons dit que les aires que la Lune décrit autour de la terre sont proportionnelles au temps lorsqu'on néglige l'altération

DE LA PHILOSOPHIE NATURELLE.

tion que l'action du Soleil cause dans les mouvemens lunaires. Examinons ici quelle est l'inégalité du moment, ou de l'incrément horaire causée par cette action.

Afin de rendre le calcul plus facile, supposons l'orbe de la Lune parfaitement circulaire, & négligeons toutes ses inégalités, excepté celle dont il est ici question.

A cause du grand éloignement du Soleil, supposons que les lignes SP, ST soient paralleles entr'elles; par ce moyen, la force LM sera toujours réduite à sa moyenne quantité TP, ainsi que la force TM à sa moyenne quantité $3PK$. Ces forces, par le Cor. 2. des Loix, composent la force TL; laquelle, en abbaissant LE perpendiculairement sur le rayon TP, se résout dans les forces TE, EL, dont la premiere TE, agissant toujours selon le rayon TP, n'accélere ni ne retarde la description de l'aire TPC parcourue par le rayon TP; quant à la seconde EL, comme elle agit selon la perpendiculaire à ce rayon, elle accélere ou retarde cette description autant qu'elle retarde ou accélere le mouvement de la Lune. Cette accélération de la Lune, qui se fait à chaque instant, dans son passage de la quadrature C à la conjonction A, est comme la force même accélérante EL, c'est-à-dire, comme $\frac{3PK \times TK}{TP}$.

Que le temps soit représenté par le moyen mouvement de la Lune ou (ce qui revient presqu'au même) par l'angle CTP, ou encore par l'arc CP. Qu'on tire CG perpendiculaire & égale à CT; & qu'on suppose le quart de cercle AC divisé en un nombre infini de petites parties égales Pp, &c. qui représentent autant de petites parties égales de temps; qu'on mene de plus pk perpendiculaire à CT, & qu'on tire TG qui rencontre en F & en f ces mêmes lignes KP, kp prolongées; il est clair que FK sera égale à TK, & qu'on aura $Kk : PK :: Pp : Tp$, c'est-à-dire, en raison donnée; donc $FK \times Kk$ ou l'aire $FKkf$ sera comme $\frac{3PK \times TK}{TP}$, c'est-à-dire, comme EL; & par consé-

Tome II. H

quent l'aire totale $GCKF$ sera comme la somme de toutes les forces EL imprimées à la Lune pendant tout le temps CP, & par conséquent comme la vîtesse que toutes ces forces ont produite, c'est-à-dire, comme l'accélération de la description de l'aire CTP, ou comme l'incrément du moment.

La force par laquelle la Lune peut faire sa révolution autour de la terre, supposée en repos, à la distance TP, dans le temps périodique $CADB$ de 27 jours, $7^h\ 43'$, feroit qu'un corps en tombant pendant le temps CT parcoureroit la longueur $\frac{1}{2} CT$, & acquéreroit en même temps une vîtesse égale à celle de la Lune dans son orbe; ce qui est clair par le Cor. 9. de la Prop. 4. Liv. 1. Or comme la perpendiculaire Kd abbaissée sur TP est la troisième partie de EL, & la moitié de TP ou de ML dans les octans, la force EL dans les octans, où elle est la plus grande, surpassera la force ML dans la raison de 3 à 2, ainsi elle sera à la force par laquelle la Lune peut tourner autour de la terre en repos, dans son temps périodique, comme 100 à $\frac{2}{3} \times 17872\frac{1}{2}$ ou 11915, & dans le temps CT elle devroit produire une vîtesse qui seroit la $\frac{100}{11915}$ partie de la vîtesse de la Lune, & pendant le temps CPA elle devroit produire une vîtesse qui seroit plus grande dans la raison de CA à CT ou TP.

Que la plus grande force EL dans les octans soit représentée par l'aire $FK \times Kk$ égale au rectangle $\frac{1}{2} TP \times Pp$. La vîtesse que la plus grande force peut produire dans un temps quelconque CP sera à la vîtesse que la plus petite force entière EL peut produire dans le même temps, comme le rectangle $\frac{1}{2} TP \times CP$ à l'aire $KCGF$: & les vîtesses produites pendant le temps total CPA seront entr'elles comme le rectangle $\frac{1}{2} TP \times CA$ & le triangle TCG, ou comme l'arc d'un quart de cercle CA & son rayon TP. Donc la vîtesse à la fin du temps total sera la $\frac{100}{11915}$ partie de la vîtesse de la Lune. Si l'on ajoute, & si l'on ôte de cette vîtesse de la Lune, qui est proportionnelle à l'incrément médiocre de l'aire, la moitié de cette dernière vîtesse, & qu'on

DE LA PHILOSOPHIE NATURELLE.

représente l'incrément moyen par le nombre 11915, la somme 11915 + 50 ou 11965 représentera le plus grand incrément de l'aire dans la syzygie A, & la différence 11915 — 50 ou 11865 le plus petit incrément de cette même aire dans les quadratures. Donc les aires décrites en temps égaux dans les syzygies & dans les quadratures sont entr'elles, comme 11965 & 11865. Ajoutant au plus petit incrément 11865, un incrément qui soit à la différence 100 des incrémens, comme le trapéze $FKCG$ au triangle TCG, ou (ce qui est la même chose) comme le quarré du sinus PK au quarré du rayon TP, c'est-à-dire, comme Pd à TP, la somme représentera l'incrément de l'aire, lorsque la Lune se trouve dans un lieu intermédiaire quelconque P.

Tout cela a lieu dans l'hypothése que le Soleil & la terre soient en repos, & que la Lune fasse sa révolution dans le temps synodique de 27 jours, 7^h 43$'$. Mais comme la vraie période sinodique lunaire est de 29 jours, 12^h 44$'$, les incrémens des momens doivent augmenter en raison du temps, c'est-à-dire, en raison de 108085 à 1000000. De cette manière, l'incrément total, qui étoit la $\frac{100}{11915}$ partie du moment médiocre, deviendra sa $\frac{100}{11023}$ partie. Ainsi le moment de l'aire dans la quadrature de la Lune sera au moment de cette même aire dans la syzygie, comme 11023 — 50 à 11023 + 50, ou comme 10973 à 11073 ; & à son moment, lorsque la Lune est dans un lieu quelconque intermédiaire P, comme 10973 à 10973 + Pd, en supposant $TP = 100$.

Donc l'aire que la Lune décrit autour de la terre à chaque particule égale de temps, est à peu près comme la somme du nombre 219, 46 & du sinus verse du double de la distance de la Lune à la prochaine quadrature, dans un cercle dont le rayon est l'unité. Tout ceci suppose que la variation dans les octans soit de grandeur médiocre. Si la variation y est plus grande ou plus petite, ce sinus verse doit être augmenté ou diminué dans la même raison.

H ij

PROPOSITION XXVII. PROBLÉME VIII.

Par le mouvement horaire de la Lune trouver quelle est sa distance de la terre.

L'aire que la Lune décrit à chaque moment autour de la terre, est comme le mouvement horaire de la Lune, & le quarré de la distance de la Lune à la terre conjointement ; & par conséquent, la distance de la Lune à la terre est en raison composée de la raison sousdoublée de l'aire directement, & de la raison sousdoublée inverse du mouvement horaire. *C. Q. F. T.*

Cor. 1. On a, par ce moyen, le diametre apparent de la Lune : car il est réciproquement comme sa distance à la terre. C'est aux Astronomes à voir combien cette régle s'accorde exactement avec les Phénoménes.

Cor. 2. On peut encore tirer de-là un moyen d'employer les Phénoménes à déterminer l'orbite de la Lune beaucoup plus exactement qu'on n'a fait jusqu'à présent.

PROPOSITION XXVIII. PROBLÉME IX.

Trouver les diamétres de l'orbe dans lequel la Lune devroit se mouvoir, en supposant qu'elle n'eût point d'excentricité.

La courbure de la trajectoire qu'un mobile décriroit s'il étoit toujours tiré perpendiculairement à cette trajectoire, est en raison directe de l'attraction, & en raison inverse du quarré de la vîtesse. Je suppose que les courbures des courbes sont entr'elles dans la derniére proportion des sinus, ou des tangentes des angles de contact qui appartiennent aux rayons égaux, lorsque ces rayons diminuent à l'infini.

L'attraction de la Lune vers la terre dans les syzygies est l'excès de sa gravité vers la terre sur la force solaire $2PK$, laquelle est la différence des gravités de la Lune & de la terre vers le Soleil : & dans les quadratures, cette attraction est la somme de

DE LA PHILOSOPHIE NATURELLE. 61

la gravité de la Lune vers la terre, & de la force solaire KT dirigée vers la terre. Ces attractions, en nommant N la quantité $\frac{AT+CT}{2}$, font, à peu près, comme $\frac{178725}{AT^2} - \frac{2000}{CT \times N}$ & $\frac{178725}{CT^2}$ + $\frac{1000}{AT \times N}$; ou comme $178725 \, N \times CT^2 - 2000 \, AT^2 \times CT$ & $178725 \, N \times AT^2 + 1000 \, CT^2 \times AT$. Car si la gravité accélératrice de la Lune vers la terre est représentée par le nombre 178725, la force médiocre ML, qui dans les quadratures est PT ou TK, & qui tire la Lune vers la terre, sera 1000, & la force médiocre TM dans les syzygies sera 3000 ; de laquelle, si on ôte la force médiocre ML, il restera la force 2000, par laquelle la Lune s'éloigne de la terre dans les syzygies, & laquelle j'ai nommée ci-devant $2PK$.

La vîtesse de la Lune dans les syzygies A & B est à sa vîtesse dans les quadratures C & D, comme CT à AT, & comme le moment de l'aire que la Lune décrit dans les syzygies autour de la terre, est au moment de cette même aire dans les quadratures conjointement, c'est-à-dire, comme 11073 CT à 10973 AT.

Cela posé, il est évident que la courbure de l'orbe de la Lune dans les syzygies est à sa courbure dans les quadratures comme $120406729 \times 178725 \, AT^2 \times CT^2 \times N - 120406729 \times 2000 \, AT^4 \times CT$ à $122611329 \times 178725 \, AT^2 \times CT^2 \times N + 122611329 \times 1000 \, CT^4 \times AT$, c'est-à-dire, comme $2151969 \, AT \times CT \times N - 24081 \, AT^3$ à $2191371 \, AT \times CT \times N + 12261 \, CT^3$.

Comme on ignore la figure de l'orbe de la Lune, nous supposerons que cet orbe soit l'ellipse $DBCA$ dans le centre T de laquelle la terre est placée, & dont le grand axe DC passe par les quadratures, & le petit axe AB par les syzygies. Et à cause que le plan de cette ellipse se meut d'un mouvement angulaire autour de la terre, & que la trajectoire dont nous cherchons la courbure doit être décrite dans un plan qui soit entièrement privé de tout mouvement angulaire : il faut considérer la figure que la

LIVRE TROISIEME.

Fig. 3.

Fig. 5.

Lune, en faisant sa révolution dans cette ellipse, décrit dans ce plan immobile, c'est-à-dire, la figure Cpa, dont chaque point p est déterminé en prenant un point quelconque P dans l'ellipse pour représenter le lieu de la Lune, & en menant Tp égale à TP, par une loi telle que l'angle PTp soit égal au mouvement apparent du Soleil depuis la quadrature C; ou (ce qui revient à peu près au même) que l'angle CTp soit à l'angle CTP comme le temps de la révolution synodique de la Lune est au temps de sa révolution périodique, ou comme 29 jours 12^h 44' à 27 jours 7^h 43'.

Prenant donc l'angle CTa dans cette raison à l'angle droit CTA, &. faisant Ta égale à TA; a sera l'apside la plus basse, & C l'apside la plus haute de cet orbe. Cpa quant aux courbures dans ces deux points, je trouve, en faisant le calcul nécessaire, que la différence entre la courbure de l'orbe Cpa au sommet a, & la courbure du cercle dont le centre est T & le rayon TA est à la différence entre la courbure de l'ellipse au sommet A, & la courbure de ce même cercle, en raison doublée de l'angle CTP à l'angle CTp; & que la courbure de l'ellipse en A est à la courbure de ce cercle, en raison doublée de TA à TC; de plus, que la courbure de ce cercle est à la courbure du cercle dont le centre est T & le rayon TC comme TC à TA; & que cette courbure est à la courbure de l'ellipse en C, en raison doublée de TA à TC; & enfin que la différence entre la courbure de l'ellipse au sommet C & la courbure de ce dernier cercle, est à la différence entre la courbure de la figure Tpa au sommet C, & la courbure de ce même cercle, en raison doublée de l'angle CTp à l'angle CTP. Ce qui se tire aisément des sinus des angles de contact, & des différences de ces angles.

Employant donc toutes ces raisons, on trouve que la courbure de la figure Cpa en a, est à sa courbure en C, comme $AT^3 + \frac{16824}{100000} CT^2 \times AT$ à $CT^3 + \frac{16824}{100000} AT^2 \times CT$. Le nombre

DE LA PHILOSOPHIE NATURELLE. 63

$\frac{16824}{100000}$ repréfentant la différence des quarrés des angles CTP & CTp divifée par le quarré du plus petit angle CTP, ou, ce qui eft la même chofe, la différence des quarrés des temps 27 jours 7^h 43$'$ & 29 jours 12^h 44$'$ divifée par le quarré du temps 27 jours 7^h 43$'$.

Donc puifque a, repréfente la fyzygie de la Lune, & C fa quadrature, la proportion qu'on vient de trouver doit être la même que celle de la courbure de l'orbe de la Lune dans les fyzygies à la courbure du même orbe dans les quadratures, qui a été trouvée ci-deffus. C'eft pourquoi, pour trouver la proportion de CT à AT, il n'y a qu'à multiplier les extrêmes & les moyens entr'eux; & les termes qui en viendront étant divifés par $TC \times AT$ donneront l'équation 2062,79 CT^4 — 2151969 $N \times CT^3$ + 368676 $N \times AT \times CT^2$ + 36342 $AT^2 \times CT^2$ — 362047 $N \times AT^2 \times CT$ + 2191371 $N \times AT^3$ + 4051,4 AT^4 = 0. Dans laquelle, fi au lieu de la demie fomme N des termes AT, CT, on met 1, & au lieu de leur demie différence x, & par conféquent 1 + x au lieu de CT, & 1 — x au lieu de AT; on aura $x =$ 0,00719, c'eft-à-dire, que le demi diamétre CT fera 1,00719, & le demi diamétre AT 0,99281 : lefquels nombres font entr'eux à peu près comme 70 $\frac{1}{14}$ & 69 $\frac{1}{14}$. La diftance de la Lune à la terre dans les fyzygies, eft donc à fa diftance dans les quadratures comme 69 $\frac{1}{14}$ à 70 $\frac{1}{14}$, ou en nombres ronds comme 69 à 70, pourvû qu'on faffe abftraction de l'excentricité.

PROPOSITION XXIX. PROBLÉME X.

Trouver la variation de la Lune.

Cette inégalité de la Lune vient en partie de l'inégalité des momens de l'aire que la Lune décrit autour de la terre, & en partie de la forme elliptique de l'orbe lunaire. Suppofant que la Lune fe meuve dans une ellipfe $DBCA$ autour de la terre en repos, placée dans le centre de cette ellipfe, elle décrira des aires

CTP proportionnelles aux temps ; & fi le demi grand diamètre CT de l'ellipfe eft à fon petit demi diamétre TA comme 70 à 69, la tangente de l'angle CTP fera à la tangente de l'angle du mouvement moyen calculé depuis la quadrature C, comme 69 à 70. Mais la defcription de l'aire CTP, lorfque la Lune paffe de la quadrature à la fyzygie, doit être accélérée, en telle forte que fon moment dans la fyzygie foit à fon moment dans la quadrature comme 11073 à 10973, & que l'excès du moment dans un lieu intermédiaire quelconque P, fur le moment dans la quadrature, foit comme le quarré du finus de l'angle CTP. C'eft ce qu'on fera affez exactement, fi on diminue la tangente de l'angle CTP en raifon foufdoublée du nombre 10973 au nombre 11073, c'eft-à-dire, en raifon du nombre 68, 6877 au nombre 69. Par ce moyen, la tangente de l'angle CTP fera à la tangente du mouvement moyen comme 68, 6877 à 70. Et l'angle CTP dans les octans, où le mouvement moyen eft de 45^d, fera de $44^d\ 27'\ 28''$, qui étant ôté de l'angle du mouvement moyen qui eft de 45^d donnera $32'\ 32''$ pour la plus grande variation.

Ce feroit là la plus grande variation, fi la Lune, en paffant de la quadrature à la fyzygie, décrivoit un angle CTA qui fut exactement de 90 dégrés. Mais à caufe du mouvement de la terre, par lequel le Soleil avance en conféquence par fon mouvement apparent, la Lune, avant d'avoir atteint le Soleil, décrit un angle CTa, qui eft plus grand qu'un angle droit, dans la raifon du temps de la révolution finodique de la Lune au temps de fa révolution périodique, c'eft-à-dire, en raifon de 29 jours $12^h\ 44'$ à 27 jours, $7^h\ 43'$. Il faut donc augmenter tous les angles autour du centre T dans la même raifon, ce qui au lieu de $32'\ 32''$ pour la plus plus grande variation donnera $35'\ 10''$.

C'eft-là la grandeur de la variation dans la moyenne diftance du Soleil à la terre, en négligeant les différences qui peuvent naître de la courbure du grand orbe, & de la quantité dont l'action du Soleil fur la Lune, lorfqu'elle eft nouvelle & en croiffant,

fant, furpaffe l'action de ce même aftre fur la Lune lorfqu'elle eft pleine & gibbeufe.

Dans les autres diftances du Soleil à la terre, la plus grande variation eft en raifon compofée de la raifon doublée directe du temps de la révolution fynodique de la Lune (pour le temps donné de l'année) & de la raifon inverfe triplée de la diftance du Soleil à la terre. Ainfi dans l'apogée du Soleil, la plus grande variation eft de $33'\ 14''$., & dans fon périgée, elle eft de $37'\ 11''$, fuppofé que l'excentricité du Soleil foit au demi diamétre tranfverfal du grand orbe comme $16\frac{11}{16}$ à 1000.

Nous avons trouvé jufqu'à préfent la variation de la Lune en fuppofant que fon orbe ne foit point excentrique, & que lorfqu'elle eft dans fes octans elle foit toujours à fa médiocre diftance de la terre. Mais comme la Lune par fon excentricité eft tantôt plus près & tantôt plus loin de la terre qu'elle ne l'eft dans l'orbe qu'on vient d'éxaminer, fa variation pourra être un peu plus grande, ou un peu moindre que la précédente : j'en laiffe l'excès ou le défaut à déterminer aux aftronomes par les Phénoménes.

PROPOSITION XXX. PROBLÊME XI.

Trouver le mouvement horaire des nœuds de la Lune dans un orbe circulaire.

Que S défigne le Soleil, T la terre, P la Lune, NPn l'orbe de la Lune, Npn la projection de cet orbe dans le plan de l'écliptique ; N & n les nœuds, $nTNm$ la ligne de ces nœuds prolongée infiniment ; PI, PK des perpendiculaires abbaiffées fur les lignes ST, Qq ; Pp une perpendiculaire abbaiffée fur le plan de l'écliptique ; A & B les fyzygies de la Lune dans ce plan ; AZ une perpendiculaire à la ligne des nœuds Nn ; Q & q les quadratures de la Lune dans le plan de l'écliptique, & pK une perpendiculaire à la ligne Qq des quadratures.

Fig. 6.

La force du Soleil pour troubler les mouvemens de la Lune eft compofée de deux forces (par la Prop. 25.) l'une proportionnelle à la ligne LM de la figure de cette Propofition, & l'autre à la ligne MT de la même figure. La Lune par la premiere de ces forces est tirée vers la terre, & par la seconde vers le Soleil, suivant une ligne parallele à la droite ST menée du Soleil à la terre.

La premiere force LM agissant dans le plan de l'orbite lunaire ne sçauroit altérer la situation de ce plan, ainsi elle ne doit point être considérée. Quant à la force MT par laquelle le plan de l'orbite lunaire est dérangé, elle a pour expression $3PK$ ou $3IT$. Et cette force (par la Prop. 25.) est à celle par laquelle la Lune pourroit être mûe uniformement (dans son temps périodique) dans un cercle autour de la terre supposée fixe, comme $3IT$ au rayon du cercle multiplié par le nombre 178, 725, ou comme IT au rayon multiplié par 59, 575. Au reste dans ce calcul & dans tout ce qui suit, je considère toutes les lignes menées de la Lune au Soleil comme parallèles à celles qui sont tirées de la terre au Soleil, parce que l'inclinaison de ces lignes diminue à peu près tous les effets dans quelques cas, de la même maniére qu'elle les augmente dans d'autres; & que nous cherchons les mouvemens médiocres des nœuds, en négligeant les fractions insensibles qui rendroient le calcul trop embarrassant.

PM désignant maintenant l'arc que la Lune décrit dans un instant donné, & ML la petite ligne dont la Lune parcoureroit la moitié dans le même temps en vertu de la force précédente $3IT$; soient tirées PL, PM que l'on prolonge en m & en l, jusqu'à ce qu'elles rencontrent le plan de l'écliptique; & soit abbaissée la perpendiculaire PH de P sur Tm.

Parce que la droite ML est parallele au plan de l'écliptique, & que par conséquent elle ne peut rencontrer la droite ml qui est dans ce plan, que de plus ces droites ML, ml, sont dans un même plan $LMPml$; il faudra qu'elles soient paralleles, & par conséquent que les triangles LMP, lmP soient semblables.

Présentement, comme MPm est dans le plan de l'orbite dans lequel la Lune se meut en P, le point m tombera sur la ligne Nn menée par les nœuds N, n de cette orbite : & parce que la force

DE LA PHILOSOPHIE NATURELLE. 67

qui fait décrire la moitié de la petite ligne LM, feroit décrire cette ligne entiere si elle étoit imprimée en une seule fois dans le lieu P ; & qu'elle feroit mouvoir la Lune dans l'arc dont la corde feroit LP, & transporteroit par conséquent la Lune du plan $MPmT$ dans le plan $LPlT$; le mouvement angulaire des nœuds engendré par cette force sera égal à l'angle mTl. Mais ml : $mP :: ML : MP$, donc, à cause que MP est donnée par la supposition du temps constant, ml sera comme le rectangle $ML \times mP$, c'est-à-dire, comme le rectangle $IT \times mP$. Et l'angle mTl, si on suppose l'angle Tml droit, sera comme $\frac{ml}{Tm}$, & par conséquent comme $\frac{IT \times mP}{Tm}$, ou, ce qui revient au même, (à cause des proportionnelles Tm & mP, TP & PH) comme $\frac{IT \times PH}{TP}$ ou comme $IT \times PH$ à cause que TP est donnée.

Mais comme l'angle Tml ou STN n'est pas droit, l'angle mTl sera moindre, & cela dans la raison du sinus de l'angle STN au rayon, ou de AZ, à AT. Donc la vîtesse des nœuds est comme $IT \times PH \times AZ$, c'est-à-dire, comme le produit des sinus des trois angles TPI, PTN & STN.

Si ces angles, les nœuds étant dans les quadratures, & la Lune dans la syzygie, sont droits, la petite droite ml se trouvera à une distance infinie, & l'angle mTl deviendra égal à l'angle mPl. Or dans ce cas, l'angle mPl est à l'angle PTM que la Lune décrit dans le même temps par son mouvement apparent autour de la terre, comme 1 à 59, 575. Car l'angle mPl est égal à l'angle LPM, c'est-à-dire, à l'angle de la déflexion de la Lune du chemin rectiligne, qui seroit produite par la seule force solaire $3IT$ dans ce temps donné, si la Lune cessoit d'être pesante ; de plus, l'angle PTM est égal à l'angle de la déflexion de la Lune du chemin rectiligne causée par la seule force qui la retient dans son orbite, en faisant abstraction de la force solaire $3IT$. Et ces forces, comme nous l'avons dit ci-dessus, sont entr'elles comme 1 à 59, 575. Donc, comme le mouvement

I ij

moyen horaire de la Lune, à l'égard des fixes, est de $32'$, $56''$, $27'''$ $12^{iv}\frac{1}{2}$, le mouvement horaire du nœud sera, dans ce cas, de $33''$, $10'''$, 33^{iv}, 12^v; & dans les autres cas, ce mouvement horaire sera à $33''$, $10'''$, 33^{iv}, 12^v, comme le produit des sinus des trois angles TPI, PTN, & STN, (c'est-à-dire, de la distance de la Lune à la quadrature, de la distance de la Lune au nœud, & de la distance du nœud au Soleil) est au cube du rayon. Et toutes les fois que le signe d'un de ces angles passera du positif au négatif, & du négatif au positif, le mouvement des nœuds se changera de regressif en progressif, & de progressif en regressif. D'où il arrive que les nœuds avancent toutes les fois que la Lune est entre une des quadratures & le nœud le plus proche de la quadrature. Dans les autres cas, les nœuds rétrogradent, & en vertu de l'excès du mouvement rétrograde sur le mouvement progressif les nœuds seront portés chaque mois en antécédence.

Cor. 1. De-là il suit, que si on abbaisse des extrémités P & M d'un arc donné infiniment petit PM, les perpendiculaires PK, Mk à la ligne Qq qui passe par les quadratures, & qu'on prolonge ces perpendiculaires jusqu'à ce qu'elles coupent la ligne des nœuds Nn en D & en d le mouvement horaire des nœuds sera comme l'aire $MPDd$ & le quarré de la ligne AZ conjointement. Car soient PK, PH & AZ les trois sinus dont on vient de parler, PK étant le sinus de la distance de la Lune à la quadrature, PH le sinus de la distance de la Lune au nœud, & AZ le sinus de la distance du nœud au Soleil: on aura pour la vitesse du nœud le produit $PK \times PH \times AZ$. Mais $PT:PK::PM:Kk$; donc, à cause des données PT & PM, la petite droite Kk sera proportionnelle à PK. De plus, $AT:PD::AZ:PH$, & par conséquent PH est proportionnelle à $PD \times AZ$. Donc $PK \times PH$ est comme $Kk \times PD \times AZ$, & $PK \times PH \times AZ$ sera comme $Kk \times PD \times AZ^2$, c'est-à-dire, comme l'aire $PDdM$ & AZ^2 conjointement. C. Q. F. D.

Cor. 2. Dans une position quelconque donnée des nœuds, le

DE LA PHILOSOPHIE NATURELLE. 69

mouvement horaire médiocre est la moitié du mouvement horaire dans les syzygies de la Lune, c'est-à-dire, que ce mouvement est à $16''$, $35'''$, 16^{iv}, 36^{v}, comme le quarré du sinus de la distance des nœuds aux syzygies est au quarré du rayon, ou ce qui revient au même, comme AZ^2 à AT^2.

Car si la Lune parcourt d'un mouvement uniforme le demi cercle QAq, la somme de toutes les aires $PDdM$ décrites pendant le temps que la Lune va de Q à M sera l'aire $QMdE$ terminée par la tangente QE du cercle ; & la somme de toutes les aires $PDdM$ pendant que la Lune va en n sera l'aire totale $EQAn$ que la ligne PD décrit, ensuite la Lune allant de n en q, la ligne PD tombera hors du cercle, & décrira l'aire nqe terminée par la tangente qe du cercle ; laquelle aire, à cause que les nœuds alloient d'abord en rétrogradant & vont alors en avançant, doit être retranchée de la premiere aire, & par son égalité à l'aire QEN, le reste deviendra le demi cercle $NQAn$. Donc la somme de toutes les aires $PDdM$ décrites pendant le temps que la Lune parcourt un demi cercle, est l'aire du demi cercle ; & la somme de toutes les mêmes aires décrites pendant le temps que la Lune parcourt le cercle entier, est l'aire du cercle entier.

Mais l'aire $PDdM$, lorsque la Lune est dans les syzygies, est le rectangle sous l'arc PM & le rayon PT ; & la somme de toutes les aires égales à celle-là, décrites pendant le temps que la Lune parcourt le cercle, est le rectangle de toute la circonférence & du rayon ; & ce rectangle étant égal à deux cercles, est double du rectangle précédent. Donc les nœuds, avec une vîtesse continuée uniformement & égale à celle qu'ils ont dans les syzygies lunaires, décriroient un espace double de celui qu'ils décrivent réellement ; & par conséquent le mouvement médiocre, qui étant continué uniformement feroit décrire aux nœuds l'espace qu'ils parcourent réellement d'un mouvement inégal, est la moitié du mouvement qu'ils ont dans les syzygies lunaires. Et comme le plus grand mouvement horaire, lorsque les nœuds font dans les quadratures, est de 33″, 10‴, 33^{iv}, 12^v, le mouvement médiocre horaire sera dans ce cas de 16″, 35‴, 16^{iv}, 36^v. Or le mouvement horaire des nœuds étant toujours comme AZ^2 & l'aire $PDdM$ conjointement, il est encore dans les syzygies comme AZ^2 & l'aire $PDdM$ conjointement, ou, ce qui revient au même, comme AZ^2 (à cause qu'alors l'aire $PDdM$ est donnée); le mouvement médiocre sera aussi comme AZ^2, donc ce mouvement, lorsque les nœuds seront hors des quadratures, sera à 16″, 35‴, 16^{iv}, 36^v, comme AZ^2 à AT^2. C. Q. F. D.

PROPOSITION XXXI. PROBLÉME XII.

Trouver le mouvement horaire des nœuds de la Lune dans un orbe elliptique.

Que $QpmAq$ désigne une ellipse, Qq son grand axe, ab son petit axe; $QAqB$ le cercle circonscrit; T la terre placée au centre commun de l'ellipse & du cercle; S le Soleil; p la Lune mue dans l'ellipse, & pm l'arc qu'elle décrit dans une particule donnée infiniment petite de temps; Nn la ligne des nœuds; pK & mk les perpendiculaires abaissées sur l'axe Qq & prolongées jusqu'à ce qu'elles rencontrent le cercle en P & en M, & la ligne des nœuds en D & en d.

Cela posé, je dis que si la Lune décrit autour de la terre des aires proportionnelles au temps, le mouvement horaire du nœud dans l'ellipse sera comme l'aire $pDdm$ & AZ^2 conjointement.

Pour le démontrer, soient menées PF & pf qui touchent en P & p le cercle & l'ellipse, qui rencontrent en F & en f la ligne des nœuds TN, & qui se rencontrent elles-mêmes ainsi que l'axe TQ en Y. Soit pris ML pour désigner l'espace que la Lune tournant dans le cercle, pourroit décrire d'un mouvement transversal par la force $3IT$ ou $3PK$, pendant qu'elle décrit l'arc PM. Et prenant ml pour l'espace que la Lune, tournant dans le même temps dans l'ellipse, décriroit par la même force $3IT$ ou $3PK$; en-

DE LA PHILOSOPHIE NATURELLE.

fin soient prolongées LP & lp jusqu'à ce qu'elles rencontrent le plan de l'écliptique en G & en g; & soient tirées FG & fg dont la premiere FG prolongée coupe pf, pg & TQ en c, e, & R, respectivement, & dont la seconde fg prolongée coupe TQ en r.

Il est clair que la force $\frac{1}{3}IT$ ou $\frac{1}{3}PK$ dans le cercle, étant à la force $\frac{1}{3}IT$ ou $\frac{1}{3}pK$ dans l'ellipse comme PK à pK ou comme AT à aT; l'espace ML, décrit par la premiere force, sera à l'espace ml décrit par la derniere, comme PK à pK, c'est-à-dire, à cause des figures semblables $PYKp$ & $FYRc$ comme FR à cR. Mais, (par les triangles semblables PLM, PGF) $ML:FG::PL:PG$, c'est-à-dire, (à cause des paralleles Lk, PK, GR) $::pl:pe$, ou, ce qui revient au même, (à cause des triangles semblables plm, pce) $::lm:ce$. Donc $LM:lm$ ou $FR:cR::FG:ce$.

De là il suit que si fg étoit à ce comme fY à cY, ou comme fr à cR, c'est-à-dire, en raison composée de fr à FR & de FR à cR ou de fT à FT & de FG à ce, en ôtant de part & d'autre la raison de FG à ce, il y auroit égalité entre la raison de fg à FG & celle de fT à FT ; c'est-à-dire, que les angles à la terre soutenus par fg & FG, seroient égaux : ou, ce qui revient au même, les mouvemens des nœuds dans l'ellipse & dans le cercle seroient égaux dans cette supposition, puisque ces angles, seroient, par ce que nous avons vû dans la Proposition précédente, les mouvemens des nœuds dans le temps dans lequel la Lune parcourt l'arc PM dans le cercle & l'arc pm dans l'ellipse.

Cela seroit en effet ainsi, si fg étoit à ce comme fY à cY, c'est-à-dire, si fg étoit $= \frac{ce \times fY}{cY}$. Mais à cause des triangles semblables fgp, cep, on a $fg:ce::fp:cp$; donc $fg = \frac{ce \times fp}{cp}$; & par conséquent l'angle que fg soustend réellement, est au premier angle que FG soustend, c'est-à-dire, le mouvement des nœuds dans l'ellipse est au mouvement des nœuds dans le cercle comme cette ligne fg ou $\frac{ce+fp}{cp}$ à la premiere valeur de fg qu'on a trouvé $= \frac{ce \times fY}{cY}$, ou ce qui revient au même, en raison composée de $fp \times cY$ à $fY \times cp$, c'est-à-dire, en raison de fp à fY & de cY à cp, ou bien encore, en menant ph parallele à TN & rencontrant FP en h, en raison composée de Fh à FY & de FY à FP; ou enfin dans la raison Fh à FP qui est celle de Dp à DP, ou de l'aire $Dpmd$ à l'aire $DPMd$.

Or comme, par le Cor. 1. de la Prop. 30. le mouvement horaire des nœuds dans le cercle est en raison composée de AZ^2 & de l'aire $DPMd$, le mouvement horaire des nœuds dans l'ellipse est donc en raison composée de l'aire $Dpmd$ & de AZ^2. C. Q. F. D.

Cor. C'est pourquoi, comme dans une position donnée des nœuds, la somme de toutes les aires $pDdm$ décrites pendant le temps que la Lune va d'une quadrature à un lieu quelconque m, est l'aire $mpQEd$, terminée par la ligne QE tangente de l'ellipse; & que la somme de toutes ces aires décrites dans une révolution entiere est l'aire elliptique entiere: le mouvement médiocre des nœuds dans l'ellipse sera au mouvement médiocre des nœuds dans le cercle, comme l'ellipse au cercle; c'est-à-dire, $::Ta:TA$ ou $::69:70$. & par conséquent, puisque (Cor. 2. Proposition 30.) le mouvement horaire médiocre des nœuds dans le cercle, est à $16''$, $35'''$, 16^{iv}, 36^v comme AZ^2 à AT^2, si on prend l'angle de $16''$, $21'''$, 3^{iv}, 30^v, comme 69 à 70, le mouvement horaire médiocre des nœuds dans l'ellipse sera à $16''$, $21'''$, 3^{iv}, 30^v, comme AZ^2 à AT^2; c'est-à-dire, comme le quarré du sinus de la distance du nœud au Soleil est au quarré du rayon.

Au reste, les aires que la Lune décrit autour de la terre, étant parcourues plus promptement dans les syzygies que dans les quadratures

dratures, le temps doit diminuer dans les fyzygies & augmenter dans les quadratures, & le mouvement des nœuds doit fubir la même loy.

Or le moment de l'aire dans les quadratures de la Lune, eft à fon moment dans les fyzygies comme 10973 à 11073 ; & par conféquent, le moment médiocre dans les octans eft à l'excès dans les fyzygies & au défaut dans les quadratures, comme la demie fomme 11023 de ces nombres eft à leur demie différence 50. Ainfi à caufe que le temps dans des parties égales de l'orbe de la Lune eft réciproquement comme fa vîteffe, le temps médiocre dans les octans fera à l'excès du temps dans les quadratures & à fon défaut dans les fyzygies, produit par cette caufe, comme 11023 à 50 à peu près. Quant aux lieux placés entre les quadratures & les fyzygies, je trouve que l'excès des momens de l'aire à chacun des lieux fur le plus petit moment dans les quadratures, eft à peu près proportionnel au quarré du finus de la diftance de la Lune aux quadratures ; & par conféquent, la différence entre le moment dans un lieu quelconque, & le moment médiocre dans les octans, eft comme la différence entre le quarré du finus de la diftance de la Lune aux quadratures, & le quarré du finus de 45^d ou la moitié du quarré du rayon ; & l'incrément du temps dans chacun des lieux entre les octans & les quadratures, & fon décrément entre les octans & les fyzygies, font dans la même raifon.

Mais le mouvement des nœuds, pendant le temps que la Lune parcourt des parties égales d'orbe, eft accéléré ou retardé en raifon doublée du temps. Car ce mouvement, pendant que la Lune parcourt l'arc PM (toutes chofes d'ailleurs égales) eft comme ML ; & ML eft en raifon doublée du temps. C'eft pourquoi le mouvement des nœuds dans les fyzygies, pendant le temps que la Lune parcourt des parties données de fon orbe, eft diminué dans la raifon doublée du nombre 11073 au nombre 11023 ; & le décrément eft au mouvement reftant comme 100 à 10973, & par conséquent au mouvement total à peu près comme 100 à 11073. Or le décrément dans les lieux entre les octans & les fyzygies & l'incrément entre les octans & les quadratures font à peu près à ce décrément en raison composée de la raison du mouvement total dans ces lieux au mouvement total dans les fyzygies, & de la raison que la différence entre le quarré du finus de la diftance de la Lune à la quadrature, & la moitié du quarré du rayon, a avec la moitié du quarré du rayon.

Ainfi, si les nœuds font dans les quadratures, & qu'on prenne deux lieux également diftans de l'octant, & deux autres également diftans de la fyzygie & de la quadrature : enfuite, que des décrémens des mouvemens dans les deux lieux entre la fyzygie & l'octant, on retranche les incrémens des mouvemens dans les deux autres lieux qui font entre l'octant & la quadrature ; le décrément reftant fera égal au décrément dans la fyzygie : ce dont il eft facile de voir la raifon. De-là il fuit que le décrément médiocre qui doit être retranché du mouvement médiocre des nœuds, eft la quatriéme partie du décrément dans la fyzygie.

Le mouvement total horaire des nœuds dans les fyzygies, lorfque la Lune eft fuppofée décrire des aires proportionnelles au temps autour de la terre, a été trouvé précédemment de $32''\ 42'''\ 7^{iv}$; & le décrément du mouvement des nœuds, dans le temps que la Lune décrit plus promptement ce même efpace, eft, fuivant ce qu'on vient de dire, à ce mouvement, comme 100 à 11073 ; donc ce décrément eft de $17'''\ 43^{iv}\ 11^{v}$ dont la quatriéme partie $4'''\ 25^{iv}\ 48^{v}$ retranchée du mouvement horaire médiocre trouvé ci-deffus de $16''\ 21'''\ 3^{iv}\ 30^{v}$ donne $16''\ 16'''\ 37^{iv}\ 42^{v}$ pour le mouvement médiocre horaire corrigé.

Si les nœuds fe trouvent hors des quadratures, & qu'on confidere deux lieux également diftans de part & d'autre des fyzygies ; la fomme des mouvemens des nœuds, lorfque la Lune fera dans ces lieux, fera à la fomme des mouvemens lorfque la Lune fera dans ces mêmes lieux, & que les nœuds feront dans les qua-

DE LA PHILOSOPHIE NATURELLE. 75

dratures, comme AZ^2 à AT^2. Et les décrémens des mouvemens qui viennent des causes dont on a parlé, seront l'un à l'autre comme ces mouvemens, c'est-à-dire, que les mouvemens restans seront l'un à l'autre comme AZ^2 à AT^2, & les mouvemens médiocres comme les mouvemens restans. Donc le mouvement médiocre horaire corrigé, dans une position quelconque donnée des nœuds, sera à 16″ 16‴ 37^{iv} 42^v comme AZ^2 à AT^2, c'est-à-dire, comme le quarré du sinus de la distance des nœuds aux syzygies au quarré du rayon.

Fig. 8.

PROPOSITION XXXII. PROBLÉME XIII.

Trouver le mouvement moyen des nœuds de la Lune.

Le mouvement moyen annuel est la somme de tous les mouvemens médiocres horaires dans une année. Qu'on imagine un nœud allant vers N, & qu'on suppose de plus qu'à la fin de chaque heure il soit replacé dans son premier lieu; ensorte que malgré son mouvement propre, il conserve toujours la même position par rapport aux fixes. Qu'on suppose encore que pendant ce tems le Soleil, par le mouvement de la terre, s'éloigne de ce nœud, & qu'il acheve uniformement sa révolution annuelle apparente. $A a$ étant un très-petit arc donné que la ligne TS menée au Soleil parcourt sur le cercle $N A n$ dans un petit tems donné: le mouvement médiocre horaire sera, par ce qu'on a fait voir ci-devant, comme AZ^2, c'est-à-dire, à cause des proportionnelles AZ, ZY, comme le rectangle sous AZ & ZY, ou, ce qui revient au même, comme l'aire $AZYa$. Et la somme de tous les mouvemens médiocres horaires depuis le commencement sera comme la somme de toutes les aires $aYZA$ c'est-à-dire, comme l'aire NAZ. Or la plus grande aire $AZYa$ est égale au rectangle sous l'arc Aa & le rayon du cercle; & par conséquent, la somme de tous les rectangles dans le cercle entier sera à la somme d'autant de plus grands, comme l'aire de tout le cercle est au rectangle sous la circonférence entiere

Fig. 9.

K ij

& le rayon, c'eſt-à-dire, comme 1 à 2. Mais le mouvement horaire, répondant au grand rectangle, a été trouvé de 16″ 16‴ 37^{iv} 42^{v}, qui devient de 39^d 38′ 7″ 50‴ dans une année entière ſidérale de 365 jours 6^h 9′ : donc la moitié 19^d 49′ 3″ 55‴ de ce mouvement eſt le mouvement moyen des nœuds qui répond à tout le cercle. Et le mouvement des nœuds, pendant que le Soleil va de N en A, eſt à 19^d 49′ 3″ 55‴ comme l'aire NAZ à tout le cercle.

Cela ſeroit ainſi dans la ſuppoſition que le nœud fut remis à chaque heure à ſon premier lieu, & que le Soleil au bout d'une année retournât au même nœud d'où il étoit parti au commencement. Mais comme le mouvement du nœud eſt cauſe que le Soleil y revient plutôt, il faut compter de combien le temps de ce retour eſt abrégé.

Le Soleil parcourant par an 360^d, & le nœud par ſon plus grand mouvement faiſant dans le même temps 39^d 38′ 7″ 50‴ ou 39,6355 dégrés; & le mouvement médiocre de ce nœud dans un lieu quelconque N étant à ſon mouvement médiocre dans ſes quadratures, comme AZ^2 à AT^2, le mouvement du Soleil ſera au mouvement du nœud au lieu N comme 360 AT^2 à 39,6355 AZ^2, c'eſt-à-dire, comme 9,0827646 AT^2 à AZ^2. Ainſi en ſuppoſant que toute la circonférence du cercle NAn ſoit diviſée en petites parties égales Aa, le temps pendant lequel le Soleil parcouroit la petite partie Aa, ſi le cercle étoit en repos, ſera au temps pendant lequel il parcourera la même petite partie, ce cercle & les nœuds revolvans autour du centre T, réciproquement comme 9,0827646 AT^2 à 9,0827646 $AT^2 + AZ^2$. Car le temps eſt réciproquement comme la vîteſſe avec laquelle cette petite partie eſt parcourue, & cette vîteſſe eſt la ſomme des vîteſſes du Soleil & du nœud. Donc ſi le temps pendant lequel le Soleil parcoureroit l'arc NA, indépendamment du mouvement du nœud, eſt repréſenté par le ſecteur NTA, & la petite partie de temps pendant laquelle il

DE LA PHILOSOPHIE NATURELLE. 77

parcoureroit un très-petit arc Aa par la petite portion ATa de ce secteur; que l'on abbaisse aY perpendiculaire sur Nn, & qu'on prenne dZ sur AZ d'une longueur telle que le rectangle $dZ \times ZY$ soit à la petite portion ATa du secteur comme AZ^2 à $9,0827646\, AT^2 + AZ^2$, c'est-à-dire, ensorte que $dZ : \frac{1}{2}AZ :: AT^2 : 9,0827646\, AT^2 + AZ^2$; le rectangle $dZ \times ZY$ représentera le décrément du temps causé par le mouvement du nœud, pendant le temps total pendant lequel l'arc Aa a été parcouru. Et si la courbe $NdGn$ est le lieu des points d, l'aire curviligne NdZ sera le décrément total pendant le temps employé à parcourir l'arc NA entier, & par conséquent l'excès du secteur NAT sur l'aire NdZ sera ce temps total. Or comme le mouvement du nœud dans un temps plus court est moindre dans la raison du temps, l'aire $AaZY$ devra être diminuée dans la même raison; ce qui se fera en prenant sur AZ l'intervalle eZ qui soit à la ligne AZ comme AZ^2 à $9,0827646\, AT^2 + AZ^2$. Par ce moyen le rectangle $eZ \times ZY$ sera à l'aire $AZYa$ comme le décrément du temps employé à parcourir l'arc Aa, au temps total dans lequel il seroit parcouru si le nœud étoit en repos; & par conséquent ce rectangle répondra au décrément du mouvement du nœud. Et si la courbe $NeFn$ est le lieu des points e, l'aire totale NeZ, qui est la somme de tous les décrémens, répondra au décrément total, pendant le temps employé à parcourir l'arc AN; & l'aire restante NAe répondra au mouvement restant, qui est le vrai mouvement du nœud, pendant le temps pendant lequel l'arc total NA est parcouru par les mouvemens réunis du Soleil & des nœuds.

Mais en employant les méthodes des suites infinies, on trouve que l'aire du demi cercle est à l'aire de la figure $NeFn$ cherchée, environ comme 793 à 60. Donc, comme le mouvement qui répondoit au cercle entier étoit de $19^d\ 49'\ 3''\ 55'''$ le mouvement qui répond au double de la figure $NeFn$ sera de $1^d\ 29'\ 58''\ 2'''$ qui, étant soustrait du premier mouvement, donnera 18ᵈ 19′ 5″ 53‴ pour le mouvement total du nœud par rapport aux fixes entre ses propres conjonctions avec le Soleil; retranchant ensuite ce mouvement du mouvement annuel du Soleil qui est de 360ᵈ, on aura 341ᵈ 40′ 54″ 7‴ pour le mouvement du Soleil entre ces mêmes conjonctions. Et ce mouvement est au mouvement annuel de 360ᵈ, comme le mouvement du nœud ci-devant trouvé de 18ᵈ 19′ 5″ 53‴ à son mouvement annuel, qui par conséquent sera de 19ᵈ 18′ 1″ 23‴. Et c'est-là le mouvement moyen des nœuds dans une année sidérale. Ce mouvement, par les tables astronomiques, est de 19ᵈ 21′ 21″ 50‴. Ainsi la différence est moindre que $\frac{1}{100}$ partie du mouvement total, & elle vient vraisemblablement de l'excentricité de l'orbe de la Lune, & de son inclinaison au plan de l'écliptique. Par l'excentricité de cet orbe le mouvement des nœuds est un peu trop accéléré, & son inclinaison le retarde un peu trop, ce qui le réduit à peu près à sa juste quantité.

PROPOSITION XXXIII. PROBLÈME XIV.

Trouver le mouvement vrai des nœuds de la Lune.

Fig. 9.

Le temps étant représenté par l'aire $NTA - NdZ$ l'aire NAe représente le mouvement vrai, ainsi il est donné par les quadratures. Comme le calcul seroit pénible par cette méthode, il vaut mieux employer la construction suivante.

Fig. 10.

Du centre C, & d'un intervale quelconque CD, soit décrit le cercle $BEFD$, & soit prolongée CD en A, ensorte que AB soit à AC comme le mouvement moyen à la moitié du mouvement vrai médiocre, lorsque les nœuds sont dans les quadratures, c'est-à-dire, comme 19ᵈ 18′ 1″ 23‴ à 19ᵈ 49′ 3″ 55‴. BC sera par conséquent à AC comme la différence 0ᵈ 31′ 2″ 32‴ de ces mouvemens au dernier mouvement de 19ᵈ 49′ 3″ 55‴, c'est-à-dire, comme 1 à $38\frac{3}{10}$; soit ensuite tirée par le point D la ligne indéfinie Gg, qui touche le cercle en D; & soit pris l'angle BCE ou BCF égal au double de la distance du Soleil au lieu du nœud qui est trouvé par le mouvement moyen ; enfin soit tirée AE ou AF qui coupe la perpendiculaire DG en G ; & soit pris un angle qui soit au mouvement total du nœud entre ses syzygies (c'est-à-dire à 9^d $11'$ $3''$) comme la tangente DG à la circonférence entiere du cercle BED ; cet angle (au lieu duquel on peut prendre l'angle DAG) étant ajouté au mouvement moyen des nœuds lorsqu'ils passent des quadratures aux syzygies, & étant soustrait de ce mouvement moyen lorsqu'ils passent des syzygies aux quadratures, on aura leur mouvement vrai. Car le résultat de cette opération s'accorde à très-peu de chose près avec ce que l'on trouveroit en exprimant le temps par l'aire $NTA - NdZ$ & le mouvement du nœud par l'aire NAe : comme on peut s'en assurer par le calcul.

C'est-là l'équation semestre du mouvement des nœuds. Il y a aussi une équation de ce mouvement pour chaque mois, mais elle n'est pas nécessaire pour trouver la latitude de la Lune. Car la variation de l'inclinaison de l'orbe de la Lune au plan de l'écliptique, éprouve une double inégalité, l'une tous les six mois, & l'autre tous les mois ; cette inégalité de tous les mois & l'équation des nœuds pour chaque mois se compensent & se corrigent tellement l'une l'autre, qu'on peut les négliger en déterminant la latitude de la Lune.

Cor. Il est clair, par cette Proposition & par la précédente, que les nœuds sont stationnaires dans leurs syzygies ; que dans leur quadratures ils rétrogradent d'un mouvement horaire de $16''$ $19'''$ 26^{iv} ; & que l'équation du mouvement des nœuds dans les octans est de 1^d $30'$, ce qui s'accorde très-bien avec les phénoménes célestes.

SCHOLIE.

J. Machin professeur d'astronomie à *Gresham* & *Henri Pemberton* M. D. ont trouvé chacun de leur côté le mouvement des nœuds par une autre méthode que la précédente, & on a fait mention de cette autre méthode dans un autre lieu. Les écrits de l'un & de l'autre que j'ai vûs, contenoient chacun deux Propositions & s'accordoient parfaitement. Je joindrai ici l'écrit du Docteur *Machin* parce qu'il m'est tombé plutôt entre les mains.

DU MOUVEMENT DES NŒUDS
DE LA LUNE.

PROPOSITION PREMIERE.

Le mouvement moyen du Soleil depuis le nœud, se trouve en prenant une moyenne proportionnelle géométrique entre le mouvement moyen du Soleil, & le mouvement médiocre avec lequel le Soleil s'éloigne le plus vîte du nœud dans les quadratures.

Fig. 11.

Soient T *le lieu où est la terre*, N n *la ligne des nœuds de la Lune dans un temps quelconque donné*, K T M *une ligne tirée à angles droits sur cette ligne*, T A *une droite qui tourne autour du centre avec la même vîtesse angulaire que celle avec laquelle le Soleil & le nœud s'éloignent l'un de l'autre, ensorte que l'angle compris entre la ligne* N n *qui est en repos, & la ligne* T A *qui tourne, soit toujours égal à la distance des lieux du Soleil & du nœud. Cela posé, si on divise une ligne quelconque* T K *dans les parties* T S *&* S K *qui soient comme le mouvement horaire moyen du Soleil au mouvement moyen horaire du nœud dans les quadratures, & qu'on prenne* T H *moyenne proportionnelle entre la partie* T S *& la toute* T K*, cette ligne sera proportionnelle au mouvement moyen du Soleil depuis le nœud.*

Soit décrit du centre T & du rayon T K *le cercle* N K M n. *Du même centre & des demi axes* T H, T N *soit décrite ensuite l'ellipse* H N n L, *si dans le temps que le Soleil s'éloigne du nœud de la quantité de l'arc quelconque* N a, *on imagine une ligne passant toujours par l'extrémité a de cet arc, l'aire du secteur* N T a *représentera la somme des mouvemens du nœud & du Soleil dans le même temps. Soit* A a *le petit arc*

DE LA PHILOSOPHIE NATURELLE.

arc que la ligne T b a décrit ainsi en tournant uniformément dans une petite portion de temps donnée, le petit secteur T A a sera donc comme la somme des vitesses avec laquelle le Soleil & le nœud sont transportés chacun dans leur temps.

La vitesse du Soleil est presqu'uniforme, ensorte que sa petite inégalité ne produit aucune altération sensible dans le mouvement moyen des nœuds.

L'autre partie de cette somme, c'est-à-dire, la vitesse du nœud dans sa médiocre quantité, augmente, en s'éloignant des syzygies, en raison doublée du sinus de sa distance au Soleil ; par le Cor. de la Prop. 31. du troisième Livre des Principes, & comme elle est la plus grande dans les quadratures avec le Soleil en K, elle a la même raison à la vitesse du Soleil que SK à ST, c'est-à-dire, qu'elle est comme la différence des quarrés de TK & de TH, ou comme le rectangle KMH est à TH^2. Mais l'ellipse NBH partage le secteur ATa, qui exprime la somme de ces deux vitesses, en deux parties ABba & BTb proportionnelles à ces mêmes vitesses. Soit donc prolongée BT jusqu'à ce qu'elle atteigne le cercle en β ; soit ensuite menée par B perpendiculairement au grand axe la ligne BG, qui, prolongée des deux côtés, rencontrera le cercle aux points F & f, & l'on verra que l'espace ABba étant au secteur TBb comme le rectangle AB × Bβ est à BT^2 (à cause que ce rectangle est égal à la différence des quarrés de TA & de TB, à cause de la ligne Aβ coupée également & inégalement en T & en B) la proportion qui est entre ces deux quantités, lorsque l'espace ABba est le plus grand en K, devient la même que la raison du rectangle KMH à HT^2, mais la plus grande vitesse médiocre du nœud étoit à la vitesse du Soleil en cette même raison : donc le secteur ATa sera divisé dans les quadratures en parties proportionnelles aux vitesses. Et parce que le rectangle KH × HM est à HT^2 comme FB × Bf à BG^2, & que le rectangle AB × Bβ est égal au rectangle FB × Bf, la petite aire ABba, lorsqu'elle est la plus grande, sera au secteur restant TBb, comme le rectangle AB × Bβ à BG^2 ; mais la raison de ces petites aires aux secteurs restans est en général celle

Tome. II.   L

des rectangles $AB \times B\beta$ à BT^2. Donc l'aire $ABba$ sera plus petite au lieu A que l'aire semblable dans les quadratures, en raison doublée de BG à BT, c'est-à-dire, en raison doublée du sinus de la distance du Soleil au nœud. Donc la somme de toutes les petites aires $ABba$, c'est-à-dire, l'espace ABN sera comme le mouvement du nœud dans le temps dans lequel le Soleil s'éloigne du nœud par l'arc NA. Et l'espace restant, ou, ce qui revient au même, le secteur elliptique NTB sera comme le mouvement moyen du Soleil dans le même temps. Or comme le moyen mouvement annuel du nœud est celui qui a lieu dans le temps que le Soleil achève sa période, le mouvement moyen du nœud depuis le Soleil sera au mouvement moyen du Soleil, comme l'aire circulaire à l'aire elliptique, c'est-à-dire, comme la droite TK à la droite TH qui est moyenne proportionnelle entre TK & ST ; ou, ce qui revient au même, comme cette moyenne proportionnelle TH à la ligne TS.

PROPOSITION II.

Le mouvement moyen des nœuds de la Lune étant donné, trouver leur mouvement vray.

Soit l'angle A la distance du Soleil au lieu moyen du nœud, ou le mouvement moyen du Soleil depuis le nœud. En prenant l'angle B tel que sa tangente soit à la tangente de l'angle A, comme TH à TK, c'est-à-dire, en raison sousdoublée du mouvement horaire médiocre du Soleil au mouvement horaire médiocre du Soleil depuis le nœud placé dans les quadratures ; cet angle B sera la distance du Soleil au lieu vrai du nœud.

Car tirant FT, l'angle FTN sera, par la démonstration de la Prop. précédente, la distance du Soleil au lieu moyen du nœud, l'angle ATN sa distance au lieu vrai, & les tangentes de ces angles seront entr'elles comme TK à TH.

Cor. Donc FTA est l'équation des nœuds de la Lune, & le sinus de cet angle, lorsqu'il est le plus grand dans les octans, est au rayon comme KH à TK+TH. Dans un autre lieu quelconque A le sinus de cette équation est au plus grand sinus, comme le sinus de la somme des angles $FTN + ATN$ au rayon : c'eſt-à-dire, environ comme le ſinus de $2FTN$ double de la diſtance du Soleil au lieu moyen du nœud eſt au rayon.

SCHOLIE.

Si le mouvement horaire médiocre des nœuds dans les quadratures, eſt de $16'' \ 16''' \ 37^{iv} \ 42^v$, c'eſt-à-dire, qu'il ſoit dans une année entiere ſidérale de $39^d \ 38' \ 7'' \ 50'''$. On aura TH à TK en raiſon ſouſdoublée du nombre $9,0827646$ au nombre $10,0827646$, ou, ce qui revient au même, comme $18,6524761$ à $19,6524761$. Et par conſéquent on aura $TH:HK::18,6524761:1$, c'eſt-à-dire, comme le mouvement du Soleil dans une année ſidérale au moyen mouvement du nœud qui eſt de $19^d \ 18' \ 1'' \ 23'''\frac{2}{3}$.

Mais ſi le mouvement moyen des nœuds de la Lune en 20 années Juliennes eſt de $386^d \ 51' \ 15''$, comme on le déduit des obſervations employées dans la théorie de la Lune : le mouvement moyen des nœuds dans une année ſidérale, ſera de $19^d \ 20' \ 31'' \ 58'''$, & TH ſera à HK comme 360^d à $19^d \ 2' \ 31'' \ 58'''$, c'eſt-à-dire, comme $18,61214$ à 1. Delà, on tire le mouvement horaire médiocre des nœuds dans les quadratures de $16'' \ 18''' \ 48^{iv}$. Et la plus grande équation des nœuds dans les octans de $1^d \ 29' \ 57''$.

PROPOSITION XXXIV. PROBLÊME XV.

Trouver la variation horaire de l'inclinaiſon de l'orbe de la Lune ſur le plan de l'écliptique.

Soient A & a les ſyzygies ; Q & q les quadratures ; N & n les nœuds ; P le lieu de la Lune dans ſon orbe ; p la projection de ce lieu dans le plan de l'écliptique, & mTl le mouvement momentané des nœuds calculé comme ci-deſſus.

Si ſur la ligne Tm on abbaiſſe la perpendiculaire PG, qu'on tire la ligne pG, qu'on la prolonge juſqu'à ce qu'elle rencontre Tl en g, & qu'on tire Pg : l'angle PGp ſera l'inclinaiſon de l'orbite de la Lune au plan de l'écliptique, lorſque la Lune eſt en P ; l'angle Pgp l'inclinaiſon du même orbe l'inſtant d'après, & par conſé-

L ij

quent l'angle GPg la variation momentanée de l'inclinaison. Or cet angle GPg est à l'angle GTg en raison composée de TG à PG, & de Pp à PG. Donc, en mettant une heure pour le moment du temps; & par conséquent (par la Prop. 30.) $33''$ $10'''$ $33^{iv} \times \dfrac{IT \times AZ \times PG}{AT^3}$, pour l'angle GTg, l'angle GPg, ou la variation horaire de l'inclinaison sera à l'angle de $33''$ $10'''$ 33^{iv}, comme $IT \times AZ \times TG \times \dfrac{Pp}{PG}$ à AT^3. *C. Q. F. T.*

Ce qu'on vient de dire a lieu dans la supposition que la Lune tourne uniformément dans un orbe circulaire. Mais si cet orbe est elliptique, le mouvement médiocre des nœuds diminuera dans la raison du petit axe au grand axe; comme on l'a fait voir ci-dessus. Et la variation de l'inclinaison diminuera aussi dans la même raison.

Cor. 1. Si on éleve TF perpendiculaire sur Nn, qu'on prenne pM pour le mouvement horaire de la Lune dans le plan de l'écliptique; qu'on prolonge les perpendiculaires pK, Mk à QT, jusqu'à ce qu'elles rencontrent TF en H & en h; on aura $IT : AT :: Kk : Mp$, & $TG : Hp :: TZ : AT$; donc $IT \times TG$ sera égal à $\dfrac{Kk \times Hp \times TZ}{Mp}$, c'est-à-dire, à l'aire $HpMh$ multipliée par la raison de $\dfrac{TZ}{Mp}$; & par conséquent la variation horaire de l'inclinaison sera à $33''$ $10'''$ 33^{iv}, comme l'aire $HpMh$ multipliée par $AZ \times \dfrac{TZ}{Mp} \times \dfrac{Pp}{PG}$ à AT^3.

Cor. 2. Donc, si la terre & les nœuds étoient retirés à la fin de chaque heure de leurs lieux nouveaux, & qu'ils fussent toujours ramenés à leurs premiers lieux en un instant, ensorte que leur position donnée demeurât la même pendant un mois entier périodique, toute la variation de l'inclinaison dans ce même temps seroit à $33''$ $10'''$ 33^{iv}, comme le produit de la somme de toutes les aires $HpMh$, décrites pendant la révolution du point p, par la quantité $AZ \times TZ \times \frac{Pp}{PG}$ est à $Mp \times AT^3$, c'est-à-dire, comme le cercle entier $QAqa$ multiplié par $AZ \times TZ \times \frac{Pp}{PG}$ à $Mp \times AT^3$, ou, ce qui revient au même, comme la circonférence $QAqa \times AZ \times TZ \times \frac{Pp}{PG}$ à $2Mp \times AT^2$.

Cor. 3. Ainsi dans une position donnée des nœuds, la variation horaire médiocre, qui étant continuée uniformément pendant un mois, produiroit cette variation entière, est à $33''\ 10'''\ 33^{iv}$, comme $AZ \times TZ \times \frac{Pp}{PG}$ à $2AT^2$, ou comme $Pp \times \frac{AZ \times TZ}{\frac{1}{2}AT}$ à $PG \times 4AT$, c'est-à-dire, (puisque Pp est à PG comme le sinus de l'inclinaison dont on vient de parler au rayon, & que $\frac{AZ \times TZ}{\frac{1}{2}AT}$ est à $4AT$ comme le sinus du double de l'angle ATn au quadruple du rayon) comme le sinus de cette même inclinaison multiplié par le sinus du double de la distance des nœuds au Soleil, est au quadruple du quarré du rayon.

Cor. 4. Puisque la variation horaire de l'inclinaison, lorsque les nœuds sont dans les quadratures, est (par cette Prop.) à l'angle de $33''\ 10'''\ 33^{iv}$, comme $IT \times AZ \times TG \times \frac{Pp}{PG}$ à AT^3, c'est-à-dire, comme $\frac{IT \times TG}{\frac{1}{2}AT} \times \frac{Pp}{PG}$ à $2AT$, ou, ce qui revient au même, comme le sinus du double de la distance de la Lune aux quadratures multiplié par $\frac{Pp}{PG}$ est au double du rayon ; la somme de toutes les variations horaires pendant le temps que la Lune passe de la quadrature à la syzygie dans cette position des nœuds (c'est-à-dire dans un espace de 177 heures & $\frac{1}{2}$) sera à la somme d'autant d'angles de $33''\ 10'''\ 33^{iv}$, laquelle est $5878''$; comme la somme de tous les sinus du double de la distance de la Lune aux quadratures, multipliée par $\frac{Pp}{PG}$ est à la somme d'autant de diamétres ; c'est-à-dire, comme le diamétre multiplié par $\frac{Pp}{P \cdot G}$ à la circonférence. Or cette proportion, si l'inclinaison est supposée de $5^d\, 1'$, devient celle de $7 \times \frac{874}{10000}$ à 22, ou de 278 à 10000. Donc la variation totale composée de la somme de toutes les variations horaires qui ont eu lieu dans le temps dont on vient de parler, est de $163''$ ou de $2'\,43''$.

PROPOSITION XXXV. PROBLÉME XVI.

Trouver pour un temps donné l'inclinaison de l'orbe de la Lune au plan de l'écliptique.

AD étant le sinus de la plus grande inclinaison, & AB le sinus de la plus petite, soit coupée BD en deux parties égales au point C, & soit décrit du centre C & de l'intervalle BC le cercle BGD. Soit prise ensuite sur AC, CE en même raison à EB que EB à $2BA$: soit fait l'angle AEG égal au double de la distance des nœuds aux quadratures pour le temps donné, abbaissant alors GH perpendiculaire sur AD, AH sera le sinus de l'inclinaison cherchée.

Car $GE^2 = GH^2 + HE^2 = BHD + HE^2 = HBD + HE^2 - BH^2 = HBD + BE^2 - 2BH \times BE = BE^2 + 2EC \times BH = 2EC \times AB + 2EC \times BH = 2EC \times AH$. Donc, puisque $2EC$ est donné, GE^2 sera comme AH. Que AEg représente le double de la distance des nœuds aux quadratures à la fin d'un moment quelconque de temps donné, l'arc Gg, à cause que l'angle GEg est donné sera comme la distance GE. Mais $Hh : Gg :: GH : GC$, & par conséquent Hh est comme $GH \times Gg$ ou $GH \times GE$, c'est-à-dire, comme $\frac{GH}{GE}$ $\times GE^2$ ou $\frac{GH}{GE} \times AH$, ou, ce qui revient au même, en rai-

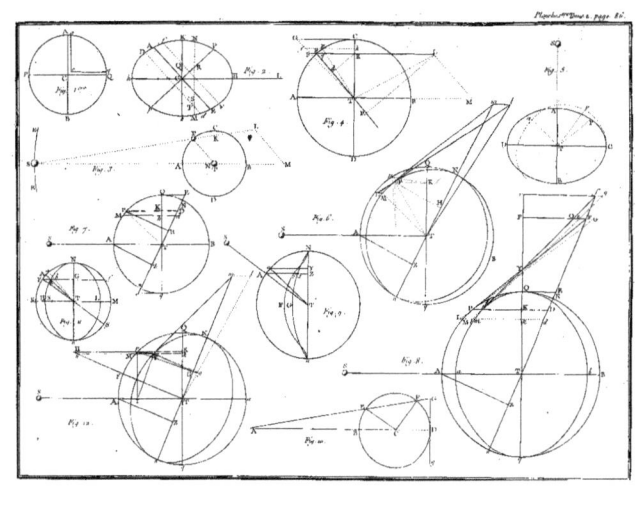

DE LA PHILOSOPHIE NATURELLE. 87

fon compofée de AH & du finus de l'angle AEG. Donc, fi la ligne AH eft dans quelque cas égale au finus d'inclinaifon, elle augmentera par les mêmes incrémens que ce finus, fuivant le Cor. 3. de la Prop. précédente, & par conféquent elle demeurera toujours égale à ce finus. Mais la ligne AH eft égale à ce finus, lorfque le point G tombe en B ou en D. Donc elle lui eft toujours égale.   C. Q. F. D.

J'ai fuppofé dans cette démonftration que l'angle BEG, qui eft le double de la diftance des nœuds aux quadratures, augmentoit uniformément, parce qu'il feroit fuperflu en cette occafion d'avoir égard à la petite inégalité de cette augmentation.

Suppofons maintenant que l'angle BEG foit droit, & que dans ce cas Gg foit l'augmentation horaire du double de la diftance des nœuds au Soleil, la variation horaire de l'inclinaifon fera alors (par le Cor. 3. de la derniére Propofition) à $33'' \ 10''' \ 53^{iv}$ comme le produit du finus d'inclinaifon AH & du finus de l'angle droit BEG, qui eft le double de la diftance des nœuds au Soleil, au quadruple du quarré du rayon ; c'eft-à-dire, comme le finus AH de la médiocre inclinaifon eft au quadruple du rayon ; ou, ce qui revient au même, (parce que cette inclinaifon médiocre eft prefque de $5^d \ 8'\frac{1}{2}$) comme fon finus 896, au quadruple du rayon 40000, ou comme 224 à 10000. Mais la variation totale qui répond à la différence BD des finus, eft à cette variation horaire, comme le diamétre BD à l'arc Gg ; c'eft-à-dire, en raifon compofée du diamétre BD à la demie circonférence BGD, & de la raifon de $2079\frac{7}{10}$ heures que le nœud employe à aller des quadratures aux fyzygies, à une heure ; joignant donc toutes ces raifons, la variation totale BD fera à $33'' \ 10'''$ 33^{iv}, comme $224 \times 7 \times 2079\frac{7}{10}$ à 110000, ou comme 29645 à 1000, & par conféquent cette variation BD fera de $16' \ 23''\frac{1}{2}$.

C'eft-là la plus grande variation de l'inclinaifon tant qu'on ne fait pas attention au lieu de la Lune dans fon orbite. Car lorfque les nœuds sont dans les syzygies, cette inclinaison ne change point par la différente position de la Lune; mais si les nœuds sont dans les quadratures, l'inclinaison est moindre lorsque la Lune est dans les syzygies, que lorsqu'elle est dans les quadratures, de 2′ 43″; comme nous l'avons dit dans le Cor. 4. de la Prop. précédente. Et la moitié de cette différence qui est de 1′ 21″½ étant ôtée, la variation totale médiocre BD dans les quadratures de la Lune devient de 15′ 2″, & en l'ajoutant à cette variation dans les syzygies elle devient de 17′ 45″. Donc si la Lune se trouve dans les syzygies, la variation totale dans le passage des nœuds des quadratures aux syzygies sera de 17′ 45″; & par conséquent si l'inclinaison, lorsque les nœuds sont dans les syzygies est de 5^{d} 17′ 20″, elle sera, lorsque les nœuds sont dans les quadratures & la Lune dans les syzygies, de 4^{d} 59′ 35″. C'est ce qui se trouve confirmé par les observations.

Si ensuite on veut connoître cette inclinaison de l'orbe lorsque la Lune est dans les syzygies & que les nœuds sont dans un lieu quelconque; il faut prendre AB à AD comme le sinus de 4^{d} 59′ 35″ au sinus de 5^{d} 17′ 20″, faisant ensuite l'angle AEG égal au double de la distance des nœuds aux quadratures, AH sera le sinus de l'inclinaison cherchée.

L'inclinaison de cette orbite, lorsque la Lune est à 90^{d} des nœuds, est égale à celle qu'on vient de déterminer. Et dans les autres lieux de la Lune, l'inégalité pour chaque mois, qui se trouve dans la variation de l'inclinaison, se compense dans le calcul de la latitude de la Lune, & elle est en quelque façon corrigée par l'inégalité du mouvement des nœuds à chaque mois; (comme nous l'avons dit ci-dessus.) ainsi on peut la négliger dans le calcul de la latitude.

SCHOLIE.

J'ai voulu montrer par ces calculs des mouvemens de la Lune qu'on pouvoit les déduire de la théorie de la gravité. J'ai trouvé encore

DE LA PHILOSOPHIE NATURELLE.

encore par la même théorie que l'équation annuelle du mouvement moyen de la Lune vient de la différente dilatation de l'orbe de la Lune par la force du Soleil, felon le Cor. 6. de la Prop. 66. liv. 1. car cette force étant plus grande dans le périgée du Soleil, elle dilate l'orbe de la Lune; & étant plus petite dans fon apogée elle fait que l'orbe de la Lune fe contracte. Or la Lune fe meut plus lentement dans l'orbe dilaté, & plus vîte dans l'orbe contracté; l'équation annuelle par laquelle on compenfe cette inégalité eft nulle dans l'apogée & dans le périgée du Soleil; dans la moyenne diftance du Soleil à la terre elle monte jufqu'à 11′ 50″ environ, & dans les autres lieux elle eft proportionnelle à l'équation du centre du Soleil; elle s'ajoute au moyen mouvement de la Lune lorfque la terre va de fon aphélie à fon périhélie, & elle s'en fouftrait dans la partie oppofée de l'orbite.

En prenant le rayon du grand orbe de 1000 parties, & l'excentricité de la terre de $16\frac{7}{8}$, cette équation, lorfqu'elle eft la plus grande, devient par la théorie de la gravité de 11′ 49″. Mais l'excentricité de la terre paroît être un peu plus grande, augmentant donc l'excentricité cette équation doit augmenter dans la même raifon. Ainfi fi on fuppofe l'excentricité de $16\frac{11}{12}$, la plus grande équation fera de 11′ 51″.

J'ai trouvé auffi que dans le périhélie de la terre, l'apogée & les nœuds de la Lune alloient plus vîte, à caufe de la plus grande force du Soleil, que dans fon aphélie, & cela en raifon triplée inverfe de la diftance de la terre au Soleil. Delà on tire que les équations annuelles de ces mouvemens font proportionnelles à l'équation du centre du Soleil. Or le mouvement du Soleil eft en raifon doublée de la diftance de la terre au Soleil inverfement, & la plus grande équation du centre, que cette inégalité produit, eft de 1^d 56′ 20″ ce qui s'accorde avec l'excentricité du Soleil de $16\frac{11}{12}$ dont on vient de parler. Si le mouvement du Soleil étoit en raifon triplée inverfe de la diftance, cette inégalité produiroit 2^d 54′ 30″ pour la plus grande

Tome II.

équation. Donc les plus grandes équations que les inégalités des mouvemens de l'apogée & des nœuds de la Lune produisent sont à 2^d 54′ 30″ comme le mouvement moyen diurne de l'apogée & le mouvement moyen diurne des nœuds de la Lune sont au mouvement moyen diurne du Soleil. D'où il suit que la plus grande équation du mouvement moyen de l'apogée est de 19′ 43″ & que la plus grande équation du mouvement moyen des nœuds est de 9′ 24″ ; la première équation est additive & la derniére souftractive lorfque la terre va de fon périhélie à fon aphélie : c'eft le contraire lorfqu'elle eft dans la partie oppofée de fon orbite.

Par la théorie de la gravité il eft certain que l'action du Soleil fur la Lune eft un peu plus forte lorfque le diamétre tranfverfal de l'orbe de la Lune paffe par le Soleil, que lorfque le même diamétre eft perpendiculaire à la ligne qui joint le Soleil & la terre : & par conféquent l'orbe de la Lune eft un peu plus grand dans le premier cas que dans le dernier. Delà on tire une autre équation du mouvement moyen de la Lune qui dépend de la fituation de l'apogée de la Lune par rapport au Soleil, & cette équation eft la plus grande lorfque l'apogée de la Lune eft dans le même octant que le Soleil ; & elle eft nulle lorfque l'apogée parvient aux quadratures ou aux fyzygies : elle s'ajoute au mouvement moyen dans le paffage de l'apogée de la Lune de la quadrature du Soleil à la fyzygie, & elle fe fouftrait dans le paffage de l'apogée de la fyzygie à la quadrature. Cette équation, que j'appellerai équation femeftre, monte jufqu'à 3′ 45″ environ dans les octans de l'apogée lorfqu'elle eft la plus grande, autant que je l'ai pu conclure des phénoménes. C'eft-là fa quantité dans la médiocre diftance du Soleil à la terre : mais elle doit être augmentée & diminuée en raifon triplée de la diftance du Soleil inverfement, donc, dans la plus grande diftance du Soleil elle eft de 3′ 34″, & dans la plus petite de 3′ 56″ à peu près : lorfque l'apogée de la Lune eft fituée hors des octans elle devient moindre, & elle est à la plus grande équation comme le sinus du double de la distance de l'apogée de la Lune à la prochaine syzygie ou à la prochaine quadrature est au rayon.

Par la même théorie de la gravité l'action du Soleil sur la Lune est un peu plus grande, lorsque la ligne droite menée par les nœuds de la Lune passe par le Soleil, que lorsque cette ligne coupe à angles droits la ligne qui joint la terre & le Soleil. Ce qui donne une autre équation du mouvement moyen de la Lune, que j'appellerai seconde semestre, laquelle est la plus grande lorsque les nœuds sont dans les octans du Soleil, & qui s'évanouit lorsqu'ils sont dans les quadratures ou dans les syzygies ; dans les autres positions des nœuds, elle est proportionnelle au sinus du double de la distance de l'un ou l'autre nœud à la prochaine syzygie ou quadrature : elle doit s'ajouter au moyen mouvement de la Lune, si le Soleil s'éloigne en antécédence du nœud dont il est le plus voisin, & se retrancher s'il s'en éloigne en conséquence ; dans les octans, où elle est la plus grande, elle va à 47″ dans la moyenne distance du Soleil à la terre, ainsi que je le trouve par la théorie de la gravité. Dans les autres distances du Soleil, cette plus grande équation, dans les octans des nœuds, est réciproquement comme le cube de la distance du Soleil à la terre, & par conséquent, dans le périgée du Soleil elle monte environ à 49″, & dans son apogée à 45″ environ.

Par la même théorie de la gravité l'apogée de la Lune avance le plus lorsqu'il est en opposition ou en conjonction avec le Soleil, & il rétrograde le plus lorsqu'il est en quadrature avec le Soleil. Dans le premier cas l'excentricité est la plus grande, & dans le second elle est la moindre, par les Cor. 7. 8. & 9. de la Prop. 66. du Liv. 1. & ses inégalités, par ces mêmes Corollaires, sont les plus grandes, & produisent l'équation principale de l'apogée que j'appelle semestre. La plus grande équation semestre est de 12^d $18'$ à peu près, autant que je l'ai pu conclure des observations. *Horroxius* notre compatriote est le premier qui ait assuré que la Lune faisoit sa révolution dans une ellipse autour de la terre qui est placée dans son foyer inférieur. *Halley* a mis le centre de cette ellipse dans un épicycle dont le centre tourne uniformément autour de la terre. Et de ce mouvement dans l'épicycle naissent les inégalités dans la progression & la régression de l'apogée, dont on a parlé, ainsi que la quantité de l'excentricité.

Fig. 14.

Supposant que la distance médiocre de la Lune à la terre soit divisée en 100000 parties, que T soit la terre, & TC l'excentricité médiocre de la Lune de 5505 parties. Soit prolongée TC en B, ensorte que BC soit le sinus de la plus grande équation semestre de $12^d\ 18'$ pour le rayon TC & le cercle BDA décrit du centre C & du rayon BC sera cet épicycle dans lequel le centre de l'orbe de la Lune est placé, & fait sa révolution selon l'ordre des lettres BDA. Soit ensuite pris l'angle BCD égal au double argument annuel, ou au double de la distance du vrai lieu du Soleil à l'apogée de la Lune corrigé en premier lieu, CTD sera l'équation de l'apogée semestre de la Lune, & TD l'excentricité de son orbe tendant vers l'apogée corrigé en second lieu. Ayant l'excentricité, le mouvement moyen, & l'apogée de la Lune, ainsi que le grand axe de son orbe de 200000 parties, on en tirera, par les méthodes ordinaires, le lieu vrai de la Lune dans son orbe, & sa distance à la terre.

Le centre de l'orbe de la Lune se meut plus vîte autour du centre C dans le périhélie de la terre que dans son aphélie, à cause de la plus grande force du Soleil, & cela en raison triplée inverse de la distance de la terre au Soleil. A cause de l'équation du centre du Soleil comprise dans l'argument annuel, le centre de l'orbe de la Lune se meut plus vîte dans l'épicycle BDA en raison doublée inverse de la distance de la terre au Soleil. Afin donc d'augmenter la vitesse de ce centre dans la raison simple inverse de la distance, du centre D de l'orbe soit tirée la droite DE vers l'apogée de la Lune, ou parallelement à la ligne TC, & soit pris l'angle EDF égal à l'excès de l'argument annuel dont

DE LA PHILOSOPHIE NATURELLE. 93

on a parlé sur la distance de l'apogée de la Lune au périgée du Soleil en conséquence ; ou, ce qui est la même chose, soit pris l'angle CDF égal au complément de la vraie anomalie du Soleil à 360 dégrés. Soit fait ensuite DF à DC en raison composée de la double excentricité du grand orbe à la distance médiocre du Soleil à la terre, & du mouvement moyen diurne du Soleil depuis l'apogée de la Lune, au moyen mouvement diurne du Soleil depuis son propre apogée, c'est-à-dire, en raison composée de $33\frac{7}{8}$ à 1000 & de $52' 27'' 16'''$ à $59' 8'' 10'''$, ou simplement dans la raison de 3 à 100.

Supposé que le centre de l'orbe de la Lune soit placé dans le point F & dans un épicycle dont le centre soit D & le rayon DF, & qu'il fasse sa révolution tandis que le point D avance dans la circonférence du cercle $DABD$. Par ce moyen la vîtesse, avec laquelle le centre de l'orbe de la Lune parcourera la ligne courbe décrite autour du centre C, sera, à peu près, en raison renversée du cube de la distance du Soleil à la terre, comme cela doit être.

Le calcul de ce mouvement est très-difficile, mais on peut le rendre plus aisé par l'approximation suivante. Prenant toujours 100000 parties pour la distance médiocre de la Lune à la terre, & 5505 pour l'excentricité TC; la ligne CB ou CD sera de $1172\frac{1}{4}$ parties, & la ligne DF de $35\frac{1}{7}$. Cette ligne, à la distance TC, soustend l'angle à la terre que la translation du centre de l'orbe du lieu D au lieu F produit dans le mouvement de ce centre : & cette même droite étant doublée dans une position parallele à la ligne qui joint la terre & le foyer supérieur de l'orbe de la Lune, elle soustend le même angle, lequel est par conséquent celui que cette translation produit dans le mouvement du foyer ; & à la distance de la Lune à la terre, elle soustend l'angle que cette même translation produit dans le mouvement de la Lune, ensorte que cet angle peut être appellé la seconde équation du centre. Cette équation, dans la médiocre distance de la Lune à la terre, est, à peu près, comme le sinus de l'angle que cette droite DF fait avec la ligne tirée du point F à la Lune, & lorsqu'elle est la plus grande, elle va jusqu'à $2'\ 25''$. L'angle que cette droite DF fait avec la ligne tirée du point F à la Lune, se trouve ou en soustrayant l'angle EDF de l'anomalie moyenne de la Lune, ou en ajoutant la distance de la Lune au Soleil à la distance de l'apogée de la Lune à l'apogée du Soleil. Et la quatriéme proportionnelle au rayon, au sinus de cet angle ainsi trouvé, & à $2'\ 25''$ est la seconde équation du centre qu'il faut ajouter, si cette somme est moindre qu'un demi cercle, ou soustraire si elle est plus grande. C'est ainsi qu'on aura la longitude de la Lune dans les syzygies même des luminaires.

Comme l'atmosphere de la terre réfracte la lumiére du Soleil jusqu'à la hauteur de 35 ou 40 milles, qu'en la réfractant elle la repand autour de l'ombre de la terre, & que la lumiére ainsi éparse dans les confins de l'ombre l'étend & la dilate, j'ajoute une minute ou une minute & un tiers au diamétre de l'ombre que produit la parallaxe dans les éclipses de Lune.

Au reste, la théorie de la Lune doit être examinée & établie par les Phénoménes, premiérement dans les syzygies, ensuite dans les quadratures, & enfin dans les octans. Dans cette vue, j'ai observé assez éxactement les mouvemens moyens de la Lune & du Soleil au méridien, dans l'observatoire royal de Greenwich, Et (pour le dernier jour de Décembre de l'année 1700 vieux stile) j'ai trouvé le mouvement moyen du Soleil à $20^d\ 43'\ 40''$ du Capricorne, & son apogée à $7^d\ 44'\ 30''$ du Cancer, & le moyen mouvement de la Lune à $15^d\ 21'\ 00''$ du Verseau, son apogée à $8^d\ 20'\ 00''$ des Poissons, & son nœud ascendant à $27^d\ 24'\ 20''$ du Lion.

La différence méridienne de cet observatoire à l'observatoire royal de Paris est de $0^d,\ 9',\ 20''$, mais on n'a pas encore le moyen mouvement de la Lune & de son apogée assez éxactement.

DE LA PHILOSOPHIE NATURELLE.

PROPOSITION XXXVI. PROBLÉME XVII.

Trouver la force du Soleil pour mouvoir les eaux de la mer.

On a vu, par la Prop. 25. de ce Livre, que la force ML ou PT du Soleil, pour troubler les mouvemens de la Lune, eft dans les quadratures de la Lune, à la force de la gravité fur la terre, comme 1 à 638092,6. & que la force $TM-LM$ ou $2PK$ dans les fyzygies de la Lune eft deux fois plus grande. Or ces forces, fi on defcendoit à la furface de la terre, diminueroient en raifon des diftances au centre de la terre, c'eft-à-dire, en raifon de $60\frac{1}{2}$ à 1 ; Donc, à la furface de la terre, la premiere de ces forces eft à la force de la gravité comme 1 à 38604600. C'eft par cette force que la mer eft abbaiffée dans les lieux qui font éloignés du Soleil de 90 ^{d}. L'autre force, qui eft deux fois plus grande, éleve la mer dans les régions fituées fous le Soleil, & dans celles qui lui font oppofées. Ainfi la fomme de ces forces eft à la force de la gravité comme 1 à 12868200. Et parce que la même force produit le même mouvement, foit qu'elle abbaiffe l'eau de la mer dans les régions diftantes du Soleil de 90 dégrés, foit qu'elle l'éleve fous le Soleil & dans les régions oppofées au Soleil, cette fomme fera la force totale du Soleil pour mouvoir les eaux de la mer, & elle fera le même effet que fi elle étoit employée toute entiére à élever la mer dans les régions fous le Soleil ou oppofées au Soleil, & qu'elle ne produifit aucun effet dans les régions diftantes du Soleil de 90 ^{d}.

C'eft-là la force du Soleil pour mouvoir la mer dans un lieu quelconque donné, lorfque le Soleil eft dans le Zenith du lieu, & dans fa moyenne diftance à la terre ; mais dans les autres pofitions du Soleil, fa force pour élever l'eau de la mer eft directement comme le finus verfe du double de fa hauteur fur l'horifon du lieu, & inverfement comme le cube de la diftance du Soleil à la terre.

Cor. Comme la force centrifuge des parties de la terre produite par fon mouvement diurne, laquelle force eft à la force de la gravité dans la raison de 1 à 289, est cause que la hauteur de l'eau sous l'équateur surpasse sa hauteur au pôle de 85472 pieds de Paris, ainsi qu'on l'a vu ci-dessus dans la Prop. 19. il est clair que la force du Soleil dont il s'agit ici, laquelle est à la force de la gravité comme 1 à 12868200 & par conséquent à la force centrifuge comme 289 à 12868200, ou comme 1 à 44527, produira cet effet que la hauteur de l'eau dans les régions sous le Soleil & opposées au Soleil surpassera sa hauteur, dans les lieux distans du Soleil de 90 dégrés, d'un pied de Paris, 1,1 pouces $\frac{7}{30}$ puisque cette hauteur est à 85472 pieds comme 1 à 44527.

PROPOSITION XXXVII. PROBLÊME XVIII.

Trouver la force de la Lune pour mouvoir les eaux de la mer.

La force de la Lune pour mouvoir la mer se trouve par sa proportion avec la force du Soleil, & on peut conclure cette proportion de la proportion des mouvemens de la mer qui sont causés par ces deux forces.

A l'embouchure du fleuve d'*Avone* au-dessous de *Bristol* à la troisiéme pierre, dans l'Automne & le Printemps, l'ascension totale de l'eau, au temps de la conjonction & de l'opposition du Soleil & de la Lune, est environ de 45 pieds selon l'observation de *Samuel Sturmius* ; dans les quadratures elle est de 25 pieds seulement. La premiere hauteur vient de la somme de ces forces, & la derniere de leur différence. Nommant donc S & L les forces du Soleil & de la Lune, lorsqu'ils sont dans l'équateur & dans leur moyenne distance de la terre, on aura $L+S:L-S::45:25$ ou $::9:5$.

Dans le Port de *Plimouth*, *Samuel Colopressus* a observé que le flux monte dans sa médiocre hauteur à peu près à 16 pieds, & qu'au Printemps & à l'Automne la hauteur du flux dans les syzygies peut surpasser sa hauteur dans les quadratures de plus de 7 ou 8 pieds. Prenant 9 pieds pour la plus grande différence de ces hauteurs, on aura $L+S:L-S::20\frac{1}{2}:11\frac{1}{2}$ ou $::41:23$, laquelle

laquelle proportion se rapporte assez à la premiere. La grandeur du flux dans le port de *Bristol* semble donner plus de poids aux observations de *Sturmius*, ainsi jusqu'à ce qu'on ait trouvé quelque chose de plus certain, nous nous servirons de la proportion de 9 à 5.

Au reste, à cause des mouvemens réciproques des eaux, les plus grandes marées n'arrivent pas précisément dans les syzygies du Soleil & de la Lune, mais ce sont les troisiémes après les syzygies, comme on l'a dit; ou bien elles suivent de très-près le troisiéme passage de la Lune par le méridien du lieu après les syzygies, ou plutôt (comme l'a remarqué *Sturmius*) elles arrivent le troisiéme jour après celui de la nouvelle Lune, ou de la pleine Lune, ou un peu plus ou un peu moins après la 12 heure depuis la nouvelle ou la pleine Lune. Et par conséquent elles arrivent à peu près la quarante-troisiéme heure après la nouvelle ou la pleine Lune.

Elles arrivent dans ce port la septiéme heure environ après le passage de la Lune par le méridien du lieu; ainsi elles suivent de très-près le passage de la Lune par le méridien du lieu, lorsque la Lune est éloignée du Soleil, ou de l'opposition du Soleil d'environ 80 ou 90 dégrés en conséquence. L'Hyver & l'Eté les marées ont plus de force, non pas dans les solstices mêmes, mais lorsque le Soleil en est éloigné de la dixiéme partie du cercle, ou environ de 36 à 37 dégrés. De même, le plus grand flux arrive après le passage de la Lune par le méridien du lieu, lorsque la Lune est éloignée du Soleil environ de la dixiéme partie de tout l'espace qui est entre une marée & l'autre. Supposé que cette distance soit d'environ $18^{d}\frac{1}{2}$, la force du Soleil dans cette distance de la Lune aux syzygies & aux quadratures, sera moindre pour augmenter & diminuer le mouvement de la mer causé par la Lune, que dans ses syzygies & dans ses quadratures, & cela en raison du rayon au sinus de complément de cette distance doublée, ou de l'angle de 37^{d}, c'est-à-dire, en raison de 10000000 à 7986355.

Ainsi dans l'analogie ci-dessus on écrira pour S $0,7986355$ S.

Mais il faut diminuer la force de la Lune dans les quadratures à cause de sa déclinaison. Car la Lune dans les quadratures, ou plutôt dans le $18\frac{1}{2}$ dégré après les quadratures, a une déclinaison d'environ 22^d $13'$. Et la force d'un astre sur la mer est moindre lorsqu'il s'éloigne de l'équateur, en raison doublée du sinus de complément de sa déclinaison à peu-près : & par conséquent la force de la Lune dans ses quadratures est seulement de $0,8570327$ L. Donc on a $L + 0,7986355$ S : $0,8570327$ $L - 0,7986355$ S :: $9 : 5$.

De plus, les diamètres de l'orbite dans lequel la Lune feroit sa révolution sans excentricité, sont entr'eux comme 69 à 70 ; ainsi la distance de la Lune à la terre dans les syzygies, est à sa distance dans les quadratures, comme 69 à 70, toutes choses d'ailleurs égales : & ses distances dans le 18e dégré $\frac{1}{2}$ depuis les syzygies, où la marée est la plus grande, & dans le 18e dégré $\frac{1}{2}$ après les quadratures, où arrivent les plus petites marées, sont à sa moyenne distance comme $69,098747$ & $69,897345$ à $69\frac{1}{2}$. Mais les forces de la Lune pour mouvoir la mer sont en raison inverse triplée des distances : donc les forces, à la plus grande & à la plus petite de ces distances, sont à la force dans la médiocre distance, comme $0,9830427$ & $1,017522$ à 1. D'où l'on tire $1,017522$ $L + 0,7986355$ S à $0,9830427$ × $0,8570327$ $L - 0,7986355$ S comme 9 à 5. Et S à L comme 1 à $4,4815$.

Ainsi la force du Soleil étant à la force de la gravité, comme 1 à 12868200, la force de la Lune sera à la force de la gravité comme 1 à 2871400.

Cor. 1. Comme l'eau par l'action du Soleil, monte à la hauteur d'un pied 11 pouces & $\frac{1}{15}$ de pouce, elle montera à 8 pieds 7 pouces & $\frac{1}{22}$ de pouces par l'action de la Lune, & par les forces réunies de ces deux astres elle montera à 10 pieds $\frac{1}{2}$, & lorsque la Lune est dans son périgée l'eau montera à la hauteur de 12 pieds ¼ & plus, furtout fi le flux eft aidé par les vents qui fouflent alors.

Une force de cette nature fuffit pour caufer tous les mouvemens de la mer, & elle répond affez éxactement à la quantité de ces mouvemens. Car dans les mers qui ont une grande largeur de l'Orient à l'Occident, comme dans la mer Pacifique, & dans les parties de la mer Atlantique & Ethiopique qui font au-delà des tropiques, l'eau monte ordinairement à la hauteur de 6, 9, 12 ou 15 pieds. Aurefte on prétend que dans la mer Pacifique qui eft plus profonde & plus large que la mer Atlantique & la mer d'Ethiopie, les marées y font auffi plus grandes. Et en effet, pour que le flux foit complet la largeur de la mer de l'Orient à l'Occident ne doit pas être moindre que de 90 ^{d}.

Dans la mer d'Ethiopie l'afcenfion de l'eau entre les tropiques eft moindre que dans les zones tempérées, à caufe du peu de largeur de la mer entre l'Afrique & la partie auftrale de l'Amérique. L'eau ne peut pas monter dans le milieu de la mer qu'elle ne defcende en même temps vers l'un & l'autre rivage Oriental & Occidental ; mais dans nos mers qui font plus refferrées, l'eau s'éleve à un rivage lorfqu'elle defcend à l'autre ; & par cette raifon, le flux & le reflux font très-peu fenfibles dans les ifles qui font fort loin de la terre ferme.

Dans de certains ports, où l'eau arrive avec impétuofité après avoir rencontré beaucoup de bancs de fable ; & où elle eft obligée de fluer & de refluer pour emplir & vuider tour à tour le golfe ; le flux & le reflux doivent être plus grands, comme à *Plymouth*, au pont de *Chepftown* en Angleterre, au mont *Saint Michel* & à *Avranches* en *Normandie*, à *Cambaie* & à *Pégu* dans l'Inde Orientale.

Dans ces lieux, la mer arrivant & fe retirant avec une grande vîteffe, elle inonde tantôt le rivage à plufieurs milles & tantôt elle le laiffe à fec. Le choc de l'eau lorfqu'elle arrive & lorfqu'elle fe retire, ne ceffe que lorfqu'elle s'eft élevée ou abbaiffée de 30,

40, ou 50 pieds & plus. C'eſt la même choſe dans les détroits oblongs & dans les mers pleines de bancs de ſable, comme le détroit de *Magellan*, & les mers qui environnent l'*Angleterre*. Le flux dans ces ports & dans ces détroits augmente beaucoup par l'impétuoſité avec laquelle la mer arrive & ſe retire. Mais ſur les rivages près deſquels la mer devient tout à coup très-large & très-profonde, & où l'eau peut s'élever & s'abbaiſſer ſans s'y porter & s'en retirer avec impétuoſité, la grandeur des marées répond aux forces du Soleil & de la Lune.

Cor. 2. La force de la Lune pour mouvoir la mer étant à la force de la gravité comme 1 à 2871400, il eſt clair, que cette force eſt beaucoup moindre que ce qu'il faudroit qu'elle fût pour qu'elle pût être apperçue, ou dans les expériences des pendules, ou dans toutes celles qu'on peut faire dans la ſtatique & dans l'hydroſtatique. Cette force de la Lune n'a d'effet ſenſible que dans les marées.

Cor. 3. Puiſque la force de la Lune pour mouvoir la mer eſt à la force du Soleil ſur la mer comme 4,4815 à 1, & que ces forces (par le Cor. 14. de la Prop. 66. Liv. 1.) ſont en raiſon compoſée des denſités du Soleil & de la Lune & du cube de leurs diamétres apparens; la denſité de la Lune doit être à la denſité du Soleil comme 4,4815 à 1 directement, & comme le cube du diamétre de la Lune au cube du diamétre du Soleil inverſement : c'eſt-à-dire, (les moyens diamétres apparens de la Lune & du Soleil étant de 31′ 16″$\frac{1}{2}$ & de 32′ 12″) comme 4891 à 1000. Or la denſité du Soleil eſt à la denſité de la terre comme 1000 à 4000; donc la denſité de la Lune eſt à la denſité de la terre comme 4891 à 4000, ou comme 11 à 9. Ainſi le globe de la Lune eſt plus denſe & plus terreſtre que notre terre.

Cor. 4. Puiſque le vrai diamétre de la Lune eſt, ſelon les obſervations aſtronomiques, au vrai diamétre de la terre, comme 100 à 365; la maſſe de la Lune ſera à la maſſe de la terre comme 1 à 39,788.

DE LA PHILOSOPHIE NATURELLE.

Cor. 5. La gravité accélératrice à la surface de la Lune, sera presque 3 fois moindre que la gravité accélératrice à la surface de la terre.

Cor. 6. La distance du centre de la Lune au centre de la terre, sera à la distance du centre de la Lune au commun centre de gravité de la Lune & de la terre comme 40,788 à 39,788.

Cor. 7. La médiocre distance du centre de la Lune au centre de la terre dans les octans de la Lune sera à peu près de $60\frac{2}{5}$ demi grands diamétres de la terre. Or le demi grand diamétre de la terre a été trouvé de 19658600 pieds de Paris : donc la médiocre distance des centres de la Lune & de la terre qui est de $60\frac{2}{5}$ de ces demi grands diamétres, aura 1187379440 pieds. Et cette distance (par le Cor. précédent) est à la distance du centre de la Lune au commun centre de gravité de la terre & de la Lune, comme 40,788 à 39,788. Ainsi cette derniere distance est de 1158268534 pieds. Or comme la Lune fait sa révolution, par rapport aux fixes, en 27 jours, 7 heures, 43 ′ $\frac{4}{5}$, le sinus verse de l'angle que la Lune décrit dans une minute, est de 12752341 parties pour un rayon de 1000,000000,000000, & de 14,7706353 pieds pour un rayon de 1158268534 pieds. Donc la Lune tombant vers la terre, par la même force qui la retient dans son orbite, parcoureroit dans une minute 14,7706353 pieds. En augmentant cette force en raison de $178\frac{29}{40}$ à $177\frac{29}{40}$, on aura la force totale de la gravité à l'orbe de la Lune par le Cor. de la Prop. 3. & la Lune tombant par cette force pendant une minute, parcourera 14,8538067 pieds. Donc, à la soixantiéme partie de la distance de la Lune au centre de la terre, c'est-à-dire, à la distance de 19789657 pieds du centre de la terre, un corps grave en tombant parcourera aussi dans une seconde 14,8538067 pieds. Donc à la distance de 19615800 pieds, c'est-à-dire, à la distance du moyen demi diamétre de la terre, un corps grave en tombant parcourera dans une seconde 15,11175 pieds ou 15 pieds, 1 pouce, $4\frac{1}{11}$ lignes. C'est-là la quantité de la chute des graves à 45^{d} de latitude. Et par la table qu'on a donné dans la Prop. 20. la quantité de cette defcente fera plus grande à la latitude de *Paris* de $\frac{2}{5}$ de ligne environ. Donc, felon ce calcul, les graves en tombant dans le vuide à la latitude de *Paris*, parcoureroient 15 pieds de *Paris* 1 pouce & $4\frac{11}{35}$ lignes environ en une feconde. Si on retranche de la gravité la force centrifuge que le mouvement diurne de la terre produit à cette latitude, les graves, en y tombant, parcoureront dans une feconde 15 pieds 1 pouce & $1\frac{1}{2}$ lignes. Or on a fait voir, dans les Prop. 4. & 19. que les graves parcourent en effet cet efpace en une feconde à la latitude de *Paris*.

Cor. 8. La moyenne diftance des centres de la Lune & de la terre dans les fyzygies de la Lune eft de foixante demi grands diamétres de la terre, moins la trentiéme partie d'un demi diamétre environ. Dans les quadratures de la Lune, la moyenne diftance de ces centres, eft de $60\frac{1}{6}$ demi diamétres de la terre. Car ces deux diftances font à la diftance moyenne de la Lune dans les octans comme 69 & 70 à $69\frac{1}{4}$ par la Prop. 28.

Cor. 9. La moyenne diftance des centres de la Lune & de la terre dans les fyzygies de la Lune eft de $60\frac{1}{10}$ demi diamétres moyens de la terre. Et dans les quadratures de la Lune la diftance moyenne de ces centres eft de 61 demi diamétres moyens de la terre, moins la trentiéme partie d'un demi diamétre.

Cor. 10. Dans les fyzygies de la Lune fa parallaxe horifontale médiocre eft à 0, 30, 38, 45, 52, 60 & 90 dégrés de latitude, de 57′ 20″, 57′ 16″, 57′ 14″, 57′ 12″, 57′ 10″, 57′ 8″ & 57′ 4″ refpectivement.

Dans ces calculs je n'ai point confidéré l'attraction magnétique de la terre dont la quantité eft très-petite & eft ignorée. Si jamais on parvient à la connoître, & que les mefures des dégrés dans le méridien, la longueur des pendules ifochrones à diverfes latitudes, les loix du flux & du reflux, la parallaxe de la Lune, & les diamétres apparens du Soleil & de la Lune, foient exactement déterminés par les Phénomenes; on pourra refaire tout ce calcul plus exactement.

DE LA PHILOSOPHIE NATURELLE.

PROPOSITION XXXVIII. PROBLÈME XIX.

Trouver la figure de la Lune.

Si la Lune étoit fluide comme notre mer, la force de la terre pour élever les parties de ce fluide les plus proches & les plus éloignées de la terre, feroit à la force avec laquelle la Lune éleve les parties des eaux de notre mer situées sous la Lune & opposées à la Lune, en raison composée de la raison de la gravité accélératrice de la Lune vers la terre à celle de la terre vers la Lune, & de la raison du diamétre de la Lune au diamétre de la terre, c'est-à-dire, comme $39,788 \times 100$ à 1×365 ou comme 1081 à 100. Ainsi, comme la force de la Lune éleve notre mer à la hauteur de 8 pieds & $\frac{1}{7}$, le fluide de la Lune seroit élevé par la force de la terre à la hauteur de 93 pieds. Et par cette cause la forme de la Lune doit être celle d'un sphéroïde dont le grand diamétre prolongé passe par le centre de la terre, & surpasse l'autre diamétre qui lui est perpendiculaire de 186 pieds. La Lune a donc cette forme & doit l'avoir prise dès le commencement. C. Q. F. T.

Cor. C'est ce qui fait que la Lune présente toujours le même côté à la terre ; car la Lune ne peut être en repos dans une autre position, mais elle doit toujours retourner à celle-là en oscillant. Cependant ces oscillations sont très-lentes, parce que les forces qui les produisent sont très-petites : ensorte que cette partie de la Lune qui devroit toujours être tournée vers la terre, peut regarder l'autre foyer de l'orbe lunaire (par la raison alléguée dans la Prop. 17.) & n'être pas ramenée en un instant vers la terre.

LEMME PREMIER.

Si A P E p représente la terre uniformément dense, C son centre, A E son équateur & P, p ses pôles ; que de plus, P a p e soit la sphére inscrite, que Q R représente le plan coupé perpendiculairement

Fig. 16.

par la droite tirée du centre du Soleil au centre de la terre ; qu'enfin toutes les particules qui composent l'excédent P a p A P e p E de la terre par-dessus la sphere inscrite, tendent à s'éloigner de ce plan Q R avec un effort qui soit proportionnel à leur distance à ce plan : alors 1°. Toutes les particules qui sont placées dans le plan de l'équateur A E, & qui sont rangées également autour du globe en forme d'anneau, auront pour faire tourner la terre autour de son centre, une force qui sera à celle que toutes ces mêmes particules (placées par supposition dans le lieu de l'équateur le plus distant du plan Q R) auroient pour faire mouvoir la terre d'un semblable mouvement circulaire autour de son centre, comme 1. est à 2.

2°. Ce mouvement circulaire se fera autour d'un axe placé dans la commune section de l'équateur & du plan Q R.

Si du centre K & avec le diamétre IL on décrit le demi cercle $INLK$, qu'on suppose la demi circonférence INL partagée en un nombre infini de parties égales, & que de chacune de ces parties N on abbaisse le sinus NM sur le diamétre IL. La somme des quarrés de tous ces sinus NM sera égale à la somme des quarrés des sinus KM ; & l'une & l'autre somme sea égale à la somme des quarrés d'autant de demi diamétres KN ; donc la somme de tous les quarrés de tous les sinus NM sera sousdouble de la somme des quarrés d'autant de demi diamétres KN.

Soit à présent divisé le périmètre du cercle AE en autant de parties égales, & par chacune de ces particules F soit abbaissée une perpendiculaire FG au plan QR, ainsi que du point A la perpendiculaire AH. La force par laquelle la particule F s'éloigne du plan QR sera comme cette perpendiculaire FG (par l'hypothése) & cette force, multipliée par la distance CG sera l'efficacité de la particule F pour faire tourner la terre autour de son centre. Ainsi l'efficacité d'une particule au lieu F, sera à l'efficacité d'une particule au lieu A, comme $FG \times GC$ à $AH \times HC$, c'est-à-dire, $:: FC^2 : AC^2$; & par conséquent, l'efficacité de toutes les parties dans leurs lieux F sera à l'efficacité d'autant

de

DE LA PHILOSOPHIE NATURELLE. 105

de particules dans le lieu A, comme la fomme de tous les FC^2 à la fomme d'autant de AC^2, c'eſt-à-dire, par ce qui a déja été démontré, comme un à deux. *C. Q. F. D.*

Et parce que ces particules agiſſent en s'éloignant perpendiculairement du plan QR, & cela également de chaque côté de ce plan ; elles font tourner la circonférence du cercle de l'équateur, ainſi que la terre qui y eſt attachée, au tour de l'axe qui eſt dans ce plan QR & dans le plan de l'équateur.

LEMME II.

Les mêmes choſes étant poſées, la force & l'efficacité que toutes les particules placées de toutes parts autour du globe, ont pour faire tourner la terre autour du même axe, eſt à la force qu'un même nombre de particules, ſuppoſé placées en forme d'anneau dans le cercle de l'équateur AE, *auroient pour faire tourner la terre d'un ſemblable mouvement circulaire, comme deux à cinq.*

Soit KI un cercle mineur quelconque parallele à l'équateur, & ſoient L, l, deux particules quelconques égales ſituées dans ce cercle hors du globe $Pape$. Si ſur le plan QR, qui eſt perpendiculaire au rayon tiré au Soleil, on abbaiſſe les perpendiculaires LM, lm, toutes les forces avec lesquelles ces particules s'éloignent du plan QR seront proportionnelles à ces perpendiculaires. Suppoſé à préſent que la droite Ll ſoit parallele au plan $Pape$; qu'elle ſoit coupée en deux parties égales au point X ; & que par le point X on tire Nn qui ſoit parallele au plan QR & qui rencontre les perpendiculaires LM, lm, en N & en n ; abbaiſſant XY perpendiculairement ſur le plan QR, les forces contraires des particules L & l, pour faire tourner la terre en ſens contraire, feront comme $LM \times MC$ & $lm \times mC$, c'eſt-à-dire, comme $LN \times MC + NM \times MC$ & $ln \times mC - nm \times mC$, ou $LN \times MC + NM \times MC$ & $LN \times mC - NM \times mC$: & leur différence $LN \times Mm - NM \times \overline{MC + mC}$ ſera la force de ces deux particules priſes enſemble pour faire tourner

Fig. 18.

la terre. La partie positive $LN \times Mm$ ou $2 LN \times NX$ de cette différence, est à la force $2 AH \times HC$ de deux particules de même grandeur placées en A, comme LX^2 à AC^2. Et la partie négative $NM \times \overline{MC + mC}$, ou $2 XY \times CY$ est à la force $2 AH \times HC$ de ces mêmes particules placées en A, comme CX^2 à AC^2. Donc la différence des forces de ces parties, c'est-à-dire, la force de deux particules L & l prises ensemble pour faire tourner la terre, est à la force de deux particules qui leur seroient égales & qui seroient placées dans le lieu A pour faire tourner la terre de la même manière, dans la raison de $LX^2 - CX^2$ à AC^2. Mais si la circonférence IK est divisée en un nombre innombrable de parties égales L, toutes les LX^2 seront à autant de IX^2 comme 1 à 2 (par le Lemme 1.) & par conséquent à autant de AC^2 comme IX^2 à $2 AC^2$; & autant de CX^2 à autant de AC^2 comme $2 CX^2$ à $2 AC^2$; donc les forces réunies de toutes les particules de la circonférence du cercle IK, sont aux forces réunies d'autant de particules dans le lieu A; comme $IX^2 - 2 CX^2$ à $2 AC^2$: & par conséquent, (par le Lemme 1.) aux forces réunies d'autant de particules dans la circonférence du cercle AE comme $IX^2 - 2 CX^2$ à AC^2.

Si à présent le diamétre Pp de la sphere est divisé en un nombre innombrable de parties égales sur lesquelles s'élevent autant de cercles IK; la matiére du périmétre d'un de ces cercles quelconque IK sera comme IX^2: ainsi la force de cette matiere pour faire tourner la terre sera comme $IX^2 \times IX^2 - 2 CX^2$. Mais la force de cette même matiere, si elle étoit placée dans le périmétre du cercle AE, seroit comme $IX^2 \times AC^2$. Donc la force de toutes les particules de la matiére placée dans le périmétre de tous ces cercles hors du globe, est à la force d'autant de particules de la matiére placées dans le périmétre du grand cercle AE, comme tous les $IX^2 \times IX^2 - 2 CX^2$ à autant de $IX^2 \times AC^2$, c'est-à-dire, comme tous les $AC^2 - CX^2 \times AC^2 - 3 CX^2$ à autant de $AC^2 - CX^2 \times AC^2$, ou,

DE LA PHILOSOPHIE NATURELLE. 107

ce qui revient au même, comme tous les $AC^4 - 4AC^2 \times CX^2 + 3CX^4$ à autant de $AC^4 - AC^2 \times CX^2$, ou encore, comme toute la quantité fluente, dont la fluxion est $AC^4 - 4AC^2 \times CX^2 + 3CX^4$ est à toute la quantité fluente dont la fluxion est $AC^4, -AC^2 \times CX^2$; Et par conséquent, par la méthode des fluxions, comme $AC^4 \times CX - \frac{4}{3}AC^2 \times CX^3 + \frac{3}{5}CX^5$ à $AC^4 \times CX - \frac{1}{3}AC^2 \times CX^3$, c'est-à-dire, en écrivant au lieu de CX la ligne entière Cp ou AC, comme $\frac{4}{15}AC^5$ à $\frac{2}{3}AC^5$, ou comme 2 à 5. *C. Q. F. D.*

LEMME III.

Les mêmes choses étant posées, je dis que le mouvement dont nous avons parlé, de toute la terre entière autour de l'axe, lequel mouvement est composé des mouvemens de toutes les particules, sera au mouvement du précédent anneau autour du même axe, dans une raison composée de la raison de la matière de la terre à la matière de cet anneau, & de la raison de trois fois le quarré du quart de cercle à deux fois le quarré du diamétre, c'est-à-dire, en raison composée de la matière à la matière, & de 925275 à 1000000.

Car le mouvement d'un cylindre tournant autour de son axe supposé fixe, est au mouvement de la sphére inscrite, & qui tourne en même temps, comme quatre quarrés égaux sont à trois des cercles inscrits dans ces quarrés : & le mouvement du cylindre est au mouvement d'un anneau très-mince qui touche la sphére & le cylindre dans leur commun contact, comme le double de la matière du cylindre est au triple de la matière de l'anneau ; & le mouvement de cet anneau continué uniformément autour de l'axe de ce cylindre est à son mouvement uniforme autour de son diamètre dans le même temps périodique, comme la circonférence du cercle est au double de son diamètre.

HYPOTHESE II.

Si l'anneau, dont on vient de parler, faisoit seul sa révolution autour du Soleil dans l'orbe de la terre par le mouvement annuel, tout le reste de la terre étant ôté, & que cependant il tournât par le mouvement diurne autour de son axe incliné au plan de l'écliptique de $23\frac{1}{2}$ dégrés : le mouvement des points équinoxiaux seroit le même, soit que cet anneau fût fluide, soit qu'il fût formé d'une matiére solide.

PROPOSITION XXXIX. PROBLÉME XX.

Trouver la précession des Equinoxes.

Le mouvement horaire médiocre des nœuds de la Lune dans un orbe circulaire, lorsque les nœuds sont dans les quadratures, a été trouvé de $16''\ 35'''\ 16^{iv}\ 36^{v}$, & sa moitié $8''\ 17'''\ 38^{iv}\ 18^{v}$ est le mouvement moyen horaire des nœuds dans cet orbe, par les raisons ci-dessus expliquées ; ainsi ce mouvement dans une année entiere sidérale est de $20^{d}\ 11'\ 46''$. Or, puisque les nœuds de la Lune dans un tel orbe feroient tous les ans $20^{d}\ 11'\ 46''$ en antécédence, & que s'il y avoit plusieurs Lunes, les mouvemens des nœuds de chacune seroient (par le Cor. 16. de la Prop. 66. du Liv. 1.) comme les temps périodiques ; il s'ensuit, que si la Lune tournoit autour de la terre près de sa surface dans l'espace d'un jour sidéral, le mouvement annuel de ses nœuds seroit à $20^{d}\ 11'\ 46''$ comme un jour sidéral qui est de $23^{h}\ 56'$ au temps périodique de la Lune qui est de 27 jours $7^{h}\ 43'$, c'est-à-dire, comme 1436 à 39343. Il en seroit de même des nœuds d'un anneau de Lunes qui entoureroit la terre ; soit que ces Lunes ne fussent pas contigues, soit qu'elles devinssent fluides & qu'elles formassent un anneau continu, soit enfin que la matiére de cet anneau s'endurcît & qu'il devint infléxible.

Fig. 18.

Supposons donc que cet anneau soit égal en quantité de matiére à la partie de terre $PapAPepE$ qui est l'excédent du sphéroïde sur le globe $Pape$, ce globe étant à cet excédent du sphéroïde comme aC^{2} à $AC^{2} - aC^{2}$, c'est-à-dire, (à cause que le petit demi diametre de la terre PC ou aC est au demi grand diametre AC dans la raison de 229 à 230) comme 52441 à 459 ; si cet anneau entouroit la terre dans le sens de l'équateur,

DE LA PHILOSOPHIE NATURELLE. 109
& que l'un & l'autre tournaſſent enſemble autour du diamétre de
l'anneau, le mouvement de l'anneau feroit au mouvement du
globe intérieur (par le Lemme 3. de ce Livre) comme 459 à
52441 & 1000000 à 925275 conjointement, c'eſt-à-dire, comme 4590 à 485223 ; & par conſéquent le mouvement de l'anneau feroit à la ſomme des mouvemens de l'anneau & du globe,
comme 4590 à 489813. Ainſi ſi l'anneau étoit adhérent au globe, & qu'il lui communiquât ſon mouvement par lequel ſes
nœuds ou les points équinoxiaux rétrogradent : le mouvement
qui reſteroit à l'anneau feroit à ſon mouvement primitif comme
4590 à 489813 ; & par conſéquent le mouvement des points
équinoxiaux feroit diminué dans la même raiſon.

Le mouvement annuel des points équinoxiaux du corps com-
poſé de l'anneau & du globe, feroit donc au mouvement de 20^d
11′ 46″ comme 1436 à 39343, & 4590 à 489813 conjointement,
c'eſt-à-dire, comme 100 à 292369. Mais les forces par leſquel-
les les nœuds des Lunes (comme je l'ai expliqué ci-deſſus) &
par conſéquent les points équinoxiaux de l'anneau rétrogradent,
c'eſt-à-dire, les forces 3 IT ſont, dans chaque particule, comme les diſtances de ces particules au plan QR, & c'eſt par ces
forces que ces particules s'éloignent de ce plan ; donc (par le
Lemme 2.) ſi la matiére de l'anneau étoit répandue ſur toute la
ſuperficie du globe, enforte qu'elle formât ſur la partie ſupérieure de la terre la figure $PapApEpE$, la force & l'efficacité de
toutes les particules pour faire tourner la terre autour d'un diamétre quelconque de l'équateur, & par conſéquent pour mouvoir les points équinoxiaux, deviendroit moindre qu'auparavant
dans la raiſon de 2 à 5. Et par conſéquent, la régreſſion annuelle
des points équinoxiaux fera à 20^d 11′ 46″ comme 10 à 73092,
c'eſt-à-dire, qu'elle ſera de 9″ 56‴ 50^{iv}.

Au reſte ce mouvement doit être diminué à cauſe de l'inclinaiſon du plan de l'équateur au plan de l'écliptique, c'eſt-à-dire,
en raiſon du ſinus 91706 (qui eſt le ſinus de complément de 23$^d\frac{1}{2}$)

Fig. 6.

au rayon 100000. Ainſi ce mouvement deviendra de $9''\,7'''\,20^{iv}$. Et c'eſt-là la préceſſion annuelle des équinoxes cauſée par la force du Soleil.

Mais la force de la Lune pour élever l'eau de la mer a été trouvée à la force du Soleil comme 4,4815 à 1 environ; & la force de la Lune pour mouvoir les points équinoxiaux, eſt à la force du Soleil dans la même proportion; donc la préceſſion annuelle des points équinoxiaux, cauſée par la force de la Lune, doit être de $40''\,52'''\,52^{iv}$. Ainſi la préceſſion annuelle totale des équinoxes produite par ces deux forces, doit être de $50''\,00'''\,12^{iv}$, & ce mouvement s'accorde avec les phénomènes, car la préceſſion des équinoxes ſelon les obſervations aſtronomiques eſt annuellement d'environ $50''$

Si la terre eſt plus haute à l'équateur qu'aux pôles de plus de 17 milles $\frac{1}{4}$, ſa matière doit être moins denſe à la circonférence qu'au centre: & la préciſion des équinoxes devra être augmentée en vertu de cette plus grande hauteur de l'équateur & diminuée à cauſe de cette moindre denſité.

Nous avons expliqué juſqu'à préſent le ſyſtême du Soleil, de la terre, de la Lune & des planettes: il nous reſte à traiter des comètes.

LEMME IV.

Les Comètes ſont placées au-deſſus de la Lune, & viennent dans la région des Planettes.

De même que le défaut de parallaxe diurne fait voir que les comètes ſont au-deſſus des régions ſublunaires, leur parallaxe annuelle prouve qu'elles deſcendent dans la région des planettes. Car les comètes qui vont ſuivant l'ordre des ſignes ſont toutes, vers la fin de leur apparition, de plus en plus retardées ou même rétrogrades, ſi la terre eſt entr'elles & le Soleil, & accélérées également, ſi la terre eſt en oppoſition. Au contraire, les comètes qui vont contre l'ordre des ſignes vont plus vîte vers la fin de leur apparition, ſi la terre ſe trouve entr'elles & le Soleil; & elles vont plus lentement ou ſont rétrogrades, ſi la terre

DE LA PHILOSOPHIE NATURELLE.

se trouve en opposition avec elles. Ces mouvemens apparens des cométes viennent principalement des mouvemens de la terre dans ses différentes positions par rapport à elles, de même que les planettes nous paroissent quelquefois rétrogrades, quelquefois plus lentes & quelquefois plus promptes, selon que leur mouvement conspire avec celui de la terre, ou qu'il lui est contraire. Si la terre va du même côté que la cométe, & qu'elle soit transportée autour du Soleil d'un mouvement angulaire qui surpasse assez celui de la cométe pour que la ligne qui suivroit continuellement la terre & la cométe convergeât du côté qui est par de-là la cométe, la cométe vue de la terre paroîtra alors rétrograde à cause de son mouvement plus lent ; mais si la terre est muë plus lentement, le mouvement de la cométe (en retranchant celui de la terre) devient encore plus lent. Et lorsque la terre ira du côté opposé à celui de la cométe, la cométe paroîtra plus rapide. Or de cette accélération & de ce mouvement rétrograde on tire la distance de la cométe de la maniére suivante.

Soient $\gamma Q A$, $\gamma Q B$, $\gamma Q C$ trois longitudes de la cométe, observées au commencement de son mouvement, & soit $\gamma Q F$ la derniére longitude observée lorsque la cométe cesse d'être apperçue. Soit de plus tirée la ligne ABC dont les parties AB, BC séparées par les lignes QA & QB, QB & QC, soient entr'elles comme les temps écoulés entre les trois premieres observations. Soit prolongé AC jusqu'en G, ensorte que AG soit à AB comme le temps entre la premiere & la derniere observation, est au temps entre la premiere & la seconde, & soit enfin tirée la ligne QG : si la cométe étoit muë uniformément dans une ligne droite, & que la terre fût en repos ou qu'elle avançât en ligne droite d'un mouvement uniforme ; l'angle γQG seroit la longitude de la cométe au temps de la derniere observation. L'angle FQG, qui est la différence de ces longitudes, est donc formé par l'inégalité des mouvemens de la terre & de la cométe. Cet angle, si la terre & la cométe vont vers des côtés opposés, étant ajouté à l'angle

Fig. 19.

♈ Q G rendra le mouvement apparent de la cométe plus prompt: mais fi la cométe & la terre vont vers le même côté, il faut fouftraire l'angle F Q G de ce même angle ♈ Q G, & cette fouftraction rendra le mouvement apparent de la cométe plus lent, ou même rétrograde, comme je viens de le faire voir. Cet angle eft formé principalement par le mouvement de la terre, & par conféquent on peut le prendre pour la parallaxe de la cométe, en négligeant le petit décrément ou le petit incrément de cet angle qui peut naître de l'inégalité du mouvement de la cométe dans fon orbe.

On tire de cette parallaxe la diftance de la cométe en cette maniére. Que S repréfente le Soleil, acT le grand orbe, a le lieu de la terre dans le temps de la premiere obfervation, c fon lieu dans le temps de la troifiéme, T celui où elle fe trouve dans le temps de la derniere, & T♈ la ligne droite tirée vers le commencement d'*Aries*. Soit pris l'angle ♈ TV égal à l'angle ♈ QF, c'eft-à-dire, à la longitude de la cométe lorfque la terre eft en T. Soit de plus tirée ac prolongée en g, enforte que $ag:ac::AG:AC$, & g fera le lieu que la terre auroit atteint au temps de la derniere obfervation par un mouvement continué uniformément dans la ligne droite ac. Donc fi on tire la ligne g♈ parallele à T♈, & qu'on faffe l'angle ♈ gV égal à l'angle ♈ QG, cet angle ♈ gV fera égal à la longitude de la cométe vue du lieu g; & l'angle TVg fera la parallaxe qui vient de la tranflation de la terre du lieu g au lieu T: & par conféquent V fera le lieu de la cométe dans le plan de l'écliptique. Ce lieu V eft ordinairement inférieur à l'orbe de Jupiter.

On conclut la même chofe de la courbure du chemin des cométes. Ces corps marchent à peu près dans de grands cercles pendant qu'ils fe meuvent avec leur plus grande vîteffe; mais dans la fin de leurs cours, où cette partie de leur mouvement apparent qui vient de la parallaxe a une plus grande proportion au mouvement total apparent, elles ont coutume de s'écarter de ces cercles,

DE LA PHILOSOPHIE NATURELLE.

eles, & lorsque la terre se meut vers un côté du ciel, elles vont vers le côté opposé. Cette déflexion vient principalement de la parallaxe, car elle répond au mouvement de la terre ; & la grandeur de cette déflexion prouve, selon mon calcul, que les comètes, lorsqu'elles disparoissent, sont placées assez loin au-dessous de Jupiter. Et par conséquent dans leur périgée & leur périhélie, où elles sont plus proches, elles descendent souvent au-dessous des orbes de Mars & des planettes inférieures.

La proximité des comètes se confirme encore par la lumière de leurs têtes. Car l'éclat d'un corps céleste, éclairé du Soleil & qui s'éloigne à de très-grandes distances, diminue en raison quadruplée de sa distance : c'est-à-dire, dans une raison doublée à cause que la distance de ce corps au Soleil augmente, & dans une autre raison doublée à cause de la diminution de son diamètre apparent. Ainsi si la quantité de la lumière & le diamètre apparent d'une comète sont donnés, on aura sa distance, en disant, cette distance est à la distance d'une planette en raison directe du diamètre au diamètre, & en raison sousdoublée inverse de l'illumination à l'illumination.

Flamstead observant le plus petit diamètre de la chevelure de la comète de 1682 le trouve de 2′ 0″ avec une lunette de 16 pieds armée d'un micromètre, le noyau ou l'étoile qui étoit dans le milieu de la tête occupoit à peine la dixième partie de cette largeur, ainsi son diamètre étoit seulement de 11″ ou 12″. Mais l'illumination & l'éclat de sa tête surpassoit celle de la tête de la comète de 1680, & elle étoit presque aussi brillante que les étoiles de la premiere ou de la seconde grandeur. Supposons que sa lumière fut environ sousquadruple de celle de Saturne & de son anneau : comme la lumière de l'anneau étoit presque égale à celle du globe & que le diamètre apparent du globe étoit presque de 21″, la lumière du globe & de l'anneau égaloient ensemble la lumière d'un globe de 30″ de diamètre : ainsi la distance de la comète étoit à la distance de Saturne comme 1 à $\sqrt{4}$ inver-

Tome II. P

fement & comme 12″ à 30″ directement, c'est-à-dire, comme 24 à 30 ou comme 4 à 5.

La cométe qui parut au mois d'*Avril* 1665. furpaffoit par fon éclat, felon *Hevelius*, prefque toutes les étoiles fixes, & même Saturne par la vivacité de fa lumiére. Ainfi cette cométe étoit plus brillante que celle qui avoit paru à la fin de l'année précédente. Laquelle cependant avoit été jugée auffi brillante que les étoiles de la premiere grandeur. Le diamétre de fa chevelure étoit prefque de 6′ & fon noyau étant comparé aux planettes par le fecours d'une lunette, étoit fans aucun doute plus petit que Jupiter, & paroiffoit quelquefois égaler le globe de Saturne, & quelquefois il paroiffoit plus petit. Or comme le diamétre de la chevelure des cométes paffe rarement 8′ ou 12′, & que celui du noyau ou de l'étoile centrale eft prefque la dixiéme ou même quelquefois la quinziéme partie du diamétre de la chevelure, il eft clair que ces étoiles ont pour la plûpart la même grandeur apparente que les planettes. Ainfi comme on peut ordinairement comparer leur lumiére avec celle de Saturne & que quelquefois elle la furpaffe ; il eft clair que toutes les cométes dans leur périhélie font au-deffous de Saturne ou très-peu au-deffus. Ceux donc qui les placent dans la région des étoiles fixes, fe trompent extrêmement : car à cette diftance elles ne devroient pas être plus éclairées par notre Soleil que les planettes de notre fyftême le font par les étoiles fixes.

En traitant toutes ces chofes, nous n'avons pas fait attention à l'obfcurciffement des cométes caufé par la fumée épaiffe & abondante qui entoure leurs têtes, & qui fait que leur lumiére paroît vue comme à travers un nuage.

Plus cette fumée obfcurcit les cométes, plus il faut qu'elles approchent du Soleil afin que la lumiére qu'elles réfléchiffent puiffe être prefque égale à celle des planettes : d'où il eft très-vraifemblable que les cométes defcendent beaucoup au-deffous de l'orbe de Saturne comme nous l'avons prouvé par la parallaxe.

DE LA PHILOSOPHIE NATURELLE.

La même chose se trouve amplement confirmée par leurs queues, ces queues sont formées ou par la réfléxion de la fumée éparse dans l'Ether, ou par la lumiére de la tête des comètes. Dans le premier cas on doit diminuer la distance des comètes, car sans cela, il faudroit supposer que cette fumée qui s'exhale sans cesse de leurs têtes est propagée dans un espace immense avec une vîtesse & une expansion incroyable. Dans le dernier cas, on attribue toute la lumiére de la queue & de la chevelure au noyau de la tête ; or si nous concevons que toute cette lumiére est rassemblée & resserrée dans le disque du noyau, il est certain que ce noyau, toutes les fois que la comète a une queue très-grande & très-éclatante, devroit être beaucoup plus brillant que Jupiter : car donnant plus de lumiére & ayant un plus petit diamètre apparent, il doit être beaucoup plus éclairé & beaucoup plus près du Soleil que Jupiter. Bien plus, lorsque leur tête est cachée sous le Soleil, & que leurs queues paroissent, ainsi qu'il arrive quelquefois, comme de grandes poutres enflammées, on doit par le même raisonnement les placer au-dessous de l'orbe de Venus ; car si toute cette lumiére est supposée rassemblée en une étoile, elle doit surpasser de beaucoup Venus en clarté.

On doit conclure la même chose de la lumiére des têtes des comètes qui croît lorsqu'elles s'éloignent de la terre & qu'elles vont vers le Soleil, & qui décroît lorsqu'elles s'éloignent du Soleil & reviennent vers la terre. Ainsi la derniere comète de l'année 1665. (comme l'a observé *Hevelius*) perdoit toujours de son mouvement apparent depuis qu'il eut commencé à l'appercevoir, & par conséquent elle avoit devancé le périgée ; mais cependant la lumiére de sa tête n'en augmentoit pas moins de jour en jour, jusqu'à ce qu'enfin étant plongée dans les rayons du Soleil elle cessa d'être visible. Le mouvement de la comète de 1683 (observée par le même *Hevelius*) étoit très-lent à la fin du mois de *Juillet* que l'on commença à l'appercevoir, car elle ne faisoit alors environ que 40 ou 45 minutes de son orbe par jour, depuis ce temps son mouvement diurne augmenta continuellement jusqu'au 4 *Septembre* qu'il étoit presque de 5 dégrés ; or pendant tout ce temps la cométe s'approcha de la terre ainsi qu'on pouvoit s'en assurer par le diamétre de sa tête mesuré avec le micrométre : car *Hevelius* le trouva le 6 *Aoust* de 6′ 5″ seulement, y compris la chevelure ; mais le 2 *Septembre* il étoit de 9′ 7″, ce qui rendoit sa tête plus petite au commencement de son mouvement que vers la fin. Cependant dans le commencement comme elle étoit près du Soleil, elle paroissoit beaucoup plus brillante que vers la fin, comme le rapporte le même *Hevelius*, & pendant tout ce temps, quoi-qu'elle s'approchât de la terre, sa lumiére diminua toujours, parce qu'elle s'éloignoit du Soleil.

Le mouvement de la cométe de 1618 fut le plus prompt vers le milieu du mois de Décembre, & celui de la cométe de 1680 vers la fin du même mois, ces cométes étoient par conséquent alors dans leur périgée, & cependant leurs têtes furent les plus brillantes environ 15 jours auparavant, lorsqu'elles sortoient des rayons du Soleil, & le plus grand éclat de leurs queues avoit été quelque temps auparavant, lorsqu'elles étoient le plus près du Soleil.

La tête de la cométe de 1618 paroissoit, selon les observations de *Cysatus* faites le premier *Décembre*, plus grande que les étoiles de la premiere grandeur, & le 16 *Décembre* (étant alors dans son périgée) sa grandeur étoit fort diminuée, mais sa lumiére & son éclat l'étoient beaucoup davantage, & le 7 *Janvier Kepler* ne pouvant plus appercevoir sa tête cessa de l'observer.

La tête de la cométe de 1680 fut observée le 12 *Décembre* par *Flamstead* à la distance de 9 dégrés du Soleil, & alors sa lumiére parut à peine égaler celle des étoiles de la troisiéme grandeur. Le 15 & le 17 *Décembre* elle lui parut comme les étoiles de la troisié-me grandeur, lorsque leur lumiére est diminuée par celle des nuées vers le Soleil couchant. Le 26 *Décembre* elle se mouvoit beaucoup plus vîte, & par conséquent elle étoit plus près de son périgée, & alors elle étoit plus petite que l'étoile de la troisiéme grandeur de la bouche de *Pégaze*, le 3 *Janvier* elle paroiſſoit de la quatriéme, le 9 de la cinquiéme & le 13 elle diſparut à cauſe de la clarté de la Lune qui l'effaçoit. Le 25 *Janvier* elle égaloit à peine la lumiére des étoiles de la ſeptiéme grandeur.

Si on prend des temps égaux avant & après ſon périgée, ſa tête, qui étoit alors dans des régions très-éloignées, auroit dû paroître également brillante, puiſqu'alors elle étoit également éloignée de la terre, mais elle parut beaucoup plus brillante lorſqu'elle fut du côté du Soleil, & preſque éteinte de l'autre côté du périgée. On doit donc conclure de la grande différence qui ſe trouva entre ſa lumiére dans l'une & l'autre poſition, qu'elle étoit très-près du Soleil dans la premiere; car la lumiére des cométes a coutume d'être réguliére & de paroître plus vive, lorſque leur tête ſe meut plus vîte, & qu'elles ſont par conſéquent dans leur périgée, ſi ce n'eſt à moins que l'augmentation de leur clarté ne vienne de leur plus grande proximité du Soleil.

Cor. 1. Les cométes brillent donc parce qu'elles réfléchiſſent la lumiére du Soleil.

Cor. 2. On doit voir par ce qui a été dit, pourquoi les cométes s'approchent ſi fort du Soleil. Si elles étoient vûes dans les régions beaucoup au-delà de Saturne, elles devroient paroître plus ſouvent dans les parties du ciel oppoſées au Soleil; & celles qui ſeroient placées dans ces parties du ciel ſeroient plus voiſines de la terre; & le Soleil étant interpoſé obſcurciroit les autres. Mais en parcourant l'hiſtoire des cométes, j'ai trouvé qu'on en a découvert quatre ou cinq fois plus dans l'hémiſphére qui eſt vers le Soleil que dans l'hémiſphére oppoſé, outre beaucoup d'autres qu'il n'eſt pas douteux que les rayons du Soleil n'ayent empêché d'être viſibles. Certainement lorſqu'elles deſcendent vers nos régions, elles n'ont point de queues & par conſéquent elles ne ſont point encore aſſez éclairées du Soleil pour qu'on puiſſe les appercevoir à la ſimple vûe, & l'on ne les apperçoit que lorſqu'elles ſont plus près de nous que Jupiter. La plus grande partie de l'eſpace qu'elles décrivent autour du

Soleil, lorsqu'elles en sont très-près, est du côté de la terre qui regarde le Soleil ; & par conséquent les comètes étant alors plus près du Soleil, elles en sont plus éclairées.

Cor. 3. Il suit delà, que les espaces célestes sont dénués de toute résistance ; car les comètes suivent des routes obliques & quelquefois contraires à celles des planettes, & elles se meuvent très-librement en tout sens, & conservent très-long-temps leurs mouvemens, même ceux qui se font contre l'ordre des signes.

Je me trompe beaucoup si les comètes ne sont pas des corps de même genre que les planettes, & si elles ne circulent pas perpétuellement dans un même orbe, car l'opinion de quelques-uns qui prétendent que ce sont des météores, étant fondée sur les changemens continuels qui arrivent à leur tête, tombe d'elle-même par tout ce qu'on vient de voir.

Les têtes des comètes sont environnées de très-grands atmosphéres, & ces atmosphéres doivent être plus denses en enbas. Ainsi les changemens qu'on apperçoit dans les comètes sont vûs dans les nuages de ces atmosphéres & non dans les corps mêmes des comètes. De même que la terre vue des planettes ne renverroit la lumière que par les nuages qui l'environnent & la cachent, il est très-vraisemblable aussi que les bandes de Jupiter qui sont mobiles sur cet astre sont formées dans les nuées qui l'entourent & qui font que nous l'appercevons plus difficilement. Or les corps des comètes qui sont environnés de nuages plus profonds & plus denses doivent être bien plus difficiles à appercevoir.

PROPOSITION XL. THÉORÊME XX.

Les comètes se meuvent dans des sections coniques dont le foyer est dans le centre du Soleil, & elles décrivent autour de cet astre des aires proportionnelles au temps.

Cette Proposition est claire par le Cor. 1. de la Prop. 13. Liv. 1. & par les Prop. 8. 12. & 13. de ce troisième Livre.

Cor. 1. Delà il suit, que si les comètes tournent dans des orbes, ces orbes font des ellipfes, & leurs temps périodiques doivent être aux temps périodiques des planettes en raifon fefquiplée de leurs grands axes. Donc la plus grande partie des cométes faifant leur révolution dans des orbes qui renferment ceux des planettes, & qui font par conféquent plus grands que les leurs, elles doivent se mouvoir plus lentement qu'elles : enforte que fi l'axe de l'orbe d'une cométe eft quatre fois plus grand que l'axe de l'orbe de Saturne, le temps de la révolution de la cométe fera au temps de la révolution de Saturne, c'eft-à-dire, à 30 ans, comme $4\sqrt{4}$ (ou 8) à 1, ainfi elle fera de 240 ans.

Cor. 2. Les orbes des cométes approchent beaucoup de la parabole, enforte même qu'on peut, fans erreur fenfible, les prendre pour des paraboles.

Cor. 3. Et par conféquent (par le Cor. 7. de la Prop. 16 Liv. 1.) la vîteffe de toute cométe fera toujours, à peu près, à la vîteffe d'une planette quelconque qui tourne dans un cercle autour du Soleil, en raifon foufdoublée du double de la diftance de la planette au centre du Soleil, à la diftance de la cométe au même centre.

Suppofons que le rayon du grand orbe, ou le demi grand diamétre de l'ellipfe dans laquelle la terre tourne ait 100000000 parties, & que la terre dans fon mouvement médiocre diurne en parcoure 1720212 parties, & 71675$\frac{1}{2}$ parties par heure, une cométe qui feroit à la même diftance médiocre du Soleil que la terre, & qui auroit une vîteffe qui feroit à celle de la terre comme $\sqrt{2}$ à 1, parcoureroit dans fon mouvement diurne 2432747 parties, & 101364$\frac{1}{4}$ parties par heure, & dans les plus grandes & les plus petites diftances, le mouvement tant diurne qu'horaire, fera à ce mouvement diurne & horaire en raifon foufdoublée des diftances réciproquement, & par conféquent il fera donné.

Cor. 4. Donc, fi le paramétre de la parabole eft quadruple du rayon du grand orbe, & qu'on fuppofe que le quarré de ce rayon eft de 100000000 parties, l'aire que la cométe décrira autour du Soleil sera chaque jour de $1216373\frac{1}{2}$ parties, & à chaque heure cette aire sera de $50682\frac{1}{4}$ parties, si le paramétre est plus ou moins grand dans une raison quelconque, l'aire diurne & horaire sera plus grande ou plus petite en la même raison sous-doublée.

LEMME V.

Trouver la ligne parabolique qui passe par un nombre quelconque de points donnés.

Fig. 21.

Soient ces points donnés A, B, C, D, E, F, &c. & soient abaissées de ces points, à une droite quelconque HN donnée de position, les perpendiculaires AH, BI, CK, DL, EM, FN.

Cas 1. Si les intervalles HI, IK, KL, &c. des points H, I, K, L, M, N sont égaux, rassemblez les premieres différences b, $2b$, $3b$, $4b$, $5b$, &c. des perpendiculaires AH, BI, CK, &c. les secondes c, $2c$, $3c$, $4c$, &c. les troisiémes d, $2d$, $3d$, &c. c'est-à-dire, que $AH - BI = b$, $BI - CK = 2b$, $CK - DL = 3b$, $DL + EM = 4b$, $-EM + FN = 5b$, &c. qu'en-

$$\begin{array}{ccccc} b & 2b & 3b & 4b & 5b \\ c & 2c & 3c & 4c & \\ d & 2d & 3d & & \\ e & 2e & & & \\ f & & & & \end{array}$$

suite $b - 2b = c$ &c. & qu'on parvienne ainsi à la derniére différence supposée f, qu'on éleve enfin une perpendiculaire quelconque RS laquelle soit une ordonnée à la courbe cherchée : on aura sa longueur de la maniére suivante, supposé que les intervalles HI, IK, KL, LM, &c. soient des unités, & que $AH = a$, $-HS = p$, $\frac{1}{2}p \times -IS = q$, $\frac{1}{3}q \times + SK = r$, $\frac{1}{4}r \times + SL = s$, $\frac{1}{5}s \times + SM = t$; & en continuant ainsi jusqu'à la pénultiéme perpendiculaire ME

DE LA PHILOSOPHIE NATURELLE.

ME, & mettant des signes négatifs aux termes HS, IS, &c. qui sont du côté de A par rapport à S, & des signes positifs aux termes SK, SL, &c. qui sont de l'autre côté du point S. Et en ayant attention de placer ces signes comme il convient, on aura $RS = a + bp + cq + dr + es + ft$, &c.

Cas 2. Si les intervalles HI, IK, &c. des points H, I, K, L, &c. sont inégaux, prenez les différences premieres b, $2b$, $3b$, $4b$, $5b$ des perpendiculaires AH, BI, CK, &c. divisées par les intervalles de ces perpendiculaires, les secondes différences c, $2c$, $3c$, $4c$, &c. divisées par les seconds intervalles, les troisiémes d, $2d$, $3d$, &c. divisées par les troisiémes intervalles, les quatriémes e, $2e$, &c. divisées par les quatriémes intervalles, & ainsi de suite, c'est-à-dire, de sorte que $b = \dfrac{AH - BI}{HI}$, $2b = \dfrac{BI - CK}{IK}$, $3b = \dfrac{CK - DL}{KL}$, &c. ensuite $c = \dfrac{b - 2b}{HK}$, $2c = \dfrac{2b - 3b}{IL}$, $3c = \dfrac{3b - 4b}{KM}$, &c. & enfin $d = \dfrac{c - 2c}{HL}$, $2d = \dfrac{2c - 3c}{IM}$, &c. Ayant trouvé ces différences, soient nommées $AH = a$, $-HS = p$, $p \times -IS = q$, $q \times +SK = r$, $r \times +SL = s$, $s \times +SM = t$, & ainsi de suite jusqu'à la pénultiéme perpendiculaire ME, l'ordonnée cherchée RS sera $= a + bp + cq + dr + es + ft$; &c.

Cor. On peut trouver par-là, à peu près, les aires de toutes les courbes; car si on a quelques points d'une courbe quelconque qu'on se propose de quarrer, & qu'on imagine une parabole menée par ces mêmes points: l'aire de cette parabole sera à peu près la même que celle de la courbe qu'on doit quarrer; or on a des méthodes très-connues par lesquelles on peut toujours quarrer géométriquement les paraboles.

LEMME VI.

Ayant observé quelques-uns des lieux d'une comète, trouver son lieu dans un temps quelconque intermédiaire donné.

Que HI, IK, KL, LM représentent les temps qui se sont écoulés entre les observations; HA, IB, KC, LD, ME les cinq longitudes observées de la comète; HS le temps donné entre la premiere observation & la longitude cherchée; si on suppose une courbe réguliére $ABCDE$ qui passe par les points A, B, C, D, E, on trouvera par le Lemme précédent son ordonnée RS, & cette ligne sera la longitude cherchée.

Par la même méthode ayant observé cinq latitudes, on trouvera la latitude à un temps donné.

Si les différences des longitudes observées sont petites, comme de 4 ou 5 dégrés seulement; il suffira de 3 ou 4 observations pour trouver la latitude & la longitude nouvelle. Si les différences sont plus grandes, comme de 10 ou 20 dégrés; il faudra employer cinq observations.

LEMME VII.

Tirer par le point donné P une ligne droite BC, dont les parties PB, PC coupées par deux droites AB, AC, données de position, ayent l'une à l'autre une raison donnée.

Du point P soit menée une ligne droite PD à l'une de ces lignes comme AB, & soit prolongée cette ligne vers l'autre droite AC jusqu'en E, ensorte que PE soit à PD dans la raison donnée; soit tirée de plus EC parallele à AD; en menant CPB, on aura $PC : PB :: PE : PD$. C. Q. F. F.

LEMME VIII.

Soit ABC une parabole dont le foyer soit S, que la corde AC coupée en deux au point I retranche le segment ABCI, dont le diamètre soit I μ & le sommet μ. Soit pris sur I μ prolongée μ O égale à la

DE LA PHILOSOPHIE NATURELLE. 123

moitié de Iμ, soit tirée O S que l'on prolonge en ξ ensorte que Sξ soit égale à 2 S O. Si la comète B se meut dans l'arc C B A & qu'on tire ξ B qui coupe A C en E : le point E retranchera de la corde A C un segment A E à peu près proportionnel au temps.

Fig. 23.

Car soit tiré E O coupant l'arc parabolique A B C en Y, & soit aussi tiré μ X qui touche le même arc à son sommet μ, & qui rencontre E O en X ; l'aire curviligne A E X μ A sera à l'aire curviligne A C Y μ A comme A E à A C. Or comme le triangle A S E est au triangle A S C dans la même raison, l'aire totale A S E X μ A sera à l'aire totale A S C Y μ A comme A E à A C. Mais à cause que ξ O est à S O comme 3 à 1, & que E O est à X O dans la même raison, S X sera parallèle à E B : & par conséquent si on tire B X, le triangle S B E sera égal au triangle X E B. Donc si à l'aire A S E X μ A on ajoute le triangle E X B, & que de cette somme on ôte le triangle S E B, il restera l'aire A S B X μ A égale à l'aire A S E X μ A, & elle sera par conséquent à l'aire A S C Y μ A comme A E à A C. Mais l'aire A S B Y μ A est égale, à peu près, à l'aire A S B X μ A, & cette aire A S B Y μ A est à l'aire A S C Y μ A comme le temps employé à décrire l'arc A B est au temps employé à décrire l'arc total A C : donc A E sera à A C, à très-peu de choses près, dans la raison des temps. C. Q. F. D.

Cor. Lorsque le point B devient le sommet μ de la parabole, A E est exactement à A C dans la raison des temps.

S C H O L I E.

Si on tire $\mu \xi$ qui coupe A C en δ & qu'on prenne dessus ξn qui soit à μ B comme 27 M I à 16 Mμ : ayant tiré B n elle coupera la corde A C dans la raison des temps plus exactement qu'auparavant. Le point n doit tomber au-delà du point ξ si le point B est plus éloigné du sommet principal de la parabole que le point μ & il doit tomber au contraire en-deça si le point B est moins éloigné de ce même sommet.

Q ij

124   PRINCIPES MATHÉMATIQUES

LEMME IX.

Les droites $I\mu$, μM & $\dfrac{AI \times IC}{4S\mu}$ sont égales entr'elles.

Car $4S\mu$ est le paramétre de la parabole pour le sommet μ.

LEMME X.

Si on prolonge $S\mu$ jusqu'en N & en P, ensorte que μN soit la troisiéme partie de $I\mu$, & que $SP : SN :: SN : S\mu$, SP sera la hauteur à laquelle la comète auroit une vîtesse capable de lui faire parcourir un arc égal à la corde AC dans un temps égal à celui qu'elle employe à parcourir l'arc $A\mu C$.

Car si cette comète dans le même temps avançoit uniformément dans la ligne droite qui touche la parabole en μ, avec la vîtesse qu'elle a en μ ; l'aire qu'elle décriroit autour du point S seroit égale à l'aire parabolique $ASC\mu$. Ainsi le produit de la partie de la tangente qu'elle décriroit alors & de la droite $S\mu$, seroit au produit de AC par SM, comme l'aire $ASC\mu$ au triangle ASC, c'est-à-dire, comme SN à SM. C'est pourquoi AC est à la partie de la tangente qui a été décrite, comme $S\mu$ à SN. Or comme la vîtesse de la comète à la hauteur SP est (par le Cor. 6. de la Prop. 16. Liv. 1.) à sa vîtesse à la hauteur $S\mu$, en raison sousdoublée inverse de SP à $S\mu$, c'est-à-dire, en raison de $S\mu$ à SN; la droite décrite avec cette vîtesse dans le même temps sera à la partie de la tangente qui a été décrite, comme $S\mu$ à SN. Donc AC & la droite décrite avec cette nouvelle vîtesse étant à la longueur décrite sur la tangente dans cette même raison, elles sont égales entr'elles.   *C. Q. F. D.*

Cor. Donc la comète avec la vîtesse qu'elle a à la hauteur $S\mu + \frac{2}{3}I\mu$ décriroit dans le même temps la corde AC à peu près.

DE LA PHILOSOPHIE NATURELLE. 125

LEMME XI.

Fig. 24.

Si une cométe privée de tout mouvement tombe vers le Soleil de la hauteur SN *ou* Sμ + $\frac{1}{3}$ Iμ, *& que la force qui la pouſſe dans le commencement de cette chute ſoit conſervée la même pendant tout le temps qu'elle tombe ; elle décrira en deſcendant un eſpace égal à la droite* Iμ *dans la moitié du temps dans lequel elle auroit parcouru dans ſon orbe l'arc* AC.

Car la cométe, dans le temps pendant lequel elle décrit l'arc parabolique *A C*, décriroit dans le même temps la corde *A C* avec la vîteſſe qu'elle avoit à la hauteur *S P* (par le dernier Lemme): ainſi (par le Cor. 7. de la Prop. 16. Liv. 1.) en faiſant dans le même temps, par la force de ſa gravité, ſa révolution dans un cercle dont le demi diamétre ſeroit *S P*, elle décriroit un arc dont la longueur ſeroit à la corde *A C* de l'arc parabolique en raiſon ſouſdoublée de 1 à 2. Et par conſéquent tombant vers le Soleil de la hauteur *S P* avec la même force avec laquelle elle peſoit ſur le Soleil à cette même hauteur, elle parcoureroit dans la moitié de ce temps (par le Cor. 9. de la Prop. 4. du Liv. 1.) un eſpace égal au quarré de la moitié de cette corde diviſé par le quadruple de la hauteur *S P*, c'eſt-à-dire, l'eſpace $\frac{AI^2}{4SP}$. Ainſi comme le poids de la cométe ſur le Soleil à la hauteur *S N* eſt à ſon poids ſur le Soleil à la hauteur *S P* dans la raiſon de *S P* à *S μ*, la cométe, par le poids qu'elle a à la hauteur *S N*, décrira, en tombant vers le Soleil dans le même temps, un eſpace $\frac{AI^2}{4S\mu}$, c'eſt-à-dire, un eſpace égal à *Iμ* ou à *μM*. C. Q. F. D.

PROPOSITION XLI. PROBLÉME XXI.

Déterminer par trois obſervations données la trajectoire d'une cométe dans une parabole.

J'ai tenté de beaucoup de maniéres la ſolution de ce Problême qui eft très-difficile ; pour y parvenir j'avois réfolu les Problêmes du premier Livre qui y ont rapport. Mais enfuite je fuis parvenu à la folution que je vais donner, laquelle eft un peu plus fimple.

Soient choifies trois obfervations dont les intervalles de temps foient les plus égaux qu'il eft poffible ; & que cependant l'intervalle du temps où la comête fe meut plus lentement foit un peu plus grand que l'autre, enforte, par exemple, que la différence de ces temps foit à leur fomme comme leur fomme à 600 jours plus ou moins : ou que le point E tombe à peu près fur le point M, & que de-là il fe détourne plus vers I que vers A. Si on n'a pas de telles obfervations, il faudra trouver un nouveau lieu de la comête par le Lemme 6.

Que S défigne le Soleil ; T, t, τ trois lieux de la terre dans fon grand orbe ; TA, tB, τC trois longitudes obfervées de la comête ; V le temps écoulé entre la premiere & la feconde obfervation ; W le temps écoulé entre la feconde & la troifiéme ; & X la droite que la comête peut parcourir pendant tout ce temps avec la vîteffe qu'elle a dans la moienne diftance de la terre au Soleil, laquelle on trouvera (par le Cor. 3. de la Prop. 40. Liv. 3.) & que tV foit perpendiculaire fur la corde $T\tau$.

Dans la longitude moienne obfervée tB, foit pris un point quelconque B pour le lieu de la comête dans le plan de l'écliptique, & foit tirée enfuite vers le Soleil S la ligne BE qui foit à la fléche tV comme $SB \times St^2$ eft au cube de l'hypothénufe du triangle rectangle dont les côtés font BS & la tangente de la latitude de la comête dans la feconde obfervation pour le rayon tB. Par le point E foit menée (par le Lemme 7. du Liv. 3.) la droite ACE dont les parties AE, EC terminées par les droites TA & τC foient l'une à l'autre comme les temps V & W : A & C feront, à peu près, les lieux de la comête dans le plan de l'écliptique pour la premiere & la troifiéme obfervation, pourvu que B, qui eft fuppofé fon lieu dans la feconde obfervation, ait été pris exactement.

DE LA PHILOSOPHIE NATURELLE.

Elevez la perpendiculaire Ii fur AC partagée en également au point I. Par le point B tirez, par pensée, Bi parallèle à AC, tirez, mentalement, Si qui coupe AC en λ, & achevez le parallélograme $iI\lambda\mu$. Prenez $I\sigma$ égale à $3I\lambda$, & tirez, mentalement, par le Soleil S, $\sigma\xi$ égale à $3S\sigma + 3i\lambda$; & effaçant les lettres A, E, C, I, menez, par pensée, BE, du point B vers le point ξ, laquelle ligne foit à la premiere BE en raifon doublée de la diftance BS à la quantité $S\mu + \frac{1}{3}i\lambda$; & par le point E tirez de nouveau la droite AEC en fuivant le même procédé qu'auparavant, c'eft-à-dire, enforte que fes parties AE, & EC foient l'une à l'autre, comme les temps écoulés entre les obfervations V & W; A & C feront les lieux de la comète plus exactement.

Soient élevées AM, CN, IO perpendiculaires fur la ligne AC partagée en deux parties égales au point I. AM, CN font les tangentes des latitudes dans la premiere & la troifiéme obfervation pour les rayons TA & τC. Soit tirée enfuite MN qui coupe la ligne IO en O, & foit fait le rectangle $iI\lambda\mu$ comme ci-devant; fur IA prolongée, foit prife ID égale à $S\mu+\frac{2}{3}i\lambda$. Enfuite foit prife, fur MN vers N, la ligne MP, laquelle foit à la droite X ci-devant trouvée, en raifon foufdoublée de la moienne diftance de la terre au Soleil (ou du demi diametre du grand orbe) à la diftance OD. Si le point P tombe fur le point N; les points A, B, C feront les trois lieux de la comète par lefquels fon orbe doit être décrit dans le plan de l'écliptique. Si le point P ne tombe pas fur le point N; il faut prendre fur la ligne AC, CG égale à NP, enforte que les points G & P foient vers les mêmes parties de la droite NC.

Par la même méthode qu'on a trouvé les points E, A, C, G, en fe fervant du point B; on trouvera de nouveaux points ε, a, c, g, & ε, α, κ, γ, en fe fervant d'autres points quelconques b & β. Enfuite, fi par G, g, γ, on fait paffer la circonférence d'un cercle $Gg\gamma$ qui coupe la ligne τC en Z: le point Z fera un lieu de la comète dans le plan de l'écliptique. Et fi

LIVRE TROISIEME.

Fig. 25.

on prend sur AC, ac & $\alpha \varkappa$ les droites AF, af & $\alpha \varphi$ égales respectivement à CG, cg & $\varkappa \gamma$, & qu'on fasse passer la circonférence d'un cercle $Ff\varphi$ par les points F, f, φ, & que cette circonférence coupe la ligne AT en X; le point X sera un autre lieu de la cométe dans le plan de l'écliptique. Ensuite élevant aux points X & Z les tangentes des latitudes de la cométe pour les rayons TX & TZ, on aura deux lieux de la cométe dans sa propre orbite. Enfin, (par la Prop. 19. Liv. 1.) faisant passer par ces deux lieux une parabole dont le foyer soit S, elle sera la trajectoire de la cométe.   C. Q. F. T.

La démonstration de cette construction suit des Lemmes précédens : car puisque (par le Lemme 7.) la droite AC a été coupée en E, dans la raison des temps, comme l'éxige le Lemme 8. & que BE (par le Lemme 11.) est la partie de la ligne BS ou $B\xi$ dans le plan de l'écliptique, comprise entre l'arc ABC & la corde AEC, & qu'enfin MP est (par le Cor. du Lemme 10.) la longueur de la corde de l'arc que la cométe doit parcourir dans sa propre orbite entre la premiere & la troisiéme observation, elle sera par conséquent égale à MN, pourvu que B soit le vrai lieu de la cométe sous le plan de l'écliptique.

Au reste, il ne faut pas prendre les points B, b & β à volonté, mais il faut les choisir près l'un de l'autre. Si on connoît à peu près l'angle AQt sous lequel la projection de l'orbe décrit dans le plan de l'écliptique coupe la ligne Bt; il faut mener dans cet angle l'occulte AC qui soit à $\frac{4}{7}T\tau$ en raison sousdoublée de SQ à St. Et tirant la droite SEB dont la partie EB égale la droite Vt, on déterminera le point B qu'il faut prendre pour le premier. Ensuite effaçant la ligne AC, & la tirant de nouveau selon la construction précédente, & trouvant de plus la droite MP; on prendra le point b sur tB, ensorte que (Y étant l'intersection de TA, τC) la distance Yb soit à la distance YB en raison composée de la raison sousdoublée de SB à Sb & de la raison simple de MP à MN. De la même maniére, on trouvera le troisiéme

DE LA PHILOSOPHIE NATURELLE.

siéme point β si on veut répéter l'opération une troisiéme fois ; mais par cette méthode deux opérations seront plus que suffisantes; car si la distance Bb étoit très-petite, après que les points F, f & G, g seront trouvés, les droites Ff, Gg qu'on tirera, couperont AT & τC dans les points cherchés X & Z.

EXEMPLE.

Soit proposée la comète de 1680. Son mouvement calculé d'après les observations de *Flamsted*, & corrigé par *Halley* sur les mêmes observations, est exposé dans la table suivante.

	Temps apparent.	Temps vrai.	Longitude du Soleil.	Longitude de la Comète.	Latitude boréale.
	h ′	h ′ ″	d ′ ″	d ′ ″	d ′ ″
1680. Déc. 12	4.46	4.46. 0	♉ 1.51.23	♉ 6.32.30	8.28. 0
21	6.32½	6.36.59	11. 6.44	♒ 5. 8.12	21.42.13
24	6.12	6.17.52	14. 9.26	18.49.23	25.23. 5
26	5.14	5.20.44	16. 9.22	28.24.13	27. 0.52
29	7.55	8. 3. 2	19.19.43	♓ 13.10.41	28. 9.58
30	8. 2	8.10.26	2.20.1. 9	17.38.20	28.11.53
1681. Janv. 5	5.51	6. 1.38	26.22.18	♈ 8.48.53	26.15. 7
9	6.49	7. 0.53	♒ 0.29. 2	18.44. 4	24.11.56
10	5.54	6. 6.10	1.27.43	20.40.50	23.43.52
13	6.56	7. 8.55	4.33.20	25.59.48	22.17.28
25	7.44	7.58.42	16.45.36	♉ 9.35. 0	17.56.30
30	8. 7	8.21.53	21.49.58	13.19.51	16.42.18
Fev. 2	6.20	6.34.51	24.46.59	15.13.53	16. 4. 1
5	6.50	7. 4.41	27.49.51	16.59. 6	15.27. 3

Tome II.

130   PRINCIPES MATHÉMATIQUES

DU SYSTEME
DU MONDE.   Ajoutez à ces obſervations quelques-unes que j'ai faites moi-
même.

	Temps de l'apparition.	Longitude de la Cométe.	Latitude boréale de la Cométe.
	h . ′	d . ′ . ″	d . ′ . ″
1681. Février. 25	8 . 30	♉ 26 . 18 . 35	12 . 46 . 46
27	8 . 15	27 . 4 . 30	12 . 36 . 12
Mars. 1	11 . 0	27 . 52 . 42	12 . 23 . 40
2	8 . 0	28 . 12 . 48	12 . 19 . 38
5	11 . 30	29 . 18 . 0	12 . 3 . 16
7	9 . 30	♊ 0 . 4 . 0	11 . 57 . 0
9	8 . 30	0 . 43 . 4	11 . 45 . 52

Ces obſervations ont été faites avec un téleſcope de ſept pieds & un micrométre dont les fils étoient placés dans le foyer du téleſcope : & c'eſt avec ces inſtrumens que nous avons déterminé les poſitions des fixes entre elles, & les poſitions de la cométe par rapport aux fixes. Que A repréſente l'étoile de la quatriéme grandeur dans le talon gauche de Perſée (marquée o dans *Bayer*) B l'étoile ſuivante de la troiſiéme grandeur dans ſon pied gauche (marquée ζ dans *Bayer*) & C l'étoile de la ſixiéme grandeur dans le talon du même pied (marquée *n* dans *Bayer*) & $D, E, F, G, H, I, K, L, M, N, O, Z, \alpha, \beta, \gamma, \delta$, d'autres étoiles plus petites du même pied : que p, P, Q, R, S, T, V, X ſoient les lieux de la comète dans les obſervations ci-deſſus décrites ; la diſtance AB étant de $80\frac{7}{12}$ parties, AC étoit de $52\frac{1}{4}$, BC en avoit $58\frac{5}{6}$, AD $57\frac{5}{12}$, BD $82\frac{6}{11}$, CD $23\frac{2}{3}$, AE $29\frac{4}{7}$, CE $57\frac{1}{2}$, DE $49\frac{11}{12}$, AI $27\frac{7}{12}$, BI $52\frac{1}{6}$, CI $36\frac{7}{12}$, DI $53\frac{5}{11}$, AK $38\frac{2}{3}$, BK 43, CK $31\frac{5}{9}$, FK 29, FB 23, FC $36\frac{1}{4}$, AH $18\frac{6}{7}$, DH $50\frac{7}{8}$, BN $46\frac{5}{12}$, CN $31\frac{1}{3}$, BL $45\frac{5}{12}$, NL $31\frac{5}{7}$: & HO étoit à HI comme 7 à 6, & étant prolongée elle paſſoit entre les étoiles D & E, enſorte que la diſtance de l'étoile D à cette ligne étoit de $\frac{1}{6}CD$: &

Fig. 26.

DE LA PHILOSOPHIE NATURELLE. 131

LM étoit à LN comme 2 à 9, & étant prolongée elle passoit par l'étoile H. Par là les positions des fixes entr'elles étoient déterminées.

Fig. 26.

Enfin *Pound* notre compatriote, observa de nouveau la position de ces fixes entr'elles, & il a donné la table suivante de leurs longitudes & de leurs latitudes.

Fixes.	Longitudes.			Latitudes boréales.		
	d	′	″	d	′	″
A	♉ 26	41	50	12	8	36
B	28	40	23	11	17	54
C	27	58	30	12	40	25
E	26	27	17	12	52	7
F	28	28	37	11	52	22
G	26	56	8	12	4	58
H	27	11	45	12	2	1
I	27	25	2	11	53	11
K	27	42	7	11	53	26
L	♉ 29	33	34	12	7	48
M	29	18	54	12	7	20
N	28	48	29	12	31	9
Z	29	44	48	11	57	13
α	29	52	3	11	55	48
β	♊ 0	8	23	11	48	56
γ	0	40	10	11	55	18
δ	1	3	20	11	30	42

J'observai donc les positions de la cométe à ces étoiles de la manière suivante.

Le Vendredy 25 *Février* v. st. à $8^h\frac{1}{2}$ après mid. la cométe étant en p, sa distance à l'étoile E, étoit moindre que $\frac{3}{13} AE$, & plus grande que $\frac{1}{5} AE$; ainsi elle étoit à peu près égale à $\frac{3}{14} AE$; & l'angle ApE n'étoit presque pas obtus, mais approchoit beaucoup d'être droit; ensorte qu'en tirant du point A une perpendiculaire sur pE, la distance de la cométe à cette perpendiculaire étoit de $\frac{1}{5} pE$.

La même nuit à $9^h\frac{1}{2}$, la cométe étant en P, sa distance à

R ij

l'étoile E étoit plus grande que $\frac{1}{4\frac{1}{2}} AE$, & plus petite que $\frac{1}{5\frac{1}{4}} AE$, ainsi elle étoit à peu près égale à $\frac{1}{4\frac{7}{8}}$ ou $\frac{8}{39} AE$. Et la comète étoit éloignée de la perpendiculaire tirée de l'étoile A à la ligne PE de $\frac{4}{5} PE$.

Le Dimanche 27 *Février* à 8^h $\frac{1}{4}$ après midi, la comète étant en Q, sa distance à l'étoile O étoit égale à la distance des étoiles O & H, & la ligne QO, prolongée, passoit entre les étoiles K & B; je ne pus pas déterminer plus exactement la position de cette ligne à cause des nuages qui survinrent.

Le Mardy premier *Mars* à 11^h après midi, la comète étant en R, elle étoit exactement entre les étoiles K & C, & la partie CR de la ligne CRK étoit un peu plus grande que $\frac{1}{3} CK$, & un peu plus petite que $\frac{1}{3} CK + \frac{1}{8} CR$, ainsi elle étoit égale à $\frac{1}{3} CK + \frac{1}{16} CR$, ou à $\frac{16}{45} CK$.

Le Mercredy 2 *Mars* à 8^h après midi, la comète étant en S, sa distance à l'étoile C étoit à peu près de $\frac{4}{9} FC$, la distance de l'étoile F à la droite CS, prolongée, étoit de $\frac{1}{24} FC$; & la distance de l'étoile B à la même ligne étoit 5 fois plus grande que la distance de l'étoile F. De plus, la ligne NS prolongée passoit entre les étoiles H & I cinq ou six fois plus près de l'étoile H que de l'étoile L.

Le Samedy 5 *Mars* à 11^h $\frac{1}{2}$ après midi, la comète étant en T, la ligne MT étoit égale à $\frac{1}{2} ML$, & la ligne LT prolongée passoit entre B & F quatre ou cinq fois plus près de F que de B, en retranchant de BF, sa cinquième ou sa sixième partie vers F. Et MT prolongée passoit au-delà de l'espace BF du côté de l'étoile B quatre fois plus près de l'étoile B que de l'étoile F. M étoit une des plus petites étoiles qu'on pût à peine appercevoir par le télescope, & L une étoile un peu plus grande & presque de la huitième grandeur.

DE LA PHILOSOPHIE NATURELLE.

Le Lundy 7 *Mars* à 9 $^h\frac{1}{2}$ après midi, la cométe étant en V, la ligne $V\alpha$ prolongée paffoit entre B & F, & elle retranchoit de BF vers $F\frac{1}{10}BF$, elle étoit à la ligne $V\beta$ comme 5 à 4 ; & la diftance de la cométe à la ligne $\alpha\beta$ étoit $\frac{1}{2}V\beta$.

Le Mercredy 9 *Mars* à 8 $^h\frac{1}{2}$ après midi, la cométe étant en X, la droite γX étoit égale à $\frac{1}{4}\gamma\delta$, & la perpendiculaire tirée de l'étoile δ à la ligne γX étoit de $\frac{2}{5}\gamma\delta$.

La même nuit à 12 heures, la cométe étant en Y, la ligne γY étoit égale à $\frac{1}{3}\gamma\delta$ ou un peu plus petite, comme $\frac{5}{16}\gamma\delta$, & la perpendiculaire abbaiffée de l'étoile δ à la ligne γY étoit égale à $\frac{1}{6}$ ou à $\frac{1}{7}\gamma\delta$ environ. Mais la cométe pouvoit à peine être vue, parce qu'elle étoit très-près de l'horifon, & on ne pouvoit pas déterminer fon lieu avec autant de précifion que dans les obfervations précédentes.

Par ces obfervations, par la conftruction des figures, & par les calculs, je déterminai les longitudes & les latitudes de la cométe, & *Pound* corrigea fes lieux fur les lieux corrigés des fixes, & j'ai donné ci-deffus ces lieux corrigés.

Je me fervis d'un micrométre affez groffiérement conftruit, cependant les erreurs des longitudes & des latitudes (en tant qu'elles peuvent venir de mes obfervations) furpaffent à peine une minute. Au refte, la cométe (felon mes obfervations) commença à la fin de fon mouvement à s'éloigner confidérablement vers le Nord du parallele qu'elle avoit décrit à la fin de *Février*.

Pour déterminer enfuite l'orbe de la cométe, je choifis trois des obfervations de *Flamfted* décrites ci-deffus, celles du 21 *Décembre*, du 5 & du 25 *Janvier*, & j'ai trouvé par ces obfervations, que St avoit 9842,1 parties, que Vt en avoit 455, en fuppofant que le demi diamétre du grand orbe en eût 10000.

Dans la premiére opération prenant tB de 5657 parties, je trouvai SB de 9747, BE pour la premiére fois étoit de 412, $S\mu$ de 9503, & $i\lambda$ de 413. BE la feconde fois en avoit 421, QD 10186, X 8528, 4 MP 8450, MN 8475, & NP 25, d'où j'ai conclu la diſtance tb de 5640 pour la ſeconde opération. Et par cette opération j'ai trouvé enfin la diſtance TX de 4775, & la diſtance τZ de 11322. Par le moyen de ces diſtances j'ai trouvé, en déterminant l'orbe, le nœud deſcendant dans ♋ 1^d 53′ & le nœud aſcendant dans ♑ 1^d 53′. L'inclinaiſon du plan de cet orbe au plan de l'écliptique étoit de 61^d 20′$\frac{1}{3}$; ſon ſommet, ou le périhélie de la comète, étoit éloigné du nœud de 8^d 38′, & il étoit dans ♓ 27^d 43′, ayant une latitude auſtrale de 7^d 34′; & ſon paramétre étoit de 236,8 parties, & l'aire qu'elle décrivoit chaque jour autour du Soleil en avoit 93585, ſuppoſé que le quarré du demi diamétre du grand orbe fut de 100000000.

La comète avançoit dans cet orbe ſelon l'ordre des ſignes, & le 8 *Décembre* à 0^h 4′. après midi elle étoit dans le ſommet de ſon orbite ou dans ſon périhélie, toutes ces déterminations ont été faites graphiquement avec une échelle de parties égales, & les cordes des angles ont été priſes d'après la table des ſinus naturels; & en faiſant une grande figure dans laquelle le demi diamétre du grand orbe (qu'on ſuppoſe avoir 10000 parties) étoit de 16 pouces anglais & un tiers.

Enfin, pour ſçavoir ſi la comète parcouroit effectivement l'orbe ainſi trouvé, je déterminai par des opérations partie arithmétiques & partie graphiques les lieux de la comète dans cet orbe pour le temps de quelques-unes des obſervations; comme on le verra dans la table ſuivante.

	Diſtances de la Comète au Sol.	Longitudes concluës.	Latitudes concluës.	Longitudes obſervées.	Latitudes obſervées.	Diff. des Longit.	Différence des Latitudes.
		^{d} ′	^{d} ′ ″	^{d} ′	^{d} ′		
Déc. 12	2792	♑ 6.32	8.18$\frac{1}{2}$	♑ 6.31$\frac{1}{2}$	8.26	+1	−7$\frac{1}{2}$
29	8403	♓ 13.13$\frac{2}{3}$	28. 0	♓ 13.11$\frac{2}{3}$	28.10$\frac{1}{12}$	+2	−10$\frac{1}{12}$
Févr. 5	16669	♉ 17. 0	15.29$\frac{2}{3}$	♉ 16.59$\frac{7}{8}$	15.27$\frac{2}{9}$	+0	+2$\frac{4}{9}$
Mars. 5	21737	29.19$\frac{3}{4}$	12. 4	29.20$\frac{6}{7}$	12. 3$\frac{1}{2}$	−1	+$\frac{1}{2}$

DE LA PHILOSOPHIE NATURELLE.

Halley a déterminé cette orbite depuis plus exactement par le calcul arithmétique qu'on ne le peut faire graphiquement ; & il a trouvé comme nous le lieu des nœuds dans ♋ 1 ᵈ 53′ & ♑ 1 ᵈ 53′, & l'inclinaifon du plan de l'orbite au plan de l'écliptique de 61 ᵈ 20′ ⅓. ainſi que le temps du périhélie de la comète le 8 *Décembre* 0ʰ 4′. Mais ayant mefuré la diſtance du périhélie au nœud afcendant dans l'orbite de la comète, il la trouva de 9 ᵈ 20′. Le paramétre de la parabole étant de 2430 parties, la médiocre diſtance du Soleil à la terre en ayant 100000. Et employant ces élémens, il a déterminé de même par un calcul arithmétique éxact, les lieux de la comète aux temps des obſervations, comme il ſuit.

Temps vrai.		Diſtance de la Comète au Soleil.	Longitudes comptées.	Latitudes comptées.	Erreurs en	
					Longitudes.	Latitudes.
Jours.	h.		d ′ ″	d ′ ″	′ ″	′ ″
Déc. 12.	4.46	28028	♌ 6.29.25	8.26. 0 ᴮᵒʳ·	−3. 5	−2. 0
21.	6.37	61076	♒ 5. 6.30	21.43.20	−1.42	+1. 7
24.	6.18	70008	18.48.20	25.22.40	−1. 3	−0.25
26.	5.21	75576	28.22.45	27. 1.36	−1.28	+0.44
29.	8. 3	14021	♓ 13.12.40	28.10.10	+1.59	+0.12
30.	8.10	86661	17.40. 5	28.11.20	+1.45	−0.33
Janv. 5.	6. 1½	101440	♈ 8.49.49	26.15.15	+0.56	+0. 8
9.	7. 0	110959	18.44.36	24.12.54	+0.32	+0.58
10.	6. 6	113162	20.41. 0	23.44.10	+0.10	+0.18
13.	7. 9	120000	26. 0.21	22.17.30	+0.33	+0. 2
25.	7.59	145370	♉ 9.33.40	17.57.55	−1.20	+1.25
30.	8.22	155303	13.17.41	16.42. 7	−2.10	−0.11
Févr. 2.	6.35	160951	15.11.11	16. 4.15	−2.42	+0.14
5.	7. 4½	166686	16.58.25	15.29.13	−0.41	+2.10
25.	8.41	202570	26.15.46	12.48. 0	−2.49	+1.14
Mars. 5.	11.39	216205	29.18.35	12. 5.40	+0.35	+2.24

Cette comète avoit déja paru dès le mois de *Novembre* précédent, & elle fut obſervée à *Coburg* en *Saxe*, par M. *Gottfried Kirch*, le 4, le 6, & le 11 du même mois v. st. & de ses positions par rapport aux plus prochaines étoiles fixes, observées assez exactement, tantôt avec un télescope de deux pieds, & tantôt avec un de dix pieds (les lieux des étoiles fixes étant ceux que *Pound* avoit déterminés, & la différence en longitudes de *Coburg* & de *Londres*, étant de 11 degrés) *Halley* a déterminé les lieux de cette comête en cette manière.

Le 3 *Novembre* à 17^h 2' du temps apparent à *Londres*, la comête étoit dans le 29^d 51' du Lion, & avoit 1^d 17' 45'' de latitude boréale.

Le 5 *Novembre* à 15^h 58' la comête étoit dans le 3^d 23' de la Vierge ayant 1^d 6' de latitude boréale.

Le 10 *Novembre* à 16^h 31' la comête étoit également éloignée des étoiles du Lion marquées σ & τ dans *Bayer*; & cependant elle ne parvint jamais à la ligne qui les joint, mais elle s'en éloignoit peu.

Dans le catalogue des étoiles de *Flamsted*, l'étoile σ avoit alors pour longitude 14^d 15' ♍, & 1^d 41' à peu près de latitude boréale, & τ étoit dans le 17^d 3'$\frac{1}{2}$ ♍, & avoit 0^d 34' de latitude australe, & le point milieu entre ces étoiles étoit le 15^d 39'$\frac{1}{4}$ ♍ avec 0^d 33'$\frac{1}{2}$ de latitude boréale.

Soit la distance de la comête à cette ligne de 10' ou 12' environ, la différence des longitudes de la comête & de ce point milieu sera de 7' & celle des latitudes de 7'$\frac{1}{2}$ environ; partant, la comête étoit dans le 15^d 32' ♍ avec une latitude boréale de 16' environ.

La premiere observation de la position de la comête par rapport à quelques petites étoiles fixes, fut faite assez éxactement ainsi que la seconde. Dans la troisiéme qui fut moins éxacte, l'erreur pût être de 6 à 7 minutes, ou de très-peu de chose plus grande, & la longitude de la comête, dans la premiere observation qui fut la plus éxacte de toutes, étant calculée dans

l'orbe

DE LA PHILOSOPHIE NATURELLE.
l'orbe parabolique dont on a parlé, étoit de ♌ 29^d 30′ 22″, fa latitude boréale de 1^d 25′ 7″, & fa diftance au Soleil de 115546 parties.

De plus, *Halley* ayant remarqué qu'il avoit paru quatre grandes comètes à 575 ans d'intervalle, fçavoir, une au mois de Septembre après la mort de Jules Céfar, une l'an 531 de Jefus-Chrift fous le confulat de Lampadius & d'Orefte, une l'an 1106 de Jefus-Chrift au mois de Février, & enfin une fur la fin de l'année 1680. & que toutes quatre avoient une queue très-longue & très-brillante, (excepté que la queue de celle qui parut à la mort de Céfar paroiffoit moins grande à caufe de la pofition de la terre) il chercha l'orbe elliptique, dont le grand axe auroit 1382957 parties (la moyenne diftance du Soleil à la terre en ayant 10000) dans lequel une comète pût faire fa révolution en 575 ans; & plaçant fon nœud afcendant dans ♋ 2^d 2′. Et faifant l'inclinaifon du plan de fon orbite au plan de l'écliptique de 61^d 6′ 48″; le périhélie de la comète dans ce plan fe trouvoit ♓ 22^d 44′ 25″. Et le temps corrigé du périhélie le 7 Décembre 23^h 9′; la diftance du périhélie au nœud afcendant dans le plan de l'écliptique de 9^d 17′ 35″; & l'axe conjugué de 18481, 2 parties, il calcula le mouvement de la comète dans cet orbe elliptique, & fes lieux, tant ceux qui font déduits des obfervations, que ceux comptés dans cet orbe, fe trouvent dans la table fuivante.

Temps vrai.	Longitudes observées.	Lat. boréales observ.	Longitudes comptées.	Latitudes comptées.	Erreurs en Longitudes.	Latitudes.
d h ′	d ′ ″	d ′ ″	d ′ ″	d ′ ″	′ ″	′ ″
Nov. 3.16.47	♌ 29.51. 0	1.17.45	♌ 29.51.22	1.17.32 B	−0.22	−0.13
5.15.37	♍ 3.23. 0	1. 6. 0	♍ 3.24.32	1. 6. 9	−1.32	+0. 9
10.16.18	15.32. 0	0.27. 0	15.33. 2	0.25. 7	+1. 2	−1.53
16.17. 0			♎ 8.16.45	0.53. 7 A		
18.21.34			18.52.15	1.26.54		
20.17. 0			28.10.36	1.53.35		
23.17. 5			♏ 13.22.42	2.29. 0		
Déc. 12. 4.46	♐ 6.32.30	8.28. 0	♐ 6.31.20	8.29. 6 B	−1.10	+1. 6
21. 6.37	♒ 5. 8.12	21.42.13	♒ 5. 6.14	21.44.42	−1.58	+2.29
24. 6.18	18.49.23	25.23. 5	18.47.30	25.23 35	−1.53	+0.30
26. 5.21	28.24.13	27. 0.52	28.21.42	27. 2. 1	−2.31	+1. 9
29. 8. 3	♓ 13.10.41	28. 9.58	♓ 13.11.14	28.10.38	+0.33	+0.40
30. 8.10	17.38.20	28.11.53	17.38.27	28.11.37	+0. 7	−0.16
Janv. 5. 6. 1½	♈ 8.48.53	26.15. 7	♈ 8.48.51	26.14.57	−0. 2	−0.10
9. 7. 1	18.44. 4	24.11.56	18.43.51	24.12.17	−0.13	+0.21
10. 6. 6	20.40.50	23.43.32	20.40.23	23.43.25	−0.27	−0. 7
13. 7. 9	25.59.48	21.17.28	26. 0. 8	21.16.32	+0.20	−0.56
25. 7.59	♉ 9.35. 0	17.56.30	♉ 9.34.11	17.56. 6	−0.49	−0.24
30. 8.22	13.19.51	16.42.18	13.18.28	16.40. 5	−1.23	−2.13
Févr. 2. 6.35	15.13.43	16. 4. 1	15.11.59	16. 2. 7	−1.54	−1.54
5. 7. 4½	16.59. 6	15.27. 3	16.59.17	15.27. 0	+0.11	−0. 3
25. 8.41	26.18.35	12.46.46	26.16.59	12.45.22	−1.36	−1.24
Mars. 1. 11.10	27.52.42	12.23.40	27.51.47	12.22.28	−0.55	−1.12
5.11.39	29.18. 0	12. 3.16	29.20.11	12. 2.50	+2.11	−0.26
9. 8.38	♊ 0.43. 4	11.45.52	♊ 0.42.43	11.45.35	−0.21	−0.17

Les observations de cette cométe, depuis le commencement de son apparition jusqu'à la fin, s'accordent autant avec son mouvement dans l'orbe ci-dessus décrit, que les mouvemens des planettes ont coutume de s'accorder avec leurs théories, ce qui prouve que ce fut la même cométe qui parut pendant tout ce temps & que son orbite a été exactement déterminée.

Nous avons obmis dans la table précédente les observations faites les 16, 18, 20 & 23 Novembre parce qu'elles étoient moins éxactes.

Pontheus & ses compagnons observerent le 17 Novembre v. st. à 6 heures du matin à Rome (ce qui est à 5ʰ 10′ à Londres) la cométe, par des fils appliqués aux fixes & la trouverent en ♎

DE LA PHILOSOPHIE NATURELLE.

8 ^{d} 30′ ayant 0 ^{d} 40′ de latitude auſtrale. On trouve leurs obſervations dans le traité que *Pontheus* a publié de cette comète, *Cellius* qui y étoit préſent & qui envoya ſes obſervations à M. *Caſſini*, vit à la même heure la comète dans ♎ 8 ^{d} 30′, ayant 0 ^{d} 30′ de latitude auſtrale.

Galletius obſerva la comète à *Avignon* à l'heure qui répond à 5 ^{h} 42′ du matin à *Londres* & il la vit dans ♎ 8 ^{d} ſans latitude, & par la théorie elle devoit être dans ♎ 8 ^{d} 16′ 45″ avec 0 ^{d} 53′ 7″ de latitude auſtrale.

Le 18 *Novembre* à 6 ^{h} 30′ du matin à Rome (qui répondent à 5 ^{h} 40′ du matin à *Londres*.) *Pontheus* vit la comète dans ♎ 13 ^{d} 30′ ayant 1 ^{d} 20′ de latitude auſtrale, *Cellius* l'obſerva dans ♎ 13 ^{d} 30′ ayant 1 ^{d} 00′ de latitude auſtrale, *Galletius* à 5 ^{h} 30′ du matin à *Avignon* obſerva la comète dans ♎ 13 ^{d} 00′ ayant 1 ^{d} 00′ de latitude auſtrale, & le R. P. *Ango* à *la Fléche* en *France* obſerva la comète à 5 ^{h} du matin (qui répondent à 5 ^{h} 9′ à *Londres*) dans le milieu de deux petites étoiles, dont l'une eſt l'étoile du milieu des trois qui ſont en ligne droite dans la main auſtrale de la Vierge, marquée ♃ dans *Bayer*, & l'autre eſt la derniere de ſon aîle laquelle eſt marquée θ dans *Bayer*. Donc alors la comète étoit dans ♎ 12 ^{d} 46′ ayant une latitude auſtrale de 50′. Le même jour, à *Boſton* dans la *Nouvelle Angleterre* à 42 ^{d} ½ de latitude à 5 ^{h} du matin (ce qui répond à 9 ^{h} 44′ du matin à *Londres*) la comète fut vûe près ♎ 14 ^{d} ayant une latitude auſtrale de 1 ^{d} 30′, comme je l'ai appris de l'illuſtre *Halley*.

Le 19 *Novembre* à 4 ^{h} ¼ du matin à *Cambridge*, un jeune homme obſerva la comète diſtante d'environ 2 ^{d} de l'épi de la Vierge vers le Nord-Oueſt ; or cet épi étoit dans ♎ 19 ^{d} 23′ 47″ ayant 2 ^{d} 1′ 59″ de latitude auſtrale.

Le même jour à 5 ^{h} du matin à *Boſton* dans la *Nouvelle Angleterre*, la comète étoit éloignée de 1 ^{d} de l'épi de la Vierge, & la différence des latitudes étoit de 40′.

Le même jour dans l'Iſle de la *Jamaïque*, la comète étoit éloignée de l'épi d'environ un degré.

Le même jour le Docteur *Arthur-ftor*, au fleuve du *Patuxent* proche *Hunt-ing Creek* dans le *Maryland* vers les confins de *la Virginie* à 38 $^d \frac{1}{2}$ de latitude, vit à 5 ^{h} du matin (qui répondent à 10 ^{h} à *Londres*) la cométe au-deffus de l'épi de la Vierge, & touchant prefque à cette étoile, y ayant environ $\frac{1}{4}$ de degrés entre eux, & faifant ufage de toutes ces obfervations, je conclus, qu'à 9 ^{h} 44 $^\prime$ à *Londres*, la cométe étoit dans ♎ 18 ^{d} 50 $^\prime$, ayant 1 ^{d} 25 $^\prime$ de latitude auftrale environ; & par la théorie elle devoit être dans ♎ 18 ^{d} 52 $^\prime$ 15 $^{\prime\prime}$ avec 1 ^{d} 26 $^\prime$ 54 $^{\prime\prime}$ de latitude auftrale.

Le 20 *Novembre*, le Docteur *Montenarus* profeffeur d'aftronomie à *Padoue*, vit à 6 ^{h} du matin à Venife (qui répondent à 5 ^{h} 10 $^\prime$ à *Londres*) la cométe dans le 23 ^{d} de la balance ayant 1 ^{d} 30 $^\prime$ de latitude auftrale.

Le même jour à *Bofton*, la cométe étoit diftante de l'épi de la Vierge de 4 ^{d} de longitude vers l'Orient, & par conféquent elle étoit dans ♎ 23 ^{d} 24 $^\prime$ environ.

Le 21 *Novembre*, *Pontheus* & fes compagnons, à 7 $^h \frac{1}{4}$ du matin, obferverent la cométe dans ♎ 27 ^{d} 50 $^\prime$ ayant 1 ^{d} 16 $^\prime$ de latitude auftrale, *Cellius* l'obferva dans ♎ 28 ^{d}. Le P. *Ango* à 7 ^{h} du matin, l'obferva dans ♎ 27 ^{d} 45 $^\prime$ & *Montènarus* dans le 27 ^{d} 51 $^\prime$ de ce même figne.

Le même jour dans l'Ifle de *la Jamaïque*, la cométe fut vûe auprès du commencement du fcorpion, & elle avoit à peu près la même latitude que l'épi de la Vierge, c'eft-à-dire, 2 ^{d} 2 $^\prime$.

Le même jour à *Balfora* dans l'*Inde Orientale*, à 5 ^{h} du matin (qui répondent à 11 ^{h} 20 $^\prime$ de la nuit précédente à *Londres*) on prit la diftance de la cométe à l'épi de la Vierge, & elle fe trouva de 7 ^{d} 35 $^\prime$ vers l'Orient. Et elle étoit pofée dans la ligne droite qui joint l'épi & la balance, & ainfi elle étoit dans ♎ 26 ^{d} 58 $^\prime$, & elle avoit 1 ^{d} 11 $^\prime$ environ de latitude auftrale; & après 5 ^{h} 40 $^\prime$ (qui répondent environ à 5 ^{h} du matin à Londres) elle étoit dans ♎ 28 ^{d} 12 $^\prime$, ayant une latitude auftrale de 1 ^{d} 16 $^\prime$ & par la théorie elle devroit être dans ♎ 28ᵈ 10′ 36″ avec 1ᵈ 53′ 35″ de latitude auftrale.

Le 22 Novembre la cométe fut vûe par *Montenarus* dans ♏ 2ᵈ 33′, & à *Bofton* dans la *Nouvelle Angleterre* elle parut dans ♏ 3ᵈ environ, ayant prefque la même latitude qu'auparavant, c'eft-à-dire, 1ᵈ 30′.

Le même jour à *Balfora* à 5ʰ du matin, la cométe fut obfervée dans ♏ 1ᵈ 50′, donc à 5ʰ du matin à *Londres* la cométe étoit dans ♏ 3ᵈ 5′ environ.

Le même jour à 6ʰ½ du matin à *Londres*, *Hook* vit la cométe dans ♏ 3ᵈ 30′ environ, c'eft-à-dire, dans la ligne droite qui paffe par l'épi de la Vierge & le cœur du Lion, non pas exactement à la vérité, mais s'éloignant un peu de cette ligne vers le Nord : *Montenarus* remarqua de même que la ligne menée de la cométe par l'épi paffoit ce jour-là & les fuivans par le côté auftral du cœur du Lion, y ayant feulement un très-petit intervalle entre le cœur du Lion & cette ligne. La ligne droite qui paffe par l'épi de la Vierge & par le cœur du Lion, coupe l'écliptique dans ♍ 3ᵈ 46′ fous un angle de 2ᵈ 51′, & fi la cométe avoit été placée dans cette ligne dans ♏ 3ᵈ fa latitude auroit été de 2ᵈ 26′.

Mais comme, felon les obfervations de *Hook* & de *Montenarus* qui s'accordent, la cométe s'éloignoit un peu de cette ligne vers le Nord, fa latitude étoit un peu plus petite.

Le 20 Novembre, felon l'obfervation de *Montenarus*, fa latitude étoit environ égale à la latitude de l'épi de la Vierge, & par conféquent elle étoit de 1ᵈ 30′ environ, & felon *Hook*, *Montenarus* & le P. *Ango*, qui s'accordent, elle augmentoit toujours, elle devoit donc être fenfiblement plus grande que 1ᵈ 30′. Or entre ces deux limites trouvées de 2ᵈ 26′, & 1ᵈ 30′, la grandeur moyenne de fa latitude étoit d'environ 1ᵈ 58′.

La queue de la cométe, felon *Hook* & *Montenarus* étoit dirigée à l'épi de la Vierge en déclinant cependant un peu vers le Midi felon *Hook*, & vers le Nord felon *Montenarus* ; ainfi cette déclinaifon étoit à peine fenfible, & la queue étoit à peu près parallele à l'équateur, & elle se détournoit un peu de l'opposition du Soleil vers le Nord.

Le 23 *Novembre* v. st. à 5 heures du matin à *Norberg* (ce qui fait 4 heures ½ à *Londres*) le Docteur *Zimmerman* vit la comète dans ♍ 8^d 8′ ayant 2^d 31′ de latitude australe, ses distances ayant été prises par rapport aux étoiles fixes.

Le 24 *Novembre* avant le lever du Soleil, la comète fut vue par *Montenarus* dans ♍ 12^d 52′ au côté boréal de la ligne droite tirée par le cœur du Lion & par l'épi de la Vierge, ainsi elle avoit un peu moins de 2^d 38′ de latitude, cette latitude, comme nous l'avons dit, augmentoit continuellement, selon les observations de *Hook*, *Montenarus* & *Ango*; elle étoit donc alors un peu plus que de 3^d 58′ & sa moyenne grandeur peut être fixée à 2^d 18′ sans erreur sensible.

Pontheus & *Galletius* ont prétendu déterminer cette latitude, *Cellius* & celui qui l'a observée dans la *Nouvelle Angleterre* l'ont trouvée à peu près de même grandeur, c'est-à-dire, d'un degré ou d'un degré & demi.

Les observations les plus grossières sont celles de *Pontheus* & de *Cellius*, sur-tout celles qu'ils ont faites par les azimuths & les hauteurs, ainsi que l'ont été celles de *Galletius*.

Les meilleures sont celles où l'on employe les positions de la comète par rapport aux fixes, comme *Montenarus*, *Hook* & *Ango* ont fait dans les leurs, ainsi que l'observateur de la *Nouvelle Angleterre* dans les siennes, & quelquefois *Pontheus* & *Cellius* dans les leurs.

Le même jour à 5 heures du matin à *Balsora* la comète fut observée dans ♍ 11^d 45′, & par conséquent à 5^h du matin à *Londres* elle étoit dans ♍ 13^d environ. Et par la théorie elle devoit être dans ♍ 13^d 22′ 42″.

Le 25 *Novembre* avant le lever du Soleil, *Montenarus* observa la comète dans ♍ 17^d ¼ environ, & *Cellius* observa, dans le même temps, qu'elle étoit dans la ligne droite tirée de l'étoile luisante de

DE LA PHILOSOPHIE NATURELLE. 143

la cuisse gauche de la Vierge & le bassin austral de la Balance, & cette ligne coupe le chemin de la comète dans ♍ 18ᵈ 36′, & par la théorie elle devoit être dans ♍ 18ᵈ⅓ environ.

Ces observations s'accordent donc autant avec la théorie, qu'elles s'accordent entr'elles, & cet accord prouve que ce fut une seule & même comète qui fut vue depuis le 4 *Novembre* jusqu'au 9 de *Mars*, la trajectoire de cette comète coupa deux fois le plan de l'écliptique, ainsi elle ne fut point rectiligne. Et elle ne coupa point l'écliptique dans les parties opposées du ciel, mais à la fin de la Vierge, & au commencement du capricorne à 98 degrés environ d'intervalle ; ainsi l'orbite de cette comète s'éloignoit beaucoup d'être un grand cercle, car au mois de *Novembre* son cours s'éloignoit à peine de l'écliptique de trois degrés vers le Sud, & ensuite, au mois de *Décembre* elle s'éloignoit de l'écliptique vers le Septentrion de 29ᵈ, & ces deux parties de son orbite dans l'une desquelles elle s'approchoit du Soleil, & s'en éloignoit dans l'autre, paroissoient distantes l'une de l'autre d'un angle de plus de 30ᵈ comme l'observa *Montenarus*.

Cette comète parcourut 9 signes, depuis le dernier degré du Lion jusqu'au commencement des Gémeaux, outre le signe du Lion qu'elle avoit parcouru avant qu'elle commençat à être visible ; & il n'y a aucune autre théorie qui donne aux comètes un mouvement régulier dans une si grande portion du ciel.

Son mouvement fut fort inégal, car vers le 20 *Novembre* elle parcourut environ 5 dégrés par jour ; ensuite son mouvement s'étant ralenti, entre le 26 *Novembre* & le 12 Décembre, c'est-à-dire, dans un espace de 15 jours & demi, elle ne parcourut qu'environ 40 degrés, ensuite son mouvement étant de nouveau accéléré, elle parcouroit environ 5ᵈ par jour avant que son mouvement recommençat à être retardé. Or la théorie qui répond exactement à un mouvement si inégal dans la plus grande partie du ciel, qui dépend des mêmes loix qui dirigent le cours des planettes, & qui s'accorde si bien avec les observations aftronomiques les plus exactes, ne peut manquer d'être vraie.

La trajectoire que la comète décrivit, & la queue réelle qu'elle projetta dans chacun de fes lieux font repréfentés, pour le plan de la trajectoire même, dans la figure 27. dans laquelle ABC repréfente la trajectoire de la comète, D le Soleil, DE l'axe de la trajectoire, DF la ligne des nœuds, GH l'interfection de la fphére du grand orbe avec le plan de la trajectoire, I le lieu de la comète le 4 *Novembre* de l'année 1680. K fon lieu le 11 *Novembre*, L fon lieu le 19 *Novembre*, M fon lieu le 12 *Décembre*, N fon lieu le 21 *Décembre*, O fon lieu le 29 *Décembre*, P fon lieu le 5 *Janvier* fuivant, Q fon lieu le 25 *Janvier*, R fon lieu le 5 *Février*, S fon lieu le 25 *Février*, T fon lieu le 5 *Mars*, & V fon lieu le 9 *Mars*. J'ai employé les obfervations fuivantes pour déterminer fa queue.

Le 4 & le 6 *Novembre* fa queue ne parut point, le 11 *Novembre* fa queue commençoit déja à paroître, mais par une lunette de 10 pieds elle ne paroiffoit pas avoir plus d'un demi degré de long, le 17 *Novembre* fa queue parut à *Pontheus* avoir plus de 15 degrés de long, le 18 *Novembre* elle étoit longue de 30^d, & dans la *Nouvelle Angleterre* on la voyoit directement oppofée au Soleil, & elle s'étendoit jufqu'à l'étoile de *Mars*, qui étoit alors dans ♍ $9^d\,54'$.

Le 19 *Novembre* dans le *Maryland* la queue parut longue de 15^d ou 20^d, le 10 Décembre la queue (felon l'obfervation de *Flamfteed*) paffoit par le milieu de la diftance entre la queue du ferpent d'*Ophiulchus* & l'étoile δ dans l'aîle auftrale de l'aigle, & elle finiffoit vers les étoiles A, ω, b dans les tables de *Bayer*, fon extrémité étoit donc dans ♑ $19^d\,\frac{1}{2}$ avec une latitude boréale de $34^d\,\frac{1}{4}$ environ.

Le 11 *Décembre* la queue s'élevoit jufqu'aux étoiles de la tête de la flèche (marquées α, β, dans *Bayer*) & elle finiffoit dans ♑ $26^d\,43'$ avec une latitude boréale de $38^d\,34'$.

DE LA PHILOSOPHIE NATURELLE.

Le 12 *Décembre* la queue paſſoit par le milieu de la fléche, & elle ne s'étendoit pas beaucoup au-delà, car elle finiſſoit dans ♒ 4^d avec une latitude boréale de 42$^d\frac{1}{2}$ environ.

Ce qu'on vient de dire doit s'entendre des parties de la queue les plus lumineuſes. *Pontheus* qui obſervoit à *Rome* le 12 *Décembre* à 5^h 40$'$ ſous un ciel peut-être plus ſerein, & qui pouvoit diſ-tinguer les parties plus foibles de la lumiére, trouva que ſa queue s'étendoit à 10^d par-deſſus le croupion du ſigne; & ſon bord finiſ-ſoit à 45$'$ de cette étoile vers le Nord-Oueſt, ſa queue avoit ces jours-là 3^d de largeur vers ſon extrémité ſupérieure, & par con-ſéquent ſon milieu étoit diſtant de cette étoile de 2^d 15$'$ vers le Midi, ſon extrémité ſupérieure étoit dans ♓ 22^d ayant 61^d de latitude boréale, & par conſéquent cette queue avoit environ 70^d de longueur.

Le 21 *Décembre* elle s'élevoit preſque juſqu'à la chaiſe de *Caſ-ſiopée*, étant également éloignée de β & de *Shedir*, & ſa diſtance à chacune de ces deux étoiles étoit égale à la diſtance qui eſt entr'elles, ainſi elle finiſſoit à γ 24^d ayant une latitude de 47$^d\frac{1}{2}$.

Le 29 *Décembre* la queue touchoit l'étoile *Scheat* qui étoit ſituée à gauche, elle rempliſſoit exactement l'intervalle des 2 étoiles du pied boréal d'*Androméde*, & ſa longueur étoit de 54^d, ainſi elle finiſſoit dans ♉ 19^d & ſa latitude étoit de 35^d.

Le 5 *Janvier* la queue touchoit l'étoile π du côté droit de la poitrine d'*Androméde*, & l'étoile μ du côté gauche de ſa ceinture, (ſelon nos obſervations) elle étoit longue de 40^d: elle étoit courbe, & ſon côté convéxe étoit tourné vers le Midi; & elle faiſoit, près de la tête de la comète, un angle de 4^d avec le cercle qui paſſoit par le Soleil & par la tête de la comète, mais près de l'autre bord elle étoit inclinée à ce cercle ſous un angle de 10^d ou de 11^d & la corde de la queue faiſoit avec ce cercle un angle de 8^d.

Le 13 *Janvier* la lumiére de la queue étoit encore aſſez ſenſi-ble entre *Alamek* & *Algol*, & elle finiſſoit par une lumiére aſſez

Tome. II. T

foible vers l'étoile *μ* du côté de *Perſée*, la diſtance du terme de la queue au cercle qui joignoit la comète & le Soleil étoit de 3^d 50$'$ & l'inclinaiſon de la corde de la queue à ce cercle étoit de 8^d $\frac{1}{2}$.

Le 25 & le 26 *Janvier* la queue avoit une lumiere aſſez foible à la longueur de 6 ou 7 dégrés ; & tant cette nuit que la ſuivante, le temps étant fort ſerein, elle s'étendoit à 12 dégrés & un peu plus, par une lumiere très-foible & à peine ſenſible. Son axe étoit dirigé exactement vers la claire de l'épaule orientale du cocher, ainſi elle déclinoit de l'oppoſition du Soleil vers le Nord ſous un angle de 10^d.

Enfin le 10 *Février*, je vis avec une lunette la queue longue de 2^d, car la lumière très-foible dont j'ai parlé, ne pouvoit pas s'appercevoir à travers les verres.

Pontheus marque cependant qu'il vit la queue longue de 12^d le 7 *Février*, le 25 *Février* & les jours ſuivans la comète n'avoit plus de queue.

En examinant l'orbe ci-deſſus décrit, & en faiſant attention aux autres Phénoménes de cette comète, il ſera bien difficile de ne pas conclure que les comètes ſont des corps ſolides, compactes, fixes & durables, de même que les planettes ; car ſi elles n'étoient autre choſe que des vapeurs & des exhalaiſons de la terre, du Soleil & des planettes, cette comète auroit dû ſe diſſiper dans l'inſtant dans ſon paſſage près du Soleil ; car la chaleur du Soleil eſt comme la denſité de ſes rayons, c'eſt-à-dire, réciproquement comme le quarré de la diſtance des lieux au Soleil ; ainſi, comme la diſtance de la comète au centre du Soleil le 8 *Décembre*, qu'elle étoit dans ſon périhélie, étoit à la diſtance de la terre au centre du Soleil, comme 6 à 1000 environ, la chaleur du Soleil dans la comète étoit alors à la chaleur du Soleil ſur la terre en Eté, comme 1000000 à 36, ou comme 28000 à 1. Mais la chaleur de l'eau bouillante eſt preſque triple de la chaleur que la terre reçoit en Eté des rayons du Soleil, comme j'en ai fait l'expérience ; & la chaleur du fer ardent est trois ou quatre fois plus grande que celle de l'eau bouillante, (si je ne me trompe.) Donc la chaleur que la terre sèche de la cométe dut éprouver par les rayons du Soleil dans son périhélie, étoit presque 2000 fois plus grande que celle du fer ardent ; & par une telle chaleur, les vapeurs, les exhalaisons & toute la matiére volatile dut être consumée & dissipée en un instant.

La cométe éprouva donc une chaleur immense des rayons du Soleil dans son périhélie, & elle a pû conserver très-long temps cette chaleur ; car un globe de fer rouge d'un pouce de diamétre exposé à l'air pendant une heure, perd à peine toute sa chaleur. Et un globe d'un plus grand diamétre conserveroit la sienne plus longtemps en raison de son diamétre, parce que sa superficie (qui est la mesure du réfroidissement par le contact de l'air ambiant) est moindre dans cette raison eu égard à la quantité de matiére chaude qu'elle renferme. Ainsi un globe de fer rouge égal à la terre, c'est-à-dire, dont le diamétre seroit environ de 40000000 de pieds, ne se réfroidiroit qu'en 40000000 de jours, & par conséquent à peine seroit-il réfroidi en 50000 ans. Je soupçonne cependant, que par des causes cachées, la durée de la chaleur doit augmenter dans une moindre raison que celle du diamétre : & je désirerois bien en trouver la véritable raison par l'expérience.

De plus il faut remarquer que la cométe au mois de *Décembre*, où elle étoit encore toute imprégnée des rayons du Soleil, avoit une queue beaucoup plus grande & plus brillante qu'au mois de *Novembre* précédent, où elle n'avoit pas encore atteint son périhélie. Et en général, toutes les comètes ont les queues les plus grandes & les plus brillantes aussitôt après leur passage par la région du Soleil. La chaleur de la cométe contribue donc à la grandeur de sa queue, & de-là je crois qu'on doit conclure que cette queue n'est autre chose qu'une vapeur très-légere que la tête ou le noyau de la cométe exhale à cause de sa chaleur.

T ij

Au reste, il y a trois opinions sur les queues des comètes, celle de ceux qui croyent que ces queues ne sont autre chose que l'éclat du Soleil qu'on découvre à travers la tête transparente des comètes ; celle de ceux qui prétendent que ces queues sont causées par la réfraction de la lumière en venant de la tête des comètes à la terre, & enfin celle de ceux qui supposent que ces queues sont une espèce de vapeur ou de nuage qui s'élève de la tête de la comète, & qui se répand sans cesse dans les régions opposées au Soleil.

La premiere opinion ne peut être soutenue que par ceux qui n'ont aucune teinture de l'optique, car la lumière du Soleil ne se voit point dans une chambre obscure, si ce n'est en tant qu'elle est réfléchie par les petites particules de poussière & par les vapeurs qui voltigent toujours dans l'air : ainsi dans un air chargé de vapeurs plus grossières, elle est plus brillante, & frappe plus fortement les yeux ; & plus l'air est rare, & moins il se réfléchit de lumière, ainsi dans les cieux où il n'y a aucune matière réfléchissante, il ne peut revenir de lumière à nos yeux : car la lumière ne se voit pas par elle-même, mais seulement lorsqu'elle est réfléchie vers nos yeux. Il faut donc que dans les régions où l'on voit les queues des comètes, il y ait une matière qui réfléchisse la lumière, sans quoi tout le ciel où elles sont étant rempli des rayons du Soleil, il nous paroitroit également brillant par-tout.

La seconde opinion est sujette à bien des difficultés, car jamais il ne paroît de couleurs dans ces queues ; or les couleurs ont cependant coutume d'être les compagnes inséparables de la réfraction : la lumière des fixes & des planettes qui nous est transmise pure & sans se colorer, est une preuve que les espaces célestes, que cette lumière traverse, ne contiennent point de milieu réfringent. Car ce qu'on rapporte que les Egyptiens ont vû quelquefois des fixes comme des comètes, doit sans doute son origine à quelque réfraction fortuite des nuées. Et la radiation & la scintillation des fixes doit être attribuée aux réfractions des humeurs de nos yeux & à celles de l'air, qui a toujours un petit mouvement de trémulation, ce qui se prouve parce que cette scintillation cesse lorsqu'on regarde les étoiles à travers un télescope : car la trémulation de l'air & des vapeurs qui y sont contenues est cause que les rayons sont détournés facilement &, par secousses de la prunelle, qui est très-étroite, mais il n'en est pas de même de l'ouverture beaucoup plus grande du verre objectif, voilà pourquoi la scintillation que nous éprouvons, lorsque nous regardons les étoiles avec nos yeux seulement, cesse lorsque nous les regardons à travers un télescope ; & cette cessation prouve que la lumiere est transmise dans les espaces célestes sans réfraction sensible. Et qu'on ne dise pas qu'on ne voit pas toujours les queues des comètes, parce que leur lumière n'est pas assez forte, & qu'alors les rayons secondaires n'ont pas assez de force pour remuer nos yeux, & que c'est par cette raison que nous ne voyons pas de queues aux fixes : car la lumière des fixes peut être augmentée plus de cent fois par le moyen des télescopes, & cependant on ne leur voit pas de queues. Les planettes donnent beaucoup plus de lumière que les étoiles & cependant on ne leur voit point de queues, & souvent les comètes ont de très-grandes queues quoique la lumiere de leur tête soit très-foible, & très-sourde.

La tête de la comète de 1680. par exemple, avoit au mois de *Décembre* une lumiere qui égaloit à peine celle des étoiles de la seconde grandeur, & sa queue répandoit une lumière sensible dans un espace de 40. 50. 60. & 70 dégrés & plus : ensuite le 27 & le 28 *Janvier* sa tête paroissoit seulement comme une étoile de la septième grandeur, & sa queue donnoit une lumière, qui à la vérité étoit foible, mais qui étoit cependant assez sensible l'espace de 6 à 7 dégrés, & elle donnoit jusqu'à 12 dégrés & un peu plus une lumière très-obscure & qui se distinguoit difficilement, comme on l'a dit ci-dessus.

Mais le 9 & le 10 *Février* que l'on ceſſa entiérement de voir la tête de la cométe à la vûe ſimple, je vis par le téleſcope la queue longue de deux dégrés : de plus, ſi la queue étoit l'effet de la réfraction de la matiére céleſte, & qu'en vertu de la forme des cieux, elle ſe détournât de l'oppoſition du Soleil, cette défléxion devroit toujours ſe faire du même côté, & dans les mêmes régions du ciel ; mais cependant la cométe de 1680. le 28. *Décembre* à 8 h ½ après-midi à *Londres*, étoit dans le 8 d 41 ′ des poiſſons, & elle avoit 28 d 6 ′ de latitude boréale, le Soleil étant dans le 18 d 26 ′ du ♑. Et la cométe de l'année 1577. étoit le 29 *Décembre* dans le 8 d 41 ′ des ♓ avec une latitude boréale de 28 d 40 ′. Le Soleil étant auſſi dans le 18 d 26 ′ environ du ♑. Dans l'un & l'autre cas la terre étoit dans le même lieu, & la cométe paroiſſoit dans la même partie du ciel ; cependant dans le premier cas la queue de la cométe déclinoit (ſelon mes obſervations & celles de pluſieurs autres) d'un angle de 4 d ½ de l'oppoſition du Soleil vers le Nord ; & dans le dernier (ſelon les obſervations de *Tycho*) la déclinaiſon étoit de 21 d vers le Midi. Ainſi ne pouvant pas rapporter les queues à la réfraction des cieux, il reſte à examiner ſi ces queues ne ſont point produites par quelque matiére qui réfléchit la lumiére.

Les loix que les queues obſervent prouvent qu'elles viennent de la tête des cométes, & qu'elles montent dans les régions oppoſées au Soleil ; car lorſqu'elles ſont dans les plans des orbes des cométes qui paſſent par le Soleil, elles ſe détournent toujours de l'oppoſition du Soleil vers les parties que leurs têtes abandonnent en avançant dans ces orbes. Ce qui fait qu'elles paroiſſent dans les parties directement oppoſées au Soleil à un ſpectateur placé dans ce plan ; mais à meſure que le ſpectateur s'éloigne de ce plan, leur déviation ſe fait ſentir peu à peu, & elle devient de jour en jour plus grande : & cette déviation, toutes choſes égales, eſt d'autant plus petite, que la queue eſt plus oblique à l'orbe de la cométe, c'eſt-à-dire, que la tête de la

DE LA PHILOSOPHIE NATURELLE. 151

cométe approche le plus du Soleil ; fur-tout fi l'angle de la deviation eſt vu près de la tête de la cométe : de plus, les queues qui n'ont point de déviation paroiſſent droites, & celles qui ont une déviation paroiſſent courbes, & leur courbure paroît d'autant plus grande, que leur déviation eſt plus grande, & qu'elle eſt plus fenfible, toutes chofes égales, à mefure que la queue eſt plus longue, car dans les queues fort courtes la courbure eſt à peine fenfible.

Plus l'angle de la déviation eſt petit près de la tête de la cométe, & plus il eſt grand vers l'autre extrémité de la queue, & par conféquent le côté convéxe de la queue eſt tourné alors vers les parties dont elle s'écarte par fa déviation, lefquelles font dans la ligne droite indéfinie tirée du Soleil par la tête de la cométe. Et enfin, les queues les plus longues, les plus larges, & qui brillent de la lumiére la plus vive, font un peu plus brillantes par leur côté convéxe, & terminées plus exactement que par leur côté concave.

Les Phénoménes de la queue des cométes dépendent donc du mouvement de leur tête & non de la région du ciel dans laquelle on apperçoit leur tête ; & par conféquent elles ne font point l'effet de la réfraction des cieux, mais elles font formées de la matiére qui s'exhale de la tête des cométes. Et de même que dans notre air la fumée d'un corps enflammé quelconque s'éléve en-haut & monte perpendiculairement, fi ce corps eſt en repos, ou obliquement, s'il fe meut latéralement ; ainfi dans les cieux, où tous les corps céleſtes gravitent vers le Soleil, les vapeurs & la fumée doivent monter par rapport au Soleil (comme on l'a déja dit) & s'élever en haut & en ligne droite, fi le corps qui fume eſt en repos ; ou obliquement fi ce corps, en avançant, abandonne fans ceſſe les lieux d'où les parties fupérieures de la vapeur ont commencé à monter. Et cette obliquité eſt moindre lorfque les vapeurs montent avec plus de vîteſſe : comme dans le voifinage du Soleil, & près du corps dont la fumée s'exhale ; cette différente obliquité fait que la colonne compofée de cette vapeur paroît courbe : & comme la vapeur de la colonne du côté vers lequel se fait le mouvement de la comète est un peu plus nouvellement exhalée, elle doit être aussi un peu plus épaisse dans cet endroit, & y réfléchir par conséquent une lumière plus abondante, & la queue y doit être terminée plus exactement. Je n'ajoute rien ici sur les agitations subites & sans loi de ces queues, ni sur l'irrégularité de leurs figures dont quelques-uns ont donné la description ; parce que ces apparences peuvent être causées par les changemens qui arrivent dans notre air & par les mouvemens des nuées, qui font paroître quelquefois de certaines parties des queues plus obscures que d'autres, & que les parties de la voye lactée, que l'on confond avec les queues qui y passent, & qu'on prend pour des parties mêmes de ces queues, peuvent encore causer ces apparences.

La rareté de notre air peut servir à nous faire comprendre comment les vapeurs qui s'exhalent de l'atmosphère des comètes, peuvent suffire à remplir des espaces si immenses. Car l'air occupe près de la surface de la terre un espace 8,o fois environ plus grand que celui qui seroit occupé par le volume d'eau qui auroit le même poids. Ainsi une colonne cylindrique d'air, haute de 850 pieds est du même poids qu'une colonne d'eau qui auroit la même base, & un pied de hauteur. Or la colonne d'air qui va jusqu'à l'extrémité de notre atmosphère est égale en poids à une colonne d'eau de 33 pieds de haut environ & de même base ; & par conséquent, si on ôtoit la partie inférieure de toute la colonne qui compose notre air jusqu'à la hauteur de 850 pieds, le poids du reste supérieur de cette colonne, seroit égal à celui d'une colonne d'eau de la hauteur de 32 pieds. Ainsi, par une regle qu'une infinité d'expériences ont confirmée, sçavoir, que la compression de l'air est comme le poids de l'atmosphère incombant, & que la gravité est réciproquement comme le quarré de la distance des lieux au centre de la terre ; j'ai trouvé (en faisant le calcul selon le Cor. de la Prop. 22. du Liv. 2.) qu'à la hauteur

d'un

DE LA PHILOSOPHIE NATURELLE.

d'un demi diamétre de la terre au-dessus de sa surface, l'air doit être plus rare qu'ici-bas en une raison beaucoup plus grande que celle de tout l'espace renfermé dans l'orbe de Saturne à un globe d'un pouce de diamétre. Donc un globe d'air d'un pouce de diamétre qui auroit la densité qu'a notre air à un demi diamétre de la terre au-dessus de sa surface, rempliroit toutes les régions des planetes jusqu'à la sphére de Saturne & bien loin encore au-delà: or puisque notre air se raréfie à l'infini, à mesure qu'on s'éloigne de la surface de la terre, les queues des cométes doivent être formées d'une matiére très-rare, puisque leur chevelure ou leur atmosphére est presque 10 fois plus étendu que le diamétre de leur noyau, & que leurs queues vont encore beaucoup par-delà. Et quoiqu'il se puisse faire, à cause de la densité de l'atmosphére des cométes, de la grande gravitation de ces corps vers le Soleil, & de la gravité des particules de leur air, & de leurs vapeurs les unes vers les autres, que l'air qui les environne dans les espaces célestes, & par conséquent leurs queues ne soient pas aussi raréfiées que notre air ; il résulte cependant de tout ceci, qu'une très-petite quantité d'air & de vapeurs peut suffire abondamment à tous les Phénoménes des queues des cométes. D'ailleurs l'extrême rareté de la matiére de ces queues est prouvée par les astres qu'on voit briller à travers.

L'atmosphére terrestre éclairé de la lumiére du Soleil, obscurcit & éteint par son épaisseur presque tous les astres & la Lune même, & cependant il ne s'étend qu'à quelques milles : mais à travers l'épaisseur immense des queues des cométes qui sont éclairées du Soleil de même que notre atmosphére, on voit les plus petites étoiles sans que leur lumiére soit affoiblie. L'éclat des queues de la plupart des cométes est comparable à peu près à celui de l'air d'une chambre obscure qui réfléchit les rayons du Soleil reçus par un trou d'un pouce ou deux de diamétre.

On peut connoître à peu près quel temps la vapeur met à s'élever de la tête des cométes à l'extrémité de leur queue, en tirant une ligne droite de l'extrémité de cette queue au Soleil, & remarquant le lieu où cette ligne coupe la trajectoire. Car la vapeur à l'extrémité de la queue, si elle s'éloigne en ligne droite du Soleil, commence à s'élever de la tête, dans le temps où la tête se trouve dans le lieu de l'intersection. Mais la vapeur ne s'éloigne pas du Soleil en ligne droite, car elle retient le mouvement que la comète avoit avant que cette vapeur commençat à monter, & ce mouvement se composant avec celui par lequel la vapeur monte, elle monte obliquement. Ainsi la solution de ce problême sera plus exacte, si cette ligne qui coupe l'orbe est paralléle à la longueur de la queue, ou plutôt, (à cause du mouvement curviligne de la comète) si cette même ligne diverge de celle de la queue.

Par ce moyen j'ai trouvé, que la vapeur qui étoit à l'extrémité de la queue de la comète de 1680. le 25 *Janvier*, avoit commencé à s'élever de la tête avant le 11 *Décembre*, & que par conséquent, elle avoit mis plus de 45 jours à monter. Et toute la queue qui parut le 10 *Décembre* étoit montée dans l'espace de deux jours qui s'étoient écoulés depuis le périhélie de la comète. Cette vapeur montoit donc très-vîte au commencement, lorsque la comète étoit plus près du Soleil, & ensuite elle continuoit de monter avec un mouvement que sa gravité retardoit toujours, & en montant elle augmentoit la longueur de la queue. La queue, tant qu'elle fut visible, étoit formée de presque toute la vapeur qui s'étoit exhalée de la comète dans le temps du périhélie ; & la vapeur qui monta la première, & qui formoit l'extrémité de la queue, ne s'évanouit que lorsque sa distance, tant du Soleil que de nous, fut si grande, qu'on ne pût plus l'appercevoir. Ainsi les queues des autres comètes qui sont courtes ne sont point formées par des vapeurs qui s'elevent de leurs têtes par un mouvement prompt & continu, & qui ensuite se dissipent, mais ce sont des colonnes permanentes de vapeurs & d'exhalaisons qui sortent de la tête des comètes pendant plusieurs jours par un mouvement très-lent, & qui en participant du mouvement que la tête d'où elles s'exhalent avoit lorfqu'elles ont commencé à s'exhaler, continuent enfuite à fe mouvoir avec cette tête dans les efpaces céleftes. Ce qui fournit encore une nouvelle preuve que les efpaces céleftes font privés de toute force réfiftante; puifque non feulement les corps folides tels que les planetes & les cométes, mais même des vapeurs très-rares, (comme celles qui forment les queues des cométes.) fe meuvent très-librement & d'un mouvement très-rapide dans ces efpaces, & qu'elles y confervent leur mouvement pendant très-long-temps.

Kepler attribue l'afcenfion des queues des cométes qui s'élevent de l'atmofphére de leurs têtes, & le mouvement progreffif de ces queues vers les parties oppofées au Soleil, à l'action des rayons de lumiére qui emportent avec eux la matiére des queues. Et il n'eft point abfurde de penfer que des vapeurs très-rares puiffent céder à l'action des rayons dans des efpaces libres de toute réfiftance, quoique des vapeurs épaiffes ne puiffent être mûes fenfiblement par les rayons du Soleil dans notre atmofphére.

Un autre Aftronome a cru qu'il pouvoit y avoir des particules de matiére graves, & d'autres légeres, & que les queues des cométes étoient compofées de particules légeres, & que c'étoit par leur légereté qu'elles s'élevoient en s'éloignant du Soleil. Mais la gravité des corps terreftres étant comme la matiére qu'ils contiennent, la quantité de matiére reftant la même, la gravité ne peut être ni augmentée ni diminuée. Je foupçonne plutôt que l'élévation des vapeurs qui forment les queues, vient de la raréfaction de cette matiére : car la fumée monte dans une cheminée par l'impulfion de l'air dans lequel elle nâge, cet air raréfié par la chaleur monte, parce que fa gravité fpécifique eft diminuée, & en montant il emporte la fumée avec lui. Pourquoi les queues des cométes ne s'éleveroient-elles pas de la même maniere du côté oppofé au Soleil? Car les rayons du Soleil n'agitent les milieux qu'ils traverfent que par la réflexion & la

V ij

réfraction. Les particules réfléchissantes étant échauffées par cette action des rayons, échauffent la matière éthérée avec laquelle elles sont mêlées : cette chaleur qu'elles lui communiquent la raréfie, & cette raréfaction diminuant la gravité spécifique par laquelle elle tendoit auparavant vers le Soleil, cette matière éthérée monte & emporte avec elle les particules réfléchissantes dont la queue est composée. Les vapeurs qui composent les queues des comètes tournent autour du Soleil, & tendent par conséquent à s'éloigner de cet astre, ce qui contribue encore à leur ascension, car l'atmosphère du Soleil, & la matière des cieux est dans un repos absolu, ou bien elle tourne plus lentement que la matière des queues, puisqu'elle tourne par le seul mouvement qu'elle reçoit de la rotation du Soleil.

Ce sont-là les causes de l'ascension des vapeurs qui forment les queues des comètes, lorsqu'elles sont près du Soleil où leurs orbes sont les plus courbes, & où les comètes étant dans le lieu de l'atmosphère du Soleil le plus épais, & par conséquent le plus pesant, projettent les plus longues queues. Car les queues qui commencent alors à paroître conservant leur mouvement, & gravitant cependant vers le Soleil, se meuvent autour de cet astre dans des ellipses comme les têtes des comètes & par ce mouvement elles accompagnent toujours ces têtes, & leur paroissent attachées, quoiqu'elles ne leur soient pas adhérentes. Car la gravité de ces vapeurs vers le Soleil ne les fait pas s'éloigner davantage de leurs têtes pour aller vers le Soleil que la gravité des têtes vers le Soleil ne les fait s'éloigner de leurs queues pour aller vers cet astre. Ainsi elles doivent, par leur gravité commune, tomber en même temps sur le Soleil, ou être retardées de la même manière en remontant ; ainsi la gravité ne doit point empêcher la tête & la queue des comètes, de prendre facilement entr'elles la position quelconque qui doit suivre des causes dont nous venons de parler ou d'autres causes quelconques, ni de la conserver ensuite sans obstacle.

DE LA PHILOSOPHIE NATURELLE.

Les queuës qui se forment dans les périhélies des comètes, doivent donc s'en aller avec leurs têtes dans des régions très-éloignées, & ensuite après une longue suite d'années revenir vers nous avec elles, ou bien s'évanouir peu à peu par la raréfaction. Car lorsque par la suite leur tête descend vers le Soleil, de nouvelles queuës très-courtes doivent s'élever de leur tête par un mouvement très-lent, & ces queuës doivent augmenter immensément dans le périhélie des comètes qui descendent jusqu'à l'atmosphére du Soleil : car cette vapeur doit se raréfier & se dilater perpétuellement dans les espaces libres où elle se trouve, c'est pourquoi les queues sont toutes plus larges vers leur extrémité supérieure que près de la tête de la comète.

Ces vapeurs perpétuellement dilatées par la raréfaction, doivent s'étendre & se répandre dans tout le ciel, & elles doivent ensuite peu à peu être attirées par leur gravité vers les planetes avec l'atmosphére desquelles il est vraisemblable qu'elles se mêlent. Car de même que les mers sont nécessaires à la constitution de notre terre, afin que la chaleur du Soleil puisse en élever des vapeurs suffisantes, lesquelles après s'être rassemblées en nuages, retombent en pluyes qui arrosent la terre, la nourrissent & la rendent capable de produire tous les végétaux ; ou bien se condensent sur le sommet des montagnes par le froid qui y régne d'où (selon que quelques-uns le conjecturent avec raison) elles coulent & forment les fontaines & les fleuves : on peut croire que les comètes peuvent par leurs exhalaisons & leurs vapeurs condensées, suppléer & réparer sans cesse ce qui se consume d'humidité dans la végétation & la putréfaction, & ce qui s'en convertit en terre séche dans ces opérations : afin que par ce moyen les mers & l'humidité des planetes ne soit pas consumée. Car tous les végétaux croissent par le moyen de l'humidité, & ensuite la plus grande partie s'en convertit par la putréfaction en terre séche, puisqu'il tombe perpétuellement du limon au fond des liqueurs qui se corrompent. Ainsi la masse de la terre séche doit augmenter sans cesse, & si les parties fluides ne recevoient pas de l'accroissement par quelques causes, elles devroient diminuer perpétuellement, & à la fin elles viendroient entiérement à manquer. Je soupçonne de plus que cet esprit qui est la plus petite partie de notre air, la plus subtile, & en même temps la plus excellente, puisqu'elle est nécessaire pour donner la vie à toutes choses, vient principalement des cométes.

Les atmosphéres des cométes, en produisant des queues dans leur descente vers le Soleil doivent diminuer, & être plus étroits; (principalement vers la partie qui regarde le Soleil) & réciproquement lorsqu'elles s'éloignent du Soleil, & que leur atmosphére ne fournit plus à la formation des queues, ils doivent devenir plus considérables; & si on s'en rapporte aux observations d'*Hévélius*, ces atmosphéres paroissent les plus petits, lorsque les têtes des cométes étant déja échauffées par le Soleil, elles ont des queues très-longues & très-brillantes, & que ces têtes sont enveloppées vers les parties les plus intérieures de leur atmosphére, par la fumée très-dense & très-noire de leur noyau. Car toute fumée causée par une grande chaleur, doit être d'autant plus noire & plus épaisse. Aussi la tête de la cométe (c'est de celle de 1680. dont nous parlons) à égale distance du Soleil & de la terre, parut-elle plus obscure après son périhélie qu'auparavant. Car au mois de *Décembre* on pouvoit comparer sa lumiére à celle des étoiles de la troisiéme grandeur, & au mois de *Novembre* elle égaloit celles de la seconde & de la premiére. Et ceux qui l'ont vue dans les deux cas parlent de celui où elle étoit plus brillante comme d'une cométe plus grande. Un jeune homme de *Cambridge* qui vit cette cométe le 19 *Novembre*, trouva que sa lumière, quoiqu'obscurcie & comme plombée, égaloit en clarté l'épi de la Vierge, & qu'elle brilloit plus qu'elle ne brilla depuis. *Montenarus* le 20 *Novembre* v. st. la vit plus grande que les étoiles de la premiére grandeur, sa queue ayant deux dégrés de long. Et le Docteur *Stor*, dans ses lettres qui me sont tombées entre les

DE LA PHILOSOPHIE NATURELLE.

mains, marque que sa tête au mois de *Décembre* étoit très-petite, & qu'elle cédoit en grandeur à celle de la comète qui avoit paru au mois de *Novembre* avant le lever du Soleil, quoiqu'alors sa queue fut la plus grande & la plus brillante. Il y conjecture que cela pouvoit être attribué à ce que, au commencement, la matiére de la tête étoit en plus grande quantité, & qu'elle s'étoit peu à peu consumée.

C'est vraisemblablement par la même raison, que les comètes qui ont les queues les plus longues & les plus brillantes ont les têtes les plus obscures & les plus petites. Car le 5 *Mars* n. st. de l'année 1668, à 7 heures du soir, le R. P. *Valentin Estancius* étant au *Brésil* vit une comète près de l'horison vers le coucher du Soleil dont la tête étoit très-petite & à peine visible, & qui avoit une queue si brillante, que ceux qui étoient sur le rivage la pouvoient voir aisément se peindre dans la mer. Elle ressembloit à une poutre brillante de 23^d de long, elle s'étendoit de l'Occident vers le Midy, & elle étoit presque parallèle à l'horison. Cet éclat ne dura que trois jours après lesquels il diminua considérablement ; & à mesure que l'éclat de cette queue diminuoit, sa grandeur augmentoit, & on dit même qu'en *Portugal* elle occupoit presque la quatriéme partie du ciel, c'est-à-dire, 45^d de l'Occident vers l'Orient, avec un éclat très-considérable ; & cependant cette comète ne parut jamais toute entiére ; car sa tête, dans ces régions, étoit toujours cachée sous l'horison.

L'augmentation de cette queue, lorsque son éclat diminuoit, prouve clairement que la tête de la comète s'éloignoit du Soleil & qu'elle étoit le plus près du Soleil dans le commencement de son apparition, comme la comète de 1680.

On lit dans la Chronique Saxonne qu'il parut une comète semblable dans l'année 1106. *dont l'étoile étoit petite, & obscure* (*comme celle de l'année* 1680.) *mais dont la queue étoit très-brillante, & s'étendoit comme une grande poutre vers le Nord-Est*, comme le rapporte aussi *Hévélius* d'après *Simon moine de Dunel-*

mensis, elle parut au commencement de *Février* & les jours suivans vers le soir. Et l'on peut conclure de la position de sa queue que sa tête étoit très-proche du Soleil. Elle étoit *distante du Soleil*, dit *Matthieu de Paris*, environ d'une coudée. Depuis la *troisiéme heure* (& plus correctement depuis la sixiéme) *jusqu'à la neuviéme elle jettoit une grande lumiére qui s'étendoit fort loin*. Telle étoit cette comète toute de feu, décrite par *Aristote* au Liv. 1. Met. 6. *sa tête*, dit-il, *ne se voyoit pas le premier jour*, *parce qu'elle se couchoit avant le Soleil*, *ou plutôt parce qu'elle se perdoit dans ses rayons*, *le jour d'ensuite*, *c'est tout ce qu'on put faire que de l'appercevoir*, *car elle ne s'éloigna du Soleil que d'une distance très-petite*, *& elle se coucha presqu'aussitôt après lui*. *Et à cause de son extrême clarté* (c'est-à-dire, de sa queue) *sa tête ne paroissoit pas encore étant toute couverte de feu*, *mais ensuite* (continue *Aristote*) *lorsqu'elle commença*, (c'est-à-dire , la queue) *à être moins ardente*, on commença à voir la face de la cométe (c'est-à-dire, sa tête,) *& sa clarté s'étendoit jusqu'à la troisiéme partie du ciel*. (c'est donc à dire à 60 dégrés.) *Elle parut dans l'Hyver* (la quatriéme année de la 101.ᵉ Olympiade) *& après s'être élevée jusqu'à la ceinture d'Orion, elle y disparut.*

La cométe de 1618. qui sortit des rayons du Soleil avec une très grande queue paroissoit égaler ou même surpasser un peu les étoiles de la premiére grandeur, mais on a vu beaucoup d'autres cométes plus grandes qui avoient de très-petites queues. Il y en a eu qui, au rapport de quelques-uns, égaloient Venus, d'autres Jupiter, & d'autres même la Lune en grandeur.

Nous concluons donc de tout ceci que les cométes sont du genre des planetes, & qu'elles tournent autour du Soleil dans des orbes très-excentriques. Et comme parmi les planetes qui n'ont point de queues, celles qui tournent dans de plus petits orbes & le plus près du Soleil sont les plus petites, il est vraisemblable que les cométes, qui dans leur périhélie approchent le plus près du Soleil, sont de beaucoup plus petites que les autres, afin que par leur attraction elles ne dérangent pas le Soleil. Au reste, je laisse à

déterminer

DE LA PHILOSOPHIE NATURELLE.

déterminer les diamétres tranfverfaux des orbes des cométes & les temps périodiques de leurs révolutions quand on pourra comparer les révolutions des cométes qui reviennent après un long efpace de temps décrire les mêmes orbites : en attendant, la propofition fuivante pourra répandre quelque lumiére fur cette recherche.

PROPOSITION XLII. PROBLÊME XXII.

Corriger la trajectoire trouvée d'une comète.

Opération premiére. Il faut prendre la pofition du plan de la trajectoire, laquelle pofition a été trouvée par la Prop. précédente, & choifir trois lieux de la comète qui ayent été déterminés par des obfervations bien éxactes, & qui foient fort éloignés les uns des autres ; que A foit le temps écoulé entre la premiére & la feconde obfervation, & B celui qu'il y a eu entre la feconde & la troifiéme. Il faut que la comète ait été dans fon périgée dans un de ces lieux, ou que du moins elle n'en ait pas été fort éloignée. Par le moyen de ces lieux apparens foient trouvés par des opérations trigonométriques, trois lieux vrais de la comète, dans le plan choifi pour la trajectoire. Enfuite par ces lieux trouvés, foit décrite, par les opérations arithmétiques indiquées dans la Prop. 21. du Liv. 1. une fection conique ayant le centre du Soleil pour foyer, que les aires de cette courbe, lefquelles font terminées par des rayons tirés du Soleil aux lieux trouvés, foient D & E : c'eft-à-dire, D l'aire décrite pendant le temps écoulé entre la premiére & la feconde obfervation, & E celle qui a été décrite pendant celui qui s'eft écoulé entre la feconde & la troifiéme, & que T foit le temps total pendant lequel l'aire totale $D+E$ doit être décrite par la comète avec la vîteffe qui a été trouvée dans la Prop. 16. du Liv. 1.

Opération 2ᵉ. Que la longitude des nœuds du plan de la trajectoire foit augmentée, en ajoutant à cette longitude 20' ou 30' que j'appelle P ; & que l'inclinaifon de ce plan à celui de l'écliptique reste la même. Ensuite par le moyen des trois lieux observés de la comète desquels on a parlé, soyent trouvés dans ce nouveau plan, trois lieux vrais comme ci-dessus; l'orbe qui passe par ces trois points, les deux aires de cet orbe décrites entre les observations lesquelles j'appelle d & e, ainsi que le temps total pendant lequel l'aire totale $d+e$ doit être décrite.

Opération 3. Soit conservée la longitude des nœuds dans la premiére opération, & soit augmentée l'inclinaison du plan de la trajectoire au plan de l'écliptique en ajoutant à cette inclinaison 20' ou 30', lesquelles j'appelle Q. Ensuite par les trois lieux apparens de la comète, lesquels on a observés, & dont nous avons déja parlé, soient trouvés trois lieux vrais dans ce nouveau plan ainsi que l'orbite qui passe par ces lieux, les deux aires de cette orbite décrites entre les observations, lesquelles j'appelle δ & ϵ, & le temps total τ pendant lequel l'aire totale $\delta+\epsilon$ doit être décrite.

Maintenant, soit $C:1::A:B$, & $G:1::D:E$; soit de plus $g:1::d:e$ & $\gamma:1::\delta:\epsilon$; S représentant le temps vrai écoulé entre la premiere & la troisiéme observation, & les signes $+$ & $-$ étant mis comme ils le doivent être; on cherchera les nombres m & n par cette loi, que $2G-2C=mG-mg+nG-n\gamma$, & que $2T-2S=MT-mt+nT-n\tau$. Et si dans la premiére opération ι représente l'inclinaison du plan de la trajectoire au plan de l'écliptique, & K la longitude de l'un ou de l'autre nœud, $\iota+nQ$ sera la vraie inclinaison du plan de la trajectoire au plan de l'écliptique, & $K+m\rho$ la vraie longitude du nœud. Et enfin, si dans la premiere, la seconde & la troisiéme opération, les quantités R, r & S représentent les paramétres de la trajectoire, & les quantités $\frac{1}{L}$, $\frac{1}{l}$, $\frac{1}{\lambda}$ les paramétres transversaux respectifs : le vrai paramétre de la trajectoire que la comète décrit, sera $R+mr-mR+n\rho-nR$ & son vrai paramétre transversal sera $\dfrac{1}{L+ml-mL+n\lambda-nL}$: or le paramétre tranfverfal de la cométe étant donné, fon temps périodique le fera auffi. *C. Q. F. T.*

Au refte les temps périodiques des cométes & les paramétres tranfverfaux de leurs orbes, ne peuvent être déterminés avec une certaine précifion, qu'en comparant entr'elles les cométes qui paroiffent en divers temps. Si plufieurs cométes après des intervales de temps égaux, décrivent le même orbe, on doit en conclure que ces cométes ne font qu'une feule & même cométe qui fait fa révolution dans le même orbe. Et enfin, par les temps des révolutions on trouvera les paramétres tranfverfaux des orbes, & par ces paramétres on déterminera les orbes elliptiques.

Pour y parvenir il faut donc calculer les trajectoires de plufieurs cométes en les fuppofant paraboliques, car cette forte de trajectoire s'accordera toujours à peu près avec les Phénoménes. C'eft ce qui eft prouvé, non-feulement par la trajectoire parabolique de la cométe de 1680. que j'ai comparée ci-deffus avec les obfervations, mais encore par celle de cette fameufe cométe qui parut dans les années 1664. & 1665. & qui a été obfervée par *Hevelius*. Cet aftronome a calculé auffi d'après fes obfervations les latitudes & les longitudes de cette cométe, mais moins exactement.

Halley a calculé de nouveau d'après ces mêmes obfervations les lieux de cette cométe, & enfin par le moyen de fes lieux ainfi trouvés il a déterminé fa trajectoire. Il a placé fon nœud afcendant dans le $21^d\,13'\,55''$ des ♓, l'inclinaifon de fon orbite au plan de l'écliptique de $21^d\,18'\,40''$, la diftance du périhélie au nœud dans l'orbite de $49^d\,27'\,30''$, fon périhélie dans $8^d\,40'\,30''$ du ♌ avec une latitude auftrale héliocentrique de $16^d\,1'\,45''$, il a trouvé de plus, que la cométe étoit dans le périhélie le 24 *Novembre* à $11^h\,52'$ après midi du temps moyen à *Londres*, ou à *Dantzig* $13^h\,8'\,V. S.$ & le paramétre de la parabole de 410286 parties, la moyenne diftance du Soleil à la terre en ayant 100000.

On verra par la table fuivante qui a été calculée par *Halley*, combien les lieux de la cométe calculés dans cet orbe, s'accordent exactement avec les obfervations.

Temps apparent à Dantzig. V. S.	Distances de la comète observées.	Lieux observés.	Lieux calculés dans l'orbe.
		d ′ ″	d ′ ″
Déc. 1664. 3ⁱ 18ʰ 29′ ½	du cœur du Lion. 46.24.20 de l'épi de la Vierge. 22.52.10	Long. ♎ 7. 1. 0 Lat. auſt. 21.39. 0	♎ 7. 1.29 21.38.50
4. 18. 1 ½	du cœur du Lion. 46. 2.45 de l'épi de la Vierge. 23.52.40	Long. ♎ 6.15. 0 Lat. auſt. 22.24. 0	♎ 6.16. 5 22.24. 0
7. 17. 48	du cœur du Lion. 44.48. 0 de l'épi de la Vierge. 27.56.40	Long. ♎ 3, 6. 0 Lat. auſt. 25.22. 0	♎ 3. 7.33 25.21.40
17. 14. 43	du cœur du Lion. 53.15.15 de l'ép. droite d'Or. 45.43.30	Long. ♌ 2.56. 0 Lat. auſt. 49.25. 0	♌ 2.56. 0 49.25. 0
19. 9. 25	de Procyon. 35.13.50 de la claire de la machoire de la Baleine. 52.56. 0	Long. ♓ 28.40.30 Lat. auſt. 45.48. 0	♓ 28.43. 0 45.46. 0
20. 9. 53 ½	de Procyon. 40.49. 0 de la claire de la machoire de la Baleine. 40. 4. 0	Long. ♓ 13. 3. 0 Lat. auſt. 39.54. 0	♓ 13. 5. 0 39.53. 0
21. 9. 9 ½	de l'ép. droite d'Or. 26.21.25 de la claire de la machoire de la Baleine. 29.28. 0	Long. ♓ 2.16. 0 Lat. auſt. 33.41. 0	♓ 2.18.30 33.39.40
22. 9. 0	de l'ép. droite d'Or. 29.47. 0 de la claire de la machoire de la Baleine. 20.29.30	Long. ♈ 24.24. 0 Lat. auſt. 27.45. 0	♈ 24.27. 0 27.46. 0
26. 7. 58	de la claire du Bélier. 23.20. 0 d'Aldébaran. 26.44. 0	Long. ♈ 9. 0. 0 Lat. auſt. 12.36. 0	♈ 9. 2.28 12.34.13
27. 6. 45	de la claire du Bélier. 20.45. 0 d'Aldébaran. 28.10. 0	Long. ♈ 7. 5.40 Lat. auſt. 10.23. 0	♈ 7. 8.45 10.23.13
28. 7. 39	de la claire du Bélier. 18.29. 0 des Hyades. 20.37. 0	Long. ♈ 5.24.45 Lat. auſt. 8.22.50	♈ 5.27.52 8.23.37
31. 6. 45	de la ceinture d'And. 30.48.10 des Hyades. 32.53.30	Long. ♈ 2. 7.40 Lat. auſt. 4.13. 0	♈ 2. 8.20 4.16.25
Janv. 1665. 7. 7. 37 ½	de la ceinture d'And. 25.11. 0 des Hyades. 37.12.25	Long. ♈ 28.24.47 Lat. bor. 0.54. 0	♈ 28.24. 0 0.53. 0
13. 7. 0.	de la tête d'Androm. 28. 7.10 des Hyades. 38.55.20	Long. ♈ 27. 6.54 Lat. bor. 3. 6.50	♈ 27. 6.39 3. 7.40
24. 7. 29	de la ceinture d'And. 20.32.15 des Hyades. 40. 5. 0	Long. ♈ 26.29.15 Lat. bor. 5.25.50	♈ 26.28.50 5.26. 0
Févier. 7. 8. 37		Long. ♈ 27. 4.46 Lat. bor. 7. 3.20	♈ 27.24.55 7. 3.15
22. 8. 46		Long. ♈ 28.29.46 Lat. bor. 8.12.36	♈ 28.29.58 8.10.25
Mars. 1. 8. 16		Long. ♈ 29.18.15 Lat. bor. 8.36.26	♈ 29.18.20 8.36.12
7. 8. 37		Long. ♈ 0. 2.48 Lat. bor. 8.56.30	♉ 0. 2.42 8.56.56

Au mois de *Février* de l'année suivante 1665. la premiére étoile d'*Aries* que j'appellerai dorénavant γ, étoit dans Υ 28^d 30′ 15″ ayant une latitude boréale de 7^d 8′ 58″.

La seconde d'*Aries* étoit dans Υ 29^d 17′ 18″ avec une latitude boréale de 8^d 28′ 16″.

Et une autre étoile de la septiéme grandeur que j'appellerai *A*, étoit dans Υ 28^d 24′ 45″ ayant une latitude boréale de 8^d 28′ 33″, or la cométe le 7 *Février* 7′ 30″ à Paris, (c'est-à-dire, le 7 *Février* 8′ 37″ *V. S.* à *Dantzig*) faisoit un triangle avec ces étoiles γ & *A*, lequel étoit rectangle en γ. Et la distance de la cométe à l'étoile γ, étoit égale à la distance des étoiles γ & *A* entr'elles, c'est-à-dire, qu'elle étoit de 1^d 19′ 46″ d'un grand cercle, & par conséquent elle étoit de 1^d 20′ 26″ dans le paralléle de latitude de l'étoile γ. Donc, si de la longitude de l'étoile γ, on en ôte la longitude de 1^d 20′ 26″, il restera la longitude de la cométe dans Υ de 27^d 9′ 49″.

Auzout qui avoit fait cette observation, en conclut que la cométe étoit à peu prés dans Υ 27^d 0′ & par la figure dans laquelle *Hook* a tracé son mouvement, elle étoit dans Υ 26^d 59′ 24″; ainsi en prenant un milieu entre ces positions je l'ai mis dans Υ 27^d 4′ 46″.

Par la même observation *Auzout* détermina la latitude de la cométe à 7^d 4′ ou 5′ vers le nord : elle l'auroit été plus exactement à 7^d 3′ 29″, en supposant toutesfois la différence des latitudes de la cométe & de l'étoile γ égale à la différence des longitudes des étoiles γ & *A*.

Le 22 *Février* à 7^h 30′ à *Londres*, c'est-à-dire, le 22 *Février* à 8^h 46′ à *Dantzig*, la distance de la cométe à l'étoile *A*, selon l'observation de *Hook* qu'il avoit tracée même dans une figure, & selon la figure de *Petit* tracée d'après les observations d'*Auzout*, étoit la cinquiéme partie de la distance entre l'étoile *A* & la premiére d'*Aries*, ou 15′ 57″. Et la distance de la cométe à la ligne qui joint l'étoile *A* & la premiére d'*Aries* étoit la quatriéme partie de cette cinquiéme partie, c'eſt-à-dire, 41'. La comete étoit donc dans ♈ 28ᵈ 29' 46" ayant 8ᵈ 12' 36" de latitude boréale.

Le premier *Mars* à 7ʰ 0' à *Londres*, qui reviennent à 8ʰ 16' à *Dantzig*, la comete fut obſervée près de la ſeconde *d'Aries*, la diſtance entre la comete & cette étoile, étant à la diſtance entre la premiére & la ſeconde *d'Aries*, c'eſt-à-dire, à 1ᵈ 33' comme 4 à 45 ſelon *Hook*, ou comme 2 à 23 ſelon *Gottignies*; ou bien, en prenant un milieu entre ces poſitions, de 8' 10". Mais la comete, ſelon *Gottignies*, avoit alors précédé la ſeconde d'*Aries* preſque de la quatriéme ou cinquiéme partie du chemin qu'elle faiſoit en un jour, c'eſt-à-dire, de 1' 35" environ, (en quoi il s'accorde aſſez bien avec *Auzout*) ou un peu moins ſelon *Hook*, comme 1' par exemple. Donc, ſi à la longitude de la premiére *d'Aries*, on ajoute 1', & 8' 10" à ſa latitude, on aura la longitude de la comete de 29ᵈ 18' & ſa latitude boréale de 8ᵈ 36' 26"

Le 7 de *Mars* à 7ʰ 30' à *Paris* (qui font 8ʰ 37' à *Dantzig*) la diſtance de la comete à la ſeconde *d'Aries* étoit, ſelon les obſervations *d'Auzout*, égale à la diſtance de la ſeconde *d'Aries* à l'étoile *A*, c'eſt-à-dire, qu'elle étoit de 52' 29" & la différence des longitudes de la comete & de la ſeconde *d'Aries* étoit de 45' ou 46'; ou en prenant un milieu entre ces poſitions de 45' 30". Donc la comete étoit dans ♉ 0ᵈ 2' 48". Selon la figure conſtruite par *Petit* ſur les obſervations *d'Auzout*, *Hevelius* a conclu la latitude de cette comete de 8ᵈ 54', mais le graveur a courbé un peu irréguliérement le chemin de la comete vers la fin de ſon mouvement, *Hevelius* a corrigé cette incurvation irréguliére dans la figure qu'il a tracée d'après les obſervations *d'Auzout*, & il a fixé la latitude de la comete à 8ᵈ 55' 30", & en corrigeant l'irrégularité, la latitude peut aller à 8ᵈ 56' ou à 8ᵈ 57'.

Cette comete fut encore vue le 9 *Mars*, & alors elle devoit être dans ♉ 0ᵈ 18' ayant 9ᵈ 3'½ environ de latitude boréale.

Cette comete parut trois mois, elle parcourut preſque ſix ſignes,

DE LA PHILOSOPHIE NATURELLE. 167

& elle faifoit près de 20′ par jour. Son orbe étoit fort différent d'un grand cercle, il étoit incurvé vers le Nord; & fur la fin fon mouvement de rétrograde devint direct. Ce cours fi peu ordinaire s'accorda depuis le commencement jufqu'à la fin auffi exactement avec la théorie, que le cours des planétes a coutume de s'accorder avec leur théorie, comme on le verra par la table fuivante. Il faut cependant fouftraire deux minutes environ pour le temps où la cométe avoit la plus grande vîteffe ; ce qu'on fera en ôtant douze fecondes de l'angle compris entre le nœud afcendant & le périhélie, ou en faifant cet angle de 49 ^{d} 27′ 18 ″. La parallaxe annuelle de ces deux cométes (fçavoir de celle-ci & de la précédente) étoit très-confidérable, ce qui démontre le mouvement de la terre dans fon grand orbe.

Cette théorie eft encore confirmée par le mouvement de la cométe qui parut dans l'année 1683. Celle-là fut rétrograde dans fon orbe, dont le plan faifoit avec l'écliptique un angle prefque droit. Son nœud afcendant étoit (felon le calcul de *Halley*) dans ♍ 23 ^{d} 23′: l'inclinaifon de fon orbe à l'écliptique étoit de 83 ^{d} 11′: fon périhélie étoit dans ♓ 25 ^{d} 29′ 30″, & la diftance de fon périhélie au Soleil étoit de 56020 parties, le rayon du grand orbe en ayant 100000, & fon périhélie arriva le 2 *Juillet* à 3 ^{h} 50′. Les lieux de la cométe dans cet orbe ont été calculés par *Halley*, & on les trouve dans la table fuivante comparés avec les lieux obfervés par *Flamftead*.

1683. Temps moy.	Lieu du soleil.	Long. cal-culées de la comét.	Latit. boréal. calcul.	Long. ob-servées de la comét.	Lat. bo-réales observ.	Différ. des longitud.	Différ. des latitud.
Jours. h ′	d ′ ″	d ′ ″	d ′ ″	d ′ ″	d ′ ″	′ ″	′ ″
Juill. 13.12.55	♌ 1. 2.30	♋13. 5.42	29.28.13	♋13. 6.42	29.28.20	+1. 0	+0. 7
15.11.15	2.53.12	11.37. 4	29.34. 0	11.39.43	29.34.50	+1.55	+0.50
17.10.20	4.45.45	10. 7. 6	29.33.30	10. 8.40	29.34. 0	+1.34	+0.30
23.13.40	10.38.21	5.10.27	28.51.42	5.11.30	28.50.28	+1. 3	−1.14
25.14. 5	12.35.28	3.27.53	24.24.47	3.27. 0	18.23.40	−0.53	−1. 7
31. 9.42	18. 9.22	♓27.55. 3	26.22,52	♓27.54.24	26.22.25	−0.39	−0.27
31.14.55	18.21.53	27.41. 7	26.16.57	27.41. 8	26.14.50	+0. 1	−1. 7
Août. 2.14.56	20.17.16	25.29.32	25.16.19	25.28.46	25.17.28	−0.46	+1. 9
4.10.49	22. 2.50	23.18.20	24.10.49	23.16.55	23.12.19	−1.25	+1.30
6.10. 9	23.56.45	20.42.23	22.47. 5	20.40.32	22.49. 5	−1.51	+2. 0
9.10.26	26.50.52	16. 7.57	20. 6.37	16. 5.55	20. 6.10	−2. 2	−0.27
15.14. 1	♍ 2.47.13	3.30.48	11.37.33	3.26.18	11.32. 1	−4.30	−5.32
16.15.10	3.48. 2	0.43. 7	9,34.16	0.41.55	9.34.13	−1.12	−0. 3
18.15.44	5.45.33	♉24.52.53	5.11.15 Auſtr.	♉24.49. 51	5. 9.11 Auſtr.	−3.48	−2. 4
22.14.44	9.35.49	11. 7.14	5.16.58	11. 7.12	5.16.58	−0, 2	−0. 3
23.15.52	10.36.48	7. 2.18	8.17. 9	7. 1.17	8.16.41	−1. 1	−0.28
26.16. 2	13.31.10	♈24.45.31	16.38. 0	♈24.44. 0	16.38.20	−1.31	+0.20

La théorie précédente eſt encore confirmée par le mouvement de la comète rétrograde qui parut l'année 1682. Son nœud aſcendant, ſelon le calcul de *Halley*, étoit dans ♉ 21^d 16′ 30″, l'inclinaiſon de ſon orbite au plan de l'écliptique étoit de 17^d 56′ 0″. Son périhélie étoit dans ♒ 2^d 52′ 50″, ſa diſtance périhélie au Soleil de 58328 parties, le rayon du grand orbe en ayant 100000. Et le temps corrigé de ſon périhélie étoit le 4 de *Septembre* à 7^h 39′. L'on trouve dans la table ſuivante, la comparaiſon de ces lieux calculés ſur les obſervations de *Flamſtead* avec les lieux que donne la théorie.

DE LA PHILOSOPHIE NATURELLE.

Temps apparent, 1682.	Lieu du soleil.	Long. de la comète calculées.	Latitudes bor. calcul.	Long. de la comète observées.	Latit. boréal. observ.	Differ. des longitud.	Differ des latitud.
Jours. h	° ′ ″	° ′ ″	° ′ ″	° ′ ″	° ′ ″	′ ″	′ ″
Août. 19. 16.38	♍ 7. 0. 7	♌ 18.14.28	25.50. 7	♌ 18.14.40	25.49.55	−0.12	+0.12
20. 13.38	7.55.52	24.46.23	26.14.42	24.46.21	26.12.52	+0. 1	+.50
21. 8.21	8.36.14	29.37.15	26.20. 3	29.38. 2	26.17.37	−0.47	+2.26
22. 8. 8	9.33.55	♍ 6.29.53	26. 8.42	♍ 6.30. 3	26. 7.12	−0.10	+1.30
29. 8.10	16.22.40	♎ 12.37.54	18.37.47	♎ 12.37.49	18.34. 5	+0. 5	+3.42
30. 7.45	16.19.41	15.36. 1	17.26.43	15.35.18	17.27.17	+0.43	−0.34
Sept. 1. 7.33	19.16. 9	20.30.53	15.13. 0	20.27. 4	15. 9.49	+3.45	+3.11
4. 7.22	22.11.28	25.42. 0	12.23.48	25.41.58	12.22. 0	+1. 2	+1.48
5. 7.32	23.10.29	27. 0.46	11.33. 8	26.59.24	11.33.51	+1.22	−0.43
8. 7.16	26. 5.58	29.58.44	9.26.46	29.58.45	9.26.43	−0. 1	+0. 3
9. 7.26	27. 5. 9	♏ 0.44.10	8.49.10	♏ 0.44. 4	8.48.25	+0. 6	+0.45

Enfin le mouvement rétrograde de la comète qui parut en 1723. confirme encore cette théorie, son nœud afcendant (felon le calcul du Docteur *Bradley* Profeffeur Savilien d'aftronomie à *Oxford*) étoit dans ♈ 14° 16′, l'inclinaifon de fon orbe au plan de l'écliptique étoit de 49° 59′. Son périhélie étoit dans ♉ 12° 15′ 20″. Sa diftance périhélie au Soleil étoit de 998651 parties, le rayon du grand orbe étant de 1000000, & le temps corrigé de fon périhélie étoit le 16 *Septembre* à 16ʰ 10′. Les lieux de cette comète dans cet orbe, calculés par *Bradley*, & comparés avec les lieux qui furent obfervés par lui-même, par *Pound* fon grand oncle, & par le Docteur *Halley*, fe trouvent dans la table fuivante.

1723. Temps moyen.	Longit. observ. de la comête.	Latit. boréales observ.	Longit. de la comête calc.	Latit. boréales calc.	Diff. des Long.	Diff. des Lat.
Jours. h '	° ' "	° ' "	° ' "	° ' "	"	"
Oct. 9. 8. 5	♒7.22.15	5. 2. 0	♒7.21.26	5. 2.47	+49	−47
10. 6.21	6.41.12	7.44.13	6.41.42	7.43.18	−50	+55
12. 7.22	5.39.58	11.55. 0	5.40.19	11.54.55	−21	+ 5
14. 8.57	4.59.49	14.43.50	5. 0.37	14.44. 1	−48	−11
15. 6.35	4.47.41	15.40.51	4.47.45	15.40.55	− 4	− 4
21. 6.22	4. 2.32	19.41.49	4. 2.21	19.42. 3	+11	−14
22. 6.24	3.59. 2	20. 8.12	3.59.10	20. 8.17	− 8	− 5
24. 8. 2	3.55.29	20.55.18	3.55.11	20.55. 9	+18	+ 9
29. 8.56	3.56.17	22.20.27	3.56.42	22.20.10	−25	+17
30. 6.20	3.58. 9	22.32.28	3.58.17	22.32.12	− 8	+16
Nov. 5. 5.53	4.16.30	23.38.33	4.16.23	23.38. 7	+ 7	+26
8. 7. 6	4.29.36	24. 4.10	4.29.54	24. 4.40	−18	−10
14. 6.20	5. 2.16	24.48.46	5. 2.51	24.48.16	−35	+30
20. 7.45	5.42.20	25.24.45	5.43.13	25.25.17	−53	−32
Déc. 7. 6.45	8. 4.13	26.54.18	8. 3.55	26.53.42	+18	+36

Ces exemples suffisent pour prouver que les mouvemens des comètes se déduisent aussi exactement de la théorie que nous venons d'exposer que les mouvemens des planétes se tirent de la leur. Ainsi on peut, par cette théorie, calculer les orbes des comètes, & l'on pourra connoître par la suite le temps périodique d'une comète révolvante dans un orbe quelconque, & parvenir par ce moyen à connoître tant les axes de leurs orbes, supposés elliptiques, que leurs distances aphélies.

La comète rétrograde qui parut en 1607. décrivit un orbe, dont le nœud ascendant (selon le calcul de *Halley*) étoit dans ♉ 20° 21', l'inclinaison du plan de son orbite au plan de l'écliptique de 17° 2'. Le périhélie à ♒ 2° 16', la distance périhélie de 58680 parties; le rayon du grand orbe en ayant 100000; le tems du périhélie de cette comète étoit le 16 *Octobre* à 3ʰ 50'.

Cet orbe s'accorde assez juste avec celui de la comète qui parut en 1682.

En supposant que ces deux comètes n'ayent été qu'une seule

DE LA PHILOSOPHIE NATURELLE. 171

& même cométe, on trouvera que le temps de sa révolution est de 75 ans, que le grand axe de son orbe est au grand axe de l'orbe de la terre comme $\sqrt{c:75\times 75}$ à 1 ou comme 1778 à 100 environ, & que la distance aphélie de cette cométe est à la distance moyenne de la terre au Soleil comme 35 à 1 environ. Ce qui étant connu, il ne sera pas difficile de déterminer l'orbe elliptique de cette cométe. Tout cela se trouvera prouvé si cette cométe revient dans ce même orbe au bout de 75 ans. Il paroît que les autres cométes employent plus de temps à faire leurs révolutions, & qu'elles montent à de plus grandes distances.

Au reste les cométes doivent troubler sensiblement leurs cours par leur attraction mutuelle, tant à cause de leur grand nombre & de leur grand éloignement du Soleil dans leurs aphélies, que du temps qu'elles demeurent dans ces aphélies, ce qui doit tantôt diminuer & tantôt augmenter leurs excentricités & les tems de leurs révolutions. Ainsi il ne faut pas espérer que la même cométe décrive toujours le même orbe, ni que son temps périodique soit toujours exactement le même. Il suffit que les variations n'excedent pas celles qu'on peut attribuer à ces causes.

On peut trouver par-là la raison pour laquelle les cométes ne sont point renfermées dans le Zodiaque comme les planétes, & pourquoi elles sont portées par des mouvemens divers dans toutes les régions du ciel; car c'est afin que dans leurs aphélies, où leur mouvement est très-lent, elles soient assez éloignées les unes des autres pour que leur attraction mutuelle ne soit pas trop sensible. C'est par cette raison que les cométes qui descendent de plus haut, & qui par conséquent se meuvent plus lentement dans leurs aphélies, doivent remonter plus haut.

La cométe qui parut l'année 1680. étoit à peine éloignée du soleil, dans son périhélie, de la sixiéme partie du diamétre du Soleil; & à cause de l'extrême vitesse qu'elle avoit alors & de la densité que peut avoir l'atmosphére du Soleil, elle dut éprouver quelque résistance, & par conséquent son mouvement dut

Y ij

être un peu retardé, & elle dut approcher plus près du Soleil, & en continuant d'en approcher toujours plus près à chaque révolution, elle tombera à la fin sur le globe du Soleil. Dans l'aphélie où son mouvement est plus lent, elle peut être retardée par l'attraction des autres cométes & tomber tout-a-coup dans le Soleil. Ainsi les étoiles fixes qui peu à peu s'épuisent en rayons & en vapeurs, peuvent se renouveller par des cométes qui viennent y tomber, & en se rallumant par le moyen de ce nouvel aliment, paroître de nouvelles étoiles. De ce genre sont les étoiles fixes qui paroissent tout d'un coup, qui sont au commencement dans tout leur brillant, & qui ensuite disparoissent peu à peu. Telle fut l'étoile que *Cornelius Gemma* apperçut le 8 *Novembre* 1572. dans la chaise de *Cassiopée*, en examinant cette partie du ciel par une nuit peu sereine, & qu'il vit la nuit suivante (c'est-à-dire, le 9 *Novembre*) plus brillante qu'aucune étoile fixe, & le cédant à peine en lumiére à Venus. *Ticho-Brahé* vit cette même étoile le 11 du même mois dans le tems où son éclat étoit le plus vif. Depuis ce jour elle diminua peu à peu, & dans l'espace de 16 mois il la vit s'évanouir.

Au mois de *Novembre*, où elle commença à paroître, sa lumiére égaloit celle de Venus.

Au mois de *Décembre* suivant à peine étoit-elle diminuée, & elle égaloit encore Jupiter.

Au mois de *Janvier* 1573. elle étoit plus petite que Jupiter, & plus grande que Sirius.

A la fin de *Février* & au commencement de *Mars* elle devint égale à Sirius.

Aux mois d'*Avril* & de *May* elle n'étoit plus que de la seconde grandeur.

Aux mois de *Juin*, *Juillet* & *Aout* elle étoit de la troisiéme.

Aux mois de *Septembre*, d'*Octobre* & de *Novembre*, elle étoit de la quatriéme.

Au mois de Décembre 1573. & au mois de *Janvier* de l'année 1574. elle ne fut plus que de la cinquiéme.

Au mois de *Février* elle étoit de la sixiéme.

Et enfin au mois de *Mars* elle disparut.

La couleur dans le commencement fut claire, blanchâtre & très brillante, ensuite elle devint jaunâtre.

Au mois de *Mars* 1573. elle étoit rougeâtre à peu près comme *Mars*, ou l'étoile Aldébaran.

Au mois de *May* elle devint d'un blanc livide tel que celui de Saturne, & elle conserva cette couleur jusqu'à la fin devenant cependant toujours plus obscure.

Telle fut aussi l'étoile que les disciples de *Kepler* apperçurent pour la premiere fois le 30 *Septembre* 1604, V. S. dans le pied droit du Serpentaire, & qui surpassoit déja Jupiter en lumiére, quoique la nuit précédente elle eut parut très-petite. Elle commença ensuite à décroître peu à peu, & on cessa de l'appercevoir au bout de 15 ou 16 mois.

Ce-fut une nouvelle étoile de cette espéce qui parut si brillante du temps d'*Hipparque*, qu'elle le détermina, comme le rapporte *Pline*, à observer les fixes, & à en donner un catalogue.

Les étoiles qui paroissent & disparoissent tour à tour, dont la lumiére s'augmente peu à peu, & qui ne passent pas la troisiéme grandeur, paroissent être d'un autre genre, & nous montrer dans leur révolution tantôt une partie brillante & tantôt une partie obscure de leur disque.

Les vapeurs qui s'exhalent du Soleil, des étoiles fixes, & des queues des cométes, peuvent tomber par leur gravité dans les atmosphéres des planétes, s'y condenser, & s'y convertir en eau & en esprits humides, & ensuite par une chaleur lente, se changer peu à peu en sels, en souffres, en teintures, en limon, en argile, en boue, en sable, en pierre, en corail, & en d'autres matiéres terrestres.

SCHOLIE GÉNÉRAL.

L'hypothèse des tourbillons est sujette à beaucoup de difficultés. Car afin que chaque planète puisse décrire autour du Soleil des aires proportionnelles au temps, il faudroit que les temps périodiques des parties de leur tourbillon fussent en raison doublée de leurs distances au Soleil.

Afin que les temps périodiques des planètes soient en raison sesquiplée de leurs distances au Soleil, il faudroit que les temps périodiques des parties de leurs tourbillons fussent en raison sesquiplée de leurs distances à cet astre.

Et afin que les petits tourbillons qui tournent autour de Saturne, de Jupiter & des autres planètes, puissent subsister & nâger librement dans le tourbillon du Soleil, il faudroit que les temps périodiques des parties du tourbillon solaire fussent égaux. Or les révolutions du Soleil & des planètes autour de leur axe qui devroient s'accorder avec les mouvemens des tourbillons, s'éloignent beaucoup de toutes ces proportions.

Les comètes ont des mouvemens fort réguliers, elles suivent dans leurs révolutions les mêmes loix que les planètes; & leur cours ne peut s'expliquer par les tourbillons. Car les comètes sont transportées par des mouvemens très-excentriques dans toutes les parties du ciel, ce qui ne peut s'exécuter si on ne renonce aux tourbillons.

Les projectiles n'éprouvent ici-bas d'autre résistance que celle de l'air, & dans le vuide de *Boyle* la résistance cesse, ensorte qu'une plume & de l'or y tombent avec une égale vitesse. Il en est de même des espaces célestes au-dessus de l'atmosphère de la terre, lesquels sont vuides d'air : tous les corps doivent se mouvoir très-librement dans ces espaces ; & par conséquent les planètes & les comètes doivent y faire continuellement leurs révolutions dans des orbes donnés d'espéce & de position, en suivant les loix ci-deſſus expoſées. Et elles doivent continuer par les loix de la gravité à ſe mouvoir dans leurs orbes, mais la poſition primitive & réguliére de ces orbes ne peut être attribuée à ces loix.

Les ſix planétes principales font leurs révolutions autour du Soleil dans des cercles qui lui ſont concentriques, elles font toutes à peu près dans le même plan, & leurs mouvemens ont la même direction.

Les dix Lunes qui tournent autour de la terre, de Jupiter & de Saturne dans des cercles concentriques à ces planétes, ſe meuvent dans le même ſens & dans les plans des orbes de ces planétes à peu près. Tous ces mouvemens ſi réguliers n'ont point de cauſes méchaniques; puiſque les cométes ſe meuvent dans des orbes fort excentriques, & dans toutes les parties du ciel.

Par cette eſpece de mouvement les cométes traverſent très-vîte & très-facilement les orbes des planétes, & dans leur aphélie, ou leur mouvement eſt très-lent, & où elles demeurent très-long-temps, elles ſont ſi eloignées les unes des autres que leur attraction mutuelle eſt preſque inſenſible.

Cet admirable arrangement du Soleil, des planétes & des cométes, ne peut être que l'ouvrage d'un être tout-puiſſant & intelligent. Et ſi chaque etoile fixe eſt le centre d'un ſiſtême ſemblable au nôtre, il eſt certain, que tout portant l'empreinte d'un même deſſein, tout doit être ſoumis à un ſeul & même Etre : car la lumiere que le Soleil & les etoiles fixes ſe renvoyent mutuellement eſt de même nature. De plus, on voit que celui qui a arrangé cet Univers, a mis les etoiles fixes à une diſtance immenſe les unes des autres, de peur que ces globes ne tombaſſent les uns ſur les autres par la force de leur gravité.

Cet Etre infini gouverne tout, non comme l'ame du monde, mais comme le Seigneur de toutes choſes. Et à cauſe de cet empire, le Seigneur-Dieu s'appelle Παντοκράτωρ, c'eſt-à-dire, *le Seigneur univerſel*. Car *Dieu* eſt un mot relatif & qui ſe rapporte à des serviteurs : & l'on doit entendre par divinité la puissance suprême non pas seulement sur des êtres matériels, comme le pensent ceux qui font Dieu uniquement l'ame du monde, mais sur des êtres pensans qui lui sont soumis. Le Très-haut est un Etre infini, éternel, entierement parfait : mais un Etre, quelque parfait qu'il fût, s'il n'avoit pas de domination, ne seroit pas Dieu. Car nous disons, *mon Dieu*, *votre Dieu*, *le Dieu d'Israel*, *le Dieu des Dieux*, & *le Seigneur des Seigneurs*, mais nous ne disons point, *mon Eternel*, *votre Eternel*, *l'Eternel d'Israel*, *l'Eternel des Dieux*; nous ne disons point, *mon infini*, ni *mon parfait*, parce que ces dénominations n'ont pas de relation à des êtres soumis. Le mot de Dieu signifie quelquefois le Seigneur. * Mais tout Seigneur n'est pas Dieu. La domination d'un Etre spirituel est ce qui constitue *Dieu* : elle est vraie dans le vrai Dieu, elle s'étend à tout dans le Dieu qui est au-dessus de tout, & elle est seulement fictice & imaginée dans les faux Dieux : il suit de ceci que le vrai Dieu est un Dieu vivant, intelligent, & puissant; qu'il est au-dessus de tout, & entierement parfait. Il est éternel & infini, tout-puissant, & *omni-scient*, c'est-à-dire, qu'il dure depuis l'éternité passée & dans l'éternité à venir, & qu'il est présent partout l'espace infini : il régit tout; & il connoît tout ce qui est & tout ce qui peut être. Il n'est pas l'éternité ni l'infinité, mais il est éternel & infini; il n'est pas la durée ni l'espace, mais il dure & il est présent; il dure toujours & il est présent partout; il est éxistant toujours & en tout lieu, il constitue l'espace & la durée.

Comme chaque particule de l'espace éxiste toujours, & que chaque moment indivisible de la durée dure partout; on ne peut pas dire que celui qui a fait toutes choses & qui en est le Seigneur

---

* *Pocock* fait dériver le mot *de Dieu* du mot arabe (*Du* & au génitif *Di*) qui signifie *Seigneur*, & c'est dans ce sens que les Princes sont appellés *Dieux* (au Pseaume 84. v. 6. & au 10. ch. de S. Jean, v. 45.) Moyse est appellé le Dieu de son frere Aaron, & le Dieu du Roi Pharaon, (ch. 4. de l'Exod. v. 16. & ch. 7. v. 1.) & dans le même sens les ames des Princes morts étoient appellées *Dieux* autrefois par les Gentils, mais c'étoit à tort, car après leur mort ils n'avoient plus de domination.

n'est

DE LA PHILOSOPHIE NATURELLE.

n'eſt *jamais* & *nulle-part*. Toute ame qui ſent en divers temps, par divers ſens, & par le mouvement de pluſieurs organes, eſt toujours une ſeule & même perſonne indiviſible.

Il y a des parties ſucceſſives dans la durée, & des parties co-exiſtantes dans l'eſpace : il n'y a rien de ſemblable dans ce qui conſtitue la perſonne de l'homme ou dans ſon principe penſant; & bien moins y en aura-t'il dans la ſubſtance penſante de Dieu. Tout homme, en tant qu'il eſt un Etre ſentant, eſt un ſeul & même homme pendant toute ſa vie & dans tous les divers organes de ſes ſens. Ainſi Dieu eſt un ſeul & même Dieu partout & toujours. Il eſt préſent partout, non ſeulement *virtuellement*, mais *ſubſtantiellement*, car on ne peut agir où l'on n'eſt pas. Tout eſt mû & * contenu dans lui, mais ſans aucune action des autres êtres ſur lui. Car Dieu n'éprouve rien par le mouvement des corps : & ſa toute-préſence ne leur fait ſentir aucune réſiſtance, il eſt évident que le Dieu ſuprême éxiſte néceſſairement : & par la même néceſſité il éxiſte partout & toujours. D'où il ſuit auſſi qu'il eſt tout ſemblable à lui-même, tout œil, tout oreille, tout cerveau, tout bras, tout ſenſation, tout intelligence, & tout action : d'une façon nullement humaine, encore moins corporelle, & entiérement inconnue. Car de même qu'un aveugle n'a pas d'idée des couleurs, ainſi nous n'avons point d'idées de la maniére dont l'Etre ſupréme ſent & connoît toutes choſes. Il n'a point de corps ni de forme corporelle, ainſi il ne peut être ni vû, ni touché, ni en-

---

* Les anciens penſoient ainſi, comme il paroît par la maniére dont s'exprime *Pythagore*, dans le livre de la Nature des Dieux de *Ciceron*, liv. 1. ainſi que *Thalès* & *Anaxagore* ; *Virgile* dans les Georgiques, liv. 4. v. 220 & dans le 6 liv. de l'Eneide v.721. *Philon* au commencement du liv. 1. de l'Allégorie. *Aratus* dans ſes phénoménes. Il en eſt de même des Auteurs ſacrés, S. *Paul*, Actes des Apôtr. ch. 17. v. 27. & 28. S. *Jean* dans ſon Evangile, ch. 14. v. 2. *Moyſe* dans le Deuteronome, ch. 4. v. 39 & ch. 10. v. 14. *David* dans le Pſeaume 139. v. 7. 8 & 9. *Salomon* au 1. liv. des Rois, ch. 8. v. 27. *Job*, ch. 22. v. 12. 13 & 14. *Jérémie*, ch. 23. v. 23 & 24. Les Payens s'imaginoient que le Soleil, la Lune, les aſtres, les ames des hommes & toutes les autres parties du monde étoient des parties de l'être ſupréme & qu'on leur devoit un culte, mais c'étoit une erreur.

Tome II.   Z

tendu, & on ne doit l'adorer fous aucune forme fenfible. Nous avons des idées de fes attributs, mais nous n'en avons aucune de fa fubftance. Nous voyons les figures & les couleurs des corps, nous entendons leurs fons, nous touchons leurs fuperficies extérieures, nous fentons leurs odeurs, nous goûtons leurs faveurs : mais quant aux fubftances intimes, nous ne les connoiffons par aucun fens, ni par aucune réflexion ; & nous avons encore beaucoup moins d'idée de la fubftance de Dieu. Nous le connoiffons feulement par fes propriétés & fes attributs, par la ftructure très-fage & très-excellente des chofes, & par leurs caufes finales ; nous l'admirons à caufe de fes perfections ; nous le révérons & nous l'adorons à caufe de fon empire ; nous l'adorons comme foumis, car un Dieu fans providence, fans empire & fans caufes finales, n'eft autre chofe que le deftin & la nature ; la néceffité métaphyfique, qui eft toujours & partout la même, ne peut produire aucune diverfité ; la diverfité qui régne en tout, quant au tems & aux lieux, ne peut venir que de la volonté & de la fageffe d'un Etre qui éxifte néceffairement.

On dit allégoriquement que Dieu voit, entend, parle, qu'il fe réjouit, qu'il eft en colere, qu'il aime, qu'il hait, qu'il defire, qu'il conftruit, qu'il bâtit, qu'il fabrique, qu'il accepte, qu'il donne, parce que tout ce qu'on dit de Dieu eft pris de quelque comparaifon avec les chofes humaines ; mais ces comparaifons, quoiqu'elles foient très-imparfaites, en donnent cependant quelque foible idée. Voilà ce que j'avois à dire de Dieu, dont il appartient à la philofophie naturelle d'examiner les ouvrages.

J'ai expliqué jufqu'ici les phénoménes céleftes & ceux de la mer par la force de la gravitation, mais je n'ai affigné nulle part la caufe de cette gravitation. Cette force vient de quelque caufe qui pénétre jufqu'au centre du Soleil & des planétes, fans rien perdre de fon activité ; elle n'agit point felon la grandeur des fuperficies, (comme les caufes méchaniques) mais felon la quantité de la matiere ; & fon action s'étend de toutes parts à des dif-

DE LA PHILOSOPHIE NATURELLE. 179
tances immenses, en décroissant toujours dans la raison doublée des distances.

La gravité vers le Soleil est composée des gravités vers chacune de ses particules, & elle décroît éxactement, en s'éloignant du Soleil, en raison doublée des distances, & cela jusqu'à l'orbe de Saturne, comme le repos des aphélies des planétes le prouve, & elle s'étend jusqu'aux dernieres aphélies des cométes, si ces aphélies sont en repos.

Je n'ai pû encore parvenir à déduire des phénomenes la raison de ces propriétés de la gravité, & je n'imagine point d'hypothèses. Car tout ce qui ne se déduit point des phénomenes est une hypothèse: & les hypothèses, soit métaphysiques, soit physiques, soit mécaniques, soit celles des qualités occultes, ne doivent pas être reçues dans la philosophie expérimentale.

Dans cette philosophie, on tire les propositions des phénomenes, & on les rend ensuite générales par induction. C'est ainsi que l'impénétrabilité, la mobilité, la force des corps, les loix du mouvement, & celles de la gravité ont été connues. Et il suffit que la gravité éxiste, qu'elle agisse selon les loix que nous avons exposées, & qu'elle puisse expliquer tous les mouvemens des corps célestes & ceux de la mer.

Ce seroit ici le lieu d'ajouter quelque chose sur cette espéce d'esprit très subtil qui pénétre à travers tous les corps solides, & qui est caché dans leur substance ; c'est par la force, & l'action de cet esprit que les particules des corps s'attirent mutuellement aux plus petites distances, & qu'elles cohérent lorsqu'elles sont contigues; c'est par lui que les corps électriques agissent à de plus grandes distances, tant pour attirer que pour repousser les corpuscules voisins : & c'est encore par le moyen de cet esprit que la lumiére émane, se réfléchit, s'infléchit, se réfracte, & échauffe les corps ; toutes les sensations sont excitées, & les membres des animaux sont mûs, quand leur volonté l'ordonne, par les vibrations

LIVRE TROISIEME.

de cette substance spiritueuse qui se propage des organes extérieurs des sens, par les filets solides des nerfs, jusqu'au cerveau, & ensuite du cerveau dans les muscles. Mais ces choses ne peuvent s'expliquer en peu de mots; & on n'a pas fait encore un nombre suffisant d'expériences pour pouvoir déterminer éxactement les loix selon lesquelles agit cet esprit universel.

EXPOSITION

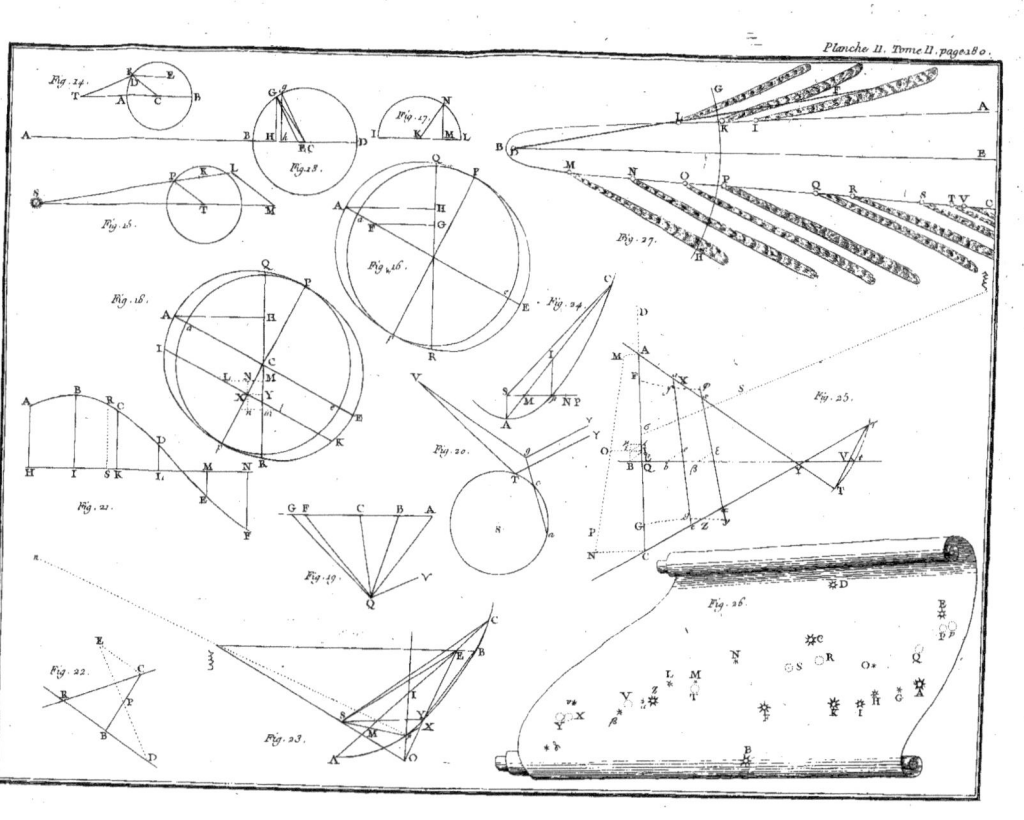

Planche II. Tome II. page 180.

EXPOSITION ABREGÉE
DU SYSTÊME
DU MONDE,
ET EXPLICATION DES PRINCIPAUX
Phénomenes astronomiques tirée des Principes de M. Newton.

INTRODUCTION.

I.

 ES Philosophes ont commencé par avoir sur l'Astronomie, comme sur le reste, les mêmes idées que le peuple, mais ils les ont rectifiées; ainsi on a commencé par croire que la terre étoit platte, & qu'elle étoit le centre autour duquel tournoient tous les corps célestes.

Premieres idées des Philosophes sur l'Astronomie.

II.

Les *Babyloniens*, & ensuite *Pithagore* & ses Disciples, ayant

Découvertes de

Tome II.   a

PRINCIPES MATHEMATIQUES

Babyloniens & de Pithagore.

examiné ces idées des sens, reconnurent que la terre est ronde, & regarderent le Soleil comme le centre de l'univers (a).

III.

On doit être surpris que le véritable systême du monde ayant été découvert, l'hypothése dans laquelle on suppose que la terre est le centre des mouvemens célestes ait prévalu ; car bien que cette hypothése s'accorde avec les apparences, & qu'elle semble d'abord d'une extrême simplicité, il s'en faut beaucoup qu'il soit aisé d'y rendre compte des mouvemens célestes : aussi *Ptolomée*, & ceux qui depuis lui ont voulu soutenir cette opinion du repos

Efforts qu'on a faits pour soutenir le repos de la terre.

de la terre, ont-ils été obligés d'embarrasser les cieux de différens Epycicles, & d'une quantité innombrable de cercles très-difficiles

Systême de Ptolomée.

à concevoir & à employer, car il n'y a rien de si difficile que de mettre l'erreur à la place de la vérité.

Il y a grande apparence que l'autorité d'*Aristote* qui étoit presque la seule régle de vérité du tems de *Ptolomée*, est ce qui a entraîné ce grand Astronome dans l'erreur ; mais comment *Aristote* n'a-t-il pas lui-même suivi le véritable systême qu'il connoissoit puisqu'il l'a combattu ? cette réflexion n'est pas à l'honneur de l'esprit humain ; quoi qu'il en soit jusqu'à *Copernic* on a cru la terre en repos, & le centre des mouvemens célestes.

IV.

Copernic a renouvellé l'ancien systême de Pithagore sur le mouvement de la terre.

Ce grand homme renouvella l'ancien systême des *Babyloniens* & de *Pithagore*, & l'appuya de tant de raisons & de découvertes, que l'erreur ne put plus prévaloir ; ainsi le Soleil fut remis par *Copernic* dans le centre du monde, ou, pour m'expliquer plus exactement, dans le centre de notre systême planétaire.

(a) M. *Newton* dans le Livre *De Systemate mundi*, attribue aussi cette opinion à *Numa Pompilius*, & il dit (pag. 1.) que c'étoit pour représenter le Soleil dans le centre des orbes célestes, que *Numa* avoit fait bâtir un Temple rond en l'honneur de *Vesta*, Déesse du Feu, dans le milieu duquel on conservoit un feu perpétuel.

DE LA PHILOSOPHIE NATURELLE.

V.

Quoique les Phénomenes céleftes s'expliquent avec une extrême facilité dans le fyftême de *Copernic*, quoique les obfervations & le raifonnement lui foient également favorables, il s'eft trouvé de fon tems un Aftronome très-habile, qui a voulu fe refufer à l'évidence de fes découvertes : *Ticho*, trompé par une expérience mal faite (*b*), & peut-être encore plus par l'envie de faire un fyftême, en compofa un qui tient le milieu entre celui de *Ptolomée* & celui de *Copernic* ; il fuppofa la terre en repos, & que les autres planetes qui tournent autour du Soleil tournoient avec lui autour de la terre en vingt-quatre heures, ce qui laiffe fubfifter une des plus grandes difficultés du fyftême de *Ptolomée*, celle que l'on tire de l'exceffive rapidité du mouvement du premier mobile, & prouve feulement combien il eft dangereux d'abufer de fes lumiéres.

Syftême de Ticho-Brahé.

Si *Tycho* s'eft égaré dans la maniére dont il faifoit mouvoir les corps céleftes, il a rendu de grands fervices à l'Aftronomie par l'exactitude & la longue fuite de fes obfervations. Il a déterminé l'oppofition d'un très-grand nombre d'étoiles avec une exactitude inconnue avant lui ; il a découvert la réfraction de l'air qui a tant de part aux Phénomenes aftronomiques ; il a prouvé le premier par la parallaxe des cométes qu'elles remontent beaucoup au-deffus de la Lune ; c'eft lui qui a découvert ce qu'on appelle *la variation de la Lune* ; & c'eft enfin de fes obfervations fur le cours des planetes, que *Kepler*, avec qui il vint paffer les dernieres années de fa vie près de *Prague*, a tiré fon admirable théorie des mouvemens des corps céleftes.

Services que Ticho a rendus à l'Aftronomie.

(*b*) On objectoit à *Copernic* que le mouvement de la terre devoit produire des effets qui n'avoient pas lieu ; que par exemple, fi la terre fe meut, une pierre jettée du haut d'une tour ne devoit pas retomber au pied de cette tour, parce que la terre a marché pendant le tems que la pierre a mis à tomber, & que cependant elle retombe au pied de la tour. *Copernic* répondoit que la terre eft dans le même cas, par rapport aux corps qui tombent à fa furface, qu'un vaiffeau qui marche par rapport aux chofes qu'on y feroit tomber, & il affuroit qu'une pierre jettée du haut du mât d'un vaiffeau qui marche, retomberoit au pied de ce mât. Cette expérience qui eft hors de doute à préfent, fut mal faite alors, & fut la caufe ou le prétexte qui empêcha *Ticho* de fe rendre aux découvertes de *Copernic*.

VI.

Combien il restoit encore de choses à découvrir après Copernic.

Copernic avoit rendu sans doute un grand service à l'Astronomie & à la raison, en rétablissant le véritable Systême du monde, & c'étoit déja beaucoup que la vanité humaine se fût résolue à mettre la terre au nombre des simples planetes ; mais il restoit bien des choses à découvrir : on ne connoissoit encore ni la courbe que les planetes décrivent en tournant dans leur orbite, ni les loix qui dirigent leur cours, & c'est à *Kepler* à qui l'on doit ces importantes découvertes.

Découvertes de Kepler.
L'ellipticité des orbites.
La proportionalité des aires & des tems.

Ce grand Astronome trouva que les Astronomes qui l'avoient précédé s'étoient trompés en supposant que les orbes des planetes étoient circulaires, & il découvrit, en faisant usage des observations de *Ticho*, que les planetes se meuvent dans des ellipses dont le Soleil occupe un des foyers, & qu'elles parcourent les différentes parties de leur orbite avec des vitesses différentes ; ensorte que l'aire décrite par une planete, c'est-à-dire, l'espace renfermé entre les lignes tirées du Soleil à deux lieux quelconques de la planete, est toujours proportionnelle au tems.

La relation qui est entre les tems périodiques & les distances.

Quelques années après, en comparant le tems des révolutions des différentes planetes autour du Soleil avec leur différent éloignement de cet astre, il trouva que les planetes qui sont placées plus loin du Soleil se meuvent plus lentement dans leur orbe ; & en cherchant si cette proportion est celle de leur distance, il trouva enfin en 1618. après plusieurs tentatives, que les tems de leurs révolutions sont comme la racine quarrée du cube de leurs moyennes distances au Soleil.

VII.

Kepler a non-seulement trouvé ces deux loix qui ont retenu son nom & qui dirigent toutes les planetes dans leur cours, & la courbe qu'elles décrivent, mais il avoit entrevu la force qui la leur fait décrire ; on trouve les semences du pouvoir attractif dans la Préface

DE LA PHILOSOPHIE NATURELLE.

de son Commentaire sur la planete de Mars, & il va même jusqu'à dire que le flux est l'effet de la gravité de l'eau vers la Lune; mais il n'a pas tiré de ce principe ce qu'on auroit dû croire qu'un aussi grand homme que lui en auroit tiré, car il donne ensuite dans son Epitome d'Astronomie (*c*) une raison physique du mouvement des planetes tirée de principes tous différens; & dans ce même Livre de la planete de Mars, il suppose dans les planetes un côté ami & un côté ennemi; & à l'occasion de leurs aphélies & de leurs périhélies, il dit, que le Soleil attire l'un de ces côtés, & qu'il repousse l'autre.

VIII.

On trouve l'attraction des corps célestes bien plus clairement encore dans un Livre de *Hook* sur le mouvement de la terre, imprimé en 1674. c'est-à-dire, douze ans avant les principes. *Voici la traduction de ses paroles*, pag. 27. « Alors j'expliquerai » un système du monde qui diffère à plusieurs égards de tous les au- » tres, & qui répond en tout aux régles ordinaires de la mécha- » nique, il est fondé sur ces trois suppositions.

Anecdote singuliere sur l'attraction.

» 1°. Que tous les corps célestes, sans en excepter aucun, ont » une attraction ou gravitation vers leur propre centre, par la- » quelle, non-seulement ils attirent leurs propres parties & les em- » pêchent de s'écarter, comme nous le voyons de la terre, mais » encore ils attirent tous les autres corps célestes qui sont dans la » sphère de leur activité; que parconséquent, non-seulement le » Soleil & la Lune ont une influence sur le corps & le mouvement » de la terre, & la terre une influence sur le Soleil & la Lune, » mais aussi que Mercure, Venus, Mars, Jupiter & Saturne ont » par leur force attractive une influence considérable sur le mou- » vement de la terre, comme aussi l'attraction réciproque de la » terre a une influence considérable sur le mouvement de ces » planetes.

(*c*) V. Greg. Liv. 1. Prop. 69.

» 2°. Que tous les corps qui ont reçu un mouvement simple &
» direct continuent à se mouvoir en ligne droite, jusqu'à ce que par
» quelqu'autre force effective ils en soient détournés & forcés à
» décrire un cercle, une ellipse ou quelqu'autre courbe plus com-
» posée.

» 3°. Que les forces attractives sont d'autant plus puissantes dans
» leurs opérations, que le corps sur lequel elles agissent est plus
» près de leur centre.

» Pour ce qui est de la proportion suivant laquelle ces forces dimi-
» nuent à mesure que la distance augmente, j'avoue que je ne l'ai
» pas encore vérifiée par des expériences, mais c'est une idée, qui
» étant suivie comme elle mérite de l'être, sera très-utile aux Astro-
» nomes pour réduire tous les mouvemens célestes à une régle
» certaine, & je doute qu'on puisse jamais la trouver sans cela.
» Celui qui entend la nature du pendule circulaire & du mouve-
» ment circulaire, comprendra aisément le fondement de ce prin-
» cipe, & sçaura trouver les directions dans la nature pour l'éta-
» blir exactement : je donne ici cette ouverture à ceux qui ont le
» loisir & la capacité de cette recherche, &c. »

IX.

Il ne faut pas croire que cette idée jettée au hazard dans le Livre
de *Hook* diminue la gloire de M. *Newton*, qui a même eu l'attention d'en faire mention dans son Livre *De Sistemate mundi*. (*d*)
L'exemple de *Hook* & celui de *Kepler* servent à faire voir quelle
distance il y a entre une vérité entrevue & une vérité démontrée,
& combien les plus grandes lumières de l'esprit servent peu dans
les sciences, quand elles cessent d'être guidées par la Géométrie.

X.

Kepler qui a fait de si belles & de si importantes découvertes
tant qu'il a suivi ce guide, fournit une des preuves les plus frap-

(*d*) Pag. 3. Edition de 1731.

DE LA PHILOSOPHIE NATURELLE. 7

pantes des égaremens où peuvent tomber les meilleurs esprits quand ils l'abandonnent pour se livrer au plaisir d'inventer des systêmes. Qui croiroit, par exemple, que ce grand homme eût pû donner dans les rêveries des Pithagoriciens sur les nombres ? cependant, il croyoit que les distances des planetes principales & leur nombre étoient relatifs aux cinq corps solides réguliers de la Géométrie (*e*), & qu'on pouvoit les inscrire entr'elles ; ensuite, ses observations lui ayant fait voir que les distances des planetes ne s'accordoient pas avec cette supposition, il imagina que les mouvemens célestes s'exécutoient dans des proportions qui répondoient à celles selon lesquelles on divise une corde, afin qu'elle donne les tons qui composent l'octave (*f*). *Etranges idées de Kepler.*

Kepler ayant envoyé à *Ticho* une copie de l'ouvrage dans lequel il tachoit d'établir ces chiméres, *Ticho* lui répondit, qu'il (*g*) lui conseilloit de laisser là les spéculations tirées des premiers principes, & de s'appliquer plutôt à établir ses raisonnemens sur le fondement solide des observations. *Conseil très-sage de Ticho à Kepler.*

Le grand *Hughens* lui-même (*h*) croyoit que le quatriéme satellite de Saturne qui porte son nom, faisant avec notre Lune & les quatre de Jupiter le nombre de six planetes secondaires, le nombre des planetes étoit complet, & qu'il étoit inutile de chercher à en découvrir de nouvelles, parce que les planetes principales sont aussi au nombre de six, & que le nombre de six est appellé *parfait*, parce qu'il est égal à la somme de ses parties aliquottes, 1, 2 & 3. *Idée bizarre de Hughens.*

X I.

C'est en ne s'écartant jamais de la Géométrie la plus profonde, que M. *Newton* a trouvé la proportion dans laquelle agit la gravité, & que le principe soupçonné par *Kepler* & par *Hook*, est devenu

---

(*e*) *Mysterium Cosmographicum.*
(*f*) *Mysterium Cosmographicum.*
(*g*) *Uti suspensis speculationibus à priori descendentibus animam potius ad observationes quas simul afferebat considerandas adjicerem.* (c'est *Kepler* qui parle) *Notæ in secundam editionem mysterii Cosmographici.*
(*h*) Dédicace de son systême de Saturne.

dans ses mains une source si féconde de vérités admirables & inespérées.

Une des choses qui avoit empêché *Kepler* de tirer du principe de l'attraction toutes les vérités qui en sont une suite, c'est l'ignorance où l'on étoit de son tems des véritables loix du mouvement. M. *Newton* a eu sur *Kepler* l'avantage de profiter des loix du mouvement établies par *Hughens*, & qu'il a poussé beaucoup plus loin que lui.

<small>Avantage de *Newton* sur *Kepler*, de son tems les véritables loix du mouvement étoient mieux connues.</small>

XII.

<small>Analyse du Livre des Principes.</small>

Le Livre des Principes Mathématiques de la Philosophie naturelle dont on vient de voir la traduction, contient trois Livres outre les Définitions, les Loix du mouvement & leurs Corollaires; le premier Livre est composé de quatorze Sections, le second en contient neuf, & le troisième contient l'application des Propositions des deux premiers au Système du monde.

XIII.

<small>Définitions.</small>

Le Livre des Principes commence par huit Définitions; M. *Newton* fait voir dans les deux premieres comment on doit mesurer *la quantité de la matiere*, & *la quantité du mouvement*; il définit dans la troisième *la force d'inertie* ou force résistante dont toute matiere est douée; il fait voir dans la quatrième ce qu'on doit entendre par *force active*; il définit dans la cinquième *la force centripète*; & il donne dans les sixième, septième & huitième, la maniere de mesurer *sa quantité absolue*, *sa quantité motrice*, & *sa quantité accélératrice*. Ensuite il établit les trois Loix de mouvement suivantes.

XIV.

<small>Loix du mouvement.</small>

1°. Que tout corps persévere de lui-même dans son état de repos ou de mouvement uniforme en ligne droite.

2°. Que le changement qui arrive dans le mouvement est toujours proportionnel à la force motrice, & se fait dans la direction de cette force.

3°. Que

DE LA PHILOSOPHIE NATURELLE.

3°. Que l'action & la réaction sont toujours égales & contraires.

X V.

Après avoir expliqué ces loix & en avoir tiré plusieurs Corollaires, M. *Newton* commence son premier Livre par onze Lemmes qui en font la première Section ; il expose dans ces onze Lemmes sa méthode *des premieres & dernieres raisons* : Cette méthode est le fondement de la Géométrie de l'infini, & avec son secours on donne à cette Géométrie toute la certitude de l'ancienne. Premier Livre.
La premiere Section contient les principes de la Géométrie de l'infini.

Les treize autres Sections du premier Livre des Principes, sont employées à démontrer des Propositions générales sur le mouvement des corps, sans avoir égard, ni à l'espéce de ces corps, ni au milieu dans lequel ils se meuvent. Et les treize autres des propositions générales sur le mouvement des corps.

C'est dans ce premier Livre que M. *Newton* donne toute sa théorie de la gravitation des astres, mais il ne s'y est pas borné à examiner les questions qui y sont applicables ; il a rendu ses solutions générales, & il a donné un grand nombre d'applications de ces solutions.

X V I.

Dans le second Livre M. *Newton* considére le mouvement des différens corps dans des milieux résistans. Deuxiéme Livre.

Ce second Livre, qui contient une théorie très-profonde des fluides & des mouvemens des corps qui y sont plongés, paroît avoir été destiné à détruire le systême des tourbillons, quoique ce ne soit que dans le scholie de la derniere Proposition, que M. *Newton* combat ouvertement *Descartes*, & qu'il fait voir que les mouvemens célestes ne peuvent s'exécuter par ses tourbillons. Il traite du mouvement des corps dans des milieux résistans.
M. Newton a composé ce Livre pour détruire les tourbillons de Descartes.

X V I I.

Enfin le troisiéme Livre des Principes traite du Systême du monde ; M. *Newton* applique dans ce Livre les Propositions du premier à l'explication des Phénomenes célestes : c'est dans cette application Troisiéme Livre.
Il traite du Systême du monde.

que je vais tâcher de suivre M. *Newton*, & de faire voir l'enchaînement de ses Principes, & avec quelle facilité ils expliquent les Phénomenes astronomiques.

XVIII.

Ce qu'on entend dans ce Traité par le mot d'attraction.

Au reste, je déclare ici, comme M. *Newton* a fait lui-même, qu'en me servant du mot d'*attraction*, je n'entends que la force qui fait tendre les corps vers un centre, sans prétendre assigner la cause de cette tendance.

CHAPITRE PREMIER.

Principaux Phénomenes du Systême du Monde.

I.

Il ne sera pas inutile avant de rendre compte de la maniere dont la théorie de M. *Newton* explique les Phénomenes célestes, de donner une idée abrégée de notre systême planétaire.

Il entrera nécessairement dans cette exposition des vérités découvertes par M. *Newton*, mais on remettra aux Chapitres suivans à faire voir comment il est parvenu à les découvrir ; celui-ci ne contiendra que l'exposition des Phénomenes mêmes.

II.

Premiere division des corps célestes de notre systême planétaire en planetes principales & en planetes secondaires.

Les corps célestes qui composent notre systême planétaire, se divisent en *planetes principales*, c'est-à-dire, qui ont le Soleil pour centre de leur mouvement, & en *planetes secondaires*, qu'on appelle *satellites* : ces dernieres planetes tournent autour de la planete principale qui leur sert de centre.

Il y a six planetes principales, dont les caractères & les noms sont

    ☿ *Mercure*,
    ♀ *Venus*,
    ⊕ *La Terre*,
    ♂ *Mars*,
    ♃ *Jupiter*,
    ♄ *Saturne*;

Noms & caractères des planetes principales.

On a suivi dans cette énumération des planetes principales, l'ordre de leurs distances au Soleil, en commençant par celles qui en sont le plus près.

La Terre, Jupiter & Saturne, sont les seules planetes auxquelles nous découvrions des satellites : la terre n'en a qu'un qui est la Lune, Jupiter en a quatre, & Saturne cinq outre son anneau, ce qui compose notre système planétaire de dix-huit corps célestes, en comptant le Soleil, & l'anneau de Saturne.

Quelles sont les planetes qui ont des satellites. Enumération générale des corps célestes qui composent notre système planétaire.

I I I.

Les planetes principales se divisent en *planetes supérieures* & *planetes inférieures* : on appelle planetes inférieures celles qui sont plus près du Soleil que la terre ; ces planetes sont *Mercure* & *Vénus* ; l'orbe (*a*) de Vénus renferme l'orbe de Mercure & le Soleil, & l'orbe de la terre est extérieur à ceux de Mercure & de Vénus, & les renferme ainsi que le Soleil.

Deuxième division des planetes supérieures & planetes inférieures. Quelles sont les planetes inférieures & quel est leur arrangement.

On connoît cet arrangement parce que Vénus & Mercure nous paroissent quelquefois entre le Soleil & nous, ce qui ne pourroit pas arriver si ces deux planetes n'étoient pas plus près du Soleil que la terre ; & l'on voit sensiblement que Vénus s'éloigne plus du Soleil que Mercure, & que son orbite renferme par conséquent celle de Mercure.

Comment on a découvert cet arrangement.

Les planetes supérieures sont celles qui sont plus éloignées du

Quelles sont

(*a*) On appelle *orbe*, ou *orbite*, la courbe qu'une planete décrit en tournant autour du corps qui lui sert de centre.

PRINCIPES MATHÉMATIQUES

les planetes supérieures, & quel est leur arrangement. Soleil que la terre, elles font au nombre de trois, *Mars*, *Jupiter* & *Saturne*.

On connoît que les orbites de ces planetes renferment celle de la terre, parce que la terre se trouve quelquefois entre le Soleil & elles.

Comment on l'a découvert. L'orbe de Mars renferme celui de la terre, l'orbe de Jupiter celui de Mars, & l'orbe de Saturne celui de Jupiter ; ainsi des trois planetes supérieures, Saturne est celle qui est le plus loin de la terre, & Mars en est le plus près.

On connoît cet arrangement, parce que les planetes qui sont le plus près de la terre, nous (*b*) cachent quelquefois celles qui en sont plus éloignées.

IV.

Les planetes font des corps opaques. Toutes les planetes sont des corps opaques ; on est assuré de l'opacité de Vénus & de Mercure, parce que, lorsque ces planetes passent entre le Soleil & nous, elles paroissent sur cet astre comme de petites taches noires, & qu'elles ont ce qu'on appelle *des phases*, *Comment on s'en est apperçu.* c'est-à-dire, que la quantité de leur illumination dépend de leur position par rapport au Soleil & à nous.

La même raison nous fait juger de l'opacité de Mars, qui a aussi *des phases*, & on juge de l'opacité de Jupiter & de Saturne, parce que leurs satellites ne nous paroissent point éclairés par ces planetes lorsqu'elles sont entre le Soleil & ces satellites, ce qui prouve que l'hémisphère de ces planetes qui n'est pas éclairé du Soleil, est opaque.

V.

Les planetes font sphériques. Comment on l'a découvert. Enfin on connoît que les planetes sont des corps sphériques, parce que, de quelque maniere qu'elles soient placées par rapport à nous, leur surface nous paroît toujours terminée par une courbe.

On juge que la terre est sphérique, parce que dans les éclipses son ombre paroit toujours terminée pour une courbe ; que sur la

---

(*b*) *Volf*, Elémens d'Astronomie.

DE LA PHILOSOPHIE NATURELLE.

mer on voit difparoître petit à petit un vaiffeau qui s'éloigne, enforte qu'on commence par perdre de vûe le corps du vaiffeau, puis fes voiles, puis enfin fes mats; & que de plus, on ne trouve point le bord de la fuperficie quoique plufieurs navigateurs en ayent fait le tour, & c'eft cependant ce qui devroit arriver fi la terre étoit plane.

V I.

Tout ce que nous connoiffons des planetes principales nous prouve donc que ce font des corps fphériques, opaques & folides.

Le Soleil paroît être d'une nature entierement différente des planetes; nous ne fçavons pas s'il eft compofé de parties folides ou fluides, nous fçavons feulement que fes parties brillent, qu'elles échauffent, & qu'elles brûlent quand elles font raffemblées dans une quantité fuffifante; ainfi toutes les vraifemblances portent à croire que le Soleil eft un corps de feu à peu près femblable au feu d'ici-bas, puifque fes rayons produifent les mêmes effets.

Tous les corps de notre fyftême planétaire paroiffent être du même genre, fi on en excepte le Soleil.

Il eft vraifemblable que la fubftance du Soleil eft du feu.

V I I.

Tous les corps céleftes font leurs révolutions autour du Soleil dans des ellipfes (*c*) plus ou moins alongées dont le Soleil occupe un des foyers; ainfi les planetes, en tournant autour du Soleil, font tantôt plus près, & tantôt plus loin de lui; la ligne qui paffe par le Soleil, & qui fe termine aux deux points de la plus grande proximité & du plus grand éloignement des planetes au Soleil, s'appelle *la ligne des apfides*, le point de l'orbite le plus éloigné du Soleil s'appelle l'*aphélie* de la planete, & le point qui en eft le plus près s'appelle *fon périhélie*.

Dans quelle courbe les corps céleftes tournent autour du Soleil.

Ce que c'eft que la ligne des apfides, l'aphélie & le périhélie.

Les planetes principales emportent avec elles dans leur révolution autour du Soleil, les fatellites dont elles font le centre.

(*c*) Efpéce de courbe qui eft la même qu'on appelle dans le langage ordinaire une *ovale*; les foyers font les deux points dans lefquels les Jardiniers placent leurs piquets pour tracer cette efpéce de figure, dont ils fe fervent fouvent.

PRINCIPES MATHÉMATIQUES

En quel sens les planetes tournent autour du Soleil.

Cette révolution des planetes autour du Soleil, se fait d'Occident en Orient. (*d*)

Il paroît de tems en tems des astres qui se meuvent en tout sens, & avec une extrême rapidité quand ils sont assez près de nous pour être visibles, ce sont les cométes.

Des cométes.

Les cométes sont des planetes.

On n'a pas encore assez d'observations pour connoître le nombre des cométes, on sçait seulement, & il n'y a pas longtems qu'on n'en doute plus, que ce sont des planetes qui tournent autour du Soleil comme les autres corps de notre monde planétaire, & qu'elles décrivent des ellipses si alongées, qu'elles ne sont visibles pour nous que dans une très-petite partie de leur orbite.

VIII.

Toutes les planetes & les cométes observent les loix de Kepler.

Toutes les planetes observent, en tournant autour du Soleil, les deux loix de *Kepler*, dont on a parlé dans l'Introduction.

On sçait que les cométes observent la premiere de ces loix, je veux dire, celle qui fait décrire aux corps célestes (*e*) des aires égales en tems égaux; & on verra dans la suite qu'il est vraisemblable, par les observations qu'on a pû faire jusqu'à présent, que les cométes observent aussi la seconde de ces loix, c'est-à-dire, celle des tems (*f*) périodiques en raison sesquiplée des distances.

(*d*) On suppose dans tout ce qu'on dit ici, le spectateur placé sur la terre.

(*e*) Le mot *aire* en général veut dire une superficie, ici il signifie l'*espace renfermé entre deux lignes tirées du centre à deux points où se trouve la planete*; ces aires sont proportionnelles au tems, c'est-à-dire, qu'elles sont d'autant plus grandes ou plus petites, que les tems dans lesquels elles sont décrites sont plus longs ou plus courts.

(*f*) Le tems périodique est le tems qu'une planete employe à faire sa révolution dans son orbe.

Il est, je crois, plus à propos de donner un exemple de la raison sesquiplée qu'une définition, supposé donc que la distance moyenne de Mercure au Soleil soit 4, celle de Vénus 9, que le tems périodique de Mercure soit de 40 jours, & qu'on cherche le tems périodique de Vénus, on cube les 2 premiers nombres 4 & 9, & on a 64 & 729; on tire ensuite la racine quarrée de ces 2 nombres, & il vient 8 pour celle du premier, & 27 pour celle du second; on fait ensuite cette régle de trois 8 : 27 :: 40 : 135, c'est-à-dire, que la racine quarrée du cube de la moyenne distance de Mercure au Soleil est à la racine quarrée du cube de la moyenne distance de Vénus au Soleil, comme le tems périodique de Mercure autour du Soleil est au tems périodique cherché de Vénus autour du Soleil qui se trouve être 135 dans les suppositions qu'on a faites, & c'est-là ce qui s'appelle *la raison sesquiplée*.

I X.

En admettant ces deux loix de *Kepler* que toutes les observations ont confirmées, elles fournissent des argumens très-forts pour prouver le mouvement de la terre qu'on s'est obstiné si long-tems à disputer; car, en prenant la terre pour le centre des mouvemens célestes, ces deux loix ne sont point observées; les planetes ne décrivent point des aires proportionnelles au tems autour de la terre, & les tems des révolutions du Soleil & de la Lune, par exemple, autour de cette planete, ne sont point comme la racine quarrée du cube de leur moyenne distance à la terre; car le tems périodique du Soleil autour de la terre étant environ 13 fois plus grand que celui de la Lune, sa distance à la terre devroit être, suivant la régle de *Kepler*, entre 5 & 6 fois plus grande que celle de la Lune; or, on sçait que cette distance est environ 400 fois plus grande, donc, si l'on admet les loix de *Kepler*, la terre n'est pas le centre des révolutions célestes.

Preuves du mouvement de la terre.

De plus, la force (g) centripete que M. *Newton* a fait voir être la cause de la révolution des planetes, rend la courbe qu'elles décrivent autour de leur centre concave (h) vers lui, puisque son effet est de les retirer de la tangente (i); or, l'orbe de Mercure & de Vénus sont, dans quelqu'unes de leurs parties, convexes à la terre, donc les planetes inférieures ne tournent pas autour de la terre.

Il est aisé de prouver la même chose des planetes supérieures, car ces planetes nous paroissent tantôt (k) *directes*, tantôt *station-*

(g) Le mot *de force centripete* porte sa définition avec lui, car il ne veut dire autre chose, que la force qui fait tendre un corps à un centre.

(h) Les deux cotés du verre d'une montre peuvent servir à faire entendre ces mots *concave* & *convexe*; le côté extérieur à la montre est *convexe*, & celui qui est du côté du cadran est *concave*.

(i) La tangente est la ligne qui touche une courbe, & qui ne peut jamais la couper.

(k) On dit qu'une planete est *directe* lorsqu'elle paroît aller selon l'ordre des signes, c'est-à-dire, d'*Aries* à *Taurus*, de *Taurus* à *Gemini*, &c. ce qu'on appelle encore *aller*

naires & tantôt *rétrogrades*, toutes inégalités apparentes qui n'auroient pas lieu pour nous, fi la terre étoit le centre des révolutions céleftes.

Car aucune de ces apparences n'auroit lieu pour un fpectateur placé dans le Soleil, puifqu'elles ne font qu'une fuite du mouvement de la terre dans fon orbe, combiné avec celui de ces planetes dans le leur.

Voilà pourquoi le Soleil & la Lune font les feuls corps céleftes qui nous paroiffent toujours directs ; car le Soleil ne parcourant point d'orbe, fon mouvement ne peut fe combiner avec celui de la terre, & la terre étant le centre des mouvemens de la Lune, elle doit toujours nous paroître directe comme toutes les planetes le paroîtroient à un fpectateur placé dans le Soleil.

Objection que l'on faifoit à Copernik, tirée de la planete de Vénus.

La planete de Vénus fourniffoit une des objections que l'on faifoit à *Copernic* contre fon fyftême : Si Vénus, lui difoit-on, tournoit autour du Soleil, on devroit lui voir des phafes comme à la Lune. Auffi, difoit *Copernic*, fi vos yeux étoient affez bons pour diftinguer ces phafes, vous les verriez; & peut-être les Aftronomes trouveront-ils moyen quelque jour de les appercevoir.

Sa réponfe à cette objection.

Découverte qui a confirmé cette réponfe.

Galilée eft le premier qui ait vérifié cette prédiction de *Copernic* ; & chaque découverte qu'on a fait depuis lui fur le cours des aftres, l'a confirmé.

X.

Sous quel angle les plans des planetes fe coupent.

Les plans (*l*) des orbites de toutes les planetes fe coupent dans des lignes qui paffent par le centre du Soleil, enforte qu'un fpectateur placé dans le centre du Soleil fe trouveroit dans les plans de tous ces orbes.

en conféquence, elle eft *ftationnaire* lorfqu'elle paroît répondre quelque tems aux mêmes points du Ciel ; & enfin elle eft *rétrograde* lorfqu'elle paroît aller contre l'ordre des fignes, ce qu'on appelle encore *aller en antécédence*, c'eft-à-dire, de *Gemini* à *Taurus*, de *Taurus* à *Aries*, &c.

(*l*) Le plan de l'orbite d'une planéte eft la furface dans laquelle elle eft fenfée, fe mouvoir.

DE LA PHILOSOPHIE NATURELLE.

La ligne dans laquelle le plan de chaque orbite coupe le plan de l'écliptique, c'est-à-dire, le plan dans lequel la terre se meut, s'appelle *la ligne* des nœuds, & les points de cette Section s'appellent *les nœuds* de l'orbite. Ce qu'on appelle les nœuds & la ligne des nœuds d'un orbite.

Tous ces plans sont inclinés au plan de l'écliptique, sous les angles suivans. Inclinaison de ces plans à l'écliptique.

Le plan de l'orbe de Saturne fait avec le plan de l'écliptique un angle de $2°\frac{1}{2}$, celui de Jupiter est de $1°\frac{1}{3}$, celui de Mars est un peu moindre que $2°$, celui de Vénus est un peu plus grand que $3°\frac{1}{3}$, & celui de Mercure, enfin, est $7°$ environ. Ces propositions sont prises de *Grégori*, Liv. I, Prop. 3.

X I.

Les orbes des planetes principales étant des ellipses dont le Soleil occupe un foyer, tous ces orbes sont excentriques, & le sont plus ou moins selon la distance qui est entre leur centre & le point où le Soleil se trouve placé.

On a mesuré l'excentricité de toutes ces orbites, & on a trouvé, que l'excentricité Excentricité des planetes en demi diametre de la terre.

de Saturne est de   54207 parties,
celle de Jupiter de   25058
celle de Mars de   14115
celle de la Terre de   4692
celle de Vénus de   500
& enfin celle de Mercure de   8149 parties,

en prenant le demi axe du grand orbe de la terre pour commune mesure, & en le supposant de 100000 parties.

En rapportant l'excentricité des planetes au demi diametre de leur grand orbe, & en supposant ce demi diametre de 100000 parties, les excentricités sont Excentricité des planetes en demi diametre de leur grand orbe.

celle de Saturne de   5683 parties,
celle de Jupiter de   4822
celle de Mars de   9263
celle de la Terre de   5700

Tome II.

18 PRINCIPES MATHÉMATIQUES
celle de Vénus de 694
celle de Mercure de 21000 parties;
ainsi l'excentricité de Vénus est presqu'insensible.

XII.

Proportion du diamètre des différentes planetes.

Les planetes font différentes en grosseur; on n'a le diametre absolu que de la terre, parce que cette planete est la seule dont on ait pu mesurer la circonférence : mais on connoît le rapport qui est entre les diametres des autres planetes, & en prenant celui du Soleil pour commune mesure, & le supposant de 1000 parties,

celui de Saturne en a 137
celui de Jupiter 181
celui de Mars 6
celui de la Terre 7
celui de Vénus 12
enfin celui de Mercure 4

d'où l'on voit que Mercure est la plus petite de toutes les planetes, car on sçait que les volumes des sphéres sont comme les cubes de leurs diametres.

XIII.

Distances des planetes au Soleil.

Les planetes sont placées à différentes distances du Soleil. En prenant la distance de la terre au Soleil pour commune mesure, & en la supposant de 100000 parties, les six planetes principales se trouvent rangées autour du Soleil dans l'ordre suivant, lorsqu'elles en sont à leur moyenne distance;

Mercure en est à 38710
Vénus à 72333
La Terre à 100000
Mars à 152369
Jupiter à 520110
Saturne enfin à 953800.

DE LA PHILOSOPHIE NATURELLE. 19

On a calculé les distances moyennes du Soleil & des planetes à la terre, en demi diamétres de la terre ; voici celles qu'a donné M. *Cassini*, le Soleil, Mercure & Vénus, en sont à peu près également éloignés dans leur moyenne distance, qui est de 22000 demi diamétres de la terre, Mars en est à 33500, Jupiter à 115000, & Saturne à 210000.

Distances des planetes à la terre.

XIV.

Les tems des révolutions des planetes autour du Soleil sont d'autant plus courts, qu'elles en sont plus près ; ainsi Mercure qui en est le plus près fait sa révolution en 87 jours, Vénus qui est placée ensuite fait la sienne en 224, la terre en 365, Mars en 686, Jupiter en 4332, & Saturne enfin qui est le plus éloigné du Soleil, employe 10759 jours à tourner autour de lui, tout cela en nombres rons.

Tems périodiques des planetes autour du Soleil.

XV.

Outre leur mouvement de translation autour du Soleil, les planetes ont encore un mouvement autour de leur axe qu'on appelle *leur révolution diurne.*

Rotation des planetes.

On ne connoît la révolution diurne que du Soleil & de quatre planetes, qui sont la Terre, Mars, Jupiter & Vénus ; ce sont les taches qu'on a remarquées sur leur disque, (*m*) & qu'on a vu paroître & disparoître succesivement, qui ont fait découvrir cette révolution ; Mars, Jupiter & Vénus ayant des taches sur leur surface, on a appris par le retour des mêmes taches, & par leur disparition successive, que ces planetes tournent sur elles-mêmes, & en quels tems se font les révolutions ; ainsi l'on a observé que Mars tourne en 23^h 20′, & Jupiter en 9^h 56′.

Moyen employé pour la découvrir.

Quelles sont les planetes dont on connoît la rotation.

Tems des rotations des planetes autour de leur axe.

Les Astronomes ne sont pas d'accord sur le tems de la révolution de Vénus autour de son axe, la plus grande partie croit qu'elle y tourne en 23 heures environ ; mais M. *Bianchini* qui a fait une

Incertitudes sur le tems de la rotation de Vénus.

(*m*) On appelle *disque* d'une planete la partie de sa surface qui est visible pour nous.

C ij

étude toute particuliere des apparences de cette planete, croit sa révolution sur elle-même de 24 jours. Comme il fut obligé de transporter l'instrument avec lequel il observoit pendant l'observation même, à cause d'une maison qui lui cachoit Vénus, & que cette opération dura près d'une heure, on peut croire que pendant ce tems la tache qu'il observoit changea; quoi qu'il en soit, son autorité dans cette matiere mérite qu'on suspende son jugement jusqu'à ce qu'on ait de plus amples observations.

M. *Delahire* a observé avec un télescope de 16 pieds, des montagnes dans Vénus plus hautes que celles de la Lune.

On ne peut s'assurer par l'observation de la rotation de Mercure ni de celle de Saturne, & pourquoi.

Mercure est trop plongé dans les rayons du Soleil pour que l'on puisse s'assurer par l'observation s'il tourne sur lui-même; il en est de même de Saturne à cause de son grand éloignement.

M. *Cassini* a observé en 1715. avec un télescope de 118 p. trois bandes dans Saturne semblables à celles qu'on remarque dans Jupiter, mais apparemment qu'on n'a pu suivre cette observation avec assez d'éxactitude, pour en conclure la rotation de Saturne autour de son axe.

Mais l'analogie porte à croire que ces planetes tournent aussi sur leur axe.

Mercure & Saturne étant assujettis aux même loix qui dirigent le cours des autres corps célestes, & ces planetes, par-tout ce que nous en pouvons connoître, nous paroissant des corps de même genre qu'eux, l'analogie nous porte à conclure que ces deux planetes tournent sur leur centre comme les autres, & que peut-être un jour on parviendra à connoître cette révolution, & en combien de tems elle s'éxécute.

XVI.

Comment on a découvert la révolution du Soleil sur son axe.

Il paroît de tems en tems des taches sur le Soleil qui ont appris que cet astre tourne aussi sur lui-même.

Des taches du Soleil.

Il a fallu bien des observations après la découverte de ces taches, avant qu'on en ait pû observer d'assez durables pour en pouvoir conclure le tems de la révolution du Soleil sur son axe.

DE LA PHILOSOPHIE NATURELLE. 21

Keill rapporte dans sa cinquiéme Leçon d'Astronomie, qu'on en a observé qui employoient 13 jours ½ à aller du limbe occidental du Soleil à son limbe oriental, & qu'au bout de 13 autres jours ½ elles reparoissoient de nouveau à son bord occidental ; d'où il conclut, que le Soleil tourne sur lui-même en 27 jours environ d'Occident en Orient, c'est-à-dire, dans le même sens que les planetes.

Par le moyen des mêmes taches, on a trouvé que l'axe de rotation du Soleil fait, avec le plan de l'écliptique, un angle d'environ 7 dégrés.

Le Pere *Jaquier* a fait dans son Commentaire une réflexion sur ces taches, qui mérite d'être rapportée. Voyant qu'aucune observation ne prouve l'égalité du tems de l'occultation, & qu'au contraire, par toutes les observations qu'il a parcourues, ces tems paroissent inégaux, & que le tems de l'occultation pendant lequel elles sont cachées, a toujours été plus long que celui pendant lequel elles sont visibles, il en a conclu (ainsi que M. *Volf*, art. 413 de son Astron.) que ces taches ne sont pas inhérentes au Soleil, mais qu'elles en sont à quelque intervalle.

Jean *Fabrice* (*n*) fut le premier qui découvrit ces taches (en Allemagne l'an 1611.) & qui en conclut la révolution diurne du Soleil ; ensuite le Jésuite (*o*) *Scheiner* les observa, & donna aussi ses observations, & *Galilée* vers le même tems fit la même découverte en Italie.

Du tems de *Scheiner* on voyoit plus de 50 taches sur la surface du Soleil, d'où l'on peut assigner la cause d'un phénomene rapporté par quelques Historiens, que le Soleil avoit paru très-pale quelquefois pendant un an entier ; car il ne faut que des taches assez grandes, & qui subsistent assez longtems, pour causer ce phénomene.

On ne doute plus à présent que la terre ne tourne sur elle-

(*n*) *Volf Elementa Astron.* Cap. 1
(*o*) Ce Jésuite ayant été dire à son Supérieur qu'il avoit découvert des taches dans le Soleil, celui-ci lui répondit gravement *cela est impossible, j'ai lû deux ou trois fois Aristote, & je n'y ai rien trouvé de semblable.*

même en 23^h 56′, ce qui compose notre jour astronomique, & cause l'alternative de jours & de nuits dont tous les climats de la terre jouissent.

XVII.

L'effet du mouvement rotatoire des planetes est d'élever leur équateur.

Ce mouvement des corps célestes autour de leur centre altere leur forme, car on sçait que le mouvement circulaire fait acquérir aux corps qui tournent une force, qui est d'autant plus grande, le tems de leur révolution restant le même, que le cercle qu'ils

De la force centrifuge.

décrivent est plus grand, & on appelle cette force, *force centrifuge*, c'est-à-dire, *qui éloigne du centre*; donc les parties des planetes acquiérent par la rotation une force centrifuge d'autant plus grande, qu'elles sont plus près de l'équateur de ces planetes, puisque l'équateur est le grand cercle de la sphére, & d'autant moindre, qu'elles sont plus près des pôles; (*p*) supposant donc que les corps célestes ayent été sphériques dans l'état de repos, leur rotation autour de leur axe a dû élever les régions de l'équateur, & abaisser celles des pôles, & changer par conséquent la forme sphérique en celle d'un sphéroïde aplati vers les pôles.

Quelles sont les planetes dans lesquelles on s'apperçoit de l'élévation de l'équateur.

Ainsi la théorie nous fait voir que toutes les planetes doivent être aplaties vers leurs pôles par leur rotation, mais cet aplatissement n'est sensible que dans Jupiter & dans notre globe. L'on verra dans la suite qu'on peut déterminer la quantité de cet aplatissement dans le Soleil par la théorie, mais qu'elle est trop peu considérable pour être sensible à l'observation.

Les mesures prises au cercle polaire, en France & à l'équateur, ont donné la proportion des axes (*q*) de la terre environ de 173 à 174.

(*p*) On appelle *pôles* les points autour desquels le corps révoluant tourne, & *équateur* le cercle paralléle à ces points, & qui partage la sphére révoluante en deux parties égales.

(*q*) On appelle *axe* ou *diametre*, en général toute ligne qui passe par le centre & se termine à la circonférence : dans le cas dont il s'agit, les axes sont deux lignes qui passent par le centre, & dont l'une se termine aux pôles & l'autre à l'équateur.

Les télescopes nous font appercevoir l'aplatissement de Jupiter, & cet aplatissement est beaucoup plus considérable que celui de la terre, parce que cette planete est beaucoup plus grosse, & qu'elle tourne beaucoup plus rapidement sur elle-même que la terre ; on juge que le rapport des axes de Jupiter est celui de 13 à 14.

XVIII.

Les taches de Vénus, de Mars & de Jupiter étant variables & changeant souvent de forme, il est très-vraisemblable que ces planetes sont entourées comme la nôtre d'un atmosphére, dont les altérations produisent ces apparences.

Les observations font voir que la Terre, Mars, Jupiter, Vénus & le Soleil ont des atmospheres.

A l'égard du Soleil comme ses taches ne sont pas inhérentes à son disque, & qu'elles paroissent & disparoissent très-souvent, on ne peut douter qu'il n'ait un atmosphére qui l'entoure immédiatement, & dans lequel ces taches se forment & se dissipent tour à tour.

XIX.

Tout ce qu'on vient d'exposer étoit connu avant M. *Newton*, mais on ne croyoit pas avant lui qu'il fût possible de connoître la masse des planetes, leur densité, & ce que peseroit le même corps s'il étoit transporté successivement à la surface des différentes planetes : on verra dans le Chapitre suivant, comment M. *Newton* est parvenu à ces étranges découvertes ; il suffit de dire ici, qu'il a trouvé que les masses du Soleil, de Jupiter, de Saturne & de la Terre, c'est-à-dire les quantités de matiere qu'ils contiennent, sont respectivement comme $1. \frac{1}{1067}, \frac{1}{3015}$ & $\frac{1}{169282}$ en supposant (r) la parallaxe du Soleil de $10'' \ 3'''$; que leurs densités sont entr'elles comme 100, 94, 67 & 400 ; & que les poids du même corps transporté successivement sur la surface du Soleil, de Jupiter, de

Masse du Soleil, de Jupiter, de Saturne & de la Terre.

Leurs densités.

Poids du même corps à leur surface.

(r) *La parallaxe* du Soleil est l'angle sous lequel le rayon de la terre est vû du Soleil, ainsi la parallaxe d'un astre quelconque par rapport à la terre, est l'angle sous lequel le rayon de la terre seroit vû de cet astre.

Saturne & de la Terre, seroient de 10000, 943, 529 & 435, respectivement.

M. *Newton* a supposé, pour déterminer ces proportions, les demi-diamétres du Soleil, de Jupiter, de Saturne & de la Terre, comme 10000, 997, 791 & 109, respectivement.

Pourquoi ces proportions ne peuvent être connues dans les autres planetes.

On verra dans le Chapitre suivant, pourquoi l'on ne peut connoître la densité ni la quantité de matiere de Mercure, de Vénus & de Mars, ni ce que pesent les corps sur ces trois planetes.

X X.

Proportions des grosseurs & des masses des planetes & du Soleil.

Il suit de toutes ces proportions que Saturne est environ 500 fois plus petit que le Soleil, & qu'il contient 3000 fois moins de matiere que lui; que Jupiter est 1000 fois plus petit que le Soleil, & qu'il contient 1033 fois moins de matiere que lui; que la Terre n'est qu'un point par rapport au Soleil, puisqu'elle est 1000000 fois plus petite que lui; & qu'enfin le Soleil est plus de 116 fois plus gros que toutes les planetes prises ensemble.

X X I.

Proportions des grosseurs & des masses des planetes & de la terre, & des autres planetes entr'elles.

En comparant les planetes entr'elles, on trouve qu'il n'y a que Mercure & Mars qui soient plus petites que la Terre; que Jupiter est non-seulement la plus grosse de toutes les planetes, mais qu'elle est plus grosse que toutes les autres planetes prises ensemble, & que cette planete est plus de deux mille fois plus grosse que la Terre.

X X I I.

De la précession des équinoxes.

La Terre, outre son mouvement annuel & son mouvement diurne, a encore un autre mouvement par lequel son axe dérange son (*f*) parallélisme, & répond au bout d'un certain tems à différens points du ciel; ce mouvement cause ce qu'on appelle *la précession des équinoxes*, c'est-à-dire, la rétrogradation des points

(*f*) On appelle *parallele* une ligne qui conserve toujours la même position par rapport à quelque point supposé fixe.

équinoctiaux,

DE LA PHILOSOPHIE NATURELLE.

équinoctiaux, ou des points dans lesquels l'équateur de la Terre coupe l'écliptique ; le mouvement des points équinoctiaux se fait contre l'ordre des signes, & il est si lent, qu'il ne s'acheve qu'en 25920 années, il est d'un dégré en 72 ans, & de 50 " en une année environ. *En quel sens elle se fait, & en quel tems elle s'accomplit. Sa quantité annuelle.*

M. *Newton* a trouvé, comme on le verra dans la suite, la cause de ce mouvement dans l'attraction du Soleil & de la Lune, sur la protubérance de la Terre à l'équateur.

La précession des équinoxes fait que les Astronomes distinguent *l'année tropique de l'année sydéralle* ; ils appellent année tropique l'intervale de tems qui s'écoule entre les deux mêmes équinoxes dans deux révolutions annuelles de la Terre, & cette année est un peu plus courte que l'année sydéralle, qui est composée du tems que la terre employe à revenir d'un point quelconque de son orbite à ce même point. *Année tropique & année sydéralle.*

XXIII.

Il reste à parler des planetes secondaires qui sont au nombre de 10, sans compter l'anneau de Saturne ; ces 10 planetes sont les 5 Lunes de Saturne, les 4 de Jupiter, & celle qui accompagne la Terre. *Des planetes secondaires.*

Les observations ont fait voir que les planetes secondaires observent les régles de *Kepler*, en tournant autour de leur planete principale. *Elles observent les régles de Kepler.*

Il n'y a pas longtems qu'on a découvert les satellites de Jupiter & de Saturne, & cette découverte étoit impossible avant les télescopes ; (*t*) *Galilée* découvrit les 4 satellites de Jupiter, qu'il appella *les astres de Médicis*, & qui sont d'une grande utilité dans la Géographie & l'Astronomie. *Découverte des satellites de Jupiter.*

M. *Hughens* fut le premier qui découvrit un satellite à Saturne, *Et de ceux de Saturne.*

(*t*) M. *Volf* dans son Astronomie, Chap. II. prétend que Simon *Marius*, Mathématicien Brandbourgeois, découvrit en Allemagne trois satellites de Jupiter, la même année que *Galilée* les découvrit en Italie.

Tome II.

& il a retenu son nom, c'est le 4ᵉ. M. *Cassini* le pere découvrit les quatre autres.

XXIV.

Distances des Lunes de Jupiter à cette planete, & leurs tems périodiques autour de Jupiter.

En prenant le demi diamétre de Jupiter pour commune mesure, ses 4 satellites se trouvent placés aux distances suivantes, en commençant par celui qui en est le plus près.

Le premier en est à 5, le second à 9, le troisiéme à 14, & le quatriéme enfin à 25 en nombre rond, selon les observations de M. *Cassini* sur les éclipses de ces satellites.

Leurs tems périodiques autour de Jupiter sont d'autant plus longs, qu'ils sont plus éloignés de cette planete, le premier tourne en 42^h, le second en 85, le troisiéme en 171, & le quatriéme en 400, en négligeant les minutes.

On ne connoît ni la révolution diurne, ni le diamétre, ni la grosseur, ni la masse, ni la densité, ni la quantité de la force attractive de ces satellites, & jusqu'à présent les meilleurs télescopes les ont fait voir si petits, qu'on ne peut gueres espérer de parvenir à ces découvertes. Il en est de même des cinq Lunes qui tournent autour de Saturne.

XXV.

En prenant le demi diamétre de l'anneau de Saturne pour commune mesure, les distances des satellites de Saturne à cette planete, sont dans les proportions suivantes en commençant par le plus intérieur.

Distances des satellites de Saturne à Saturne, & leurs tems périodiques autour de cette planete.

Le premier en est à 1, le second à 2, le troisiéme à 5, le quatriéme à 8, & le cinquiéme à 24 en nombre rond, & leurs tems périodiques sont, selon M. *Cassini*, de 45^h, 65^h, 109^h, 382^h, & 1903^h, respectivement.

Les satellites de Saturne font tous leur révolution dans le plan de l'équateur de cette planete, il n'y a que le cinquiéme qui s'en éloigne de 15 ou 16 dégrés.

DE LA PHILOSOPHIE NATURELLE. 17

Plusieurs Astronomes, & entr'autres M. *Hughens*, ont soupçonné qu'on découvriroit peut-être quelque jour, si on peut perfectionner les télescopes, un sixième satellite de Saturne entre le quatrième & le cinquième, la distance qui est entre ces deux satellites étant trop grande proportionnellement à celle qui sépare les autres ; mais il se trouveroit alors cette autre difficulté, que ce satellite, qui seroit le cinquième, seroit cependant beaucoup plus petit que les quatre qui lui seroient intérieurs, puisqu'il faudroit de meilleurs télescopes pour l'appercevoir.

Conjecture de M. Hughens sur un sixième satellite de Saturne.

Les orbes des satellites de Jupiter & de Saturne, sont presque concentriques à ces planetes.

M. *Maraldi* a observé des taches sur les satellites de Jupiter ; mais on n'a pu tirer encore aucune conséquence de cette observation, qui pourroit, si elle étoit suivie, nous apprendre beaucoup de choses sur les mouvemens des satellites.

Observation de M. Maraldi sur les satellites de Jupiter.

XXVI.

Saturne, outre ses cinq Lunes, est encore entourré d'un anneau ; cet anneau n'adhere au corps de Saturne dans aucune de ses parties, car on voit les étoiles fixes à travers l'espace qui le sépare du corps de cette planete ; le diamétre de cet anneau est au diamétre de Saturne environ comme 9 à 4, selon M. *Hughens*, ainsi il est plus que double du diamétre de Saturne ; la distance du corps de Saturne à son anneau est d'environ la moitié de ce diamétre, ensorte que la largeur de l'anneau est à peu près égale à la distance qui est entre son limbe intérieur & le globe de Saturne ; son épaisseur est très-petite, car lorsqu'il nous présente le tranchant, il n'est pas visible pour nous, & il ne paroît alors que comme une raie noire qui traverse le globe de Saturne ; ainsi cet anneau a des phases selon la position de Saturne dans son orbe, ce qui prouve que c'est un corps opaque, & qui ne brille, comme les autres corps de notre système planétaire, qu'en nous réfléchissant la lumiere du Soleil.

De l'anneau de Saturne.
Il n'adhere point au corps de cette planete.

Sa distance au corps de la planete.
Son diamétre.
Sa largeur.

Son épaisseur.

C'est un corps opaque, & qui a des phases.

On ne peut découvrir si l'anneau de Saturne tourne sur lui-même,

d ij

car il ne paroît aucun changement dans son aspect d'où l'on puisse conclure cette rotation.

Le plan de cet anneau fait toujours, avec le plan de l'écliptique, un angle de 23° ½, ainsi son axe reste toujours parallèle à lui-même dans sa translation autour du Soleil.

De la découverte de cet anneau.
Ce qu'on en pensoit avant M. Hughens. C'est à M. *Hughens* qu'on doit la découverte de l'anneau de Saturne, qui est un phénomene unique dans le ciel ; avant lui les Astronomes avoient observé des phases dans Saturne, car ils confondoient cette planete avec son anneau ; mais ces phases étoient si différentes de celle des autres planetes, qu'on ne pouvoit les expliquer : on peut voir dans *Henelius* les noms qu'il donne à ces apparences de Saturne, & combien (u) il étoit loin d'en soupçonner la vérité.

M. *Hughens*, en comparant les différentes apparences de Saturne, a trouvé qu'elles étoient causées par un anneau dont il est entouré, & cette supposition répond si bien à tout ce que les télescopes y découvrent, qu'aucun Astronome ne doute à présent de l'éxistence de cet anneau.

Idée de Gregori sur cet anneau. *Gregori*, en parlant de l'idée de M. *Hallei* que le globe terrestre pourroit bien n'être qu'un assemblage de croutes concentriques à un noyau intérieur, a conjecturé que l'anneau de Saturne étoit formé de plusieurs croutes concentriques qui se sont détachées du corps de la planete, dont le diametre étoit auparavant égal à la somme de son diametre actuel, & de la largeur de l'anneau.

On conjecture encore que l'anneau de Saturne n'est peut-être qu'un assemblage de Lunes que la grande distance nous fait voir comme contiguës, mais tout cela n'est fondé sur aucune observation.

Les Satellites de Jupiter & de Saturne sont des corps sphériques.
Comment on s'en est assuré. On sçait par les ombres des satellites de Jupiter & de Saturne sur leurs planetes principales, que ces satellites sont des corps sphériques.

(u) *Henelius in opusculo de Saturni nativa facie* distingue les différens aspects de Saturne par les noms de *monasphericum, trisphericum, spherico-ansatum, ellipti-coansatum, spheri-coeuspidatum*, & il subdivise encore ces phases en d'autres.

XXVII.

Notre terre n'a qu'un satellite qui est la Lune, mais sa proximité fait qu'on a poussé bien plus loin les découvertes sur ce satellite que sur les autres. *De la Lune.*

La Lune fait sa révolution autour de la terre dans une ellipse dont la terre occupe un des foyers ; cette ellipse change sans cesse de position & d'espéce, & on verra dans les Chapitres suivans, que le Soleil est la cause de ces variations. *Quelle est la courbe qu'elle décrit autour de la terre.*

La Lune suit la premiere des deux régles de *Kepler* en tournant autour de la terre, & elle ne s'en dérange que par l'action du Soleil sur elle ; elle fait sa révolution autour de la terre, d'Occident en Orient, en 27 jours 7^h 43′, & c'est ce qu'on appelle *son mois périodique*. *Son mois périodique.*

Le disque de la Lune que nous voyons est tantôt entierement éclairé du Soleil, & tantôt il ne l'est qu'en partie : sa partie éclairée nous paroît plus ou moins grande selon sa position par rapport au Soleil & à la terre, & c'est ce qu'on appelle *ses phases* ; elle subit toutes ses phases dans l'espace d'une révolution qu'on appelle *synodique*, & qui est composée du tems qu'elle employe à aller de sa conjonction avec le Soleil à sa prochaine conjonction, ce mois synodique de la Lune est de 29 jours ½ environ. *Ses phases. Son mois synodique.*

Les phases de la Lune prouvent qu'elle est un corps opaque, & qu'elle ne brille qu'en nous réfléchissant la lumiere du Soleil. *La Lune est un corps opaque & sphérique.*

On connoît que la Lune est un corps sphérique, parce qu'elle nous paroît toujours terminée par une courbe. *Comment on l'a découvert.*

Notre terre éclaire la Lune pendant ses nuits de même que la Lune nous éclaire pendant les nôtres, & c'est par la lumiere réfléchie de la terre, qu'on voit la Lune lorsqu'elle n'est pas éclairée par la lumiere du Soleil. *La terre éclaire la Lune pendant ses nuits.*

Comme la surface de la terre est environ 14 fois plus grande que celle de la Lune, la terre vûe de la Lune doit paroître 14 fois plus brillante, & envoyer 14 fois plus de rayons à la Lune, que *Proportion de cette illumination.*

la Lune ne nous en envoye, en suppofant cependant que ces deux planetes foient également propres à réfléchir la lumiere.

Inclinaifon du plan de l'orbite de la Lune.   Le plan de l'orbite de la Lune eft incliné au plan de l'écliptique fous un angle de 5°. environ.

Le grand axe de l'ellipfe, que la Lune décrit en tournant autour de la terre, eft ce qu'on appelle *la ligne des apfides* (x) *de la Lune*.

La Lune accompagne la terre dans fa révolution annuelle autour du Soleil.

Ce que c'eft que le périgée & l'apogée.
La ligne des apfides de la Lune eft mobile.
Si l'orbite de la Lune n'avoit d'autre mouvement que celui de fa tranflation autour du Soleil avec la terre, l'axe de cet orbite demeureroit toujours parallèle à lui-même, & la Lune, étant dans fon *apogée* & dans fon *périgée*, feroit toujours aux mêmes diftances de la terre, & répondroit toujours aux mêmes points du ciel; mais la ligne des apfides de la Lune fe meut d'un mouvement angulaire autour de la terre felon l'ordre des fignes, & l'apogée & le périgée de la Lune ne reviennent aux mêmes points qu'au bout d'environ 9 ans, qui eft le tems de la révolution de la ligne des apfides de la Lune.

Tems de la révolution de cette ligne.

Révolution des nœuds de la Lune.   L'orbite de la Lune coupe l'orbite de la terre en deux points, qu'on appelle *fes nœuds*; ces points ne font pas toujours les mêmes, mais ils changent perpétuellement par un mouvement rétrogreffif, c'eft-à-dire, contre l'ordre des fignes, & ce mouvement eft tel, que dans l'efpace de 19 ans les nœuds ont fait une révolution entiere, après laquelle ils reviennent couper l'orbe de la terre ou l'écliptique aux mêmes points.

Tems de cette révolution.

Excentricité de la Lune.   L'excentricité de l'orbe de la Lune change auffi continuellement; cette excentricité eft tantôt plus grande & tantôt moindre, enforte que la différence entre la plus petite & la plus grande excentricité, furpaffe la moitié de la plus petite.

(x) On appelle *ligne des apfides* pour la Lune, la ligne qui paffe par l'*apogée* & par le *périgée*; l'apogée eft le point de l'orbite le plus loin de la terre, & le périgée eft le point de cet orbite qui eft le moins éloigné. On nomme en général apfides, pour toutes les orbites, les points les plus éloignés & les plus proches du point central.

DE LA PHILOSOPHIE NATURELLE. 31

On verra dans les Chapitres suivans comment M. *Newton* a trouvé la cause de toutes ces inégalités de la Lune.

Le seul mouvement de la Lune qui soit égal, est son mouvement de rotation autour de son axe ; ce mouvement s'éxécute précisément dans le même tems que sa révolution autour de la terre, ainsi son jour est de 27 de nos jours, 7 ^{h} 43 $'$. *Son mouvement autour de son axe.*

Cette égalité du jour & du mois périodique de la Lune, fait qu'elle nous présente toujours le même disque à peu près. *En quel tems il s'exécute.*

L'égalité du mouvement de la Lune autour de son axe, combinée avec l'inégalité de son mouvement autour de la terre, fait que la Lune nous paroît osciller sur son axe, tantôt vers l'Orient, & tantôt vers l'Occident, & c'est ce qu'on appelle *sa libration* ; par ce mouvement elle nous présente quelquefois des parties qui étoient cachées, & nous en cache qui étoient visibles. *Libration de la Lune.*

Cette libration vient du mouvement elliptique de la Lune, car si cette planete se mouvoit dans un cercle dont la terre occupât le centre, & qu'elle tournât sur son axe dans le tems de son mouvement périodique autour de la terre, elle présenteroit toujours exactement à la terre la même face sans aucune variation. *Sa cause.*

On ne connoît point la forme de la partie de la surface de la Lune qui est de l'autre côté de son disque par rapport à nous, & il y a même des Astronomes qui veulent expliquer sa libration en donnant une forme conique à cette partie de sa surface que nous ne voyons point, & qui nient sa rotation sur elle-même.

La surface de la Lune est pleine d'éminences & de cavités, c'est ce qui fait qu'elle réfléchit de toutes parts la lumiere du Soleil, car si elle étoit unie comme un de nos miroirs, elle ne nous réfléchiroit que l'image du Soleil.

La Lune est éloignée de la terre dans sa moyenne distance de 60 $\frac{1}{4}$ demi diamétres de la terre, environ. *Distance de la Lune à la terre.*

Le diamétre de la Lune est au diamétre de la terre comme 100 à 365, sa masse est à la masse de la terre comme 1 à 39,788, & sa densité est à la densité de la terre comme 11 à 9. *Son diamétre. Sa masse. Sa densité.*

PRINCIPES MATHÉMATIQUES

Ce que les corps pesent sur la Lune.

Enfin le même corps qui pese trois livres à la surface de la terre, peseroit environ une livre à la surface de la Lune.

On connoît toutes ces proportions dans la Lune, & non dans les autres satellites, parce que cette planete offre un élément qui lui est particulier; c'est son action sur les eaux de la mer que M. Newton a sçu mesurer & employer à la détermination de sa masse. Nous rendrons compte dans un des Chapitres suivans, de la méthode qu'il a suivie pour y parvenir.

CHAPITRE SECOND.

Comment la théorie de M. Newton explique les Phénomenes des planetes principales.

I.

Le premier Phénomene qu'il faut expliquer quand on veut rendre compte des mouvemens célestes, c'est celui de la circulation perpétuelle des planetes autour du centre de leur révolution.

Par la premiere loi du mouvement, tout corps suit de lui-même la ligne droite dans laquelle il a commencé à se mouvoir, donc afin qu'une planete soit détournée de la petite ligne droite qu'elle tend à décrire à chaque instant, il faut qu'une force différente de celle qui la porte à décrire cette petite ligne agisse sans cesse sur elle pour l'en détourner, de même que la corde que tient la main de celui qui fait tourner un corps en rond empêche à chaque moment ce corps de s'échapper par la tangente du cercle qu'on lui fait décrire.

Comment les anciens Philosophes & Descartes en dernier lieu expliquoient.

Les Anciens, pour expliquer ce Phénomene, avoient imaginé des cieux solides, & Descartes des tourbillons; mais l'une & l'autre de ces explications étoient de pures hypothèses dénuées de preuves,

&

DE LA PHILOSOPHIE NATURELLE.

& fi celle de *Defcartes* étoit plus philofophique, elle n'en étoit pas plus folidement établie.

la circulation des planetes dans leur orbe.

II.

M. *Newton* commence par prouver dans la premiere propofition (a), que les aires qu'un corps décrit autour d'un centre immobile auquel il tend continuellement, font proportionnelles au tems ; & réciproquement dans la feconde, que fi un corps décrit en tournant autour d'un centre des aires proportionnelles au tems, ce corps eft attiré par une force qui le porte vers ce centre : donc, puifque felon la découverte de *Kepler* les planetes décrivent autour du Soleil des aires proportionnelles au tems, elles ont une force centripéte qui les fait tendre vers le Soleil, & qui les retient dans leur orbe.

C'eft la force centripéte qui empêche les planetes de s'échaper par la tangente.

M. *Newton* a fait voir, de plus, (Cor. 1. Prop. 2.) que fi la force qui agit fur le corps le faifoit tendre vers divers points, elle accéleroit ou retarderoit la defcription des aires qui ne feroient plus alors proportionnelles au tems : donc, fi les aires font proportionelles au tems, non-feulement le corps eft animé par une force centripéte qui le porte vers le corps central, mais cette force le fait tendre à un feul & même point.

III.

De même que la révolution des planetes dans leur orbe prouve une force centripéte qui les retire de la tangente, ainfi de ce qu'elles ne tombent pas en ligne droite vers le centre de leur révolution, on peut conclure qu'une force, autre que la force centripéte, agit fur elles. M. *Newton* a cherché (b) quel tems chaque planete, placée à la diftance où elle eft, employeroit à tomber fur le Soleil fi elle n'obéiffoit qu'à l'action du Soleil fur elle, &

(a) Quand on cite des propofitions, fans citer le Livre, ce font des propofitions du Livre premier.

(b) *De Syftemate mundi*, pag. 31. édition de 1731.

il a trouvé que les différentes planetes employeroient à y tomber la moitié du tems périodique qu'un corps mettroit à faire sa révolution autour du même centre à une distance deux fois moindre que la leur, & que par conséquent ce tems devoit être à leur tems périodique comme 1 à 4 $\sqrt{2}$: ainsi Vénus, par exemple, mettroit environ quarante jours à arriver au Soleil, car 40 : 224 :: 1 : 4 $\sqrt{2}$. à peu près ; Jupiter employeroit deux ans & un mois, & la terre & la Lune soixante-six jours & dix-neuf heures, &c. Donc, puisque les planetes ne tombent pas dans le Soleil, il faut que quelque force s'oppose à la force qui les fait tendre vers leur centre, & cette force est ce qu'on appelle *la force projectile*.

Et la force projectile les empêche de tomber vers leur centre.
Prop. 36.

I V.

L'effort que font les planetes en vertu de cette force pour s'éloigner du centre de leur mouvement, est ce qu'on appelle leur *force centrifuge* ; ainsi dans les planetes, la force centrifuge est la partie de la force projectile qui les éloigne directement du centre de leur révolution.

De la force centrifuge des planetes.

V.

La force projectile a la même direction dans toutes les planetes, car elles tournent toutes autour du Soleil d'Occident en Orient.

En supposant que la résistance du milieu dans lequel les planetes se meuvent soit nulle, on trouve la raison de la conservation du mouvement projectile des planetes dans l'inertie de la matiere, & dans la premiere loi du mouvement, mais sa cause physique & la raison de sa direction sont encore cachées pour nous.

V I.

Après avoir prouvé que les planetes font retenues dans leur orbite par une force qui tend vers le Soleil, M. *Newton* démontre prop. 4. que les forces centripetes des corps qui décrivent des cercles, sont entr'elles comme les quarrés des arcs de ces cercles parcourus en tems égal, & divisés par leurs rayons; d'où il tire, que si

M. Newton est parvenu à découvrir que la force qui porte les planetes vers le Soleil, suit la proportion inverse

DE LA PHILOSOPHIE NATURELLE.

les tems périodiques des corps révoluans dans des cercles sont en raison sesquiplée de leurs rayons, la force centripéte qui les porte vers le centre de ces cercles, est en raison réciproque des quarrés de ces mêmes rayons, c'est-à-dire des distances de ces corps au centre : or, par la seconde regle de *Kepler*, que toutes les planetes observent, les tems de leurs révolutions sont entr'eux en raison sesquiplée de leurs distances à leur centre, donc, la force qui porte les planetes vers le Soleil décroit en raison inverse du quarré de leurs distances à cet astre, en supposant qu'elles tournent dans des cercles concentriques au Soleil.

<small>doublée des distances, par celle qui est entre leurs distances au Soleil & leurs tems périodiques. Prop. 4. Cor. 6.

Et en supposant d'abord leurs orbes circulaires.</small>

VII.

L'idée qui se présente le plus naturellement à l'esprit, quant aux orbes des planetes, c'est qu'elles font leurs révolutions dans des cercles concentriques ; mais leurs différens diamétres apparens, & plus d'éxactitude dans les observations, avoient fait connoître depuis longtems que leurs orbes ne pouvoient être concentriques au Soleil : on expliquoit donc leurs cours avant *Kepler* par des cercles excentriques qui satisfaisoient assez bien aux observations pour le Soleil & les planetes, si on en excepte Mercure & Mars.

<small>On croyoit avant *Kepler* que les planetes tournoient autour du Soleil dans des cercles excentriques,</small>

Ce fut le cours de cette derniere planete qui fit soupçonner à *Kepler* que l'orbe des planetes pourroit bien être une ellipse dont le Soleil occupe un des foyers, & cette courbe s'accorde si parfaitement avec les Phénomenes, qu'il est à présent reconnu de tous les Astronomes, que c'est dans des ellipses que les planetes tournent autour du Soleil, & que cet astre occupe un des foyers de ces ellipses.

<small>Mais *Kepler* a fait voir qu'elles tournent dans des ellipses.</small>

VIII.

En partant de cette découverte, M. *Newton* a cherché quelle est la loi de force centripéte nécessaire pour faire décrire une ellipse aux planetes, & il a trouvé dans la prop. 11. que cette force doit suivre la proportion inverse du quarré des distances du corps au foyer de cette ellipse ; mais on vient de voir qu'il avoit

c ij

trouvé dans le cor. 6. de la prop. 4. que dans les cercles, les tems périodiques des corps révoluans étant en raison sesquiplée des distances, la force étoit inversement comme le quarré de ces mêmes distances ; il ne restoit plus, pour être entierement sûr que la force centripéte qui dirige les corps célestes dans leurs cours suit la proportion inverse du quarré des distances, qu'à éxaminer si les tems périodiques suivent la même proportion dans les ellipses que dans les cercles.

<small>M. *Newton* a fait voir que dans les ellipses les tems périodiques sont dans la même proportion que dans les cercles.</small>

Or, M. *Newton* fait voir dans la prop. 15. que les tems périodiques dans les ellipses sont en raison sesquiplée de leurs grands axes ; c'est-à-dire, que ces tems sont dans la même proportion dans les ellipses, & dans les cercles dont les diamétres seroient égaux aux grands axes des ellipses.

Cette courbe que les planetes décrivent dans leur révolution a cette propriété, que si l'on en prend de petits arcs parcourus en tems égal, l'espace compris entre la ligne tirée de l'une des extrémités de cet arc & la tangente à l'autre extrémité croit à mesure que le quarré de la distance au foyer diminue, & cela dans la même proportion ; d'où il suit, que le pouvoir attractif qui est proportionnel à cet espace, suit aussi la même proportion.

I X.

<small>Et que par conséquent la force centripéte qui retient les planetes dans leur orbe, décroit comme le quarré de la distance.</small>

M. *Newton* ne s'est pas contenté d'examiner la loi qui fait décrire des ellipses aux planetes, mais il a examiné si cette même loi ne pouvoit pas faire décrire d'autres courbes aux corps, & il a trouvé (Cor. 1. prop. 13.) qu'elle ne leur feroit jamais décrire qu'une des Sections coniques dont le centre des forces seroit le foyer, & cela quelque fût la vitesse projectile.

<small>La force centripéte étant dans cette proportion, les planetes ne peuvent décrire que des Sections coniques dont le Soleil occupe un des foyers.</small>

Les autres loix qui feroient décrire des Sections coniques, les feroient décrire autour d'autres points que le foyer ; M. *Newton* a trouvé *P. E.* que si la puissance est comme la distance au centre, elle fera décrire au corps une Section conique dont le centre sera le centre des forces, ainsi M. *Newton* a non-seulement trouvé la

DE LA PHILOSOPHIE NATURELLE. 37

loi que fuit la force centripéte dans notre fiftême planétaire, mais Prop. 10. il a fait voir qu'une autre loi ne pouvoit avoir lieu dans notre monde tel qu'il eft.

X.

M. *Newton* a cherché enfuite prop. 17. la courbe que doit dé- Maniere de déterminer l'orbe crire un corps dont la force centripéte décroit en raifon inverfe d'une planete, en fuppofant la loi du quarré des diftances, en fuppofant que ce corps parte d'un point de la force cendonné avec une viteffe & une direction prifes à volonté. tripéte donnée.

Il eft parti pour la folution de ce problême, de la remarque qu'il avoit fait prop. 16. que les viteffes des corps qui décrivent des Sections coniques, font à chaque point de ces courbes, inverfement comme les perpendiculaires abaiffées du foyer fur les tangentes, & directement comme les racines quarrées des paramétres.

Outre que cette propofition fait un problême intéreffant pour la feule Géométrie, il eft encore très-utile dans l'Aftronomie ; car en découvrant par quelques obfervations la viteffe & la direction d'une planete dans quelque partie de fon orbite, on peut, à l'aide de cette propofition, trouver le refte de l'orbite, & la détermination de l'orbite des comètes peut être en grande partie fondée fur la même propofition.

X I.

Il eft aifé de s'appercevoir que d'autres loix de force centripéte Quelles courbes d'autres loix de que celle du quarré des diftances feroient décrire d'autres courbes, forces centripétes feroient décrire. & il y auroit telle loi dans laquelle les planetes, malgré la force La proportion projectile, defcendroient vers le Soleil, & telle autre dans laquelle, entre la force centripéte & la malgré leur force centripéte, elles s'en iroient à l'infini dans les ef- force projectile eft la caufe de la paces céleftes ; telle autre leur feroit décrire des fpiralles, &c. & circulation perpétuelle des plaM. *Newton* cherche dans la prop. 42. quelles feroient les courbes netes dans leur orbe. décrites dans toutes fortes d'hypotèfes de force centripéte.

X I I.

On voit par tout ce qu'on vient de dire que la circulation pérpétuelle des planetes dans leur orbe, dépendoit de la proportion entre la force centripéte & la force projectile, & que ceux qui demandent pourquoi, lorsque les planetes sont arrivées à leur périhélie, elles remontent à leur aphélie, ne connoissent pas cette proportion; car dans la plus haute apside, la force centripéte surpasse la force centrifuge, puisqu'alors le corps s'approche du centre, & dans l'apside la plus basse, la force centrifuge surpasse à son tour la force centripéte, puisqu'en remontant le corps s'éloigne du centre, donc il falloit une certaine combinaison entre la force centripéte & la force centrifuge, pour que ces forces se surpassassent alternativement l'une & l'autre, & qu'elles fissent aller perpétuellement le corps de l'apside la plus haute à la plus basse, & de la plus basse à la plus haute.

On fait encore une objection sur la continuation des mouvemens célestes, tirée de la résistance qu'ils doivent éprouver dans le milieu dans lequel ils se meuvent. M. *Newton* a répondu à cette objection dans la Prop. 10. du Liv. 3. où il fait voir que la résistance des milieux diminue en raison de leurs poids & de leur densité ; or, il avoit fait voir dans le Scholie de la Prop. 22. Liv. 2. qu'à la hauteur de 200 milles au-dessus de la surface de la terre, l'air y est plus rare qu'à sa surface dans la raison de 30000,0000000000003998 ou de 75000000000000 à 1. environ ; d'où il conclut (Prop. 10. Liv. 3.) que supposant de cette densité le milieu dans lequel se meut Jupiter, cette planete parcourant en 30 jours 5 de ses demi diametres, elle perdroit à peine en 1000000 ans, par la résistance d'un tel milieu, la 1000000eme partie de son mouvement. On voit donc que le milieu dans lequel se meuvent les planetes peut être si subtil, que sa résistance soit regardée comme nulle, & la proportionnalité observée constamment entre les aires & les tems, nous assure qu'en effet cette résistance est insensible.

XIII.

Puisqu'on a vû ci-dessus que la proportionnalité des tems & des aires que les planetes décrivent autour du Soleil, prouve qu'elles

DE LA PHILOSOPHIE NATURELLE.

tendent à cet astre comme à leur centre, & que la raison qui est entre leurs tems périodiques & leurs distances, fait connoître que cette force agit en raison doublée inverse des distances ; si les planetes qui font leur révolution autour du Soleil se trouvent environnées d'autres corps qui tournent autour d'elles, & qui suivent dans leurs révolutions ces mêmes proportions, il sera prouvé que ces corps révoluans éprouvent une force centripéte qui les porte vers ces planetes, & que cette force décroît comme celle du Soleil en raison du quarré de la distance.

Comment les planetes peuvent conserver leur mouvement malgré la résistance du milieu dans lequel elles se meuvent.

Nous ne connoissons que trois planetes qui ayent des corps révoluans autour d'elles, Jupiter, la Terre & Saturne ; on sçait que les satellites de ces 3 planetes décrivent autour d'elles des aires proportionnelles au tems, & que par conséquent ils sont animés par une force qui tend vers ces planetes.

XIV.

Jupiter & Saturne ayant chacun plusieurs satellites dont on connoît les tems périodiques & les distances, il est aisé de connoître si les tems de leur révolution autour de leur planete sont à leur distance dans la proportion découverte par *Kepler* ; & les observations font voir que les satellites de Jupiter & de Saturne observent aussi cette seconde loi de *Kepler* en tournant autour de leur planete, & que par conséquent la force centripéte dans Jupiter & dans Saturne, décroît en raison inverse du quarré de la distance des corps au centre de ces planetes.

La comparaison des tems périodiques & des distances des satellites de Jupiter & de Saturne, fait voir que la force qui porte les satellites de ces planetes vers leur planete principale, suit aussi la proportion doublée inverse des distances.

XV.

La terre n'ayant qu'un satellite, qui est la Lune, il paroît d'abord difficile de connoître la proportion dans laquelle agit la force qui fait tourner la Lune autour de la terre, puisqu'on manque pour cela de terme de comparaison.

M. *Newton* a trouvé le moyen d'y suppléer, & voici comment il y est parvenu.

PRINCIPES MATHÉMATIQUES

Comment M. Newton est parvenu à découvrir que la force attractive de la terre suit la même proportion.

Tous les corps qui tombent ici-bas parcourent, selon la progression découverte par *Galilée*, des espaces qui sont comme les quarrés des tems employés à tomber.

On connoît la distance moyenne de la Lune à la terre qui est de 60 demi diamétres de la terre en nombres ronds, & tous les corps d'ici-bas sont censés à un demi diamétre du centre de la terre; donc si la même force fait tomber les corps & circuler la Lune dans son orbite, & si cette force décroît comme le quarré de la distance, elle doit agir 3600 fois plus sur les corps placés à la surface de la terre que sur la Lune, puisque la Lune est 60 fois plus éloignée qu'eux du centre de la terre; on connoît l'orbe de la Lune puisqu'on connoît à présent la mesure de la terre, on sçait que la Lune employe 27 jours 7 heures 43′ à parcourir cet orbe, on connoît par conséquent l'arc qu'elle parcourt en une minute; or par le Cor. 9. de la Prop. 4. on voit que l'arc décrit en un tems donné par un corps qui tourne d'un mouvement uniforme & avec une force centripéte donnée dans un cercle est moyen proportionnel entre le diamétre de ce cercle & la ligne dont ce corps est descendu vers le centre dans le même tems.

Il est vrai que la Lune ne décrit pas exactement un cercle autour de la terre, mais on peut le supposer dans le cas dont il s'agit sans erreur sensible, & cette supposition faite, on trouve alors que la ligne qui exprime la quantité dont la Lune est tombée vers la terre en une minute par la force centripéte est de quinze pieds en nombres ronds.

Or la Lune, selon la progression de *Galilée*, parcoureroit dans le lieu où elle est, 3600 fois moins d'espace en une seconde qu'en une minute, & les corps qui sont à la surface de la terre parcourent, selon les expériences des pendules qu'on doit à M. *Hughens*, 15 pieds environ en une seconde; c'est-à-dire, 3600 fois plus d'espace que la Lune, donc la force qui les fait tomber agit 3600 fois plus sur eux que sur la Lune, ce qui est précisément la proportion des quarrés de leurs distances.

DE LA PHILOSOPHIE NATURELLE. 41

On voit par cet exemple de quelle utilité est la mesure de la terre; car pour pouvoir comparer cette flèche qui exprime la quantité dont la Lune s'est approchée de la terre, à l'espace contemporain dont la pesanteur fait tomber les corps près de la surface de la terre dans le même tems, il faut avoir la distance absolue de la Lune à la terre, réduite en pieds, ainsi que la longueur du pendule, car il ne suffit pas dans ce cas d'avoir des rapports, mais il faut des grandeurs absolues.

XVI.

Jupiter, Saturne & notre Terre attirent donc les corps dans la même proportion que le Soleil les attire eux-mêmes, & l'induction nous porte à conclure, que la gravité suit les mêmes proportions dans Mars, Vénus & Mercure : car partout ce que nous connoissons de ces trois planetes, elles nous paroissent des corps de la même espèce que la Terre, Jupiter & Saturne ; ainsi on peut conclure, avec beaucoup de vraisemblance, qu'elles ont la force attractive, & que cette force décroît comme le quarré des distances.

La mesure de la terre étoit nécessaire pour cette découverte.
L'analogie nous porte à conclure que l'attraction suit aussi la même proportion dans les planetes qui n'ont pas de satellites.

XVII.

Puisqu'il est prouvé par les observations & par l'induction que toutes les planetes ont la force attractive en raison inverse du quarré des distances, & que par la seconde loi du mouvement l'action est toujours égale à la réaction, on doit conclure, avec M. *Newton*, que toutes les planetes gravitent les unes vers les autres, & que de même que le Soleil attire les planetes, il est réciproquement attiré par elles ; car puisque la Terre, Jupiter & Saturne agissent sur leurs satellites en raison inverse du quarré des distances, il n'y a aucune raison qui puisse faire croire que cette action ne s'exerce pas à toutes les distances dans la même proportion ; ainsi les planetes doivent s'attirer mutuellement, & on voit sensiblement les effets de cette attraction mutuelle dans la conjonction de Jupiter & de Saturne.

Prop. 5. Liv. 3.
De quel raisonnement M. Newton a conclu la gravitation mutuelle de tous les corps célestes.

XVIII.

L'analogie nous portant à croire que les planetes secondaires sont en tout des corps de la même espéce que leurs planetes principales, il est très-vraisemblable qu'elles ont aussi la force attractive, & que par conséquent elles attirent leur planete principale de même qu'elles en sont attirées, & qu'elles s'attirent aussi mutuellement l'une l'autre, ce qui est confirmé encore par l'attraction de la Lune sur la terre, dont les effets deviennent sensibles dans les marées & dans la précession des équinoxes, comme on le verra dans la suite.

On peut donc conclure que la force attractive appartient à tous les corps célestes, & qu'elle agit dans tout notre système planétaire selon la proportion doublée inverse des distances.

XIX.

Quelle est la cause pour laquelle un corps tourne autour d'un autre, au lieu de le forcer à tourner autour de lui.

Mais quelle est la raison qui fait tourner un corps autour d'un autre ? Pourquoi, par exemple, si la Lune & la terre s'attirent réciproquement en raison inverse du quarré de leurs distances, la terre ne tourne-t'elle pas autour de la Lune, au lieu de faire tourner la Lune autour d'elle ; il faut certainement que la loi que suit l'attraction ne dépende pas seulement de la distance, & qu'il y entre quelque autre élément par lequel on puisse rendre raison de cette détermination, car la distance est ici insuffisante, puisqu'elle est la même pour l'un & l'autre globe.

Cette cause paroît être la masse du corps central.

Il est aisé, en examinant les corps qui composent notre système planétaire, de soupçonner que cette loi est celle des masses ; le Soleil autour duquel tournent tous les corps célestes nous paroît beaucoup plus gros qu'aucun d'eux, Saturne & Jupiter sont beaucoup plus gros que leurs satellites, & notre terre l'est plus que la Lune qui tourne autour d'elle.

Mais pour s'en assurer, il falloit connoître les masses des différentes planetes.

Or, comme la grosseur & la masse sont deux choses différentes, pour être assuré que la gravité des corps célestes suit la loi des masses, il étoit donc nécessaire de connoître ces masses.

DE LA PHILOSOPHIE NATURELLE.

Mais comment connoître la masse des différentes planetes, c'est ce que la théorie de M. *Newton* nous apprend.

X X.

Voici le chemin qu'il a suivi pour parvenir à cette découverte.

Puisque l'attraction de tous les corps célestes sur les corps qui les environnent suit la proportion inverse du quarré des distances, il est bien vraisemblable que les parties dont ils sont composés s'attirent dans la même proportion.

La force attractive totale d'une planete est composée de la force attractive de ses parties ; car si l'on conçoit que plusieurs petites planetes s'unissent pour en former une grosse, la force de cette grosse planete sera composée des forces de toutes ces petites planetes, & M. *Newton* a prouvé dans les Prop. 74, 75 & 76. que si les particules dont une sphére est composée s'attirent mutuellement en raison inverse du quarré des distances, ces sphéres entieres attireront les corps qui leur sont extérieurs, à quelque distance qu'ils soient placés, dans cette même raison inverse du quarré de leurs distances ; & de toutes les loix d'attraction examinées par M. *Newton*, il n'a trouvé que celle en raison inverse du quarré des distances, & celle qui suivroit la raison de la simple distance dans lesquelles les sphéres entieres attirent les corps qui leur sont extérieurs dans la même raison que leurs parties s'attirent l'une l'autre.

Chemin que M. Newton a suivi pour parvenir à cette découverte.

On voit par-là la force du raisonnement qui a fait conclure à M. *Newton* (Cor. 3. Prop. 74.) que puisqu'il est prouvé d'un côté par la théorie, que lorsque les particules d'une sphére s'attirent réciproquement dans la raison inverse du quarré des distances, la sphere entiere attire les corps extérieurs dans la même raison, & que de l'autre les observations font voir que les corps célestes attirent dans cette proportion les corps qui leur sont extérieurs : il est bien simple de conclure que les parties dont les corps célestes sont composés s'attirent réciproquement dans cette même raison.

PRINCIPES MATHÉMATIQUES

Il a commencé par trouver les poids du même corps sur les différentes planetes, à égale distance.

M. *Newton* cherche dans la Prop. 8. du Liv. 3. ce que peseroit le même corps sur les différentes planetes, & il le trouve en faisant usage du Cor. 2. de la Prop. 4. dans lequel il a fait voir que les poids des corps égaux qui circulent dans des cercles, sont comme les diamétres de ces cercles directement, & comme le quarré de leurs tems périodiques inversement ; donc connoissant les tems périodiques de Vénus autour du Soleil, des satellites de Jupiter autour de cette planete, des Lunes de Saturne autour de Saturne, & de la Lune autour de la Terre, & la distance de ces corps aux centres autour desquels ils tournent ; & supposant que ces corps décrivent des cercles dans leur révolution, ce qui peut se supposer dans le cas dont il s'agit, on trouve quel seroit le poids du même corps transporté successivement à la même distance du centre du Soleil, de Jupiter, de Saturne & de la Terre.

Et il a fait voir ensuite que la quantité de matere est proportionnelle aux poids du même corps sur les différentes planetes, à égale distance du centre.

Le poids du même corps sur les différentes planetes, à égale distance de leur centre, étant connu, M. *Newton* en conclut la quantité de matiere que chacune d'elles contient, car l'attraction dépendant de la masse & de la distance, à égale distance les forces attractives sont comme les quantités de matiere des corps qui attirent ; donc les masses des différentes planetes sont comme les poids du même corps supposé à égale distance de leurs centres.

XXI.

D'où il a tiré leur densité.

On peut connoître par le même moyen la densité du Soleil & des planetes qui ont des satellites, c'est-à-dire, la proportion qui est entre leur diametre & la quantité de matiere qu'elles contiennent, car M. *Newton* (Prop. 72. Liv. 1.) a prouvé que les poids des corps égaux placés sur les surfaces des sphéres homogénes & inégales, sont comme les diamétres de ces sphéres ; donc si ces sphéres étoient hétérogénes & égales, les poids des corps à leurs surfaces seroient comme leur densité, en supposant qu'il n'entre dans la loi d'attraction que la distance & la masse du corps attirant ; donc aux surfaces des sphéres hétérogénes & inégales, les

DE LA PHILOSOPHIE NATURELLE. 45

poids des corps égaux feront en raifon compofée de la denfité de ces fphéres & de leur diamétre ; donc les denfités feront comme les poids des corps divifés par les diamétres.

XXII.

On connoît par-là que les plus petites planetes font les plus denfes, & qu'elles font placées le plus près du Soleil ; car on vû dans le Chap. I. où l'on a donné toutes les proportions de notre fyftême, que la terre qui eft plus petite & plus près du Soleil que Jupiter & Saturne, eft plus denfe que ces planetes.

Les planetes les plus petites & les plus denfes, font les plus voifines du Soleil.

XXIII.

M. *Newton* tire de-là la raifon de l'arrangement des corps céleftes de notre fyftême planétaire, qui eft tel que le requéroit la denfité de leur matiere, afin que chacun fut plus ou moins échauffé du Soleil à proportion de fa denfité & de fon éloignement ; car on fçait que plus un corps eft denfe, & plus il s'échauffe difficilement, d'où M. *Newton* conclut que la matiere de Mercure doit être fept fois plus denfe que celle de la terre, afin que la végétation puiffe y avoir lieu ; car on fçait que l'illumination à laquelle, toutes chofes égales, la chaleur eft proportionnelle, eft comme le quarré des approchemens : or, on connoît la proportion de la diftance de Mercure & de la Terre au Soleil, & par cette proportion on fçait que Mercure eft fept fois plus éclairé & par conféquent fept fois plus échauffé que la Terre ; & M. *Newton* dit avoir trouvé par fes expériences que la chaleur de notre été, augmentée fept fois, fait bouillir l'eau ; donc fi la terre étoit placée où eft Mercure, toute notre eau s'évaporeroit : fi elle l'étoit où eft Saturne, elle feroit toujours gelée, dans l'un & l'autre cas toute végétation cefferoit, & tout le genre animal périroit.

Quelle en eft la raifon fuivant M. Newton.

XXIV.

On voit qu'il n'y a que les planetes qui ont des fatellites dont on puisse connoître la masse & la densité, puisque pour y parvenir, il faut comparer entr'eux les tems des révolutions des corps qui tournent autour de ces planetes, il faut cependant en excepter la Lune dont je parlerai dans la suite.

On ne connoît toutes les proportions que dans les planetes qui ont des satellites.
Il faut cependant en excepter la Lune.

XXV.

La masse des planetes étant connue, on voit que les corps qui ont moins de masse tournent autour de ceux qui en ont plus, & que plus un corps a de masse, plus il a de force attractive, toutes choses égales ; ainsi toutes les planetes tournent autour du Soleil parce que le Soleil a beaucoup plus de masse qu'aucune planete, car la masse du Soleil est à celles de Jupiter & de Saturne, à peu près comme 1 à 1100, & 3000 respectivement ; donc ces deux planetes étant celles de notre systême qui ont le plus de masse, il suit que le soleil doit être le centre des mouvemens de notre systême.

On voit par-là pourquoi le Soleil est le centre des révolutions célestes.

XXVI.

Si l'attraction se proportionne aux masses, l'altération causée par l'action de Jupiter sur l'orbe de Saturne dans leur conjonction, doit être beaucoup plus grande que celle qui est causée alors dans l'orbe de Jupiter par l'action de Saturne, puisque Jupiter a beaucoup plus de masse que Saturne, & c'est aussi ce qui arrive ; l'altération de l'orbe de Jupiter dans sa conjonction avec Saturne, quoique sensible, est cependant beaucoup moindre que celle qu'on remarque dans l'orbe de Saturne.

Les altérations que Saturne & Jupiter se causent mutuellement dans leur cours, suivent la raison de leurs masses.

XXVII.

Mais si l'effet de l'attraction, ou le chemin que fait le corps attiré, dépend de la masse du corps attirant, pourquoi ne dépendra-t-il pas aussi de la masse du corps attiré, c'est ce qui mérite assurément qu'on l'examine.

On sçait que tous les corps d'ici-bas tombent également vîte vers la terre, quand on ôte la résistance de l'air ; car dans la machine

DE LA PHILOSOPHIE NATURELLE.

de *Boyle*, quand on en a pompé l'air, de l'or & des plumes arrivent en même tems au fond.

M. *Newton* a confirmé cette expérience par une autre où les plus petites différences deviennent fenfibles, même à la groffiereté de nos organes ; il rapporte qu'il a fait plufieurs pendules de matiere très-différente, comme d'eau, de bois, d'or, de verre, &c. & que les ayant fufpendus à des fils d'égale longueur, ils ont fait des ofcillations fenfiblement yfochrones pendant un très-long tems.

Prop. 24. Liv. 2.
& Prop. 6. Liv. 3.

XXVIII.

Il eft donc hors de doute que la force attractive de notre terre fe proportionne à la maffe des corps qu'elle attire, & qu'à la même diftance elle dépend uniquement de leur maffe, c'eft-à-dire, de leur quantité de matiere. Ainfi fi on fuppofe les corps d'ici-bas tranfportés à l'orbe de la Lune, puifqu'on a prouvé ci-deffus que la même force agit fur la Lune & fur ces corps & qu'elle décroît comme le quarré des diftances, les diftances alors étant égales, il fuit qu'en fuppofant que la Lune perdît fon mouvement projectile, ces corps & le globe de la Lune arriveroient en même tems à la furface de la terre & parcoureroient les mêmes efpaces, en fuppofant la réfiftance de l'air nulle.

L'attraction fe proportionne aux maffes fans égard à la forme ni à l'efpéce des corps qui s'attirent.

XXIX.

La même chofe eft prouvée pour les planetes qui ont des fatellites telles que Jupiter & Saturne. Si l'on fuppofoit que les fatellites de Jupiter, par exemple, fuffent tous placés à la même diftance du centre de cette planete, & qu'ils fuffent tous privés de leurs fixes projectiles, ils tomberoient tous vers elle, & arriveroient à la furface dans le même tems. Cette propofition eft une fuite de la proportion qui eft entre les diftances des fatellites & les tems de leurs révolutions.

XXX.

On prouve de même, par la raifon qui eft entre les tems périodiques

& les distances des planetes principales au Soleil, que cet astre agit sur chacune d'elles proportionnellement à sa masse, car à des distances égales leurs tems périodiques seroient égaux, & si dans cette supposition les planetes perdoient toutes leur force projectile, elles arriveroient toutes en même tems au Soleil ; donc le Soleil attire chaque planete en raison directe de sa masse.

XXXI.

La régularité de l'orbe des satellites de Jupiter autour de cette planete est encore une preuve de cette vérité, car M. *Newton* a prouvé, Prop. 65. Cor. 3. que lorsqu'un système de corps se meut dans des cercles ou dans des ellipses régulieres, il faut que ces corps n'éprouvent d'action sensible que de la force attractive qui leur fait décrire ces courbes ; or les satellites de Jupiter décrivent autour de cette planete des orbes circulaires sensiblement réguliers & concentriques à cette planete, les distances des satellites de Jupiter, & celle de Jupiter lui-même, au Soleil doivent être regardées comme égales, vû la petite proportion qui est entre les différences de leurs distances & la distance totale ; donc si quelqu'un des satellites de Jupiter, ou Jupiter lui-même, étoit plus attiré par le Soleil qu'un autre satellite à raison de sa masse, alors cette attraction plus forte du Soleil dérangeroit l'orbe de ce Satellite ; & M. *Newton* dit, Prop. 6. Liv. 3. que si cette action du Soleil sur un des satellites de Jupiter étoit plus ou moins grande à raison de sa masse, que celle qu'il exerce sur Jupiter à raison de la sienne, seulement d'un millieme de sa gravité totale, la distance du centre de l'orbe de ce satellite au Soleil, seroit plus ou moins grande que la distance du centre de Jupiter au Soleil, de $\frac{1}{2000}$ de sa distance totale, c'est-à-dire, de la cinquième partie de la distance du satellite le plus éloigné de Jupiter à Jupiter, ce qui rendroit son orbe sensiblement excentrique ; donc puisque ces orbes sont sensiblement concentriques à Jupiter, les gravités accélératrices du Soleil

DE LA PHILOSOPHIE NATURELLE.

Soleil sur Jupiter & sur ses satellites sont comme leur quantité de matiere.

On peut faire le même raisonnement sur Saturne & sur ses satellites dont les orbes sont sensiblement concentriques à Saturne.

Les expériences & les observations nous portent donc à conclure que l'attraction des corps célestes est proportionnelle aux masses, tant dans le corps attirant que dans le corps attiré ; que c'est la masse qui détermine un corps à tourner autour d'un autre ; qu'on peut considérer indifféremment tout corps comme attirant & comme attiré ; qu'enfin l'attraction est toujours réciproque entre deux corps, & que c'est la proportion qui est entre leurs masses qui décide si cette double attraction peut être sensible.

L'attraction est toujours réciproque.

XXXII.

L'attraction a encore une propriété, c'est d'agir également sur les corps en mouvement & sur les corps en repos, & de produire des accélérations égales en tems égaux, d'où il suit que son action est continue & uniforme. C'est ce que prouve la maniere dont la gravité accélère les corps qui tombent ici-bas, & ce qui suit du mouvement des planetes qui ne sont, comme nous l'avons fait voir, que de plus grands projectiles, mais toujours soumis aux mêmes loix.

L'attraction agit uniformément & continuellement, & produit des accélérations égales en tems égal, soit que les corps sur lesquels elle agit se meuvent, soit qu'ils soient en repos.

XXXIII.

Puisque la proportion qui est entre les masses des corps qui s'attirent décide du chemin que l'un fait vers l'autre, on voit que le Soleil ayant beaucoup plus de masse que les planetes, l'attraction qu'elles exercent sur lui ne doit pas être sensible. Cependant l'attraction des planetes sur le Soleil, quoique trop peu considérable pour être sensible, n'est cependant pas nulle ; & en la considérant, on voit que le centre autour duquel chaque planete tourne n'est pas le centre du Soleil, mais le point où se trouve placé le centre commun de gravité du Soleil & de l'astre dont on considère la

Effet de l'attraction des planetes sur le Soleil.

Tome II.

révolution. Ainſi, comme on a vu dans le Chapitre I. §. 19. que la matiere du Soleil eſt à celle de Jupiter, par exemple, comme 1 à $\frac{1}{1067}$, & la diſtance de Jupiter au Soleil étant au demi diamétre du Soleil dans une raiſon un peu plus grande, il ſuit que le centre commun de gravité de Jupiter & du Soleil tombe dans un point fort près de la ſurface du Soleil.

Par le même raiſonnement on trouve que le centre de gravité de Saturne & du Soleil tombe dans la ſuperficie du Soleil, & en faiſant le même calcul pour toutes les planetes, M. *Newton* dit, que ſi la terre & toutes les autres planetes étoient placées du même côté, le centre commun de gravité du Soleil & de toutes les planetes ſeroit à peine éloigné du centre du Soleil d'un de ſes diamétres. Car bien qu'on ne connoiſſe pas la maſſe de Vénus, de Mercure ni de Mars, cependant comme ces planetes ſont beaucoup plus petites que Saturne & que Jupiter, qui ont elles-mêmes infiniment moins de maſſe que le Soleil, on peut conclure que leur maſſe ne dérange pas cette proportion.

<small>Prop. 12. Liv. 3.</small>

XXXIV.

<small>Cet effet eſt de le faire oſciller autour du centre commun de gravité de notre ſyſtême planétaire.</small>

C'eſt autour de ce centre commun de gravité que les planetes tournent, & le Soleil lui-même oſcille autour de ce centre commun de gravité ſelon les proportions de l'attraction des planetes ſur lui. Ainſi c'eſt improprement que lorſqu'on conſidére le mouvement de deux corps dont l'un tourne autour de l'autre, on regarde le corps central comme fixe. Les deux corps, c'eſt-à-dire, le corps central & celui qui tourne autour de lui, tournent tous deux autour de leur centre de gravité commun, mais le chemin qu'ils font autour de ce centre de gravité étant en raiſon réciproque de leur maſſe, la courbe que décrit le corps qui a beaucoup plus de maſſe eſt preſque inſenſible: c'eſt pourquoi l'on ne conſidére que la courbe décrite par le corps dont la révolution eſt ſenſible, & on néglige ce petit mouvement du corps central qu'on regarde comme fixe.

DE LA PHILOSOPHIE NATURELLE.

XXXV.

La Terre & la Lune tournent donc autour de leur centre commun de gravité, & ce centre tourne lui-même autour du centre de gravité de la Terre & du Soleil. Il en est de même de Jupiter & de ses Lunes, de Saturne & de ses satellites, & enfin du Soleil & de toutes les planetes. Ainsi le Soleil, selon les différentes positions des planetes, doit se mouvoir successivement de tous les côtés autour du commun centre de gravité de notre système planétaire.

XXXVI.

Ce commun centre de gravité est en repos. Car les différentes parties de ce système répondent toujours aux mêmes étoiles fixes; or, si ce centre n'étoit pas en repos, & qu'il se mût uniformément en ligne droite, on auroit remarqué, depuis le tems qu'on observe, des changemens dans les rapports des différentes parties de notre système planétaire aux étoiles fixes; or, comme on n'y remarque aucun changement, on doit en conclure que le centre commun de gravité de notre système planétaire est en repos.

Ce centre commun de gravité est en repos.

Ce centre est le point dans lequel tous les corps qui composent notre système planétaire viendroient se réunir s'ils perdoient leur mouvement projectile.

Le centre de gravité de notre système planétaire étant en repos, le centre du Soleil ne peut être ce centre commun de gravité, puisqu'on vient de voir qu'il se meut selon les différentes positions des planetes, quoiqu'il ne se dérange jamais sensiblement de sa place, à cause du peu de distance qui est entre le centre de gravité commun de notre monde planétaire, & le centre du Soleil.

Ainsi ce centre ne peut être le centre du Soleil lequel se meut perpétuellement.

XXXVII.

Puisque l'attraction se proportionne à la masse du corps attirant, & à celle du corps attiré, on en doit conclure qu'elle appartient à chaque partie de la matiere, & que toutes les parties dont

g ij

L'attraction appartient à chaque particule de la matiere.

un corps est composé s'attirent mutuellement : car si l'attraction n'appartenoit pas à chaque partie de la matiere, elle ne suivroit pas la raison des masses.

XXXVIII.

Réponse à l'objection qu'on tire de ce que l'attraction des corps d'ici-bas n'est pas sensible.

Cette propriété de l'attraction, d'être proportionnelle aux masses, fournit une réponse à l'objection qu'on a coutume de faire contre l'attraction mutuelle des corps. Si tous les corps ont cette propriété de s'attirer mutuellement, pourquoi, dit-on, ne s'apperçoit-on pas de l'attraction qu'ils exercent ici-bas les uns sur les autres ? mais on sent aisément que l'attraction étant proportionnelle aux masses des corps qui s'attirent, l'attraction que la terre exerce sur les corps d'ici-bas, est beaucoup plus forte que celle qu'ils exercent mutuellement les uns sur les autres, & que par conséquent ces attractions partiales sont absorbées & rendues insensibles par celle de la terre.

XXXIX.

Elle le devient dans de certains cas, comme dans la déviation du fil à plomb au pied de Chimboraço.

Les Académiciens qui ont été mesurer un dégré du méridien au Pérou, ont cru s'appercevoir que l'attraction de la montagne de Chimboraço, la plus haute qu'on connoisse, causoit une déviation sensible dans le fil à plomb ; & il est certain, par la théorie, que l'attraction de cette montagne doit faire un effet sur le fil & sur tous les corps : mais il reste à sçavoir si la quantité de la déviation observée, est celle qui doit résulter de la grosseur de la montagne. Car outre que ces observations ne donnent pas exactement la quantité de la déviation, à cause des erreurs inévitables dans la pratique, il y a encore cet inconvénient, que la théorie ne donne pas de moyen d'aprétier exactement la quantité dont cette déviation doit être, parce qu'on ignore la figure totale de la montagne, sa densité, &c.

XL.

La même raison qui empêche qu'on ne s'apperçoive des attractions des corps d'ici-bas, fait que les attractions mutuelles des corps

DE LA PHILOSOPHIE NATURELLE.

célestes sont très-rarement sensibles. Car l'attraction beaucoup plus puissante que le Soleil exerce sur eux, empêche cette attraction mutuelle de paroître. Il y a cependant des cas où l'on s'en apperçoit, comme dans la conjonction de Saturne & de Jupiter qui dérangent alors réciproquement d'une maniere sensible leurs orbes, parceque l'attraction de ces deux planetes est trop forte pour être absorbée par celle du Soleil.

XLI.

A l'égard des attractions sensibles de quelques corps d'ici-bas, telles que celles de l'aiman & de l'électricité, elles suivent d'autres loix, & ont vraisemblablement d'autres causes que l'attraction universelle de la matiere dont on parle ici.

M. *Newton* a prouvé Prop. 66. que les attractions mutuelles de deux corps qui tournent autour d'un troisiéme, troublent moins la régularité de leurs mouvemens lorsque le corps autour duquel ils tournent est mû par leurs attractions, que s'il étoit en repos; ainsi le peu d'altération qu'on remarque dans le mouvement des planetes, est encore une preuve de la mutualité de l'attraction.

Les attractions de l'aiman & de l'électricité ont des causes différentes, & ne suivent pas les mêmes proportions que l'attraction universelle des corps.

XLII.

Les aphélies des planetes, ainsi que leurs nœuds, & les plans dans lesquels elles se meuvent sont en repos, en faisant abstraction de l'action des planetes les unes sur les autres.

Mars, Vénus, Mercure & la Terre étant de très-petites planetes, elles ne causent aucune altération sensible dans leurs mouvemens respectifs : ainsi leurs aphélies & leurs nœuds ne peuvent être dérangés que par l'action de Jupiter & de Saturne. M. *Newton* conclut de sa théorie que par cette cause, les aphélies de ces quatre planetes se meuvent un peu en conséquence par rapport aux étoiles fixes, & il prétend que ces mouvemens suivent la proportion sesquiplée des distances de ces planetes au Soleil; d'où il tire, Prop. 14. Liv. 3. qu'en supposant que l'aphélie de Mars, dans lequel ce mouvement

Prop. 14. Liv. 3. & Prop. 1 & 11. Liv. 1.
Les aphélies des planetes sont en repos.
Quelles exceptions les actions mutuelles des planetes les unes sur les autres apportent à cette régle.

est plus sensible, fasse en cent ans 33′ 20″ en conséquence, les aphélies de la Terre, de Vénus & de Mercure feront 17′ 40″, 10′ 53″, & 4′ 16″ respectivement dans le même tems.

Suivant M. *Newton* les aphélies allant en conséquence, les nœuds rétrogradent, & en supposant le plan de l'écliptique en repos, il dit que cette régression est au progrès de l'aphélie dans un orbe quelconque, comme 10 à 21 à peu près. (*c*)

A l'égard de Jupiter & de Saturne, ils dérangent l'un l'autre à tout moment le mouvement de leurs aphélies, mais il en résulte cependant un mouvement dans le même sens, dont M. *Newton* n'a point assigné la proportion.

XLIII.

On néglige ces altérations dont même plusieurs Astronomes ne conviennent pas.

Le repos sensible des aphélies est une nouvelle preuve que l'attraction agit en raison doublée inverse des distances.

On néglige ces mouvemens insensibles des aphélies & des nœuds qui sont si peu remarquables, que même plusieurs Astronomes en nient l'existence, & on regarde les aphélies, ainsi que les nœuds des planetes, comme en repos; d'où il suit une nouvelle preuve de ce que la gravité qui agit sur elles suit la proportion inverse doublée des distances. Car M. *Newton* a fait voir, Cor. 1. Prop. 45. que si la proportion de la force centripète s'éloignoit de la proportion doublée pour s'approcher de la triplée, seulement d'une 60eme partie, les apsides avanceroient au moins de trois dégrés dans une révolution ; donc, puisque le mouvement des apsides, si elles se meuvent, est presqu'insensible, la gravité suit sensiblement la proportion doublée inverse des distances.

XLIV.

Les planetes ont encore un mouvement dont je n'ai point parlé dans ce Chapitre, parce qu'il ne paroît pas dépendre de leur gravité, c'est leur rotation sur leur axe.

On a vû dans le Chapitre L. qu'on n'est assuré de cette rotation que pour le Soleil, la Terre, Mars, Jupiter & Vénus, & que les

(*c*) *De mundi Systemate*, pag. 36. édition de 1731.

Aftronomes ne font pas même encore d'accord fur le tems de la révolution de cette derniere planete fur elle-même, bien qu'ils conviennent tous qu'elle y tourne. Mais quoiqu'on n'ait pas encore pû s'affurer par les obfervations que Mercure, Saturne & les fatellites de Jupiter & de Saturne tournent fur leur centre, il eft bien vraifemblable, par l'uniformité que la nature obferve dans fes opérations, que ces planetes ont auffi ce mouvement de rotation autour de leur axe, & que tous les corps céleftes de notre fyftême éprouvent cette révolution.

On ne connoît point la caufe ni la raifon du mouvement rotatoire des planetes.

Ce mouvement des planetes autour de leur axe eft le feul des mouvemens céleftes qui foit uniforme ; ce mouvement, comme je l'ai dit, ne paroît pas dépendre de leur gravité, & l'on n'en connoît point encore la caufe.

XLV.

La gravité mutuelle des parties qui compofent les planetes les empêche de fe diffiper par cette rotation : car on fçait que tout corps mû en rond acquiert une force centrifuge par laquelle il tend à s'éloigner du centre de fa révolution ; ainfi fans la gravité mutuelle des parties de la matiere, la rotation des planetes devroit diffiper leurs parties. Car fi la gravité d'une partie quelconque de la furface d'un corps qui tourne étoit détruite, cette partie, au lieu de tourner avec le corps, s'échapperoit par la tangente ; donc fi la gravité ne s'oppofoit pas à l'effort de la force centrifuge que les parties des corps céleftes acquiérent en tournant fur leur axe, cette force fépareroit leurs parties.

La gravité mutuelle des parties qui compofent les planetes, les empêche de fe diffiper par la rotation.

XLVI.

Si cette tendance des parties des corps céleftes, les unes vers les autres, s'oppofe à l'effet de la force centrifuge, elle ne la détruit pas, & l'effet que produit cette force eft de rendre inégaux les diamétres des corps révoluans fuppofés fluides. Car les planetes étant compofées de matiere dont les parties tendent également vers leur centre à égale diſtance, elles ſeroient ſphériques ſi elles étoient en repos. Mais le mouvement rotatoire fait que leurs parties tendent par leur force centrifuge, à s'éloigner de leur centre avec d'autant plus de force, qu'elles ſont placées plus près de l'équateur de la ſphére révoluante : car on sçait par la théorie des forces centrifuges, que cette force, en ſuppoſant les tems égaux, augmente en même raiſon que le rayon du cercle que le corps décrit ; donc, en ſuppoſant fluide la matiere dont les corps céleſtes ſont compoſés, la rotation augmentera le diamétre de leur équateur, & diminuera par conſéquent celui de leurs pôles.

Le mouvement rotatoire doit élever l'équateur des planetes.

XLVII.

On s'apperçoit, par le moyen des téleſcopes, de cette différence des diamétres dans Jupiter, & on en a déterminé la quantité pour la terre par la meſure des dégrés.

On va voir dans le Chapitre ſuivant comment M. *Newton* s'y eſt pris pour déduire la figure de la terre de ſa théorie, & ce que les obſervations ont enſeigné ſur cette matiere.

M. Newton a tiré de ces principes la proportion des axes de la terre.

CHAPITRE TROISIÉME.

De la détermination de la figure de la Terre, ſelon les principes de M. Newton.

I.

Puiſque la force centrifuge des corps qui circulent augmente en raiſon du cercle décrit lorſque le tems de la révolution eſt le même, le mouvement rotatoire doit élever les régions de l'équateur. Car en ſuppoſant que la terre ait été ſphérique & compoſée de matiere homogéne & fluide, avant d'avoir acquis le mouvement rotatoire,

La force centrifuge éleve les régions de l'équateur dans la rotation diurne.

DE LA PHILOSOPHIE NATURELLE.

rotatoire, il faut, afin que la matiere qui la compofe conferve fon équilibre dans cette rotation, & que la forme de la terre foit conftante, que la colonne dont la pefanteur eft diminuée par la force centrifuge, foit plus longue que celle dont la force centrifuge n'a point altéré la pefanteur : ainfi l'axe de la terre, qui paffe par fon équateur, doit être plus grand que celui qui paffe par fes pôles.

I I.

M. *Newton*, dans la Prop. 19. de fon troifiéme Livre, a déterminé la quantité dont la colonne de l'équateur doit être plus longue que celle de l'axe, en fuppofant comme dans tout le refte de fon Ouvrage, que la gravité qu'éprouvent les corps d'ici-bas n'eft autre chofe que le réfultat des attractions de toutes les particules dont eft compofée la terre qu'il regarde comme homogéne. Il employe pour données dans ce Probléme, 1°. la grandeur du rayon de la terre prife d'abord pour fphérique, & déterminé par M. *Picard* de 19615800. 2°. la longueur du pendule qui bat les fecondes à la latitude de Paris, laquelle eft de 3 pieds 8 $\frac{1}{2}$ lignes.

Méthode de M. Newton pour trouver la figure de la terre.

Il eft prouvé par la théorie des ofcillations, & par cette mefure du pendule à fecondes, qu'un corps à la latitude de Paris parcourt dans une feconde 2174 lignes, en faifant la correction néceffaire pour la réfiftance de l'air.

Un corps qui fait fa révolution dans un cercle à la diftance de 19615800 pieds du centre, qui eft le demi diametre de la terre, en 23^h 56$'$ 4$''$, qui eft le tems exact de fa révolution diurne, parcourt en une feconde, en fuppofant fon mouvement uniforme, un arc de 1433, 46 pieds, dont le finus verfe eft, 0, 0 523656 pieds, ou 7, 54064 lignes ; donc la force qui fait defcendre les graves à la latitude de Paris, eft à la force centrifuge que les corps acquiérent à l'équateur par la rotation de la terre, comme 2174 à 7, 54064. Ajoutant donc à la force de la gravité qui fait defcendre les graves à la latitude de Paris, ce que la force centrifuge diminue de cette force à cette latitude, afin d'avoir la force entiere qui porte les

Tome II. h

graves vers le centre de la terre à la latitude de Paris, M. *Newton* prouve que cette force totale est à la force centrifuge sous l'équateur, comme 289 à 1, ensorte que sous l'équateur la force centrifuge diminue la force centripéte de $\frac{1}{289}$.

M. *Newton* a donné dans la Prop. 91. Cor. 2. la proportion qui est entre l'attraction exercée par un sphéroïde sur un corpuscule placé sur le prolongement de son axe, & celle qui seroit exercée sur le même corpuscule par une sphére dont le diamétre seroit le petit axe du sphéroïde. Employant donc cette proportion, & supposant la terre homogéne & privée de tout mouvement, il trouve (Prop. 19. Liv. 3.) que si sa forme est celle d'un sphéroïde dont le petit axe soit au grand comme 100 à 101, la gravité au pôle de ce sphéroïde doit être à la gravité au pôle d'une sphére décrite sur le petit axe du sphéroïde, comme 126 à 125.

Par la même raison, imaginant un sphéroïde dont le rayon de l'équateur seroit l'axe de révolution, la gravité à l'équateur, qui seroit alors le pôle de ce nouveau sphéroïde, seroit à la gravité de la sphére à ce même point, cette sphére étant supposée avoir le même axe de révolution, comme 125 à 126.

M. *Newton* suppose ensuite que la moyenne proportionnelle entre ces deux gravités, exprime la gravité des parties de la terre au même lieu, c'est-à-dire, à l'équateur, & qu'ainsi la gravité des parties de la terre à l'équateur est au même lieu à la gravité des parties de la sphére qui auroit le même axe de révolution, comme $125\frac{1}{2}$ à 126; & en employant ce qu'il a démontré prop. 72. que les sphéres homogénes attirent à leur surface en raison directe de leurs rayons, il conclut que les attractions qu'exerce la terre au pôle & à l'équateur dans la supposition du sphéroïde précédent, sont en raison composée de 126 à 125, 126 à $125\frac{1}{2}$, & 100 à 101, c'est-à-dire, comme 501 à 500.

Mais il avoit démontré, Cor. 3. Prop. 91. que si on suppose le corpuscule placé dans l'intérieur du sphéroïde, il sera alors attiré en raison de la simple distance au centre; donc les gravités, dans

DE LA PHILOSOPHIE NATURELLE.

les deux colonnes répondantes à l'équateur & au pôle, seront comme les distances au centre des corps qui y sont placés ; donc, en supposant ces colonnes ou canaux communiquans partagés par des plans transversaux qui passent à des distances proportionnelles à ces canaux, les poids de chacune des parties dans l'un de ces canaux seront aux poids de chacune des parties dans l'autre canal, comme les grandeurs de ces canaux ; & par conséquent, ces poids seront entr'eux comme chacune de ces parties, & comme leurs gravités accélératrices conjointement, c'est-à-dire, comme 101 à 100, & comme 500 à 501, c'est dire comme 505 à 501 ; donc si la force centrifuge d'une partie quelconque dans le canal qui passe par l'équateur, est au poids absolu de la même partie comme $4'$ à 505, c'est-à-dire, si la force centrifuge ôte du poids d'une partie quelconque dans la colonne qui passe par l'équateur $\frac{4}{505}$ parties, les poids de chacune des parties de l'un & de l'autre canal deviendront égaux, & le fluide sera en équilibre. Mais on vient de voir que la force centrifuge d'une partie quelconque sous l'équateur de la terre est à son poids comme 1 à 289, & non pas comme 4 à 505 ; il faut donc prendre pour les axes un autre rapport que celui de 100 à 101, & en prendre un tel, qu'il en résulte que la force centrifuge sous l'équateur ne soit que la 289ᵉ partie de la gravité.

Or, c'est ce qu'une simple régle de trois donne tout de suite : car si le rapport de 100 à 101 dans les axes a donné celui de 4 à 505 pour la proportion de la force centrifuge à la gravité, il est clair qu'il faudra celui de 229 à 230 pour donner le rapport 1 à 289 de la force centrifuge à la gravité.

D'où il a conclu le rapport des axes de la terre de 229 à 230.

I I I.

Cette conclusion de M. *Newton*, c'est-à-dire, la quantité de l'applatissement qu'il a déterminé, est fondée sur son principe de la gravité mutuelle des parties de la matiere : mais l'aplatissement résulteroit toujours de la théorie des fluides & de celle des forces centrifuges, quand même on n'admettroit pas les découvertes de

L'aplatissement de la terre doit toujours résulter de la théorie des forces centrifuges & de celle des fluides, quelque hypothèse de pesanteur qu'on prenne.

M. *Newton* sur la pesanteur, à moins qu'on ne fît des hypothéses bien peu vraisemblables sur la gravité primitive.

IV.

Malgré l'autorité de M. *Newton*, & quoique M. *Hughens* fut arrivé à la même conclusion de l'aplatissement en prenant une autre hypothése de pesanteur que celle de M. *Newton*; quoique d'ailleurs les expériences faites sur les pendules dans les différentes régions de la terre eussent toutes donné la diminution de la pesanteur vers l'équateur, & favorisé par conséquent l'aplatissement des pôles; on sçait assez que les mesures prises en France, & qui donnoient les dégrés plus petits en allant vers le nord, avoient jetté du doute sur la figure de la terre. On faisoit des hypothéses sur la pesanteur primitive qui donnoient à la terre, supposée en repos, une forme dont l'altération s'accordoit avec la théorie des forces centrifuges, & avec la figure allongée vers les pôles qui résultoit des mesures actuelles.

Cependant les mesures prises en France avoient jetté du doute sur la figure de la terre.

Car cette grande question de la figure de la terre dépend de la loi selon laquelle la pesanteur primitive agit, & il est certain, par exemple, que si cette force dépendoit d'une cause qui la fît tirer tantôt d'un côté & tantôt d'un autre, qui augmentât & diminuât sans régle, la théorie ni la pratique ne pourroient jamais déterminer cette figure.

V.

Enfin on a été obligé d'aller mesurer un dégré sous l'équateur, & un autre sous le cercle polaire, pour décider cette question; nous avions jetté dans l'erreur, mais nous avons réparé notre faute, & les mesures des Académiciens Français ont justifié la théorie de M. *Newton* sur la figure de la terre, dont l'aplatissement vers les pôles est à présent généralement reconnu.

Les mesures prises par les Académiciens Français au cercle polaire & au Pérou, ont confirmé la forme applatie.

Les mesures prises en Laponie & au Pérou donnent un plus grand aplatissement que celui qu'on vient de voir qui résulte de la théorie de M. *Newton*, car ces mesures donnent le rapport des axes de 173 à 174.

V I.

En déterminant le rapport des axes de la terre, M. *Newton* outre la gravité mutuelle des parties de la matiere, a encore supposé que la terre étoit un sphéroïde éliptique, & de plus que sa matiere étoit homogène. M. *Clairaut*, dans son Livre de la figure de la terre, a fait voir que la premiere supposition étoit légitime, ce que M. *Newton* avoit négligé de faire, quoique cela soit fort important pour s'assurer qu'on a le vrai rapport des axes de la terre.

Deux suppositions faites par M. Newton en déterminant l'applatissement de la terre. M. Clairaut a vérifié la premiere de ces suppositions, ce que M. Newton avoit négligé.

Il n'en est pas de même de la seconde supposition sur l'homogénéïté de la matiere de la terre, car il est très-possible (& M. *Newton* l'a lui-même soupçonné Prop. 20. Liv. 3.) que la matiere qui compose la terre soit d'autant plus dense qu'on approche plus du centre ; or, les différentes densités des couches de matiere qui composent la terre, doivent changer la loi suivant laquelle les corps qui la composent gravitent, & altérer par conséquent le rapport de ses axes.

Il est très-possible que l'autre supposition soit fausse.

V I I.

M. *Clairaut* a fait voir, dans sa théorie de la figure de la terre dont je viens de parler, que dans toutes les hypothéses les plus vraisemblables qu'on puisse faire sur la densité des parties intérieures de la terre, il y a toujours, en supposant l'attraction, une telle liaison entre la fraction qui exprime la différence des axes, & celle qui exprime la diminution de la pesanteur du pôle à l'équateur, que si l'une des deux fractions surpasse $\frac{1}{230}$. l'autre doit être moindre précisément de la même quantité ; ensorte qu'en supposant, par exemple, que l'excès de l'équateur sur l'axe soit de $\frac{1}{173}$, ce qui est assez conforme aux mesures actuelles, on aura $\frac{1}{173} - \frac{1}{230}$ ou $\frac{1}{698}$ pour la quantité dont il faut diminuer $\frac{1}{230}$ afin d'avoir le raccourcissement total du pendule en allant du pôle à l'équateur, c'est-à-dire,

M. Clairaut a prouvé que le rapport des axes doit diminuer à mesure que la pesanteur au pôle est plus grande.

que ce raccourciffement ou, ce qui eft la même chofe, la diminution totale de la pefanteur, fera de $\frac{1}{230} - \frac{1}{698}$, c'eft-à-dire, d'environ $\frac{1}{343}$.

Or comme toutes les expériences fur le pendule font voir que la diminution de la pefanteur du pôle à l'équateur, loin d'être plus petite que $\frac{1}{230}$ comme il le faudroit pour s'accorder avec cette théorie, eft au contraire plus grande, il fuit que les mefures actuelles ne s'accordent pas en ce point avec la théorie.

VIII.

M. Newton avoit tiré une conclufion toute différente.

Il ne faut pas diffimuler que M. *Newton* avoit tiré une conclufion toute différente de la fuppofition, que les parties de la terre étoient d'autant plus denfes, qu'on approche plus du centre; il croyoit qu'en ce cas, le rapport des axes devoit augmenter.

Paroles de M. Newton à ce fujet, dans la deuxiéme édition des principes.

Voici comme il s'exprime pag. 386. de la deuxiéme édition des Principes : *Ce retardement du pendule à l'équateur prouve la diminution de la gravité dans ce lieu, & plus la matiere y fera légere, plus elle devra être haute afin de faire équilibre avec celle du pôle.*

En quoi il s'eft trompé.

M. *Newton* croyoit que la denfité augmentant vers le centre, la pefanteur augmentoit de l'équateur au pôle dans une plus grande raifon que dans le cas de l'homogénéïté, ce qui eft vrai. Mais il penfoit que la pefanteur à chaque point du fphéroïde étoit en raifon renverfée des diftances au centre du fphéroïde, foit que le fphéroïde fût homogène, ou que fa denfité variât d'une maniere quelconque; d'où il avoit conclu, que dans le cas de la denfité augmentée de la circonférence au centre, la pefanteur augmentant dans une plus grande raifon que dans l'homogénéïté, l'aplatiffement feroit plus grand, ce qui eft faux; n'étant fondé que fur une fuppofition qui n'a lieu que dans le fphéroïde homogène.

IX.

Il fuit de la théorie de M. *Clairaut*, qu'en admettant les fuppofitions qu'il fait fur l'intérieur de la terre les plus naturelles de celles qui se présentent à l'esprit, que l'aplatissement ne peut jamais être plus grand que de 229 à 230, puisque ce rapport est celui qu'on trouve dans la supposition de l'homogénéité de la terre, & qu'il résulte de cette théorie, que dans tous les autres cas la pesanteur augmentant, l'aplatissement doit être moindre.

X.

Après avoir déterminé le rapport des axes de la terre dans la supposition de l'homogénéité, M. *Newton* cherche de la maniere suivante dans la Prop. 20. du Liv. 3. quel doit être le poids des corps dans les différentes régions de la terre. Puisqu'on a vû que les colonnes de matiere qui répondent au pôle & à l'équateur, étoient en équilibre lorsque leurs longueurs étoient entr'elles comme 229 à 230, & que les poids des parties égales & placées de même dans ces deux colonnes, doivent être en raison réciproque de ces colonnes, ou comme 230 à 229 ; on voit, par un raisonnement semblable, que dans toutes les colonnes de matiere qui composent le sphéroïde, les poids des corps doivent être en raison renversée de ces colonnes, c'est-à-dire, de leurs distances au centre : donc en supposant qu'on connoisse la distance d'un lieu quelconque de la surface de la terre au centre, on aura la pesanteur en ce lieu, & par conséquent la quantité dont la gravité augmente ou diminue en allant vers le pôle ou vers l'équateur : or comme la distance d'un lieu quelconque au centre décroît à peu près comme le quarré du sinus droit de la latitude, ainsi que l'on peut s'en convaincre par le calcul, on voit comment M. *Newton* a formé la table de la Prop. 20. du Liv. 3. où il a donné la diminution de la pesanteur depuis le pôle jusqu'à l'équateur.

Quel est le poids des corps dans les différentes régions de la terre.

X I.

La gravité étant la seule cause des oscillations des pendules, le ralentissement de ces oscillations prouve la diminution de la pesanteur, & leur accélération prouve que la gravité agit plus fortement;

Ils font en raison des longueurs des pendules.

or on sçait que la vîtesse des oscillations des pendules est en raison inverse de la longueur du fil auquel ils sont suspendus ; donc lorsque pour rendre les vibrations d'un pendule dans une région, ysochrones à ses vibrations dans une autre, il faut le raccourcir ou l'allonger, on doit conclure que la pesanteur est moindre ou plus grande dans cette région que dans l'autre : on connoît depuis M. *Hughens* le rapport qui est entre la quantité dont on allonge ou raccourcit le pendule, & la diminution ou l'augmentation de la gravité ; ainsi cette quantité étant proportionnelle aux augmentations ou aux diminutions des poids, M. *Newton* a donné dans sa table les longueurs des pendules au lieu des poids.

X I I.

Les dégrés de latitude sont dans la même proportion.

Les dégrés de latitude diminuant dans le sphéroïde de M. *Newton* en même proportion que les poids, la même table donne la grandeur des dégrés de latitude en commençant à l'équateur où la latitude est 0°. jusqu'au pôle où elle est de 90°.

X I I I.

Par les expériences la pesanteur est un peu moindre vers l'équateur que la table de M. Newton ne la donne.

La table de M. *Newton* donne une diminution un peu moins grande de la pesanteur vers l'équateur, que celle qui résulte des mesures actuelles, mais cette table n'est formée que pour le cas de l'homogénéité ; & il avertit à la fin de la Proposition où il la donne, que dans le cas où la densité des parties de la terre croît de la circonférence au centre, il faut augmenter aussi le décrement de la pesanteur du pôle à l'équateur.

X I V.

Il attribue cette différence à la chaleur des régions de l'équateur qui allonge le pendule dans ces régions. Mais les dernieres expérien-

Quoique M. *Newton* paroisse porté à croire, par les observations qu'il rapporte dans cette même Prop. 20. sur l'allongement du pendule causé par les chaleurs dans les régions de l'équateur, que ces différences viennent de la différente température des lieux où l'on a fait les observations, l'attention qu'on a eu à conserver le même dégré

dégré de chaleur par le moyen du thermométre dans les expérien- ces ont fait voir
ces qu'on a fait depuis M. *Newton* fur la longueur des pendules dans que l'allongement produit par
les différentes régions de la terre, prouve que ces différences ne la chaleur de ces
régions, ne peut
doivent point être attribuées à cette caufe, & qu'il y a réellement caufer ces différences.
un décroiffement de pefanteur du pôle à l'équateur plus grand que
celui que M. *Newton* a donné dans fa table.

X V.

M. *Newton* apprend à la fin de la Prop. 19. Liv. 3. à trouver le Méthode donnée par M. *New-*
rapport des axes d'une planete quelconque dont on connoît la den- *ton* pour trouver
les axes d'une
fité & le tems de la révolution diurne, en fe fervant du rapport planete quelconque.
trouvé entre les axes de la terre pour terme de comparaifon; car
foit qu'une planete fut plus grande ou moindre que la terre, fi fa
denfité étoit la même & que le tems de fa révolution diurne fut
égal à celui de la terre, il y auroit la même proportion entre la
force centrifuge & fa gravité, & par conféquent entre fes diamétres, que celle qu'on a trouvé pour ceux de la terre : mais fi fon
mouvement diurne eft plus ou moins prompt que celui de la terre
dans une raifon quelconque, la force centrifuge, & par conféquent
la différence des diamétres, fera plus ou moins grande dans la raifon doublée de cette viteffe, ce qui fuit de la théorie des forces
centrifuges; & fi la denfité de cette planete eft plus grande ou
moindre que celle de la terre dans une raifon quelconque, la
gravité fur cette planete augmentera ou diminuera dans la même
raifon, & la différence des diamétres augmentera en raifon de la
gravité diminuée, & diminuera en raifon de la gravité augmentée, ce qui fuit de la théorie de l'attraction telle que M. *Newton*
l'admet dans la matiere.

X V I.

Donc la différence des diamétres de Jupiter, par exemple, dont Détermination
des axes de Jupi-
on connoît la révolution diurne & la denfité fera, à fon petit ter par cette méthode.
diamétre en raifon compofée des quarrés des tems de la révolution

diurne de la Terre & de Jupiter, des denſités de Jupiter & de la Terre, & de la différence des diamétres de la terre comparée au petit axe de la terre, c'eſt-à-dire, comme $\frac{29}{5} \times \frac{400}{94\frac{1}{2}} \times \frac{1}{229}$ à 1. c'eſt-à-dire, comme 1 à $9\frac{1}{7}$ à peu près : donc le diamétre de Jupiter de l'Orient à l'Occident eſt à ſon diamétre entre ſes pôles comme $10\frac{1}{3}$ à $9\frac{1}{3}$ à peu près. M. *Newton* ajoute qu'il a ſuppoſé dans cette détermination que la matiere qui compoſe Jupiter étoit d'une denſité uniforme, mais que comme il eſt très-poſſible que par la chaleur du Soleil il ſoit plus denſe vers les régions de l'équateur que vers les régions du pôle, ſes diamétres peuvent être entr'eux comme 12 à 11, 13 à 12, ou même 14 à 13, & qu'ainſi ſa théorie s'accorde avec les obſervations, puiſque les obſervations apprennent que Jupiter eſt aplati, & que cet aplatiſſement eſt moindre que de $10\frac{1}{3}$ à $9\frac{1}{3}$, & qu'il eſt entre 11 à 12, & 13 à 14.

XVII.

Raiſon bien peu vraiſemblable donnée par M. Newton, de ce que l'aplatiſſement de Jupiter eſt moindre que celui qui réſulte de ſa théorie.

Ce moyen que M. *Newton* prend pour expliquer un aplatiſſement moindre que celui que donne l'homogénéïté, paroît bien peu vraiſemblable, & l'on doit être étonné qu'en expliquant l'aplatiſſement de Jupiter, il ait eu recours à une cauſe dont l'effet ſeroit bien plus ſenſible ſur la Terre que ſur Jupiter, puiſque la Terre eſt beaucoup plus près du Soleil que Jupiter.

S'il avoit connu la Propoſition de M. *Clairaut*, je veux dire, que la denſité augmentant au centre l'aplatiſſement diminue, il auroit trouvé une cauſe toute naturelle du Phénoméne qu'il vouloit expliquer, en ſuppoſant Jupiter plus denſe au centre qu'à ſa ſuperficie, ce qui eſt une hypothéſe qui s'accorde avec toutes les loix de la méchanique.

XVIII.

Dans la premiere édition des principes, M. Newton avoit donné à Jupiter

Dans la premiere édition des Principes, M. *Newton* n'avoit pas fait entrer la denſité dans la proportion des diamétres de Jupiter, & il avoit conclu le rapport de ſes axes de 40 à 39, en n'y faiſant entrer que la révolution diurne, & le rapport des axes de la terre. *un aplatissement beaucoup moindre, & pourquoi?*

XIX.

Comme ce n'est que dans la Terre, Jupiter, & le Soleil qu'on connoît à la fois les deux élémens nécessaires pour déterminer les axes, c'est-à-dire la révolution diurne, & la densité, on ne peut connoître le rapport des axes que de ces trois corps célestes. On vient de voir celui des axes de la Terre & de Jupiter ; le rapport des axes du Soleil se trouveroit en prenant la raison composée du quarré de $27\frac{1}{4}$ à 1, de la densité de la Terre à celle du Soleil, & de 229 à 230 : ce qui donneroit, pour le rapport des axes du Soleil, une quantité beaucoup trop petite pour pouvoir être observée. *Pourquoi on ne peut connoître la proportion des axes que de Jupiter, de la terre & du Soleil. La proportion des axes du Soleil est trop médiocre pour pouvoir être sensible.*

CHAPITRE QUATRIÉME.
Comment M. Newton a expliqué la précession des Equinoxes.

I.

On a supposé longtems que l'axe de la terre gardoit toujours la même position pendant qu'elle fait sa révolution dans son grand orbe, & cette supposition étoit bien simple : car la théorie fait voir que ce parallélisme doit résulter des deux mouvemens qu'on connoît à la terre, je veux dire le mouvement annuel & le mouvement diurne ; & effectivement ce parallélisme se conserve sensiblement pendant un assez longtems. *On a cru long-tems que l'axe de la terre conservoit toujours son parallélisme.*

Mais la continuité & l'exactitude des observations, ont fait découvrir que les pôles de la terre ne répondoient pas toujours aux mêmes fixes, & que par conséquent son axe ne restoit pas toujours parallèle à lui-même.

I I.

Hipparque s'est apperçu le premier de la révolution des pôles de la terre.

Hipparque fut le premier, au rapport de *Ptolomée*, qui soupçonna le mouvement de l'axe de la terre. *Ptolomée* examina ce soupçon d'*Hipparque*, & l'ayant vérifié, il fixa ce mouvement à un dégré en cent ans, ce qui donnoit 36500 ans pour la révolution entiere de la sphére des étoiles fixes, qu'il supposoit être la cause de cette apparence; & on croyoit du tems de *Ptolomée* qu'après cette révolution, qu'on appelloit *la grande année*, tous les corps célestes retournoient à leur premiere position.

Ptolomée a fixé la durée de cette révolution.

On appelloit cette révolution du tems de Ptolomée, la grande année.

Ulughbeig Arabe corrigea le tems que Ptolomée avoit déterminé pour la révolution des Pôles de la terre.

Les Astronomes des derniers tems l'ont trouvée comme Ulughbeig de 51" par an, & qu'elle s'acheve en 25920 ans.

Les Arabes s'apperçurent que *Ptolomée* avoit fait ce mouvement plus lent qu'il ne l'est en effet, *Ulughbeig* le fit d'un dégré en 72 ans, & les Astronomes du dernier siécle en le fixant à 51" environ par an, ont confirmé la découverte d'*Ulughbeig*; ainsi cette révolution des pôles de la Terre n'est que de 25920 années.

I I I.

Ce mouvement de l'axe de la terre fait rétrograder les points équinoctiaux, & c'est ce qu'on appelle la précession des équinoxes.

Les points équinoctiaux changent en même tems & de la même quantité que les pôles du monde, & c'est ce mouvement des points équinoctiaux qui s'appelle *la précession des équinoxes*.

I V.

Et cette régression cause un mouvement apparent dans les étoiles fixes.

Quoique les étoiles fixes soient immobiles, du moins pour nous, comme la commune intersection de l'équateur & de l'écliptique rétrograde, il est nécessaire que les étoiles qui répondent à ces points paroissent changer continuellement, & qu'elles paroissent avancer vers l'Orient; d'où il arrive que leurs longitudes, qu'on a coutume de compter dans l'écliptique du commencement d'*Aries*, c'est-à-dire, du point d'intersection de l'équateur & de l'écliptique au printems, augmentent continuellement, & les fixes paroissent avancer *en conséquence ;* mais ce mouvement n'est qu'apparent & vient de la régression en sens contraire du point de l'équinoxe du printems.

DE LA PHILOSOPHIE NATURELLE.

V.

Cette régreſſion eſt la cauſe pour laquelle toutes les conſtellations du zodiaque ont changé de place depuis les obſervations des premiers Aſtronomes. Car la conſtellation d'*Aries*, par exemple, qui au tems d'*Hipparque* répondoit à l'interſection de l'équateur & de l'écliptique au printems, & qui a donné ſon nom à cette portion de l'écliptique, eſt à préſent dans le ſigne du *Taureau*, le *Taureau* eſt dans les *Gémeaux*, &c. ainſi elles ont pris la place l'une de l'autre ; mais les parties de l'écliptique où elles étoient placées autrefois, ont toujours retenu le même nom qu'elles avoient du tems d'*Hipparque*.

Elle eſt cauſe que l'interſection de l'écliptique & de l'équateur ne répond plus aux mêmes étoiles, & que les conſtellations du Zodiaque ont changé de place.

V I.

On ignoroit avant M. *Newton* la cauſe phyſique de la préceſſion des équinoxes, & on va voir comment il a déduit ce mouvement, de ſes principes ſur la gravitation.

On a vu dans le Chapitre de la figure de la terre, que cette figure eſt celle d'un ſphéroïde aplati vers les pôles & élevé vers l'équateur.

M. *Newton* pour expliquer la préceſſion des équinoxes, commence par donner trois Lemmes dans ſon troiſiéme Livre, pour préparer à la démonſtration qu'il donne dans la Prop. 39. de ce troiſiéme Livre, que cette révolution des points équinoctiaux eſt cauſée par l'attraction réunie du Soleil & de la Lune ſur la protubérance de la terre à l'équateur.

Lemmes d'où M. Newton part pour trouver ce mouvement.

V I I.

Il ſuppoſe dans le premier de ces Lemmes, que toute la matiere dont la terre conſidérée comme un ſphéroïde excéderoit le globe inſcrit à ce ſphéroïde, ſoit reduite à un ſeul anneau qui envelopperoit l'équateur, & il prend la ſomme de tous les efforts du Soleil ſur cet anneau, pour le faire tourner autour de l'axe qui eſt la commune ſection du plan de l'écliptique avec le plan qui paſſeroit par le centre de la Terre, & feroit perpendiculaire à la droite tirée de ce centre à celui du Soleil. Il cherche dans le fecond Lemme le rapport qui eſt entre la fomme de toutes ces forces, & la fomme de celles que le Soleil exerce fur toute la partie de la terre qui environne le globe. Dans le troifiéme il compare la quantité de mouvement de cet anneau placé à l'équateur, avec celle de toutes les parties de la Terre.

VIII.

Pour déterminer la force du Soleil fur cette protubérance de l'équateur de la terre, M. *Newton* prend pour hypothéfe, que fi la terre étoit annihilée, & qu'il ne reſtât que cet anneau qui décrivit feul autour du Soleil l'orbe annuel, & qui tournât en même tems par le mouvement diurne autour de fon axe incliné à l'écliptique de $23°\frac{1}{2}$, le mouvement des points équinoctiaux feroit le même, foit que cet anneau fût fluide, foit qu'il fût compofé de matiere folide.

M. *Newton*, après avoir cherché en quel rapport la matiere de cet anneau fuppofé, c'eſt-à-dire, de la protubérance de l'équateur, eſt à toute la matiere qui compofe la terre, & avoir trouvé, en prenant le rapport des axes de la terre de 229 à 230, que cette matiere eſt à celle de la terre, comme 459 à 52441, fait remarquer que fi la terre & cet anneau tournoient enfemble autour du diamétre de cet anneau, le mouvement de l'anneau feroit au mouvement du globe intérieur, c'eſt-à-dire, au mouvement de la terre autour de fon axe, comme 4590 à 485223, & que par conféquent le mouvement de l'anneau feroit à la fomme du mouvement de l'anneau & du globe, dans la raifon de 4590 à 489813.

Il avoit trouvé Prop. 32. du 3ᵉ Liv. que le moyen mouvement des nœuds de la Lune dans un orbe circulaire, eſt de 20°, 11′, 46″ *en antécédence* dans une année fidérale; & il avoit remarqué dans le Cor. 16. de la Prop. 66. que s'il y avoit plufieurs Lunes, le mouvement des nœuds de chacune de ces Lunes feroit comme leurs tems périodiques. Delà il conclut que le mouvement des nœuds

DE LA PHILOSOPHIE NATURELLE.

d'une Lune qui feroit fa révolution près la furface de la terre en 23^h 56′, feroit à 20° 11′ 46″, qui eft le mouvement des nœuds de notre Lune dans une année, comme 23^h 56′, qui eft la révolution diurne de la terre, à 27 jours 7^h 43″, qui eft le tems périodique de la Lune, c'eft-à-dire, comme 1436 à 39343 ; & ce feroient les mêmes proportions felon les Cor. de la Prop. 66. pour les nœuds d'un affemblage de Lunes qui entoureroit la terre, foit que ces Lunes ne fuffent pas contigues, foit qu'elles le devinffent en fuppofant qu'elles fe liquéfiaffent, & qu'elles formaffent un anneau continu & fluide, foit enfin que cet anneau fe durcit & devint inflexible.

Donc, en confidérant l'élévation de la terre à l'équateur comme un anneau de Lunes adhérent à la terre, & révoluant avec elle, puifque la révolution des nœuds d'un tel anneau eft à celle des nœuds de la Lune, comme 1436 à 39343, felon le Cor. 16. de la Prop. 66. & que le mouvement de l'anneau eft à la fomme des mouvemens de l'anneau & du globe auquel il adhére, comme 4590 à 489813, par la Prop. 39. du Liv. 3. le mouvement annuel des points équinoctiaux d'un corps compofé de l'anneau & du globe auquel il adhére, feroit au mouvement annuel des nœuds de la Lune, c'eft-à-dire, à 20° 11′ 46″, en raifon compofée des deux raifons ci-deffus trouvées, c'eft-à-dire, comme 100 à 292369.

Mais M. *Newton* a trouvé dans le Lemme 2. du troifiéme Liv. que nous venons de citer, que fi la matiere de l'anneau fuppofé étoit répandue fur toute la fuperficie du globe pour produire vers l'équateur la même élévation que celle de l'équateur de la terre, la force de toutes les particules de cette matiere pour mouvoir la terre, feroit moindre que celle de l'anneau fuppofé à l'équateur dans la raifon de 2 à 5 : il faut donc que la régreffion annuelle des points équinoctiaux ne foit à celle des nœuds de la Lune, que comme 10 à 73092, & par conféquent elle feroit de 9″ 56‴ 50^{iv} dans une année fidérale, fans l'inclinaifon de l'axe à l'écliptique, laquelle fait que ce mouvement doit encore être diminué en raifon du cofinus de cette inclinaifon (qui eft

M. *Newton* confidére la proubérance de la terre à l'équateur, comme un anneau de Lunes adhérent au globe de la terre.

Il tire de cette fuppofition la maniere dont l'attraction du Soleil fur l'élévation de la terre à l'équateur caufe la preceffion des équinoxes.

de $23°\frac{1}{2}$) au rayon. Ce mouvement ne doit donc être que de $9''\ 7'''\ 10^{iv}$, & cela en ne considérant que l'action du Soleil.

IX.

Quantité dont l'action du Soleil contribue, suivant M. Newton, à la régression des points équinoctiaux.

M. *Newton* donne ainsi la quantité moyenne du mouvement des points équinoctiaux. Mais ce n'est pas sans examiner les différentes variétés de l'action du Soleil sur la protubérance de la terre à l'équateur, toujours en employant la considération de cet anneau.

Il fait voir dans les Cor. 18. 19. & 20. de la même Prop. 66. que par l'action du Soleil les nœuds d'un anneau qui seroit supposé entourer un globe comme la terre, seroient en repos dans les syfigies, qu'ils se mouvroient en *antécédence* dans les autres lieux, & qu'ils iroient le plus vîte dans les quadratures, que l'inclinaison de cet anneau varieroit, que son axe oscilleroit pendant chaque révolution annuelle du globe, qu'au bout de chaque révolution il reviendroit à sa premiere position, mais que ses nœuds ne reviendroient pas au même lieu, & qu'ils iroient toujours en *antécédence*.

X.

La plus grande inclinaison de l'anneau doit se trouver lorsque ses nœuds sont dans les syfigies, ensuite dans le passage des nœuds aux quadratures cette inclinaison diminuera, & par l'effort que fait alors l'anneau pour changer son inclinaison, il imprime un mouvement au globe, & ce globe doit retenir ce mouvement jusqu'à ce que l'anneau ou la protubérance de l'équateur (car c'est la même chose suivant M. *Newton*) par un effort contraire le lui ôte, & lui en imprime un nouveau dans le sens opposé.

Cette action du Soleil sur la protubérance à l'équateur, doit causer la nutation annuelle de l'axe de la Terre.

On voit par-là que l'axe de la terre doit changer sa position par rapport à l'écliptique, deux fois dans son cours annuel, & revenir deux fois à la même position.

XI.

A chaque révolution de la Lune autour de la terre, l'axe de la

DE LA PHILOSOPHIE NATURELLE.

la terre doit éprouver une pareille nutation, c'eſt-à-dire, qu'à chaque mois périodique de la Lune, l'axe de la terre doit éprouver les mêmes variations que dans ſon orbe annuel.

L'axe de la terre doit avoir auſſi chaque mois une nutation par l'action de la Lune.

XII.

M. *Newton* a fait voir dans le Cor. 21. de la Prop. 66. que l'exubérance de la matiere de la terre vers l'équateur faiſant rétrograder les nœuds, plus cet excès de matiere vers l'équateur ſeroit grand, plus cette régreſſion ſeroit grande, & qu'elle doit diminuer quand cette protubérance diminue ; ainſi s'il n'y avoit aucune élévation vers l'équateur, la régreſſion des nœuds n'auroit pas lieu, & les nœuds d'un globe, qui au lieu d'être élevé à l'équateur y ſeroit abaiſſé, & qui auroit par conſéquent ſa matiere protubérante vers les pôles, ſe mouvroient en *conſéquence*.

Si la terre étoit élevée vers les pôles au lieu de l'être à l'équateur, les points équinoctiaux avanceroient au lieu de rétrograder.

XIII.

Et dans le Cor. 22. de la même Prop. 66. il ajoute, que par la même raiſon que la forme du globe fait juger du mouvement des nœuds, auſſi on peut conclure du mouvement des nœuds la forme du globe ; & par conſéquent, ſi les nœuds vont en *antécédence*, le globe ſera élevé vers l'équateur, & il y ſera abaiſſé au contraire, s'ils vont en *conſéquence*, ce qui eſt encore une preuve de l'aplatiſſement de la terre vers les pôles.

Ce qui prouve l'aplatiſſement des pôles de la terre.

XIV.

On n'a conſidéré juſqu'à préſent que l'action du Soleil en expliquant la préceſſion des équinoxes, & on a vu que par cette action les points équinoctiaux ne feroient que 9″ 56‴ 54^{iv} en une année. Mais la Lune agit ſur la terre par ſa gravité, & cette action eſt très-ſenſible dans le phénoméne que nous examinons ici. M. *Newton* trouve, par ſa théorie, que l'action de la Lune ſur les points équinoctiaux, eſt à celle du Soleil comme 4. 4815. à 1. environ ; & en ſuivant cette proportion, on trouve que la Lune fait

Que la Lune contribue au mouvement des points équinoctiaux.

Que l'action de la Lune ſur l'élévation de la terre à l'équateur, eſt plus puiſſante que celle du Soleil. Et en quelle proportion.

Tome II. k

PRINCIPES MATHÉMATIQUES

Quantité totale dont les actions du Soleil & de la Lune, font rétrograder, selon la théorie de M. Newton, les points équinoctiaux dans une année.

rétrograder les nœuds dans le tems d'une révolution dans le grand orbe de $40''\ 52'''\ 54^{iv}$, & que par conséquent la précession annuelle des équinoxes, causée par les deux forces réunies de la Lune & du Soleil, est de $50''\ 0'''\ 12^{iv}$, ce qui est à peu près, comme on voit, la quantité dont les meilleurs observateurs l'ont déterminée.

X V.

Cette quantité s'accorde avec celle qui a été déterminée par les observations.

Ainsi les points équinoctiaux après une révolution entière de la terre dans le grand orbe, au lieu de revenir au même point, s'en éloignent de $51''$ environ, & ils ne reviennent à ce même point qu'après avoir parcouru le cercle entier, ce qui compose leur révolution de 25920 années, comme on l'a dit ci-dessus.

X V I.

Quelque Astronomes ont soupçonné que l'angle que l'axe de la terre fait avec l'écliptique diminuoit continuellement.

Quelques Astronomes ont soupçonné qu'indépendamment de la nutation de l'axe de la terre dont j'ai parlé, & par laquelle son inclinaison à l'écliptique change & se rétablit deux fois chaque année, cet axe s'éloignoit continuellement de l'écliptique par un mouvement imperceptible. Et l'on ne sçait pas si le mouvement des nœuds, celui des apsides, l'excentricité de la terre, celle de la Lune,

Elémens qui peuvent entrer dans la cause de cette diminution.

les actions des autres planetes sur la terre, tous élémens qui n'entrent point dans la détermination des changemens qui arrivent dans la position de l'axe de la terre pour causer la précession des équinoxes, ne pourroient apporter quelque changement dans l'angle que l'axe de la terre fait avec l'écliptique.

X V I I.

Le Chevalier de Louville croyoit que cette diminution étoit d'une minute en cent ans.

Le Chevalier de *Louville* prétendoit que cet angle diminuoit d'une minute en cent ans, & l'opinion de cette diminution paroît justifiée par les différences qui se trouvent entre les observations que d'habiles Astronomes ont fait de cette obliquité. Mais on est bien loin de pouvoir prononcer en faveur de ce savant. Car si cette diminution de l'angle que fait l'axe de la terre avec l'écliptique a lieu, on fent, par la lenteur dont elle s'opére, qu'il faut un plus grand nombre d'obfervations que celui qu'on a jufqu'à préfent. Et dans les chofes qui dépendent de différences fi fines, on ne peut rien ftatuer fur les obfervations des Aftronomes qui ont précédé la perfection qu'on a donné aux inftrumens aftronomiques dans le dernier fiécle.

On ne pourra rien décider fur ce mouvement foupçonné dans l'axe de la terre, que lorfqu'on en aura un très-grand nombre d'obfervations très-exactes.

CHAPITRE V.
Du flux & reflux de la mer.

I.

On fent aifément quelle liaifon doit avoir le flux & le reflux de la mer avec la préceffion des équinoxes. M. *Newton* déduit fon explication du flux & reflux des mêmes Cor. de la Prop. 66. d'où l'on a vû qu'il a tiré fon explication de la préceffion des équinoxes; ces deux phénoménes font, l'un & l'autre, une fuite néceffaire des attractions de la Lune & du Soleil fur les parties qui compofent la terre.

L'explication du flux & du reflux fe tire comme celle de la préceffion des équinoxes de la Prop. 66. du premier Livre des Principes & de fes Corolaires.

II.

Galilée penfoit que les phénoménes des marées pouvoient s'expliquer par le mouvement de rotation de la terre, & par fon mouvement de tranflation autour du Soleil. Mais fi ce grand homme avoit fait plus d'attention aux circonftances qui accompagnent le flux & le reflux, il auroit vû que par le mouvement diurne les eaux doivent à la vérité s'élever vers l'équateur, ce qui doit faire prendre à la terre la forme d'un fphéroïde déprimé vers les pôles, mais que jamais ce mouvement rotatoire ne pourroit caufer aux eaux de la mer aucun mouvement de réciprocation, ainfi que M. *Newton* l'a démontré Cor. 19. Prop. 66. M. *Newton* fait voir auffi dans ce même Cor. en employant ce qu'il a démontré dans les

Erreur de Galilée fur les caufes du flux & reflux.

k ij

Cor. 5. & 6. des loix du mouvement, que la translation de la terre dans son grand orbe ne doit rien changer à tous les mouvemens qui s'exécutent à sa surface, & que par conséquent le mouvement translatif de la terre autour du Soleil, ne peut causer le mouvement de flux & de reflux qu'ont les eaux de la mer.

III.

<small>Le flux & le reflux sont une suite de l'action du Soleil & de la Lune sur les eaux de la mer.</small>

<small>M. *Newton* a fait voir que c'est par leur attraction que le Soleil & la Lune agissent sur la mer.</small>

Il étoit aisé de s'appercevoir, en faisant attention aux circonstances qui accompagnent le flux & le reflux, que ces phénoménes dépendent de la position de la terre par rapport au Soleil & à la Lune, mais il ne l'étoit pas de connoître la maniere dont ces deux astres les produisent, & la quantité dont chacun y contribue. On ne voit que les effets dans lesquels ces actions sont tellement confondues, que sans les principes de M. *Newton* on n'auroit pû parvenir à les démêler l'une de l'autre, ni à assigner leur quantité. Il étoit réservé à ce grand homme de trouver les véritables causes du flux & du reflux, & de soumettre ces causes au calcul. Voici le chemin qu'il a suivi pour y parvenir.

IV.

<small>Chemin qu'il a suivi pour parvenir à assigner la quantité dont chacun de ces astres contribue à ces Phénoménes.</small>

Il commence par examiner dans la Prop. 66. les principaux phénoménes qui doivent résulter du mouvement de trois corps qui s'attirent mutuellement en raison réciproque du quarré des distances, les petits tournans autour du plus grand.

Après avoir vû dans les 17 premiers Cor. de cette Prop. quels sont, dans un tel système, les dérangemens que doit causer le plus grand corps dans le mouvement du plus petit qui tourne lui-même autour du troisième, & donné par ce moyen les fondemens de la théorie de la Lune, il considère dans le Cor. 18. plusieurs corps fluides qui tournent autour du troisième, & il suppose ensuite que ces corps fluides deviennent contigus & forment un anneau qui tourne autour du corps qui lui sert de centre, & il fait voir que cet anneau doit subir dans son mouvement, par l'action du plus grand corps, les mêmes dérangemens que le corps unique dont il suppose que cet anneau a pris la place ; enfin Cor. 19. il suppose que le corps autour duquel tourne cet anneau s'étende jusqu'à lui, que ce corps qui est solide contienne l'eau de cet anneau dans un canal creusé autour de lui, & qu'il tourne autour de son axe d'un mouvement uniforme, & il fait voir qu'alors le mouvement de l'eau contenue dans ce canal, sera accéleré & retardé tour à tour par l'action du plus grand corps, & que ce mouvement sera plus prompt dans les sysigies de cette eau, & plus lent dans ses quadratures, & enfin que cette eau devra éprouver un flux & reflux comme notre mer.

Dans la Prop. 24. du Liv. 3. M. *Newton* applique cette Prop. 66. & ses Cor. aux phénoménes de la mer, & il y fait voir qu'ils sont une suite de l'attraction combinée du Soleil & de la Lune sur les parties qui composent la terre.

V.

Il cherche ensuite à déterminer la quantité dont chacun de ces astres contribue à ces phénomènes. Comme cette quantité dépend de leurs distances à la terre, plus ils en sont près, plus les marées doivent être grandes, toutes choses égales quand leurs actions conspirent : & suivant le Cor. 14. de la Prop. 66. ces effets doivent être en raison triplée des diamétres apparens de ces astres.

<small>Proportions trouvées par M. *Newton*, pour déterminer cette quantité.</small>

M. *Newton* démontre Prop. 25. Liv. 3. que la force qui porte la Lune vers le Soleil est à la force centripéte qui porte la Lune vers la terre, en raison doublée des tems périodiques de la terre autour du Soleil, & de la Lune autour de la terre, c'est-à-dire, comme 1 à $178 \frac{29}{40}$. selon le Cor. 17. de la Prop. 66. d'où il conclut que la force centripéte des parties de la terre vers le Soleil qui est proportionnelle au rayon de la terre, est à la force centripéte de la Lune vers la terre, en raison directe du rayon de la terre au rayon de l'orbe de la Lune, & en raison inverse doublée du tems périodique de la terre autour du Soleil, au tems périodique de la Lune autour de la terre ; ainsi la force du Soleil pour troubler le mouvement des corps près de la surface de la terre est à la force avec laquelle il trouble les mouvemens de la Lune, comme le rayon de la terre est au rayon de l'orbe de la Lune, c'est-à-dire, comme 1 à $60\frac{1}{2}$. mais par cette même Prop. 25. Liv. 3. la force du Soleil sur la Lune pour altérer ses mouvemens dans les quadratures, est à la gravité à la surface de la terre comme 1 à 638092, 6 ; d'où M. *Newton* tire, Prop. 36. Liv. 3. que puisque ces forces en descendant à la surface de la terre diminuent dans la raison de $60\frac{1}{2}$ à 1. la force du Soleil pour déprimer les eaux de la mer dans les quadratures, c'est-à-dire à 9°. sera à la force de la gravité à la surface de la terre, comme 1 à 38604600 ; mais cette force est double dans les sysigies de ce qu'elle est dans les quadratures, & de plus agit dans un sens opposé, c'est-à-dire, pour élever les eaux ; la somme de ces deux forces du Soleil sur les eaux de la mer dans les quadratures & les sysigies, sera donc à la force de la gravité, comme 3 à 38604600, ou comme 1 à 1286200 : ces deux forces réunies composent la force totale du Soleil pour mouvoir les eaux de la mer, car on peut considérer leur effet comme si elles étoient toutes employées à élever les eaux dans les sysigies, & qu'elles n'eussent aucun effet dans les quadratures.

V I.

Mais ce n'est là la force du Soleil sur les eaux de la mer, qu'en supposant le Soleil dans le zenith du lieu qu'on considére, & dans sa moyenne distance à la terre.

Maniere d'évaluer l'action du Soleil sur les eaux de la mer, dans un lieu quelconque.

Or dans un lieu quelconque le plus grand abaissement & la plus grande élévation de l'eau causés par l'action du Soleil, sont en raison directe du sinus verse du double de la hauteur du Soleil sur l'horison, & en raison triplée inverse de la distance du Soleil à la terre.

L'élévation & la dépression des eaux diminuent peu à peu à mesure que le Soleil s'éléve de l'horison ou s'abaisse vers lui, & elles s'opérent plus lentement quand le Soleil commence à abandonner

DE LA PHILOSOPHIE NATURELLE.

le point de sa culmination & de l'horison ; mais quand il est vers le milieu de ces deux points extrêmes, alors le mouvement de l'eau est le plus vîte.

VII.

On a vû ci-dessus que par le calcul de M. *Newton*, la force du Soleil sur les eaux de la mer est à la force de la gravité ici-bas, comme 1 à 12868200 ; & on a vû dans le Chapitre qui traite de la figure de la terre, que la force centrifuge acquise par la révolution de la terre sur son axe étant à la gravité comme 1 à 289, cette force éleve l'équateur de 85472 pieds de Paris : donc puisque la force du Soleil est à la force centrifuge sous l'équateur, comme 289 à 12868200, ou comme 1 à 44527, cette force élévera l'eau aux régions sous le Soleil, & opposées au Soleil de deux pieds de Paris environ.

M. Newton conclut de sa théorie que le Soleil éléve l'eau de la mer de deux pieds.

VIII.

Quant à la force de la Lune pour élever l'eau de la mer, on ne peut la conclure que par les phénoménes qui accompagnent les marées ; & M. *Newton* a employé pour la déterminer, la comparaison des plus grandes & des moindres hauteurs des marées dans les sysigies & dans les quadratures : car dans les sysigies leur plus grande hauteur est l'effet de la somme des forces du Soleil & de la Lune, & dans les quadratures leur moindre hauteur est l'effet de la différence de ces forces.

Comment M. Newton est parvenu à évaluer l'action de la Lune dans les marées.

M. *Newton* se sert pour cette détermination, des observations faites par *Sturminus* au-dessous de Bristol. Cet Auteur rapporte qu'au Printems & à l'Automne l'eau dans la conjonction & l'opposition du Soleil & de la Lune monte environ à 45 pieds, & que dans les quadratures elle ne monte qu'à 25.

Or, la premiere hauteur est produite par les forces réunies du Soleil & de la Lune, & la derniere par leur différence ; donc la somme des forces du Soleil & de la Lune sur la mer, lorsque ces deux astres sont dans l'équateur & dans leur moyenne distance à la terre, est à leur différence, comme 45 à 25, ou comme 9 à 5.

Les diamétres de l'orbe dans lequel la Lune se mouveroit sans égard à son excentricité, ont été trouvés Prop. 28. Liv. 3. par M. *Newton* dans la raison de 69 à 70 : donc la distance de la Lune à la terre dans les syfigies est à sa distance dans les quadratures, comme 69 à 70, toutes choses d'ailleurs égales ; mais les forces de la Lune pour mouvoir la mer, sont par le Cor. 14. de la Prop. 66. en raison triplée inverse de ses distances à la terre, d'où M. *Newton* tire que la hauteur de l'eau causée par la somme des forces du Soleil & de la Lune, étant à leur hauteur causée par la différence de ces forces, comme 9 à 5, la force du Soleil sur les eaux de la mer est à celle de la Lune, comme 1 à $4\frac{1}{2}$ environ. Or on vient de voir que la force du Soleil sur la mer est à la force de la gravité ici-bas, comme 1 à 12868200 : donc la force de la Lune sur la mer sera à la force de la gravité, comme 1 à 12871400 ; & puisque la force du Soleil éléve l'eau à la hauteur de deux pieds environ, la Lune l'élévera à neuf pieds environ, (on prend les nombres ronds) & ces deux forces réunies la feront monter, selon M. *Newton*, environ à 10 p. $\frac{1}{2}$, ce qui même pourra aller à 12 pieds lorsque la Lune sera dans son périgée. M. *Newton* ajoute, Prop. 37. Liv. 3. qu'une telle force suffit pour produire toutes les marées, & qu'elles y répondent assez exactement, surtout aux rivages qui sont fort voisins de la grande mer, & où elle peut s'élever & s'abbaisser sans qu'aucune cause externe altére ses mouvemens.

Cette action est à celle du Soleil, comme 4 & demi à 1.

Les deux forces réunies du Soleil & de la Lune élevent l'eau à 10 p & demi, & même à 12 p. lorsque la Lune est dans son périgée.

I X.

M. *Daniel Bernoulli* dans sa Dissertation sur les marées, qui a remporté le prix de l'Académie de l'an 1738. pense que les forces absolues du Soleil & de la Lune pour causer les marées, sont beaucoup plus grandes que M. *Newton* ne les suppose ; & au lieu de regarder à son exemple la terre comme composée de parties homogénes, il s'imagine que la densité des couches de la terre augmente

M. Bernoulli croit que ces forces sont beaucoup plus grandes, que ne les fait M. Newton.

augmente de la circonférence au centre, ce qui est très-probable par plusieurs raisons physiques, & il prétend que par cette supposition on peut augmenter les forces du Soleil & de la Lune sur la mer autant que les phénomènes le requéreront.

X.

Ce qui a déterminé M. *Bernoulli* à s'éloigner en cela du sentiment de M. *Newton*, c'est que par la théorie qu'il a donnée dans sa piéce de 1738. il trouve dans l'hypothése de l'homogénéïté des parties de la terre que le Soleil ne peut élever les eaux de plus de deux pieds, & la Lune de plus de cinq : or ces deux forces combinées ensemble ne composeroient dans les quadratures qu'une force absolue capable de faire varier les eaux en pleine mer d'une hauteur verticale de trois pieds pendant une marée, ce qui lui paroît insuffisant pour expliquer tous les phénomenes des marées dans les quadratures.

M. *Bernoulli* ajoute que les hauteurs des marées dans les ports où l'on fait les observations, dépendent de tant de circonstances accidentelles, qu'elles ne peuvent être exactement proportionnelles aux hauteurs des marées dans la pleine mer; c'est ce qui fait que l'on trouve le rapport moyen entre les plus grandes & les plus petites marées, très différens dans les différens ports. Il en rapporte pour exemple une observation qu'on lui envoya de S. Malo lorsqu'il composoit sa dissertation ; la plus grande & la plus petite hauteur de l'eau étoient entr'elles par cette observation, comme 10 à 3, & par l'observation de *Sturmius* au-dessous de Bristol, elles n'étoient entr'elles que comme 9 à 5 ; cependant c'est sur cette observation de *Sturmius*, que M. *Newton* a déterminé le rapport entre les forces du Soleil & de la Lune pour opérer les marées ; & M. *Bernoulli* prétend qu'outre ces différences qui se trouvent entre les observations des plus grandes & des moindres hauteurs des marées dans les différens ports, la méthode d'estimer les forces qui les causent par ces plus grandes & ces moindres hauteurs, est encore

Ce qui a déterminé M. Bernoulli à s'éloigner en cela du sentiment de M. Newton.

très fautive en ce que les marées font des espéces d'oscillations qui se ressentent toujours des oscillations précédentes, ce qui diminue les variations des marées ; d'où M. *Bernoulli* conclut qu'il seroit plus sûr d'évaluer les forces respectives du Soleil & de la Lune sur les marées par leur durée & leurs intervales que par leurs hauteurs, & en se servant de cette méthode, il trouve que la force de la Lune est dans une moindre proportion à celle du Soleil que celle que M. *Newton* a trouvé.

M. Bernoulli prétend qu'il seroit plus sûr d'évaluer les forces du Soleil & de la Lune par la durée & l'intervale des marées, que par leurs hauteurs.

On doit d'abord être étonné que la force de l'attraction du Soleil sur la terre étant assez puissante pour la forcer à tourner autour de lui, tandis que celle de la Lune cause dans son orbite des altérations à peine sensibles, cependant la Lune ait beaucoup plus d'influence que le Soleil sur les mouvemens de la mer. Mais si l'on fait attention que les mouvemens de la mer viennent de ce que ses parties sont attirées différemment de celles du reste du globe, parce que leur fluidité fait qu'elles cédent beaucoup plus facilement aux causes qui agissent sur elles, on verra que l'action du Soleil, qui est très forte sur la terre entiere, attire toutes ses parties presque également à cause de sa grande distance de la terre, au lieu que la Lune étant beaucoup plus près de la terre, doit agir plus inégalement sur les différentes parties de notre globe, & que cette inégalité doit être beaucoup plus sensible.

Comment il se peut faire que l'attraction de la Lune ait tant d'influence sur les eaux de la mer, & dérange si peu le mouvement de la Terre.

Après avoir fait voir que l'attraction combinée du Soleil & de la Lune sur les eaux de la mer, est la cause des marées, & avoir déterminé la quantité dont chacun de ces deux astres y contribue, M. *Newton* entre dans l'explication des circonstances qui accompagnent les phénoménes de la mer.

On distingue trois sortes de variations dans le mouvement de la mer.

On a reconnu de tout tems trois espéces de mouvement dans la mer, son mouvement journalier qui fait qu'elle s'éleve & s'abaisse deux fois par jour, les altérations régulieres que reçoit ce mouvement à chaque mois, & qui suivent les positions où se trouve la Lune par rapport à la terre, & enfin celles qui ont lieu chaque année, & qui sont causées par la plus grande proximité où la terre est du Soleil dans de certains tems de l'année.

DE LA PHILOSOPHIE NATURELLE.

La circonſtance la plus remarquable qui accompagne les marées, c'eſt que l'élévation & l'abaiſſement des eaux arrivent toujours deux fois dans un jour lunaire, c'eſt-à-dire, dans l'intervale de tems qui s'écoule entre le paſſage de la Lune au méridien, & ſon retour au même méridien; car la plus grande force de cet aſtre ſur la mer ayant lieu lorſqu'il culmine, & que ſon action eſt perpendiculaire, elle doit être égale deux fois dans 24^h quand la Lune paſſe au méridien du lieu au-deſſus & au-deſſous de l'horiſon; ainſi il doit y avoir à chaque révolution de la Lune autour de la terre deux flux diſtans entr'eux, du même intervalle de tems que la Lune employe à aller du méridien de deſſus l'horiſon à celui de deſſous, & cet intervale eſt de $12^h\ 24'$.

Les variations diurnes s'abaiſſent & s'élèvent deux fois par jour.

Cette élévation & cette dépreſſion des eaux deux fois en 24^h, ſuit de ce que M. *Newton* a démontré Cor. 19. & 20. Prop. 66. car cette eau ſe trouve deux fois dans cet eſpace de tems dans ſes ſyſigies, & deux fois dans ſes quadratures; ainſi ſon mouvement doit être deux fois accéléré, & deux fois retardé.

XIII.

La plus grande élévation de l'eau devroit être préciſément dans le mouvement du paſſage de la Lune au méridien, ſi les eaux étoient ſans inertie, & qu'elles n'éprouvaſſent aucun frottement du lit dans lequel elles coulent; mais ces deux raiſons font que cette hauteur arrive ordinairement deux heures & demie ou trois heures après le paſſage de la Lune au méridien dans les ports de l'océan où la mer eſt libre : c'eſt que l'inertie de l'eau fait qu'elle ne reçoit pas tout d'un coup le mouvement, & qu'elle conſerve pendant quelque tems le mouvement acquis, enſorte que le mouvement de la mer eſt perpétuellement accéléré pendant les ſix heures qui précédent le paſſage de l'aſtre au méridien, par l'action de l'aſtre ſur les eaux qui augmente à meſure que l'aſtre s'éloigne de l'horiſon; & par le mouvement diurne de la terre qui conſpire alors avec celui de l'aſtre: ce mouvement imprimé à l'eau conſerve pendant quelque tems ſon accélération, enſorte qu'elle s'élève de plus en plus juſqu'à

La plus grande élévation de l'eau ne ſe fait pas dans le moment du paſſage de la Lune par le Méridien.

Quelle en eſt la raiſon.

ce que le mouvement diurne qui devient contraire après le paſſage de la Lune au méridien, ainſi que l'action de l'aſtre qui s'affoiblit ſucceſſivement, diminue peu à peu la viteſſe des eaux; & les force à s'abaiſſer. On ne s'apperçoit de cet abaiſſement qu'environ trois heures après la culmination de l'aſtre, par les mêmes raiſons qui font que leur élévation retarde ſur le paſſage de l'aſtre au méridien.

On ſent aiſément que le frottement des eaux contre le fond de la mer doit auſſi contribuer à retarder ces effets.

M. *Culler*, de la diſſertation duquel j'ai emprunté beaucoup de choſes dans ce Chapitre, dit, que ſi l'on ne conſidéroit que le mouvement vertical de l'eau, ſa plus grande élévation devroit avoir lieu dans le moment même du paſſage de la Lune au méridien, & même quelquefois plutôt à cauſe de l'action du Soleil, & il attribue la plus grande partie du retardement de l'élévation de l'eau à ſon mouvement horiſontal par lequel elle frotte contre le lit dans lequel elle coule.

Dans les régions où la mer ne communique pas avec l'océan, les marées retardent beaucoup davantage, enſorte que ce retardement va quelquefois juſqu'à 12 heures, & on a coutume de dire dans ces lieux que la marée précéde le paſſage de la Lune au méridien : au Port du Havre, par exemple, où la marée retarde de neuf heures, on croit qu'elle précéde de trois heures le paſſage de la Lune au méridien; mais la vérité eſt que cette marée eſt l'effet de la précédente culmination.

XIV.

On vient de voir que l'effet de la Lune ſur les marées, eſt à celui du Soleil comme $4\frac{1}{2}$ à 1 environ. Or on n'a fait attention en déterminant le tems auquel arrivent les marées qu'à l'action de la Lune, ſi on ne faiſoit de même attention qu'à l'action du Soleil, les marées devroient ſuivre immédiatement le paſſage du Soleil au méridien, en faiſant abſtraction des cauſes externes qui les retardent; mais la mer, en obéiſſant à ces deux aſtres ſelon la quantité de leur action fur elle, acquiert fa plus grande hauteur par une force compofée de ces deux forces, ainfi cette plus grande hauteur arrive dans un tems intermédiaire à celui dans lequel elle auroit lieu en confidérant l'effet de chacune de ces forces féparément, & ce tems répond plus exactement au mouvement de la Lune qu'à celui du Soleil, parce que la force de la Lune fur la mer eft, comme on l'a vû précédemment, plus grande que celle du Soleil.

Le plus grand abaiffement des eaux doit arriver quand la Lune eft dans l'horifon, puifque c'eft alors que fon action fur la mer eft la plus oblique, c'eft pourquoi il n'y a pas un efpace égal entre deux élévations de l'eau, comme cela devroit arriver; mais la plus grande élévation qui fuit eft d'autant plus près de celle qui l'a précédée, que l'élévation du pôle du lieu qu'on confidére fera plus grande, & que la Lune aura plus de déclinaifon, c'eft-à-dire, d'autant plus qu'il y aura plus d'intervale entre le lever & le coucher de la Lune, & le cercle horaire de fix heures après fa culmination.

X V.

Voila les principaux phénoménes qui accompagnent les marées, & qui dépendent des pofitions des différentes parties de la terre par rapport au Soleil & à la Lune dans fon cours journalier.

Il fe trouve des différences tous les mois dans les marées qui dépendent des changemens de pofition de la Lune par rapport à la terre, car on fçait que la Lune fait fa révolution autour de la terre dans l'efpace d'un mois.

<small>Les variations qui ont lieu dans les mois.</small>

X V I.

Les marées font plus grandes deux fois chaque mois lorfque la Lune eft pleine & nouvelle, c'eft-à-dire, dans la conjonction & l'oppofition, & cela parce qu'alors les actions du Soleil & de la Lune confpirent à élever les eaux. Dans les quadratures, ces forces étant contraires l'une à l'autre, on a alors les plus petites marées.

<small>Les marées font plus grandes deux fois chaque mois à la nouvelle & à la pleine Lune. Et plus petites dans les quadratures.</small>

XVII.

Les plus grandes & les plus petites n'arrivent cependant pas précisément dans ce tems.
Et cela à cause de l'inertie de l'eau.

Les plus grandes & les plus petites marées n'arrivent cependant pas précisément dans les syfigies & dans les quadratures, mais ce sont quelquefois les troisiémes ou quatriémes après, & la raison en est dans la conservation du mouvement par l'inertie ; si la mer étoit dans un parfait repos quand le Soleil & la Lune agissent sur elle de concert dans les syfigies pour élever les eaux, elle ne prendroit pas d'abord sa plus grande vitesse ni par conséquent sa plus grande hauteur, mais elle l'acquéreroit petit à petit : or comme les marées qui précédent les syfigies ne sont pas les plus grandes, elles augmentent petit à petit, & les eaux n'ont acquis leur plus grande hauteur que quelque tems après que la Lune a passé les syfigies. Il en est de même des plus petites marées qui suivent les quadratures, car le mouvement se perd par dégré de même qu'il s'acquiert, & ce phénoméne a la même cause que le retardement des plus grandes marées diurnes sur le moment de l'appulse de l'astre au méridien.

La plus grande élévation de l'eau arrive plutôt dans le passage des syfigies aux quadratures après le passage de la Lune par le méridien, & plus tard dans le passage des quadratures aux syfigies.

On a déja dit que dans les syfigies le flux devroit précéder le passage de la Lune au méridien, à cause que le Soleil est alors presque dans l'horison ; mais comme l'inertie retarde le mouvement des eaux, le flux doit suivre plutôt le passage de la Lune au méridien après, que dans les syfigies, & c'est ce que les observations confirment ; il arrive le contraire dans le passage des quadratures aux syfigies, parce qu'alors le flux est perpétuellement retardé par le Soleil.

XVIII.

Elles sont plus grandes, toutes choses égales dans le périgée de la Lune que dans l'apogée.

Enfin, toutes choses égales, les marées sont toujours plus grandes dans les mêmes aspects du Soleil & de la Lune, & lorsqu'ils ont la même déclinaison, lorsque la Lune est dans son périgée, que lorsqu'elle est dans son apogée, & cela doit être ainsi par la théorie,

DE LA PHILOSOPHIE NATURELLE. 87

puifque les forces de la Lune fur la mer décroiffent en raifon triplée de fes diftances à la terre.

XIX.

Les différences annuelles des marées dépendent de la diftance de la terre au Soleil, ainfi les marées font plus fortes, toutes chofes égales, en hyver dans les fyfigies, & moindres dans les quadratures qu'en été, parce qu'en hyver le Soleil eft plus près de la terre.

Les variations annuelles. Les marées font plus grandes en hiver qu'en été à caufe de la plus grande proximité du Soleil.

XX.

Les effets de la Lune & du Soleil fur les marées dépendent encore de la déclinaifon de ces aftres, car fi l'aftre étoit placé dans le pôle, il attireroit d'une maniere conftante chaque particule d'eau, & fon action étant toujours égale, elle n'exciteroit dans cette eau aucun mouvement de réciprocation; ainfi il n'y auroit ni flux ni reflux; donc l'action du Soleil & de la Lune, pour exciter ce mouvement, deviennent plus foibles à mefure qu'ils s'éloignent de l'équateur; & M. *Newton*, Prop. 37. Liv. 3. dit, que la force de l'aftre fur la mer décroît à peu près en raifon doublée du finus de complément de fa déclinaifon ; c'eft-là la raifon pour laquelle les marées font moindres dans les fyfigies folftitiales, que dans les équinoctiales : & elles doivent être plus grandes dans les quadratures folftitiales, que dans les équinoctiales ; parce que dans le premier cas la Lune fait un plus grand effet que le Soleil.

Les marées dépendent encore de la déclinaifon du Soleil & de la Lune.

Les plus grandes marées arrivent donc dans les fyfigies, & les plus petites dans les quadratures des deux aftres vers l'équinoxe, & la plus grande marée dans les fyfigies eft toujours accompagnée de la plus petite dans les quadratures, & le Soleil étant plus près de la terre en hyver qu'en été, fait que les plus grandes & les moindres marées précédent plus fouvent l'équinoxe du printems, qu'elles ne la fuivent, & fuivent plus fouvent celle d'automne, qu'elles ne la précédent.

Les deux plus grandes marées n'arrivent pas dans deux fyfigies continues, parce que s'il arrive que la Lune dans l'une des fyfigies foit dans fon périgée, elle fera la fyfigie fuivante dans fon apogée : or, dans le premier cas, fon action étant la plus grande & confpirant avec celle du Soleil, elle fera monter l'eau à fa plus grande hauteur ; mais comme dans la fyfigie fuivante, où elle eft dans fon apogée, fon action eft la moindre, alors la marée ne fera plus fi forte.

XXI.

Le tems & la hauteur des marées dépendent de la latitude des lieux.

Le flux & le reflux dépendent encore de la latitude du lieu. Car en diftinguant toute la mer en deux flots hémifphériques, l'un boréal & l'autre auftral, ces deux flots qui font oppofés l'un à l'autre, arrivent tour à tour au méridien de chaque lieu à douze heures lunaires d'intervale ; mais comme les régions boréales participent plus du flux boréal, & les auftrales du flux auftral, les flux feront alternativement plus grands & plus petits dans chaque lieu hors de l'équateur ; le plus grand flux, quand la déclinaifon de la Lune fera vers le lieu qu'on confidére, arrivera environ trois heures après le paffage de la Lune au méridien, & le flux, quand la Lune changera fa déclinaifon, du plus grand deviendra le plus petit, & la plus grande différence de ces flux fera vers le tems des folftices. Ainfi l'hyver le flux du matin doit être plus grand, & l'été ce doit être celui du foir ; & l'on apprend dans la Prop. 24. du Liv. 3. qu'à *Plimouth*, felon l'obfervation de *Colopreffus*, cette différence va à un pied, & à *Briftol*, felon celle de *Sturnius*, à 15 pouces. M. *Newton* (dans le Livre *De Mundi Syftemate*, pag. 58.) dit, que la hauteur des marées diminue dans chaque lieu, en raifon doublée des

Leur hauteur diminue en raifon doublée des finus de complément de la latitude.

finus de complément de la latitude de ce lieu : or, on vient de voir que dans l'équateur elles diminuent en raifon doublée du finus de complément de la déclinaifon de l'aftre ; donc hors de l'équateur la moitié de la fomme de la hauteur à laquelle montent les marées le matin & le foir, c'eft-à-dire, l'afcenfion moyenne diminue dans la même raifon à peu près ; ainfi on peut connoître par ce moyen

la

DE LA PHILOSOPHIE NATURELLE.
la diminution des marées causée par la latitude des lieux & la déclinaison de l'astre.

XXII.

La grandeur du flux & du reflux dépend aussi de l'étendue des mers dans lesquelles ils arrivent, soit que les mers soient entierement séparées de l'océan, ou qu'elles n'y communiquent que par un canal très-étroit; car si les mers ont 90° en longitude, le flux & le reflux doit être le même que s'il venoit de l'océan, parce que cet espace suffit pour que le Soleil & la Lune produisent sur les eaux de la mer leur plus grand & leur moindre effet; mais si ces mers sont si étroites, que chacune de leurs parties soient élevées & déprimées avec la même force, il ne pourroit y avoir d'effet sensible, car l'eau ne peut s'élever dans un lieu, qu'elle ne s'abaisse dans un autre; c'est ce qui fait que dans la mer Baltique, la mer Noire, la mer Caspienne, & dans d'autres mers ou lacs plus étroits encore, il n'y a ni flux ni reflux.

La grandeur du flux dépend de l'étendue des mers.

XXIII.

La mer Méditerranée qui n'a que soixante dégrés en longitude, éprouve des flux à peine sensibles, & M. *Euler* a donné une méthode pour déterminer leur grandeur; ces marées peu sensibles peuvent encore être diminuées par les vents & par les courants qui sont très considérables dans cette mer; c'est ce qui fait que dans beaucoup de ses ports il n'y a presque pas de flux réglé. Il en faut excepter cependant la mer Adriatique qui a plus de profondeur, ce qui rend son élévation beaucoup plus sensible; c'est ce qui fait, dit M. *Euler*, que les Vénitiens sont les premiers qui ayent fait des observations sur le flux de la Méditerranée.

Les flux dans la Méditerranée sont à peine sensibles.

Il n'y a que dans la mer Adriatique où ils soient sensibles.

XXIV.

Ainsi, outre les causes assignables par lesquelles on peut rendre compte des phénomènes de la mer, il y en a encore plusieurs qui

Il entre dans les phénomènes du flux & du re-

Tome II.

flux plusieurs causes qui ne sont pas assignables. causent des inégalités dans ses mouvemens, qui ne sont réductibles à aucune loi, parce qu'elles dépendent d'élémens qui changent à chaque lieu ; tels sont les lits sur lesquels passent les eaux, les détroits, les différentes profondeurs des mers, leur largeur, les embouchures des fleuves, les vents, &c. toutes causes qui peuvent altérer la quantité du mouvement de l'eau, & par conséquent retarder le flux, l'augmenter, ou le diminuer, & qui ne peuvent être soumises au calcul ; c'est pourquoi il y a des lieux où le flux arrive trois heures après la culmination de l'astre, & d'autres où il n'arrive que douze heures après ; & en général, plus les marées sont grandes, plus elles arrivent tard, & cela doit être ainsi, puisque les causes qui les retardent agissent pendant un tems d'autant plus long.

Si le flux étoit infiniment petit, il auroit lieu précisément dans le moment même de la culmination, parce que les obstacles qui le retardent agiroient infiniment peu ; c'est en partie pourquoi les plus grandes marées qui arrivent vers la nouvelle & la pleine Lune, suivent plus tard le passage de la Lune au méridien, que celles qui arrivent vers les quadratures ; car ces dernieres marées sont les plus petites.

XXV.

M. *Euler* rapporte qu'à S. *Malo*, dans le tems des syzigies, le flux arrive la sixiéme heure après le passage de la Lune au méridien, & la retardation augmente de plus en plus, jusqu'à ce qu'enfin à *Dunkerque* & à *Ostende* il n'arrive qu'à minuit. On peut par cette *Vitesse des eaux de la mer.* retardation connoître la vitesse de l'eau, & M. *Euler* trouve par ces observations, & par d'autres encore, qu'elle fait huit milles environ en une heure ; mais on sent que cette détermination ne peut être générale.

XXVI.

Ces marées sont toujours plus grandes vers les côtes, & pourquoi. Les marées sont toujours plus grandes vers les côtes qu'en pleine mer, & plusieurs raisons y contribuent ; premierement, l'eau frappe contre les rivages, ce qui doit par la réaction augmenter sa hauteur ;

DE LA PHILOSOPHIE NATURELLE.

secondement, elle y arrive avec la vitesse qu'elle avoit dans l'océan où sa profondeur est très grande, & elle arrive en grande quantité, ce qui fait que par la grande résistance que lui opposent les rivages, elle s'éléve beaucoup davantage; enfin quand elle passe par des détroits, sa hauteur augmente beaucoup, parce qu'étant repoussée par les rivages, elle vient avec la force qu'elle a acquis par l'effort qu'elle a fait pour les inonder, c'est pourquoi à *Bristol* elle monte à une si grande hauteur vers les syfigies ; car sur cette côte le rivage est plein de sinuosités & de bancs de sable contre lesquels l'eau frappe avec une grande force, & desquels elle ne peut s'échapper aussitôt qu'elle feroit si le rivage étoit uni.

XXVII.

C'est par ces principes qu'on peut rendre raison des flux énormes qui ont lieu dans quelques ports, comme à *Plimouth*, au mont S. *Michel*, & à *Avranches*, où M. Newton assure (*De Systemate mundi*) que l'eau monte jusqu'à 40 & 50 pieds, & quelquefois plus.

Il peut arriver que le flux vienne au même port par plusieurs chemins, & qu'il passe par quelques-uns de ces chemins plus vîte que par les autres, alors le flux paroîtra partagé en plusieurs flux successifs, qui auroient des mouvemens différens, & qui ne ressembleroient point aux flux ordinaires : supposons, par exemple, que de tels flux soient partagés en deux flux égaux, dont l'un précéde l'autre de six heures, & qu'il arrive trois heures ou vingt sept heures après l'appulse de la Lune au méridien, si la Lune étoit alors dans l'équateur, il y auroit à six heures d'intervale des flux égaux qui seroient détruits par des reflux de la même grandeur, & l'eau stagneroit pendant vingt-quatre heures ce jour là.

Si la Lune déclinoit, ces flux seroient dans l'océan alternativement plus grands & plus petits, ainsi dans ce port il y auroit alternativement deux plus grands & deux plus petits flux ; les deux plus grands feroient acquérir à l'eau une plus grande hauteur qui se trouveroit dans le milieu de ces deux flux, & par les deux plus petits, elle acquéreroit sa moindre hauteur au milieu de ces deux

Explication de plusieurs phénoménes du flux & du reflux.

plus petits flux, & l'eau acquéreroit dans le milieu de sa plus grande & de sa moindre hauteur une hauteur moyenne ; ainsi dans l'espace de vingt quatre heures, l'eau, dans ce port, ne s'éleveroit pas deux fois, comme elle fait ordinairement, mais elle n'acquéreroit qu'une fois sa plus grande, & une fois sa plus petite hauteur.

Si la Lune décline vers le pôle élevé sur l'horison, sa plus grande hauteur sera la 3ᵉ, la 6ᵉ, ou la 9ᵉ heure après l'appulse de la Lune au méridien ; & si la Lune décline vers l'autre pôle, le flux se changera en reflux.

XXVIII.

Explication des circonstances qui accompagnent le flux & le reflux à Batsham, dans le Royaume de Tunquin.

Tout cela a lieu à *Batsham*, dans le royaume de *Tunquin*, à 20° 50′ de latitude boréale, il n'y a ni flux ni reflux le jour qui suit le passage de la Lune par l'équateur ; ensuite quand elle décline vers le nord, le flux & le reflux recommencent & n'arrivent pas deux fois par jour, comme dans les autres ports, mais une fois seulement.

L'eau arrive de l'océan dans ce port de deux côtés, l'un par la mer de la Chine par un chemin plus droit & plus court entre l'isle de *Leuconie* & le rivage de *Kanton*, & l'autre de la mer des Indes entre la *Cochinchine* & l'isle de *Borneo*, par un chemin plus long & plus tortueux. Or, l'eau arrive plutôt par le chemin le plus court, ainsi elle arrive de la mer de la Chine en six heures, & de celle des Indes en 12. donc l'eau arrivant la 3ᵉ & la 9ᵉ heure après l'appulse de la Lune au méridien, il en résulte les phénoménes dont je viens de parler.

XXIX.

Aux embouchures des fleuves le reflux dure plus longtems que le flux, & pourquoi.

Aux embouchures des fleuves, le flux & le reflux sont encore différens, car le courant du fleuve qui entre dans la mer résiste au mouvement du flux de la mer, & aide son mouvement de reflux, & cette cause doit par conséquent faire durer le reflux plus long-tems que le flux, & c'est aussi ce qui arrive ; car *Sturnius* rapporte qu'au-dessus de *Bristol*, à l'embouchure du fleuve de l'*Oundale*, le flux dure cinq heures & le reflux sept ; c'est pourquoi encore, toutes choses égales d'ailleurs, les plus grands flux arrivent plus tard aux embouchures des fleuves qu'ailleurs.

XXX.

On a dit ci-deſſus que le flux & le reflux dépendoient de la déclinaiſon de l'aſtre & de la latitude du lieu, ainſi ſous les pôles il ne doit y avoir ni flux ni reflux diurne, car la Lune étant à la même élévation ſur l'horiſon pendant 24 heures, elle ne paſſe point au méridien du lieu, & par conſéquent elle ne peut y élever les eaux ; mais dans ces régions, la mer a le flux & reflux qui dépendent de la révolution de la Lune autour de la terre chaque mois, ainſi la plus petite marée y arrive quand la Lune eſt dans l'équateur, parce qu'alors elle eſt toujours dans l'horiſon pour les pôles ; enſuite le flux & le reflux commence peu à peu à meſure que la Lune décline vers le nord ou vers le midi, & quand ſa déclinaiſon eſt la plus grande, elle n'élève l'eau que de 10 pouces au pôle vers lequel elle décline, & comme cette élévation ſe fait par un mouvement très lent, la force d'inertie l'augmente très peu, ainſi il eſt à peine ſenſible.

Sous les pôles il n'y a ni flux ni reflux diurne, mais ſeulement ceux qui dépendent de la révolution de la Lune autour de la terre.

XXXI.

Ce n'eſt que ſous le pôle que l'eau n'éprouve aucun mouvement diurne ; mais dans la zône glaciale, il y a un flux chaque jour au lieu des deux qui ont lieu chaque jour dans la zône torride, & dans nos zônes tempérées ; & il eſt aiſé de faire voir que ce paſſage de deux flux à un ne ſe fait pas ſubitement, mais qu'il s'opère par dégré comme tous les effets de la nature. Car on doit ſe ſouvenir qu'on a dit ci-deſſus que les deux flux diurnes de nos zônes tempérées ne ſont pas égaux : or, dans ce cas, il eſt certain que les plus petits flux ſeront plus voiſins l'un de l'autre, lorſque les deux flux ſucceſſifs ſeront inégaux, non-ſeulement quant à la hauteur des eaux, mais auſſi quant au tems de leur durée ; or, plus le lieu eſt éloigné de l'équateur, plus il y a d'inégalité entre deux flux ſucceſſifs, tant pour leur grandeur que pour le tems pendant lequel ils durent, car le plus grand flux doit durer plus longtems que le plus petit, & cependant tous deux ceſſent en 12 heures 24' à peu près. Donc dans les régions où la Lune paſſe dans cet intervale au méridien de deſſus & au méridien de deſſous, le plus petit flux doit diſ-

Mais il n'y a que ſous les pôles où il ne ſe fait aucun flux diurne, car dans la Zone glaciale, il y en a un. Pourquoi il n'y en a pas deux comme dans les autres climats ?

paroître entierement, & il ne doit rester que le plus grand flux qui remplira seul l'intervale de 12 heures 24′ ; d'où il est clair que la Lune déclinant, l'inégalité des deux flux successifs doit devenir plus grande à mesure qu'on approche des pôles, & enfin s'évanouir entierement sous les pôles, & alors les deux flux n'en feront plus qu'un.

XXXII.

Pourquoi le Soleil & la Lune faisant des effets si sensibles sur les marées, ils ne font point d'autre effet sensible ici bas?

Les forces du Soleil & de la Lune, telles qu'on a vû que M. *Newton* les a déterminées, suffisent pour causer les marées, mais elles ne peuvent produire d'autre effet sensible sur la terre. Car la force du Soleil pour élever la mer étant à la gravité ici-bas comme 1 à 12868200, & la somme des plus grandes forces réunies, que le Soleil & la Lune exercent sur la mer, étant à cette même gravité comme 2032890 à 1 ; on voit que ces forces réunies ne pourroient pas déranger les pendules de leur situation verticale d'un angle égal à la dixiéme partie d'une seconde, & ne changeroient pas la longueur du pendule à secondes de $\frac{1}{700}$ de ligne ; elles ne produiroient pas un effet plus sensible sur le baromètre, ni n'auroient enfin aucun effet sensible ici-bas.

XXXIII.

Conjectures sur le flux & reflux des mers de Jupiter & de ses Satellites.

Les effets de la Lune sur notre mer, doivent nous faire juger que si Jupiter a des mers, ses satellites dans leurs conjonctions & dans leurs oppositions doivent y exciter de grands mouvemens, supposé que ces satellites ne soient pas beaucoup plus petits que notre Lune. Car le diamétre de Jupiter a une beaucoup plus grande raison à la distance du satellite qui est le plus loin de lui, que celle du diamétre de la terre à la distance de la Lune à la terre, & on a vû que l'action de la Lune sur la mer dépend de cette proportion. Peut-être les changemens qu'on remarque dans les taches de Jupiter viennent-elles en partie des mouvemens que ses satellites excitent dans les eaux de cette planete, & si on observoit que ces changemens eussent avec les aspects de ces satellites l'analogie qui suit de cette théorie, on auroit une preuve que c'en est la véritable cause.

Comment M. Newton explique les Phénoménes des planetes secondaires, & principalement ceux de la Lune.

I.

LE premier phénoméne que les planetes secondaires présentent aux Physiciens, c'est la tendance qu'elles ont vers leur planete principale, en suivant la même loi que les planetes principales vers le Soleil. Nous avons suffisamment établi cette tendance dans le second Chapitre, à l'occasion des planetes principales, en négligeant, comme il le faut d'abord pour simplifier la question, toutes les inégalités que les planetes produisent entr'elles, ou qu'elles peuvent recevoir de la part du Soleil. Mais il est maintenant à propos d'examiner ces inégalités, pour voir d'une maniere plus satisfaisante l'universalité du principe de l'attraction, & l'harmonie du systême dont il est la base. La Lune est de toutes ces planetes celle dont on connoît le mieux les variations, & celle dont la marche peut être le plus facilement soumise à la théorie.

Il nous manque pour l'entier examen des autres planetes secondaires, un élément auquel il paroît comme impossible de suppléer, la connoissance de leurs masses, laquelle est nécessaire pour mesurer leurs actions réciproques, & les dérangemens de leurs orbites qui en résultent. Et quand même, abandonnant l'espérance de calculer par la seule théorie les mouvemens de ces astres, l'on se proposeroit seulement de faire voir *à posteriori* que les phénoménes n'ont rien de contraire au principe de l'attraction, on n'en seroit pas maintenant plus avancé, parce que les phénoménes mêmes, considérés astronomiquement, ne sont pas assez bien déterminés. Tout se réduit donc pour la théorie de ces planetes, à avoir vû que les forces avec lesquelles elles agissent les unes sur les autres, ou celle avec laquelle le Soleil agit sur elles pour déranger leurs orbites, sont très petites en comparaison de l'attraction qu'elles éprouvent vers leurs planetes principales, & que cette attraction est comme toutes les autres inversement proportionnelle aux quarrés des distances.

Les différentes sortes de mouvemens qu'on avoit remarqué depuis longtems dans la Lune, & les loix de ces mouvemens trouvées par de célébres Astronomes, ont fourni à M. *Newton* des moyens d'appliquer avec succès sa théorie à cette planete. Ce grand homme qui avoit déja tant fait de découvertes dans les autres parties du Systême du Monde, a voulu encore perfectionner celle-là; & quoique la méthode qu'il ait suivie en cette occasion soit moins claire & moins satisfaisante que celle qu'il avoit employée dans les autres phénomenes, on ne peut pas s'empêcher de lui devoir beaucoup de reconnoissance de s'y être appliqué.

Nous allons donner une légere idée de la méthode qu'il a suivie dans cette recherche.

I I.

On voit aisément que si le Soleil étoit à une distance de la terre & de la Lune qui fut infinie par rapport à celle qui sépare ces deux planetes, il ne troubleroit en aucune maniere les mouvemens de la Lune autour de la terre; puisque des forces égales & dont les directions sont paralléles, qui agissent sur deux corps quelconques, ne sauroient altérer leurs mouvemens relatifs. Mais comme l'angle que font les lignes tirées de la Lune & de la terre au Soleil, quoique très petit, ne sauroit être regardé comme nul, il faut donc y avoir égard, & en déduire l'inégalité de l'action du Soleil sur les deux corps à considérer.

Maniere d'avoir égard à l'inégalité de la force du Soleil sur la terre & sur la Lune.

Prop. 66. Liv. 1. Prenant donc, ainsi que M. *Newton*, sur la ligne tirée de la Lune au Soleil une droite pour représenter la force avec laquelle le Soleil l'attire, soit regardé cette droite comme la diagonale d'un parallélograme dont un côté seroit sur la ligne tirée de la Lune à la terre, & l'autre une parallèle menée de la Lune à la droite qui

DE LA PHILOSOPHIE NATURELLE. 97

qui joint le Soleil & la terre. Il est clair que ces deux côtés du même parallélograme, représenteront deux forces qu'on peut substituer à la force du Soleil sur la Lune, & que la premiere de ces deux forces, celle qui pousse la Lune vers la terre, ne troublera en aucune maniere l'observation de la régle de *Kepler* des aires proportionnelles aux tems, mais qu'elle changera seulement la loi de la force avec laquelle la Lune tendra vers la terre, & altérera en conséquence la forme de son orbite. Quant à la seconde force, celle qui agit suivant la parallèle au rayon de l'orbite de la terre, si elle étoit égale à la force avec laquelle le Soleil agit sur la terre, on voit aisément qu'elle ne produiroit aucun dérangement à l'orbite de la Lune; mais cette égalité ne peut arriver que dans les points où la Lune est à une distance du Soleil égale à celle où en est la terre dans le même tems, ce qui arrive vers les quadratures. Dans tout autre point, ces deux quantités étant inégales, c'est leur différence qui exprime la force perturbatrice du Soleil sur la Lune, tant pour déranger la description égale des aires en tems égaux, que pour empêcher la Lune de se mouvoir toujours dans le même plan.

La force du Soleil se décompose en deux autres.

L'une pousse la Lune vers la terre.

L'autre agit suivant la ligne tirée de la terre au Soleil.

III.

On ne trouve dans la Proposition du premier Livre que je viens de citer, que l'exposition générale de cette maniere d'estimer les forces perturbatrices du Soleil sur la Lune : mais dans le troisiéme on trouve le calcul qui mesure leur quantité; on y apprend que la partie de la force du Soleil qui pousse la Lune vers la terre, est dans la médiocre quantité, la $\frac{L}{178\frac{29}{40}}$ de celle par laquelle la terre agit sur elle dans ses moyennes distances.

Prop. 25. Liv. 3.

Mesure des forces perturbatrices du Soleil.

On voit ensuite que l'autre partie de la même force du Soleil, celle qui agit parallélement au rayon de l'orbite de la terre, est à la premiere, comme est au sinus total, le triple du cosinus de l'angle que font entr'elles les droites tirées de la Lune & de la terre au Soleil.

Tome II. n

98   PRINCIPES MATHÉMATIQUES

La force du Soleil & de la terre, il est clair que ces deux côtés du même parallélogramme, représenteront deux forces qu'on peut substituer à la force de la terre & à la force du Soleil : tel est la décomposition qu'on peut faire en deux manieres.

IV.

Accélération des aires dérivée de cette force.

M. *Newton* employe cette détermination des forces perturbatrices, dans les Prop. 26. 27. 28. 29. du même Livre, à calculer celle des inégalités de la Lune qu'on appelle sa variation, & dont la découverte est due à *Tycho*.

M. *Newton*, pour déterminer cette inégalité, fait abstraction de toutes les autres ; il regarde même la Lune comme si elle devoit parcourir un cercle parfait autour de la terre sans l'action du Soleil, & il cherche l'accélération que l'aire doit recevoir par celle des deux forces perturbatrices qui agit parallélement au rayon tiré de la terre au Soleil. Il trouve que l'aire décrite dans chaque instant supposé égal, est toujours à peu près proportionelle à la somme du nombre 219, 46, & du sinus verse du double de la distance de la Lune à la prochaine quadrature (le rayon étant l'unité) ; ensorte que la plus grande inégalité de la description des aires se trouve dans les octans où ce sinus verse est dans son maximum.

L'aître qui tourne vers la figure est à peu près &c.

nulles aux tems, mais qu'elle changera [illisible]

V.

L'action du Soleil rend l'orbite de la Lune plus étroite, entre les syfigies, qu'entre les quadratures.

Pour déterminer ensuite l'équation que doit donner au mouvement de la Lune cette accélération de l'aire, il a égard au changement de figure que recevroit l'orbite par la force perturbatrice. Il cherche la quantité dont la force perturbatrice doit rendre la ligne qui passe par les quadratures plus longue que celle qui traverse les syfigies. Les données qu'il employe en résolvant ce Problême, sont les vitesses qu'il a montré à déterminer pour ces deux points dans la proposition précédente, & les forces centripétes aux mêmes points, lesquelles sont composées l'une & l'autre de la force vers la terre, & des forces perturbatrices du Soleil qui agissent alors toutes deux dans le même sens que le rayon de l'orbite de la Lune. Or, les courbures devant être alors directement comme les attractions, & inversement comme les quarrés des vitesses, il a par ce moyen le rapport des courbures, & il en déduit les axes de l'orbite

DE LA PHILOSOPHIE NATURELLE.

en prenant pour hypothèse que cette courbe soit une ellipse dont la terre est le centre, si le Soleil est supposé fixe pendant que la Lune va de la syſigie à la quadrature, & qu'elle soit, lorsqu'on a égard au mouvement du Soleil, une courbe dont les rayons sont les mêmes que ceux de l'ellipse pendant que l'on augmente les angles qu'ils contiennent dans la raison du mouvement périodique de la Lune à son mouvement synodique. Le premier de ces mouvemens étant celui dans lequel on rapporte la Lune à un point fixe du Ciel, l'autre étant celui où on la compare au Soleil. Par ces suppositions M. *Newton* parvient à trouver que l'axe qui passe par les quadratures, doit être plus grand que celui qui traverse les syſigies de $\frac{1}{70}$.

V I.

Il calcule ensuite dans la même hypothèse l'équation ou correction, au mouvement moyen de la Lune, qui doit résulter tant de l'accélération trouvée dans le problème précédent, en ne regardant l'orbite que comme circulaire, que celle qui viendroit de la nouvelle figure de cette orbite, par le principe des aires proportionnelles aux tems. La combinaison de ces deux causes lui donne une équation qui se trouve la plus grande dans les octans, & qui monte alors à 35′ 10″. Dans les autres cas, elle est proportionnelle au sinus du double de la distance de la Lune à la prochaine quadrature. Cette quantité se trouve être celle qui convient avec les observations, & forme celle des équations du mouvement de la Lune que l'on appelle variation ou réflexion. Il est bon d'ajouter, avec M. *Newton*, que la variation des octans, n'est de cette quantité, que dans le cas où l'on suppose la terre dans sa moyenne distance ; & que dans les autres cas, il faut prendre une quantité qui soit à cet angle de 35′ 10″ en raison renversée du cube de la distance au Soleil. La raison en est que l'expression de la force perturbatrice du Soleil, laquelle est la cause de toutes les inégalités de la Lune, est divisée par le cube de la distance au Soleil.

Calcul de la variation de la Lune.

VII.

Prop. 30 & 31. Liv. 3.
Calcul du mouvement des nœuds de la Lune.

M. *Newton* paſſe de l'examen de la variation de la Lune à celui du mouvement de ſes nœuds. Dans cette recherche il néglige, ainſi que dans la précédente, l'excentricité de l'orbite de la Lune. Il ſuppoſe qu'elle ſe mouvroit dans un cercle ſans la force perturbatrice du Soleil; & n'attribue à cette force d'autre effet que de changer l'orbite circulaire en une ellipſe dont la terre eſt le centre, ou plutôt dans la courbe dont nous venons de donner la conſtruction par le moyen d'une ellipſe.

Quelle eſt celle des deux forces du Soleil qu'il faut employer.

Des deux forces perturbatrices du Soleil, il n'a beſoin de conſidérer que celle qui agit parallélement à la ligne tirée de la terre au Soleil : l'autre, c'eſt-à-dire, celle qui pouſſe la Lune vers la terre agiſſant dans l'orbite même, ne peut être la cauſe du mouvement qu'a le plan de cette orbite. N'ayant donc que cette force à conſidérer, & ayant trouvé qu'elle étoit proportionnelle au coſinus de l'angle que font les lignes tirées de la Lune au Soleil & à la Lune; voici comme il employe cette force.

A l'extrémité du petit arc que la Lune a décrit dans un inſtant quelconque, il en prend un égal, qui ſeroit celui que la Lune parcoureroit ſans la force perturbatrice; & par l'extrémité de ce nouvel arc, il méne une petite droite parallele à la diſtance de la terre au Soleil, & il détermine la longueur de cette droite, par la meſure déja déterminée de la force qui agit dans le même ſens qu'elle. Cela fait, la diagonale du petit côté que la Lune auroit décrit ſans la force perturbatrice, & du côté que feroit décrire cette force ſi elle étoit ſeule, donne le vrai petit arc que doit décrire la Lune. Il ne s'agit donc plus que de voir combien le plan qui paſſeroit par ce petit arc & par la terre, diffère du plan qui paſſe par le premier côté, & de même par la terre.

Les deux petits côtés dont nous venons de parler étant prolongés juſqu'à ce qu'ils rencontrent le plan de l'orbite de la terre, & ayant tiré de leur rencontre avec ce plan deux droites à la terre, l'angle

DE LA PHILOSOPHIE NATURELLE.

que font ces deux droites, est le mouvement du nœud pendant l'instant que la Lune met à parcourir ce nouveau petit arc que l'on vient de considérer. Mais comme nous ne pouvons pas suivre ici le calcul par lequel M. *Newton* détermine ce petit angle, nous nous contenterons de dire qu'il établit d'une maniere très claire, que sa mesure & partant la vitesse ou le mouvement instantané du nœud est proportionnel au produit des sinus des trois angles qui expriment les distances de la Lune à la quadrature, de la Lune au nœud, & du nœud au Soleil.

Loix du mouvement des nœuds.

VIII.

Il suit de-là une remarque singuliere sur le mouvement des nœuds de la Lune : c'est que lorsque l'un de ces trois sinus se trouve négatif, le nœud, de rétrograde qu'il est auparavant, devient direct. Ainsi lorsque la Lune est entre la quadrature & le nœud voisin, le nœud avance suivant l'ordre des signes. Dans les autres cas il rétrograde, & comme l'espace fait, en rétrogradant, est plus considérable que celui qui est parcouru d'un mouvement direct, il arrive que dans chaque révolution de la Lune, le nœud s'est mû réellement contre l'ordre des signes.

Régression & progression des nœuds dans chaque révolution.

A la fin de chaque révolution les nœuds se sont mûs en arriere.

Lorsque la Lune est dans les syfigies & le nœud dans les quadratures, c'est-à-dire à 90 dégrés du Soleil, le mouvement horaire est de 33″ 10‴ 37^{iv} 12^v. Pour avoir donc son mouvement horaire dans toutes les autres situations, il faut prendre un angle qui soit à celui-là, comme le produit des trois sinus dont je viens de parler est au cube du rayon.

Formule qui donne le mouvement horaire quelconque.

IX.

Prenant le Soleil & le nœud pour fixe pendant que la Lune se trouve successivement à toutes les distances du Soleil, M. *Newton* cherche le mouvement horaire du nœud qui est le milieu entre tous les différens mouvemens que donneroit la formule précédente, & ce mouvement moyen, qu'il appelle le mouvement médiocre du nœud, est de 16″ 33‴ 16^{iv} 36^v, lorsque l'on suppose l'orbite circulaire, & que

Prop. 31. Liv. 3. Détermination du mouvement moyen des nœuds.

l'on prend le cas où les nœuds sont en quadrature avec le Soleil. Dans les autres positions il est à cette quantité comme le quarré du sinus de la distance du Soleil au nœud est au quarré du sinus total. Si on suppose que l'orbite soit l'ellipse employée déjà à l'article de la variation dont la terre est le centre, le mouvement médiocre dans les quadratures n'est plus que 16″, 16‴, 37^{iv}, 42^{v}. & dans les autres positions il dépend également du quarré du sinus de la distance au Soleil.

Afin de parvenir à déterminer pour un tems quelconque proposé le lieu moyen du nœud, M. *Newton* prend un milieu entre tous les mouvemens médiocres considérés comme nous venons de le dire: & il se sert pour cette recherche de la quadrature des courbes & de la méthode des séries. Par ce moyen il trouve que le mouvement des nœuds dans une année sydérale doit être de 19° 18′ 1″ 23‴ ce qui ne s'écarte que d'environ 3′ des déterminations faites par les Astronomes.

X.

Prop. 33. Liv. 3.
Détermination du lieu vrai du nœud pour un tems donné.

La même courbe qui par la quadrature de son espace entier donne le milieu entre toutes les vitesses médiocres du nœud, sert aussi par la quadrature de ses parties quelconques à trouver le lieu vrai du nœud pour l'instant proposé.

Voici le résultat de son calcul en négligeant ce qui peut être négligé. Ayant fait un angle égal au double de celui qui exprime la distance du Soleil, au lieu moyen du nœud, on rendra les deux côtés de cet angle tels que le plus grand soit au plus petit, comme le mouvement moyen annuel des nœuds qui est de 19° 49′ 3″ 55‴ est à la moitié de leur mouvement vrai médiocre, lorsqu'ils sont dans les quadratures; laquelle est de 0° 33′ 10″ 33‴, c'est-à-dire comme 38, 3 à 1. Cela fait, & ayant achevé le triangle donné par cet angle & par ses deux côtés, l'angle de ce triangle qui sera opposé à ce petit côté représentera assez exactement l'équation ou correction qu'il faut faire au mouvement moyen pour avoir le vrai.

XI.

De la recherche du mouvement des nœuds, M. *Newton* passe à la détermination des changemens que subit l'inclinaison de l'orbite de la Lune. Cet examen est nécessairement lié avec le premier, & est tout aussi indispensable, puisque la connoissance de la latitude de la Lune dépend également de ces deux élémens. En employant, comme nous l'avons vû tout-à-l'heure pour le mouvement des nœuds, celle des deux parties de la force perturbatrice du Soleil qui n'agit pas dans le plan de l'orbite de la Lune, M. *Newton* parvient facilement à mesurer le changement horaire qu'éprouve l'inclinaison de l'orbite de la Lune, & ce changement, lorsque l'on suppose l'orbite circulaire, se trouve en diminuant premièrement le mouvement horaire des nœuds, lequel est de $33'' 10''' 33^{iv} 12^v$ (les nœuds étant dans les quadratures & la Lune dans les syfigies) dans la raison du sinus de l'inclinaison de l'orbite de la Lune au rayon, & en prenant ensuite une quantité qui soit au nombre donné par cette opération comme le produit du sinus de la distance de la Lune à la quadrature voisine, par le sinus de la distance du Soleil au nœud & par le sinus de la distance de la Lune au nœud, est au cube du rayon. Ce changement horaire de l'obliquité de l'écliptique de la Lune n'est calculé que dans la supposition que son orbite soit circulaire, mais si l'on veut qu'il convienne à l'orbite elliptique que M. *Newton* a tiré de la force perturbatrice du Soleil sans égard à l'excentricité, il faut le diminuer de $\frac{2}{3}$.

Prop. 34.
Du changement dans l'inclinaison de l'orbite.

Variation horaire de l'inclinaison.

XII.

Après avoir déterminé ainsi le changement horaire de l'inclinaison de l'orbite de la Lune, M. *Newton* employant la même méthode & les mêmes suppositions par laquelle il avoit trouvé le lieu vrai du nœud dans un instant quelconque proposé, parvient à déterminer l'inclinaison de l'orbite pour un moment quelconque. Voici le résultat de son calcul.

Prop. 35.
Maniere d'avoir l'inclinaison pour un tems donné.

Soient prises sur une base à compter d'un même point trois parties en progression géométrique, dont la première représente la plus petite inclinaison & la troisième la plus grande. Soit menée ensuite par l'extrémité de la seconde une droite qui fasse avec la base un angle égal au double de la distance du Soleil au nœud pour le mouvement proposé. Soit prolongée cette droite jusqu'à ce qu'elle rencontre le demi cercle décrit sur la différence de la premiere & de la troisième des lignes couchées sur la base. Cela fait l'intervale compris entre la premiere extrémité de la base & la perpendiculaire abbaissée de la commune section du cercle & du côté de l'angle dont on vient de parler, exprimera l'inclinaison pour le tems proposé.

XIII.

Ce que Mr. Newton dit sur les autres inégalités de la Lune.

M. *Newton*, après avoir exposé la méthode par laquelle il calcule celle des inégalités de la Lune appellée sa variation, & la méthode qu'il suit en déterminant le mouvement des nœuds & la variation de l'obliquité de l'écliptique, rend compte de ce qu'il dit avoir tiré de sa théorie de la gravitation par rapport aux autres inégalités de la Lune. Mais il s'en faut bien que ce qu'il donne alors puisse être aussi utile aux géometres, que ce qu'il a dit auparavant par rapport aux inégalités dont je viens de parler.

Dans l'examen des premieres inégalités, quoique le lecteur ne soit pas extrémement satisfait à cause de quelques suppositions & de quelques abstractions faites pour rendre le problême plus facile, il a du moins cet avantage, qu'il voit la route de l'Auteur & qu'il acquiert de nouveaux principes avec lesquels il peut se flatter d'aller plus loin. Mais quant à ce qui regarde le mouvement de l'apogée & la variation de l'excentricité, & toutes les autres inégalités du mouvement de la Lune, M. *Newton* se contente des résultats qui conviennent aux Astronomes pour construire des tables du mouvement de la Lune, & il assure que sa théorie de la gravité l'a conduit à ces résultats.

XIV.

XIV.

M. *Horox*, célébre astronome Anglois avoit prévenu M. *Newton* sur la partie la plus difficile des mouvemens de la Lune, sur ce qui regarde l'apogée & l'excentricité. On est étonné que ce sçavant dénué du secours que fournissent le calcul & le principe de l'attraction, ait pû parvenir à réduire des mouvemens si composés sous des loix presque semblables à celles de M. *Newton*, & ce dernier si respectable d'ailleurs paroît d'autant plus blamable en cette occasion d'avoir caché sa méthode, qu'il s'exposoit à faire croire que ses théorémes étoient comme ceux des Astronomes qui l'avoient précédé, le résultat de l'examen des observations, au lieu d'être une conséquence qu'il eut tirée de son principe général.

C'est dans le scholie de la proposition 35 du 3e. livre que M. *Newton* a donné ces théorémes qui font presque tout le fondement des tables du mouvement de la Lune. Voici à peu-près en quoi ils consistent.

Mr. Horox avoit trouvé les loix de l'apogée & de l'excentricité.

XV.

Le mouvement moyen de la Lune doit être corrigé par une équation dépendante de la distance du Soleil à la terre. Cette équation appellée annuelle est la plus grande dans le périgée du Soleil & la plus petite dans son apogée. Son maximum est de $11'\ 51''$ & dans les autres cas elle est proportionelle à l'équation du centre du Soleil. Elle est additive dans les six premiers signes à compter de l'apogée du Soleil, & soustractive dans les six autres signes.

Les lieux moyens de l'apogée & du nœud doivent être aussi corrigés chacun par une équation de même espece, c'est-à-dire, dépendante de la distance du Soleil à la terre & proportionelle à l'équation du centre du Soleil. Celle de l'apogée est $19'\ 43''$ dans son maximum & est additive du périhélie à l'aphélie de la terre. L'équation est soustractive de l'aphélie au périhélie pour le nœud. Elle n'est que de $9'\ 24''$ & est prise dans un sens contraire à la premiere.

Equations annuelles du mouvement de la Lune de l'apogée & du nœud.

Tome II.

XVI.

Première équation semestre du mouvement moyen de la Lune.

Le mouvement moyen de la Lune doit ensuite souffrir une autre correction, dépendante à la fois de la distance du Soleil à la terre & de la situation de l'apogée de la Lune par rapport au Soleil. Cette équation qui est inversement comme le cube de la distance du Soleil à la terre, & directement comme le sinus du double de l'angle qui exprime la distance du Soleil à l'apogée de la Lune, s'appelle équation semestre. Elle est de 3′ 45″ lorsque l'apogée de la Lune est en octans avec le Soleil, pendant que la terre est dans sa moyenne distance. Elle est additive quand l'apogée de la Lune va de sa quadrature avec le Soleil à sa sysigie ; & soustractive, lorsque l'apogée va de la sysigie à la quadrature.

XVII.

Seconde équation semestre.

Le même mouvement moyen de la Lune demande une troisième correction, dépendante de la situation du Soleil par rapport au nœud, ainsi que de la distance du Soleil à la terre. Cette correction ou équation que M. *Newton* appelle la seconde équation semestre, est inversement proportionelle au cube de la distance de la terre au Soleil, & directement proportionnelle au sinus du double de la distance du nœud au Soleil, elle est de 47″ lorsque le nœud est en octans avec le Soleil, & que la terre est dans ses moyennes distances. On l'ajoute lorsque le Soleil s'écarte en antécédence du nœud le plus proche, & au contraire, on la retranche lorsqu'il s'en éloigne en conséquence.

XVIII.

Après ces trois premières corrections du lieu de la Lune, suit celle qu'on appelle son équation du centre. Mais cette équation ne sauroit être prise comme celle des autres planètes dans une seule & même table, parceque son excentricité varie à tout moment,

& que le mouvement de son apogée est fort irrégulier. Afin donc de parvenir à l'équation du centre de la Lune, il faut commencer par déterminer l'excentricité & le vrai lieu de l'apogée de la Lune, ce que l'on fait par le moyen de tables fondées sur la proposition suivante.

<small>Détermination du vrai lieu de l'apogée & de l'excentricité.</small>

Ayant pris une droite quelconque pour exprimer la moyenne excentricité de l'orbite de la Lune laquelle est de 5505 parties, dont la moyenne distance de la Lune à la terre est environ 100000, on fait à l'extrémité de cette droite que l'on prend pour base un angle égal au double de l'argument annuel ou de la distance du Soleil au lieu moyen de la Lune corrigé une premiere fois comme on l'a déja enseigné.

On fixe ensuite la longueur du côté de cet angle en le faisant égal à la moitié de la différence, entre la plus petite & la plus grande excentricité, laquelle est de $1172\frac{1}{4}$. Fermant alors le triangle, l'autre angle à la base exprime l'équation ou correction à faire au lieu de l'apogée déja corrigé une fois pour avoir son lieu vrai, & l'autre côté du triangle, c'est-à-dire, celui qui est opposé à l'angle fait égal au double de l'argument annuel, exprimera l'excentricité pour le moment proposé. Ajoutant alors l'équation de l'apogée à son lieu déja corrigé, si l'argument annuel est moindre de 90, ou entre 180 & 270, & la retranchant dans les autres cas on aura le vrai lieu de l'apogée que l'on retranchera du lieu de la Lune, corrigé par les trois équations déja rapportées, afin d'avoir l'anomalie moyenne de la Lune. Ensuite avec cette anomalie & l'excentricité, on aura facilement par les méthodes ordinaires l'équation du centre, & partant le lieu de la Lune, corrigé pour la quatriéme fois.

<small>Usage de l'équation du centre ou quatriéme correctoin du lieu de la Lune.</small>

XIX.

Le lieu de la Lune, corrigé pour la cinquiéme fois, se trouve en appliquant au lieu de la Lune, corrigé pour la quatriéme fois l'équation appellée variation, dont nous avons déja parlé, laquelle

<small>La cinquiéme équation de la Lune est la variation.</small>

est toujours en raison directe du sinus du double de l'angle, qui exprime la distance de la Lune au Soleil, & en raison inverse du cube de la distance de la terre au Soleil. Cette équation qui est additive dans le premier, & le troisième quart de cercle, (en comtant du Soleil) & négative dans le deuxième & quatrième, est de 35′ 10″ quand la Lune est en octans avec le Soleil & la terre dans ses moyennes distances.

XX.

Sixième équation.

La sixième équation du mouvement de la Lune est proportionnelle au sinus de l'angle que l'on a en ajoutant la distance de la Lune au Soleil à la distance de l'apogée de la Lune à celui du Soleil. Son maximum est de 2′ 10″ & elle est positive lorsque la somme est moindre que 180° & négative, si la somme est plus grande.

XXI.

Septième équation.

La septième & derniere équation qui donne le lieu vrai de la Lune dans son orbite, est proportionnelle à la distance de la Lune au Soleil; elle est de 2′ 20″ dans son maximum.

XXII.

On ne voit guéres pour retrouver le chemin qui peut avoir conduit M. *Newton* à toutes ces équations, que quelques corollaires de la proposition 66 du premier livre, où il donne la maniere d'estimer les forces perturbatrices du Soleil, que j'ai exposé dans ce Chapitre. On sent bien à la vérité que celle des deux forces qui agit dans le sens du rayon de l'orbite de la Lune, se joignant à la force de la terre, altére la proportion inverse du quarré des distances, & doit changer tant la courbure de l'orbite, que le tems dans lequel la Lune le parcoure: mais comment M. *Newton* a-t'il employé ces altérations de la force centrale, & quels principes a-t'il suivi pour éviter ou pour vaincre la complication extrême, & les dif-

DE LA PHILOSOPHIE NATURELLE. 109

ficultés du calcul que présente cette récherche ? c'est ce qu'on n'a pas encore pû découvrir du moins d'une maniere satisfaisante.

On trouve, je l'avoue, dans le premiere Livre des Principes, une proposition sur le mouvement des apsides en général, qui promet d'abord de grands usages pour la théorie des apsides de la Lune, mais quand on vient à s'en servir, on voit bientôt qu'elle ne mene pas fort avant dans cette récherche.

La proposition dont je parle apprend que si à une force qui agit inversement comme le quarré des distances, on en ajoute une inversément proportionnelle au cube, cette nouvelle force ne changera pas la nature de la courbe décrite par la premiere force, mais donnera un mouvement circulaire au plan sur lequel elle est décrite, je veux dire que l'addition de la nouvelle force qui suit la raison renversée du cube, fait que le corps au lieu de décrire autour du centre des forces une ellipse sur un plan immobile, comme il l'auroit décrite par la seule force inversement proportionnelle au quarré, décrira la courbe que trace un point mû dans une ellipse, pendant que le plan de cette ellipse tourne lui-même autour du centre des forces. Dans des coroll. de cette proposition, M. *Newton* applique sa conclusion au cas où la force ajoutée à celle qui suit la loi du quarré de la distance, n'est pas restrainte à agir comme le cube, mais comme toute autre quantité dépendante de la distance.

Si donc la force perturbatrice du Soleil se trouvoit dépendre de la seule distance de la Lune à la terre, on iroit tout de suite à la théorie du mouvement des apsides de la Lune, par cette seule proposition : mais comme il entre dans l'expression de cette force l'élongation ou distance de la Lune au Soleil, & qu'outre cela il n'y a qu'une seule partie de la force perturbatrice du Soleil qui agisse suivant la distance de la Lune, on ne peut sans des artifices nouveaux & peut-être aussi difficiles à trouver que la détermination entiere de l'orbite de la Lune, employer la proposition de M. *Newton* sur les apsides en général au cas de la Lune. Aussi sur cet article comme sur tout le reste de la théorie de la Lune, les plus grands Géometres de ce siécle ont abandonné la route battue jusqu'à présent par les commentateurs de M. *Newton*, & ont crû qu'ils arriveroient plutôt au but en reprenant tout le travail dès sa premiere origine. Ils ont cherché à déterminer directement les chemins & les vitesses de trois corps quelconques qui s'attirent. On se flatte de voir dans peu le succès de leur travail : la méthode analytique qu'ils suivent, paroit la seule qui puisse vraiment satisfaire dans une recherche de cette nature.

DES COMETES.

I.

Quoique les cométes ayent attiré dans tous les tems l'attention des Philosophes, ce n'est que depuis le siécle dernier & même depuis M. *Newton*, que l'on peut se flatter d'avoir quelque connoissance de leur nature. *Séneque* sembloit avoir pressenti ce qu'on devoit découvrir un jour sur ces astres; mais le germe des vrais principes qu'il avoit semé fut étouffé par la doctrine des Péripatéticiens, qui transmettant de siécle en siécle, les erreurs de leur maitre, soutenoient que les cométes étoient des météores & des feux passagers.

Les Péripatéticiens prenoient les cométes pour des météores.

II.

Quelques Astronomes à la tête desquels on doit mettre *Tycho*, reconnurent la fausseté de cette opinion en faisant voir par leurs observations, que ces astres étoient beaucoup par de-là l'orbe de la Lune.

Tycho reconnut qu'elles étoient par de-là la Lune.

Ils détruisirent en même tems les cieux solides, imaginés par les mêmes philosophes scholastiques, & proposérent des vues sur le Système du Monde, qui convenoient beaucoup mieux à la raison & aux observations: mais leurs conjectures étoient encore bien loin du but, auquel la géométrie de M. *Newton* pouvoit seule atteindre.

III.

Descartes à qui les sciences sont si redevables, n'avoit pas mieux réussi que ses prédécesseurs dans l'examen des cométes, il ne pensa ni à employer les observations qu'il lui auroit été aisé de rassembler, ni la géométrie à laquelle il auroit dû si naturellement avoir

Descartes en faisoit des planetes errantes de tourbillons en tourbillons,

recours, lui qui l'avoit portée à un si grand point de perfection. Il se contenta de raisonnemens vagues & regarda les cometes comme des astres qui flottoient entre les différens tourbillons, qui composoient suivant lui l'univers, & il n'imagina pas qu'elles suivissent aucune loi dans leurs mouvemens.

IV.

Mr. Newton reconnut que les cometes tournoient autour du Soleil & étoient soumises aux mêmes loix que les planetes.

M. *Newton*, éclairé par sa théorie des planetes & par les observations qui lui apprenoient, que les cometes descendoient dans notre Système solaire, vit bien-tôt que ces astres devoient être des corps de même nature que les planetes, & qu'elles étoient soumises aux mêmes regles.

Tout corps placé dans notre Système planétaire doit, suivant la théorie du M. *Newton*, être attiré vers le Soleil, par une force réciproquement proportionnelle aux quarrés des distances, laquelle combinée avec une impulsion primitive, donne un orbite qui est toujours une des sections coniques, ayant le Soleil à son foyer. Il falloit donc pour confirmer cette théorie que les cometes n'eussent aucun autre mouvement que ceux que l'on peut rapporter à ces courbes, & que les aires parcourues par elles autour du Soleil, fussent proportionnelles aux tems de leur description.

V.

Il détermina l'orbite d'une comète quelconque par trois observations.

Le calcul & les observations, guides fideles de ce grand homme, lui aiderent facilement à vérifier cette conjecture. Il résolut ce beau problême astronomico-géométrique: trois lieux d'une comète, que l'on suppose se mouvoir dans une orbe parabolique, en décrivant autour du Soleil des aires proportionnelles aux tems, étant donnés avec les lieux de la terre pour les mêmes tems, trouver la position de l'axe, du sommet & le paramétre de la parabole, ou, ce qui revient au même trouver l'orbite de la cométe.

Ce problême, déja très difficile dans l'orbite parabolique, auroit été

DE LA PHILOSOPHIE NATURELLE.

été si embarassant dans le cas de l'ellipse & de l'hyperbole, qu'il étoit à propos de le réduire à ce dégré de difficulté. D'ailleurs l'hypothèse de l'ellipse, la seule vraisemblable, revenoit pour la pratique à peu près au même que celle de la parabole, parceque les comètes n'ayant qu'une petite partie de leurs orbites à portée de nos observations, doivent suivre des ellipses fort allongées, & on sait que de telles courbes peuvent dans la partie la plus voisine de leur foyer être prises sans erreur sensible pour des paraboles.

VI.

M. *Newton* ayant donc résolu le problème dont nous venons de parler, l'appliqua à toutes les comètes observées, & il en tira la confirmation complète de sa conjecture. Car tous les lieux déterminés par le calcul d'après trois longitudes & latitudes de l'astre, se trouvèrent si proches des lieux trouvés immédiatement par les observations, qu'on est étonné de leur accord quand on connoit la difficulté d'atteindre à la précision des observations de cette nature.

Il vérifia son calcul par les observations d'un grand nombre de comètes.

VII.

Quant à la durée des périodes des comètes, elle ne peut pas se tirer du même calcul, parceque comme nous venons de le dire, leurs orbites étant si allongées qu'on peut les prendre sans erreur considérable pour des paraboles, des différences excessives dans leur durée ne produiroient presque pas le moindre changement à leurs apparences, dans l'arc de leur orbite que nous connoissons. Mais il n'en est pas moins satisfaisant pour la théorie de M. *Newton*, de voir que dans cette partie où elles sont visibles, elles observent exactement la loi de *Kepler*, des aires proportionnelles aux tems, & que le Soleil les attire, ainsi que tous les autres corps célestes en raison renversée du quarré de leur distance.

La durée de leur période ne se peut trouver qu'en trouvant dans l'histoire des apparitions des comètes dans les mêmes circonstances & à intervalles égaux.

VIII.

M. *Halley*, à qui toutes les parties de l'astronomie doivent tant, & qui a porté si loin la doctrine des comètes, a fait à l'occasion

Tome II.

de la fameuſe Comète de 1680, une recherche bien ſatisfaiſante pour M. *Newton*. Trouvant que trois obſervations de cométes dont l'hiſtoire fait mention, convenoient avec celle-ci dans des circonſtances remarquables, & qu'elles avoient reparû à la diſtance de 575 ans l'une de l'autre : il ſoupçonna que ce pouvoit être une ſeule & même comète, faiſant ſa révolution autour du Soleil dans cette période. Il ſuppoſa donc la parabole changée en une ellipſe telle que la comète qui la parcourroit mettroit 575 ans à la décrire, & que ſa courbure fut aſſez conforme avec la parabole dans la partie de ſon orbite voiſine du Soleil.

M. Halley a employé la période de celle de 1680 à rectifier l'orbite de cette comète.

Ayant enſuite calculé les lieux de la comète dans cette orbite elliptique, il les trouva ſi conformes avec ceux où la comète fut obſervée, que les variations n'excédérent pas la différence qu'on trouve entre les lieux calculés des planétes & ceux que l'on a par obſervation, quoique le mouvement de ces dernières ayent été l'objet des recherches des aſtronomes pendant des milliers d'années.

IX.

La comète de 1680 ayant une période d'une durée ſi conſidérable, ſon retour qui ne doit arriver que vers l'an 2255, ne fait pour nous qu'une prédiction peu intéreſſante. Mais il y a une autre comète dont le retour eſt ſi prochain, qu'elle promet un ſpectacle bien agréable aux Aſtronomes de ce tems : c'eſt la comète qui parut en 1682, laquelle offrit des circonſtances ſi ſemblables à celles de la comète qui parut en 1607, qu'on ne ſauroit gueres s'empêcher de croire que ce ne ſoit une ſeule & même planète, faiſant ſa révolution en 75 ans autour du Soleil. Si cette conjecture ſe trouve vérifiée, nous verrons reparoître la même comète en 1758, & ce ſera un moment bien flateur pour les partiſans de M. *Newton*. Cette comète ſemble être du nombre de celles qui s'éloignent le moins de notre Syſtême, car dans ſa plus grande diſtance du Soleil, elle ne s'écarte pas quatre fois plus de nous que Saturne, ſi elle eſt viſible lorſqu'elle repaſſera dans la partie inférieure de ſon orbite en 1758, on ne balancera pas à la compter au nombre des planétes.

La comète de 1682 doit reparoître en 1758.

DE LA PHILOSOPHIE NATURELLE.

X.

Les queues des cométes qui ont fait regarder autrefois l'apparition de ces aftres comme des préfages facheux, font mifes maintenant au nombre de ces phénoménes ordinaires, qui n'excitent 'attention que des feuls philofophes. Quelques-uns ont prétendu que les rayons du Soleil paffant au travers du corps de la cométe, qu'ils fuppofoient tranfparent produifoient l'apparence de leurs queues; de même que nous appercevons l'efpace que traverfent les rayons du Soleil, paffant par le trou d'une chambre obfcure. D'aures ont imaginé que les queues étoient la lumiere de la cométe, réfractée en arrivant à nous & produifant une image allongée de la même maniere que le Soleil en produit par la réfraction du prifme. M. *Newton*, après avoir rapporté ces deux opinions & les avoir réfutées, rend compte d'une troifiéme qu'il a admife lui-même. Elle confifte à regarder la queue de la cométe comme une vapeur qui s'éleve continuellement du corps de la cométe vers les parties oppofées au Soleil, par la même raifon que les vapeurs ou la fumée s'élevent dans l'athmofphére de la terre, & même dans le vuide de la machine pneumatique. A caufe du mouvement du corps de la cométe, la queue eft un peu courbée vers le lieu où le noyau a paffé, à peu près comme fait la fumée qui s'éleve d'un charbon ardent que l'on fait mouvoir.

Différentes opinions fur les queues des cométes.

Mr. Newton prétend qu'elles ne font qu'une fumée qui s'exhale du corps de la cométe.

X I.

Ce qui confirme encore cette opinion, c'eft que les queues fe trouvent toujours les plus grandes, lorfque la cométe fort de fon périhélie, c'eft-à-dire du lieu où elle eft à fa moindre diftance du Soleil, où elle reçoit le plus de chaleur & où l'athmofphére du Soleil eft dans fa plus grande denfité. La tête paroit après cela obfcurcie par la vapeur épaiffe qui s'en éleve abondamment, mais l'on découvre au centre une partie beaucoup plus lumineufe que le refte, qui eft ce que l'on nomme le noyau.

Ce qui confirms cette opinion.

XII.

Usage de ces queues suivant M. Newton.

Une grande partie des queues des cométes doit se répandre par cette raréfaction dans le Systême solaire : une portion par sa gravité peut tomber vers les planétes, se mêler avec leur athmosphére & remplacer les fluides qui se consument dans les opérations de la nature.

XIII.

Les cométes pourroient subir de grandes altérations dans les extrémités de leurs orbes.

Si on considere tout ce qui peut agir sur les cométes dans les parties les plus éloignées de leurs orbites, où la force du Soleil sur elles devient extrêmement foible, & où elles peuvent être dans le voisinage d'autres corps célestes, on voit que la permanence de leur période n'est pas aussi indispensable que dans les planétes. Si donc il arrivoit que quelques-unes des cométes que nous attendons ne reparussent pas, cela feroit beaucoup moins de tort au Systême Newtonien, que ce Systême n'a tiré d'illustration par leur constance à suivre toutes la premiere regle de *Kepler*, celle des espaces proportionnels aux tems.

XIV.

Quelques-unes des cométes pourroient bien tomber dans le Soleil.

La résistance que les cométes rencontrent en traversant l'athmosphére du Soleil, lorsqu'elles sont dans les parties inférieures de leurs orbites peut encore altérer leurs mouvemens, les ralentir de révolution en révolution, & les faire approcher de plus en plus du Soleil, jusqu'à ce qu'enfin elles soient englouties dans cet immense globe de feu.

La cométe de 1680, passa à une distance de la surface du Soleil, qui n'excedoit pas la sixiéme partie du diamétre de ce globe, il est vraisemblable qu'elle en approchera encore plus près dans la révolution suivante, & qu'elle tombera enfin tout-à-fait sur le Soleil.

XV.

Conjectures de M. Newton sur des changemens considérables arrivés à des étoiles fixes.

M. *Newton* soupçonne que des étoiles dont la lumiere a paru quelquefois s'affoiblir considérablement, & qui ont ensuite paru brillantes, ont pû tirer leur nouvel éclat de la chute de quelque cométe qui est venue servir d'aliment à leur feu.

SOLUTION
ANALYTIQUE DES PRINCIPAUX
Problêmes qui concernent le Systême du Monde.

SECTION PREMIERE.
Des Trajectoires dans toutes sortes d'hypothèses de pesanteur.

I.

PROPOSITION I. THEORÉME I.

SI un corps part d'un point quelconque avec une vîtesse & une direction données, & qu'il soit continuellement sollicité vers un centre par une force qui agisse suivant une loi quelconque des distances à ce centre, tous les espaces renfermés entre deux rayons quelconques (qu'on appelle rayons vecteurs) & l'arc de la courbe qu'ils comprennent, sont égaux, lorsque les arcs qui les terminent sont parcourus en tems égal.

Si le corps étant parti de M, se trouvoit en m au bout du premier instant, & que la force qui le porte dans la ligne Mmn, agit seule sur lui, ce corps par son inertie seroit en n à la fin du second instant égal au premier; car on suppose $Mm = mn$; mais le corps étant continuellement sollicité vers le centre C, obéira à chacune de ces deux forces selon la quantité de leur action sur lui: exprimant donc la force qui le porte vers C par $n\mu$, le corps au lieu d'être en n à la fin du second instant, sera en μ, & parcourra la diagonale $m\mu$ du parallélogramme $mn\mu o$ fait sur les forces mn & $n\nu$.

Les triangles CMm, Cmn ayant des bases égales sont égaux:

Fig. 1.

les triangles Cmn, $Cm\mu$ qui ont la même base & qui sont entre mêmes parallèles sont aussi égaux; donc le triangle $CMm =$ le triangle $Cm\mu$: or comme on peut faire le même raisonnement sur tous les triangles ou secteurs que le corps peut décrire autour du centre C dans des instans égaux, les sommes de ces petits triangles, ou les secteurs finis composés de ces petits secteurs seront proportionnels aux nombres des instans, ou aux tems entiers dans lesquels ils seront parcourus. *C. Q. F. D.*

Cette proposition est la premiere du Livre des Principes, & c'est ce qu'on appelle *la premiere analogie de Kepler*.

I I.

PROPOSITION II. THEORÉME II.

Si un corps parcourt autour d'un centre des aires proportionnelles au tems, ses vîtesses aux différens points de la courbe qu'il décrit seront en raison réciproque des perpendiculaires tirées du centre sur les tangentes à ces points.

Fig. 2.

Les triangles ou secteurs CMm, CNn décrits en tems égal, sont égaux par la Prop. 1. Ainsi $\dfrac{CH \times Mm}{2} = \dfrac{CI \times Nn}{2}$, d'où l'on tire $Mm : Nn :: CI : CH$; mais $Mm : Nn$ comme la vîtesse par Mm est à la vîtesse par Nn, puisque ces petites portions de courbe sont parcourues en tems égal par l'hypothèse; donc les vîtesses sont entr'elles en raison inverse des perpendiculaires. *C. Q. F. D.*

I I I.

PROPOSITION III. THEORÉME III.

Les forces par lesquelles le corps révolvant autour du centre C est attiré vers le centre en deux lieux quelconques m & P de la courbe $MP\pi$ sont entr'elles comme les petites flèches n μ & p π, lorsque les secteurs $Cm\mu$, $CP\pi$ sont égaux, & si ces secteurs ne sont pas de même superficie, les forces seront comme les flèches n μ, p π divisées par les quarrés des secteurs $Cm\mu$, $CP\pi$.

DE LA PHILOSOPHIE NATURELLE.

Fig. 3.

La première partie de cette proposition, fçavoir que, quand les secteurs sont égaux, on a $F : \varphi :: n\mu : p\pi$ est si claire par elle-même, & suit avec une telle évidence de la prop. 1. qu'elle n'a pas besoin d'être démontrée.

Quant à la seconde partie, c'est-à-dire, que lorsque les secteurs sont inégaux, on a $F : \varphi :: \dfrac{n\mu}{\overline{Cm\mu}^2} : \dfrac{p\pi}{\overline{CP\pi}^2}$, en voici la démonstration.

Je fais le secteur $Cm\theta$ égal au secteur $CP\pi$, & alors on aura par la première partie de cette proposition $F : \varphi :: t\theta : p\pi$; j'ai donc à prouver que $t\theta : p\pi :: \dfrac{n\mu}{\overline{Cm\mu}^2} : \dfrac{p\pi}{\overline{CP\pi}^2}$ ou $:: \dfrac{n\mu}{\overline{Cm\mu}^2} : \dfrac{p\pi}{\overline{Cm\theta}^2}$ c'est-à-dire, que $t\theta : n\mu :: \overline{Cm\theta}^2 : \overline{Cm\mu}^2$, ou enfin que $t\theta : n\mu :: \overline{m\theta}^2 : \overline{m\mu}^2$: mais à cause des triangles semblables $on\mu$, $ht\theta$ on a $n\mu : t\theta :: o\mu : \theta h$, la seconde partie de cette proposition sera donc prouvée, si on fait voir que $o\mu : \theta h :: \overline{m\mu}^2 : \overline{m\theta}^2$, ce qui sera facile en regardant $m\mu\theta$ comme un petit arc de cercle. Car les petits arcs $m\mu$, $m\theta$ étant pris pour leurs cordes, on sçait que leurs quarrés doivent être entr'eux comme leurs sinus verses. *C. Q. F. D.*

IV.

SCHOLIE.

Les espaces étant proportionnels aux tems, la proposition précédente peut encore s'énoncer ainsi. *Les forces en deux lieux différens d'une même courbe sont entr'elles en raison directe des flèches qu'elles font parcourir, & inverse des quarrés des tems dans lesquels elles sont parcourues.* Sous cet énoncé la proposition a cet avantage qu'elle convient également au cas où l'on compare les forces en deux lieux de la même courbe, & celui où il s'agit de les comparer dans deux points de différentes courbes. La démonstration en est facile en combinant ces deux propositions : car si l'on prend les tems égaux dans les deux courbes, les forces sont comme les flèches, &

si on les suppose inégaux dans la même courbe, les fléches divisées par les quarrés des tems représentent les forces.

V.

PROPOSITION IV. THEORÊME IV.

Trouver l'expression générale des fléches n μ.

Je tire les tangentes HM, hm aux points M & m, & du centre C j'abaisse sur les tangentes les perpendiculaires CH, Ch, ayant mené ensuite μK perpendiculaire sur mn, décrit l'arc de cercle Dd du rayon quelconque CD. Je fais $CH = p$. $ho = dp$. $AM = s$. $Mm = ds$. $CM = y$. $mR = dy$. $CD = 1$. $Dd = dx$. Les triangles semblables CHM, MRm donnent $CM : HM :: Mm . Rm$, c'est-à-dire, $y : HM :: ds : dy$, donc $\frac{y\,dy}{ds} = HM = om$: D'un autre côté les triangles semblables hom, $mK\mu$ donnent $om : ho ::$ $m\mu : K\mu$, c'est-à-dire, $\frac{y\,dy}{ds} : dp :: ds : \frac{dp\,ds^2}{y\,dy} = K\mu$. Enfin l'on a par les triangles semblables MRm, $Kn\mu$; $MR : Mm ::$ $K\mu : n\mu$, c'est-à-dire, $y\,dx : ds :: \frac{dp\,ds^2}{y\,dy} : \frac{dp\,ds^3}{y^2\,dy\,dx} = n\mu$. C. Q. F. T.

VI.

COROLLAIRE I.

Les triangles semblables CHM, MRm donneront la valeur de p ou de CH : car on aura $Mm : MR :: CM : CH$, c'est-à-dire $ds : y\,dx :: y : \frac{yy\,dx}{ds} = p$, donc l'expression précédente $\frac{dp\,ds^3}{yy\,dx\,dy}$ peut s'écrire ainsi $\frac{dp\,ds^2}{p\,dy} = n\mu$.

VII.

COROLLAIRE II.

On a trouvé (Art. 3.) que l'expression de la force centripéte
aux

DE LA PHILOSOPHIE NATURELLE.

aux différens points de la même courbe est $\frac{\mu n}{C m \mu^2}$, mais les sec-teurs $C m \mu$ ont pour valeur $p d s$, donc la force centripéte est proportionnelle à $\frac{d p d s^2}{\frac{p d y}{p p d s^2}}$ qui se réduit à $\frac{d p}{p^3 d y}$ expression générale de la force centripéte à un point quelconque de la courbe décrite.

VIII.

COROLLAIRE III.

L'expression générale de la petite fléche μn étant (art. 6.) $\frac{d p d s^2}{p d y}$, puisqu'on a trouvé (Article 6.) que quand on veut comparer les forces dans les courbes différentes, lorsque les temps sont différens, ces forces sont entr'elles comme les fléches divisées par les quarrés des temps; l'expression générale pour comparer les forces dans deux courbes différentes, quand les tems sont inégaux, est $\frac{d p d s^2}{p d y d t^2}$.

IX.

PROPOSITION V. PROBLEME II.

Trouver l'expression de la force centripéte dans l'ellipse, en prenant un des foyers pour centre des forces.

L'équation polaire * de l'ellipse par rapport au foyer, est

---

* Voici comment on trouve cette équation. Soit l'ellipse $A B H$, je tire du foyer C la ligne $C M$, j'abaisse $M Q$ perpendiculaire sur l'axe $A H$ & du Pôle C comme centre, & du rayon $C O$ pris à volonté je trace l'arc de cercle $O P$, je fais ensuite les lignes $C O = 1$. $D Q = u$. $A D = a$. $D B = b$. $C M = y$. $C D = c$. $D E = \frac{a a}{c}$. $C Q = c + u$. On a par les sections coniques $C M : L M :: A C : A E$, c'est-à-dire $y : \frac{a a}{c} + u :: a - c : \frac{a a - a c}{c}$; donc $y = C M = \frac{a a + c u}{a}$, d'où on tire $u = \frac{a y - a a}{c}$: donc $\frac{C Q}{C M}$ sinus de l'angle $O C P$ que je nomme

Fig. 5.

Tome II. q

$$dx = \frac{b\,dy}{y\sqrt{2ay-yy-bb}}; \text{ ainsi dans ce cas } ds = \frac{dy\sqrt{2ay-yy}}{\sqrt{2ay-yy-bb}}:$$

donc la perpendiculaire p ou $\frac{yy\,dx}{ds}$ sera $= \frac{by}{\sqrt{2ay-yy}}$ & par conséquent $dp = \frac{ab\,y\,dy}{\overline{2ay-yy}|^{\frac{3}{2}}}$; donc $\frac{dp}{p^3\,dy}$ qui est (art. 7.) l'expression générale de la force centripète devient en ce cas $\frac{a}{bb\,yy}$. C. Q. F. T.

On voit donc que dans cette courbe la force centripète agit en raison inverse du quarré de la distance au centre des forces.

X.

PROPOSITION VI. THEORÉME IV.

Si deux corps attirés par une même force centrale décrivent deux ellipses, leurs vîtesses dans leur moyenne distance du centre seront en raison renversée des racines de ces moyennes distances.

Fig. 6. 7.   Soient deux ellipses ADB, $A'D'B'$ ayant pour centres C & C' pour foyers F & F'; $FD = AC$, $F'D' = A'C'$, pour moyennes distances à leur foyer F & F'; DK, $D'K'$, pour rayons de la développée au point D & D' : on sçait que eg est troisième proportionnelle à DK & à Dd, de même que $e'g'$ à $D'K'$ & $D'd'$; faisant donc les lignes $FD = a$. $F'D' = d'$. $FL = b$. $F'L' = b'$. $Dd = ds$. $D'd' = ds'$. $DK = \frac{aa}{b}$. $D'K' = \frac{a'd'}{b'}$. on aura $eg = \frac{b\,ds^2}{aa}$ & $e'g' = \frac{b'\,ds'^2}{a'a'}$: mais les triangles semblables LFD, efg : $L'F'D'$,

s, aura pour valeur $\frac{ay-bb}{cy}$, donc $\frac{ds}{\sqrt{1-ss}}$ ou dx sera $\frac{d(ay-bb)}{cy}$

$$\sqrt{\left(1 - \left(\frac{ay-bb}{c^2 y^2}\right)^2\right)}$$

ou $\frac{b\,dy}{y\sqrt{2ay-yy-bb}}$:

$e'f'g'$ donneront $eg : fg :: LF :: FD$ & $e'g' : f'g' :: L'F' : F'D'$, c'eſt-à-dire $\frac{bds^2}{aa} : fg :: b : a$, & $\frac{b'ds'^2}{a'a'} : f'g' :: b' : a'$, donc $fg = \frac{ds^2}{a}$ & $f'g' = \frac{ds'^2}{a'}$, ce qui donne $ds^2 : ds'^2 :: a \times fg : a' \times f'g'$; mais les fléches fg & $f'g'$ proportionnelles aux forces ſont entr'elles, par ce qu'on vient de trouver, dans la raiſon de $\frac{1}{aa}$ à $\frac{1}{a'a'}$, donc $ds^2 : ds'^2 :: \frac{1}{a} : \frac{1}{a'}$, ou, ce qui revient au même, $ds : ds' :: \frac{1}{\sqrt{a}} : \frac{1}{\sqrt{a'}}$, & comme les petits eſpaces ds, ds' ſont entr'eux dans la même raiſon que les vîteſſes qui les font parcourir, on aura donc, la vîteſſe en D : la vîteſſe en $D' :: \frac{1}{\sqrt{a}} : \frac{1}{\sqrt{a'}}$, c'eſt à-dire en raiſon renverſée des moyennes diſtances. C. Q. F. D.

X I.

PROPOSITION VII. THEORÉME V.

Les tems périodiques dans deux courbes différentes ſont entr'eux comme les racines quarrées des cubes des moyennes diſtances au centre, lorſque l'intenſité des forces eſt la même.

Gardant les mêmes dénominations que dans la propoſition précédente, $\frac{1}{2bds}$ ſera l'expreſſion du petit triangle ou ſecteur FDd, & $\frac{1}{2abc}$ celle de l'aire entière de l'ellipſe (c exprimant le rapport de la circonférence au rayon.) On aura donc en nommant dt le temps par Dd, & T le temps total ; $dt : T :: \frac{1}{2} bds : \frac{1}{2}abc$; mais au lieu de ds on peut mettre udt ; donc $dt : T :: udt : ac$, d'où l'on tire $T = \frac{ac}{u}$, c'eſt-à-dire, les temps en raiſon directe des moyennes diſtances, & en raiſon renverſée des vîteſſes : mais (Article 10.) les vîteſſes dans les ellipſes en D & D' ſont en raison renversée des racines des moyennes distances, lorsque l'intensité des forces est la même ; donc les temps périodiques sont comme les racines quarrées des cubes des moyennes distances, lorsque l'intensité des forces est la même. C. Q. F. D.

Cette proposition démontre ce qu'on appelle la seconde analogie de *Kepler*.

XII.

PROPOSITION VIII. PROBLÉME III.

Comparer les vîtesses dans deux courbes, lorsque l'intensité des forces est différente.

Je suppose d'abord l'ellipse AM parcourue dans le cas où la force centrale a pour intensité n, c'est-à-dire, lorsque la force en M est exprimée par $\frac{n}{yy}$ ($CM = y$). Je suppose ensuite cette courbe parcourue dans le cas où la force seroit $\frac{n'}{yy}$, & je commence par chercher en quelle raison la vîtesse au point M dans le premier cas, doit être à la vîtesse au même point dans le second cas.

L'expression $\frac{\mu n}{dt^2}$ qui désigne (Article 4.) en général la force centripète, sera dans le premier cas $\frac{n}{yy}$, & dans le second $\frac{n'}{yy}$, ou, ce qui revient au même, à cause de $dt^2 = \frac{ds^2}{u^2}$ on aura $\frac{\mu n \times u^2}{ds^2} = \frac{n}{yy}$ ou $u^2 = \frac{n\,ds^2}{yy \times \mu n}$ dans le premier cas, & $u'^2 = \frac{n'\,ds^2}{yy \times \mu n}$ dans le second ; mais y, ds, μn étant les mêmes dans ces deux cas, puisque c'est la même courbe, on aura alors $u : u' :: \sqrt{n} : \sqrt{n'}$: De plus on a vû (Prop. 6.) que dans deux ellipses différentes, la vîtesse u en M est à la vîtesse u' en M', lorsque l'intensité de la force est la même, comme $\frac{1}{\sqrt{CM}}$ à $\frac{1}{\sqrt{CM'}}$;

composant

DE LA PHILOSOPHIE NATURELLE.

compofant donc ces deux propofitions enfemble, on verra que dans deux courbes différentes, & dans lefquelles l'intenfité de la force eft différente, on aura $u : u' :: \frac{\sqrt{n}}{\sqrt{CM}} : \frac{\sqrt{n'}}{\sqrt{C'M'}}$. C. Q. F. T.

XIII.

PROPOSITION IX. PROBLÉME IV.

Trouver les temps périodiques dans deux ellipfes différentes, lorfque l'intenfité des forces eft auffi différente. Fig. 8, 9.

Lorfque dans la même courbe l'intenfité de la force eft différente, on a (Article 12.) $u : u' :: \sqrt{n} : \sqrt{n'}$; or, puifque $dt = \frac{ds}{u}$, on aura $\frac{1}{\sqrt{n}} : \frac{1}{\sqrt{n'}} :: dt : dt'$; & par conféquent $:: t : t'$, c'eft-à-dire que les temps périodiques font inverfement comme les racines des intenfités des forces, lorfque les courbes font les mêmes. Mais (Article 11.) lorfque les intenfités font les mêmes & les courbes différentes, les tems périodiques font comme $CM^{\frac{3}{2}}$ & $C'M'^{\frac{3}{2}}$, compofant donc ces deux raifons, on aura les tems périodiques dans la raifon de $\frac{CM^{\frac{3}{2}}}{\sqrt{n}}$ à $\frac{C'M'^{\frac{3}{2}}}{\sqrt{n'}}$ lorfque les intenfités & les ellipfes font différentes. C. Q. F. T.

XIV.

COROLLAIRE.

Puifque dans deux ellipfes différentes, & avec des forces d'intenfité différente, on a $T : T' :: \frac{CM^{\frac{3}{2}}}{\sqrt{n}} : \frac{C'M'^{\frac{3}{2}}}{\sqrt{n'}}$, on aura $CM :$ Fig. 8, 9. $C'M' :: \sqrt[3]{T^2 n} : \sqrt[3]{T'^2 n'}$, c'eft-à-dire, que les moyennes diftances feront entr'elles, comme les racines cubes des quarrés des tems périodiques, multipliées par les racines cubes des maffes.

Tome II.

PRINCIPES MATHÉMATIQUES

XV.

PROPOSITION X. PROBLEME V.

Trouver l'expression de la force centripète dans l'hyperbole, en prenant un foyer pour centre des forces.

L'équation polaire * de l'hyperbole est pour le foyer $dx = \dfrac{b\,dy}{y\sqrt{2ay+yy-bb}}$, ainsi dans ce cas $ds = \dfrac{dy\sqrt{2ay+yy}}{\sqrt{2ay+yy-bb}}$ & par conséquent p ou $\dfrac{yy\,dx}{ds} = \dfrac{by}{\sqrt{2ay+yy}}$, ce qui donne $dp = \dfrac{a\,b\,y\,dy}{\overline{2ay+yy}|^{\frac{3}{2}}}$, donc $\dfrac{dp}{p^3\,dy}$ qui est l'expression générale de la force centripète trouvée (Article 7.) devient lorsque la courbe est une hyperbole $\dfrac{a}{bbyy}$, c'est-à-dire que dans cette courbe comme dans l'ellipse, la force agit dans la raison inverse des quarrés des distances.

XVI.

PROPOSITION XI. PROBLEME VI.

Trouver l'expression de la force centripète dans la parabole, lorsque le foyer est le centre des forces.

Fig. 10.

* Voici comment on trouve cette équation. Soit l'hyperbole CM, je tire du foyer F la ligne FM, j'abaisse MQ perpendiculaire sur l'axe AH, & du pôle F comme centre je trace l'arc de cercle OP, ensuite je fais les lignes $CQ = u$. $FM = y$. $AF = c$. $AC = a$. $AB = b$. $AE = \dfrac{aa}{c}$. $CF = c-a$. On a par les sections coniques, $FM : LM :: FC : CE$, c'est-à-dire, $y : \dfrac{ac+cu-aa}{c} :: c-a : \dfrac{ac-aa}{c}$, donc $y = FM = \dfrac{cu+au-aa}{a}$, d'où on tire $u = \dfrac{ay-ac+aa}{c}$; donc $\dfrac{FQ}{FM}$, ou le sinus de l'angle FMQ que je nomme s, sera $= \dfrac{ay-bb}{cy}$ qui donne $ds = \dfrac{bb\,dy}{cyy}$, $\sqrt{1-ss} = \dfrac{b}{cy}\sqrt{2ay+yy-bb}$, & partant dx ou $\dfrac{ds}{\sqrt{1-ss}} = \dfrac{b\,dy}{y\sqrt{2ay+yy-bb}}$.

L'équation polaire * de la parabole, est pour le foyer $dx = \frac{cdy}{y\sqrt{cy-cc}}$, ainsi dans ce cas $ds = \frac{dy\sqrt{cy}}{\sqrt{cy-cc}}$, & par conséquent p ou $\frac{yydx}{ds}$ sera $=\sqrt{cy}$ qui donne $dp = \frac{cdy}{2\sqrt{cy}}$, donc $\frac{dp}{p^3 dy}$ qui est (Art. 7.) l'expression générale de la force centripète à un point quelconque d'une courbe quelconque, devient ici $\frac{1}{cyy}$; donc la force centripète dans la parabole, lorsque le centre des forces est dans le foyer, est encore en raison renversée du quarré de la distance. *C. Q. F. T.*

XVII.

PROPOSITION XII. PROBLÉME VII.

Trouver la courbe décrite par un corps qu'on suppose parti d'un point donné avec une vitesse & une direction données, lorsque ce corps est continuellement sollicité vers un centre par une force qui agit comme une fonction quelconque de la distance à ce centre, & dont l'intensité est donnée.

On a trouvé (Art. 8.) que lorsqu'on veut comparer la force dans deux courbes différentes, l'expression est $\frac{dp\,ds^2}{p\,dy\,dt^2}$. Lorsque les tems sont inégaux, il faut commencer par chasser l'élément dt^2 par les conditions du problême qu'on se propose actuelle-

---

* Voici comment on trouve cette équation. AM représentant la parabole proposée, FM une ligne tirée de son foyer à un de ses points quelconques M, MQ une perpendiculaire abaissée de M sur l'axe AH, OP un arc de cercle décrit d'un rayon quelconque, on fera les lignes $AQ = u$. $FM = y$. $AF = c$. $FO = 1$. & l'on aura y ou $FM = u + c$, ou $u = y - c$, & par conséquent $\frac{FQ}{FM}$ ou le sinus de FMQ que j'appelle s, sera $\frac{y-2c}{y}$, qui étant substitué dans l'équation $dx = \frac{ds}{\sqrt{1-ss}}$ donnera $dx = \frac{cdy}{y\sqrt{cy-cc}}$. *C. Q. F. T.*

Fig. 11.

ment, qui font, que la vîteſſe & la direction du corps ſoient données au point d'où il part.

Fig. 12. Je fais les lignes $M\mu = ds$. $CR = p$. La vîteſſe au point P d'où part le corps $= f$. Le rayon vecteur en ce point $CP = h$. La perpendiculaire à la tangente au même point $CQ = l$. Par l'Art. 1. les ſecteurs ſont proportionnels aux temps : ainſi on aura $CPp : CM\mu :: \frac{Pp}{f} : \frac{pds}{lf} =$ au temps par l'arc $M\mu = dt$, donc $\frac{dpds^2}{pdydt^2}$ devient $\frac{l^2f^2 dp}{p^3 dy}$. Il faut égaler à préſent cette expreſſion générale d'une force quelconque, à la fonction de y, qu'on ſuppoſe exprimer la force par les conditions du Problême.

Soit pris Y pour repréſenter cette fonction, on aura pour l'équation de la courbe cherchée $\frac{l^2 f^2 dp}{p^3 dy} = Y$, ou $Y dy = \frac{l^2 f^2 dp}{p^3}$ qu'il ne s'agit plus que d'intégrer, ce qui donne $\frac{2B - 2\int Y dy}{l^2 f^2} = \frac{1}{p^2}$, dans laquelle équation B eſt une conſtante ajoutée ; or p eſt $= \frac{yy dx}{\sqrt{yy dx^2 + dy^2}}$ & partant $\frac{1}{p^2} = \frac{yy dx^2 + dy^2}{y^4 dx^2}$, on aura donc $\frac{2By^4 - 2y^4 \int Y dy}{l^2 f^2} - yy = \frac{dy^2}{dx^2}$, ou $dx = \frac{dy}{y\sqrt{\frac{2Byy - 2yy\int Y dy}{l^2 f^2} - 1}}$, équation différentielle par laquelle on conſtruira la courbe, auſſi-tôt qu'on connoîtra Y. C. Q. F. T.

XVIII.
COROLLAIRE I.

On vient de trouver $\frac{pds}{lf}$ pour la valeur de l'inſtant, que le corps

corps met à parcourir un arc infiniment petit $M\mu$, donc $\frac{\int p\,ds}{lf}$ ou $\frac{\int vy\,dx}{lf}$ sera la valeur du temps total employé à parcourir un arc fini quelconque PM; mettant donc dans cette valeur du temps total $\frac{\int yy\,dx}{lf}$ au lieu de dx, sa valeur trouvée dans cette présente proposition $\frac{dy}{y\sqrt{\frac{2Byy - 2yy\int Y\,dy}{l^2 f^2} - 1}}$,

on aura pour l'expression générale du temps employé à parcourir un arc fini quelconque l'integr. de $\frac{y\,dy}{\sqrt{2Byy - 2yy\int Y\,dy - l^2 f^2}}$.

XIX.

COROLLAIRE II.

Pour déterminer la quantité B par les conditions du Problême, on reprendra l'équation $\frac{2B - 2\int Y\,dy}{l^2 f^2} = \frac{1}{p^2}$, on mettra dans cette équation à la place de $\int Y\,dy$, la quantité qui vient après l'intégration qu'on aura fait d'abord qu'on aura connu la fonction des distances qu'exprime Y; ensuite on fera $l = p$ & $y = h$, & on aura par ce moyen une équation qui ne contiendra que B & des constantes, & qui donnera par conséquent la valeur de B.

XX.

PROPOSITION XII. PROBLÊME VIII.

Trouver la courbe que le corps décrira, en supposant $Y = \frac{n}{yy}$.

On aura alors $\int Y\,dy = \frac{\int n\,dy}{yy} = -\frac{n}{y}$, ainsi l'équation gé- Fig. 12.

Tome II. S

nérale $dx = \dfrac{dy}{y\sqrt{\dfrac{Byy - 2y^2 \int Y\,dy}{l^2 f^2} - 1}}$ deviendra $dx =$

$\dfrac{dy}{y\sqrt{\dfrac{2Byy + 2ny}{l^2 f^2} - 1}}$. Afin de pouvoir comparer la lettre f qui marque la vîtesse au point P d'où part le corps, avec la lettre n qui marque l'intensité de la gravité dans la supposition présente, supposons que cette vîtesse f soit celle que le corps, en partant du point donné P où le corps est supposé en repos, a acquis en tombant de la hauteur K, étant poussé constamment par la force $\dfrac{n}{hh}$ que devient la force $\dfrac{n}{yy}$, lorsque $y = h$, alors en employant ce Théoréme * si connu, qu'un corps qui tombe de la hauteur K, & qui est poussé constamment par une force φ, acquiert la vîtesse $\sqrt{2\varphi K}$, on aura dans le cas présent où la force est $\dfrac{n}{hh}$, $f = \dfrac{\sqrt{2nK}}{hh}$.

Si l'on exécute à présent l'Article dix-neuviéme pour avoir la valeur de B, l'équation $\dfrac{2B - 2\int Y\,dy}{l^2 f^2} = \dfrac{1}{p^2}$ dans la supposition présente de la force $= \dfrac{n}{yy}$ deviendra $\dfrac{2B + \dfrac{2n}{y}}{l^2 f^2} = \dfrac{1}{p^2}$

mettant p pour l, & h pour y, on aura $2B + \dfrac{2n}{h} = f^2$, donc $2B = f^2 - \dfrac{2n}{h}$.

---

* Voici comme on démontre ce Théoréme. La force par l'instant dt ou $\dfrac{dK}{u}$ (u étant la vîtesse) est égale à l'increment du de la vîtesse; donc $\dfrac{\varphi\,dK}{u} = du$, ou $\varphi\,dK = u\,du$, ou $2\varphi K = uu$ en supposant la vîtesse $= 0$, au point de départ P: or de $2\varphi K = uu$, on tire $u = \sqrt{2\varphi K}$. C. Q. F. D.

DE LA PHILOSOPHIE NATURELLE.

Par ce moyen l'équation $dx = \dfrac{dy}{y\sqrt{\dfrac{2Byy+2ny}{l^2f^2}-1}}$ se changera, en y mettant pour $2B$ sa valeur $f^2-\dfrac{2n}{h}$, en $dx = \dfrac{dy}{y\sqrt{\dfrac{\left(f^2-\dfrac{2n}{h}\right)y^2+2ny}{l^2f^2}-1}}$, mais on vient de voir que dans la supposition présente $f = \dfrac{\sqrt{2nK}}{hh}$, donc en mettant dans cette équation pour f^2 sa valeur $\dfrac{2nK}{hh}$, on aura $dx = \dfrac{dy}{y\sqrt{\dfrac{(K-h)y^2+h^2y}{Kl^2}-1}}$ pour l'équation générale de toutes les trajectoires qui peuvent être décrites, lorsque la force centripète agit en raison inverse du quarré des distances. *C. Q. F. T.*

XXI.

PROPOSITION XIII. THÉORÈME VI.

Réduction de l'équation $dx = \dfrac{dy}{y\sqrt{\dfrac{(K-h)y^2+h^2y}{Kl^2}-1}}$ *aux équations des sections coniques.*

On peut supposer $h >$, $=$ ou $< K$; dans le premier cas, le terme $(K-h)yy$ deviendra négatif, & alors l'équation exprimera une ellipse dont le grand axe sera $\dfrac{hh}{h-K}$, & le petit axe $\dfrac{2l\sqrt{K}}{\sqrt{h-K}}$: dans le second, le terme $(K-h)yy$ sera zéro, & alors l'équation exprimera une parabole dont le paramétre sera $\dfrac{4Kl^2}{h^2}$: dans le troisième enfin, $(K-h)y^2$ sera positif, &

l'équation exprime alors une hyperbole dont le grand axe sera $\frac{hh}{K-h}$; & le petit $\frac{2l\sqrt{K}}{\sqrt{K-h}}$.

Démonstration de ces trois Cas.

Fig. 5.   *Premier Cas.* L'équation polaire de l'ellipse pour un de ses foyers, est $dx = \frac{b\,dy}{y\sqrt{2ay - yy - bb}}$ (suivant l'art. 9.) lorsque a est le demi grand axe, & b le demi petit axe : lui donnant cette forme $dx = \frac{dy}{y\sqrt{\frac{2ay}{bb} - \frac{yy}{bb} - 1}}$, & la comparant à l'équation générale de la trajectoire dans le cas présent, c'est-à-dire, lorsque le terme $(K-h)yy$ est négatif, laquelle est alors $dx = \frac{dy}{y\sqrt{\frac{-(h-K)yy + h^2 y}{Kl^2} - 1}}$, on aura $\frac{2a}{bb} = \frac{h^2}{Kl^2}$,

& $\frac{1}{bb} = \frac{h-K}{Kl^2}$, d'où l'on tirera $b = \frac{l\sqrt{K}}{\sqrt{h-K}}$, $a = \frac{hh}{2 \times h-K}$. C. Q. F. 1°. D.

Donc le corps partant du point P avec une vîtesse moindre que celle qu'il auroit acquise en tombant de la hauteur PC, décrira une ellipse.

Fig. 11.   *Second Cas.* L'équation polaire de la parabole pour son foyer, est $dx = \frac{c\,dy}{y\sqrt{cy - cc}}$, lorsque c est la distance du sommet au foyer; en lui donnant cette forme $dx = \frac{dy}{y\sqrt{\frac{y}{c} - 1}}$, & la comparant à l'équation générale de la trajectoire qui est dans la supposition

position de ce second cas, $dx = \dfrac{dy}{y\sqrt{\dfrac{h^2 y}{l^2 K} - 1}}$, on aura $\dfrac{1}{c}$

$= \dfrac{hh}{Kl^2}$, d'où on tire $c = \dfrac{Kl^2}{hh}$. C. Q. F. 2°. D.

Ainsi le corps en partant du point P avec une vîtesse égale à celle qu'il auroit acquise en tombant de la hauteur PC, décrira une parabole.

Troisiéme Cas. L'équation polaire de l'hyperbole pour un de ses foyers est $dx = \dfrac{b\, dy}{y\sqrt{2ay + yy - bb}}$, lorsque le demi grand axe est a, & le demi petit axe b : en lui donnant cette forme $dx = \dfrac{dy}{y\sqrt{\dfrac{2ay}{bb} + \dfrac{y^2}{bb} - 1}}$, & la comparant avec l'é-

Fig. 10.

quation générale de la trajectoire qui est dans le cas présent $dx = \dfrac{dy}{y\sqrt{\dfrac{(K-h)y^2 + h^2 y}{Kl^2} - 1}}$, on aura $\dfrac{2a}{bb} = \dfrac{hh}{Kl^2}$, &

$\dfrac{1}{bb} = \dfrac{K-h}{Kl^2}$, d'où l'on tirera $b = \dfrac{l\sqrt{K}}{\sqrt{K-h}}$, & $a = \dfrac{hh}{2 \times \overline{K-h}}$.
C. Q. F. 3°. D.

Donc le corps partant du point P avec une vîtesse plus grande que celle qu'il auroit acquise en tombant de la hauteur PC, décrira une hyperbole.

XXII.

SCHOLIE.

On voit par ces trois suppositions de $h >$, $=$ ou $< K$ qui font les trois cas possibles, que lorsque la force agit en raison inverse du quarré des distances, les trajectoires ne peuvent être que des sections coniques, ayant le centre des forces dans un foyer, quelle que soit la force projectile.

Tome II.

XXIII.

PROPOSITION XIV. PROBLÉME IX.

Trouver la courbe que le corps décrira, en supposant $Y = ny$.

Fig. 12. On aura $\int Y\,dy = \int ny\,dy = \dfrac{n}{2}yy$, & l'équation générale

$$dx = \dfrac{dy}{y\sqrt{\dfrac{2Byy - 2yy\int Y\,dy}{l^2 f^2} - 1}}$$ deviendra $dx =$

$$\dfrac{dy}{y\sqrt{\dfrac{2Byy - ny^4}{l^2 f^2} - 1}}$$: pour chasser B je reprens l'équation

$\dfrac{2B - 2\int Y\,dy}{l^2 f^2} = \dfrac{1}{p^2}$ qui devient en ce cas $\dfrac{2B - nyy}{l^2 f^2} =$

$\dfrac{1}{p^2}$, & mettant l pour p, & h pour y dans cette équation, j'aurai $2B = f^2 + nhh$, & par conséquent $dx =$

$$\dfrac{dy}{y\sqrt{\dfrac{(f^2 + nh^2)yy - ny^4}{l^2 f^2} - 1}}$$; supposant ensuite, comme

dans l'Art. 20. que K soit la hauteur d'où le corps devroit tomber lorsqu'il est poussé avec la force constante exercée à la distance h, on aura $f = \sqrt{2hnK}$, qui étant substituée dans cette équation, la changera en $dx = \dfrac{dy}{y\sqrt{\dfrac{(2Kh + hh)y^2 - y^4}{2l^2 hK} - 1}}$

qui est l'équation générale de toutes les courbes qui peuvent être décrites, lorsque la force centripète agit en raison de la simple distance. *C. Q. F. T.*

DE LA PHILOSOPHIE NATURELLE.

XXIV.

PROPOSITION XV. THEORÉME VII.

Réduction de l'équation générale $dx = \dfrac{dy}{y\sqrt{\dfrac{(2Kh+hh)y^2 - y^4}{2l^2hK} - 1}}$

à *l'équation de l'ellipse, ou maniere d'exprimer la force centripéte dans l'ellipse, en prenant le centre de l'ellipse pour le centre des forces.*

L'équation polaire * de l'ellipse est pour le centre $dx = \dfrac{abdy}{y\sqrt{yy-bb} \times \sqrt{aa-yy}}$: en lui donnant cette forme $dx = \dfrac{dy}{y\sqrt{\dfrac{(aa+bb)y^2 - y^4}{aabb} - 1}}$, & la comparant à l'équation

de la trajectoire $dx = \dfrac{dy}{y\sqrt{\dfrac{(2Kh+hh)y^2 - y^4}{2l^2hK} - 1}}$, on aura

$\dfrac{aa+bb}{aabb} = \dfrac{2Kh+hh}{2l^2hK}$ & $aabb = 2l^2hK$, d'où l'on tire $a =$

---

* Pour trouver cette équation soit l'ellipse ABD, je tire du centre C la ligne CM, j'abaisse MQ perpendiculaire sur l'axe AD, & du pôle C comme centre, je trace l'arc de cercle OP, & je fais les lignes $CO = 1$. $CQ = u$. $QM = z$. $CM = y$. $AC = a$. $CB = b$. $CF = c$. Ayant alors dans l'ellipse $z = \dfrac{b}{a}\sqrt{aa-uu}$, on trouvera $CM = \sqrt{\dfrac{a^2u^2 + a^2b^2 - b^2u^2}{aa}}$ $= y$, & par conséquent $u = \dfrac{a}{c}\sqrt{yy-bb}$. $\dfrac{CQ}{CM}$ sinus de l'angle OCP que j'appelle s sera $\dfrac{a}{cy}\sqrt{y^2-b^2}$ qui donne $ds = \dfrac{ab^2dy}{cy^2\sqrt{yy-bb}}$, & $\sqrt{1-ss} = \dfrac{b}{cy}\sqrt{aa-yy}$: or $\dfrac{ds}{\sqrt{1-ss}} = dx$, donc $dx = \dfrac{abdy}{y\sqrt{yy-bb} \times \sqrt{aa-yy}}$. C. Q. F. T.

Fig. 13.

$$\frac{\sqrt{2Kh+hh} + \sqrt{(2Kh+hh)^2 - 2l^2hK}}{2}, \ \& \ b = \frac{\sqrt{2Kh+hh}}{2}$$

$$-\frac{\sqrt{(2Kh+hh)^2 - 2l^2hK}}{2}.$$ *C. Q. F. F.* Ainsi quelque soit la vîtesse projectile, la trajectoire ne pourra jamais être qu'une ellipse dans cette supposition de la force centripéte en raison directe de la distance au centre.

X X V.

SCHOLIE.

Si le corps dans cette hypothèse au lieu d'être attiré vers le centre C en étoit repoussé, en ce cas la lettre n qui marque l'intensité de la force seroit négative, ou, ce qui en est une suite, la lettre K qui exprime la hauteur d'où le corps auroit dû tomber vers C pour acquérir la vîtesse f, devroit être faite négative dans l'équation précédente $dx = \dfrac{dy}{y\sqrt{\dfrac{(2Kh+hh)y^2 - y^4}{2l^2hK} - 1}}$,

laquelle se changeroit par conséquent en celle-ci $dx = \dfrac{dy}{y\sqrt{\dfrac{(hh-2Kh)y^2 - y^4}{-2l^2hK} - 1}}$, ou $dx = \dfrac{dy}{y\sqrt{\dfrac{(2Kh-hh)y^2 + y^4}{2l^2hK} - 1}}$

& exprimeroit toujours une hyperbole quelle que fut la vîtesse projectile, & cette hyperbole auroit son centre de figure dans le centre des forces: car l'équation polaire de l'hyperbole pour son centre est * $dx = \dfrac{abdy}{y\sqrt{yy+bb} \times \sqrt{yy-aa}}$, le demi-grand axe étant a, & le demi petit axe b.

Fig. 14. * Voici comment on trouve cette équation. Soit l'hyperbole CM, je tire du centre A la ligne AM, j'abaisse MQ perpendiculaire sur l'axe AC, & du pôle A comme centre, je décris l'arc de cercle OP, & je fais les lignes $AO = 1$. $AQ = u$. $QM = z$. $AM = y$. $AC = a$. $AB = b$. $AF = c$. L'équation

On

DE LA PHILOSOPHIE NATURELLE.

On peut donner à cette équation cette forme $dx = \dfrac{dy}{y\sqrt{\left(\dfrac{bb-aa}{aabb}\right)yy + \dfrac{y^4}{a^2b^2} - 1}}$, & la comparant à l'équation générale de la trajectoire dans la supposition présente, on aura $\dfrac{bb-aa}{aabb} = \dfrac{-hh+2Kh}{2l^2Kh}$ & $aabb = 2l^2Kh$; d'où l'on tire $b = \sqrt{\dfrac{-hh+2Kh}{2} + \sqrt{\dfrac{(hh-2Kh)^2}{2} + 2Kl^2h}}$ & $a = \sqrt{\dfrac{hh-2Kh}{2} + \sqrt{\dfrac{(hh-2Kh)^2}{2} + 2l^2Kh}}$: ainsi dans cette loi de force centripète, en supposant que la force attractive vers le centre se change en force répulsive, le corps ne pourra jamais décrire qu'une hyperbole, quelle que soit la vîtesse projectile.

XXVI.

PROPOSITION XVI. THEORÉME VIII.

Dans toutes les ellipses, lorsque la force attractive tend au centre, les tems périodiques sont égaux si les intensités des forces sont les mêmes.

On a vû dans l'Article 4. que quand les arcs sont parcourus en temps égal, les forces sont comme les flèches; donc lorsque les flèches seront comme les distances, les temps dans lesquels

de l'hyperbole étant $uu - aa = \dfrac{aazz}{bb}$ j'en tire AM, ou $\sqrt{uu+zz} = \sqrt{\dfrac{a^2u^2 - a^2b^2 + b^2u^2}{a^2}}$, qui étant égalée à y, donne $u = \dfrac{a}{c}\sqrt{yy+bb}$; donc $\dfrac{AQ}{AM}$ sinus de l'angle BAP que j'appelle s sera $= \dfrac{a}{cy}\sqrt{yy+bb}$, ce qui donne $ds = \dfrac{ab^2\,dy}{cy^2\sqrt{yy+bb}}$ & $\sqrt{1-ss} = \dfrac{b}{cy}\sqrt{yy-aa}$, ou $\dfrac{ds}{\sqrt{1-ss}} = dx$, donc $dx = \dfrac{ab\,dy}{y\sqrt{yy+bb}\cdot\sqrt{yy-aa}}$. C.Q.F.T.

Tome II.

elles font parcourues feront égaux. La queftion eft donc réduite à prouver que fi dans chaque ellipfe on prend deux fecteurs infiniment petits qui foient chacun en même raifon avec l'aire entiere de l'ellipfe, les flèches dans chacun de ces fecteurs feront proportionnelles aux diftances.

Premier Cas. Il eft aifé de voir la vérité de cette propofition dans les ellipfes femblables, car toutes les lignes font proportionnelles dans ces courbes.

Fig. 15. *Second Cas.* Quant aux ellipfes qui ne feroient pas femblables, pour les mieux confidérer on commencera par fuppofer qu'elles ayent un axe de commun, tandis que l'autre varieroit dans une raifon quelconque; or on fçait qu'alors toutes les ordonnées de ces ellipfes feront proportionnelles à l'axe qu'on rend variable; donc les fecteurs $CM\mu$, $CM'\mu'$ (CMM' eft élevé perpendiculairement à CP) qui font entr'eux comme les ordonnées μP, $\mu' P$ feront auffi comme les demi axes CM, CM', & feront par conféquent des parties femblables de leurs ellipfes totales. Mais dans ces fecteurs les flèches $m\mu$, $m'\mu'$ font vifiblement comme les diftances $C\mu$, $C\mu'$; donc les ellipfes AMB, $AM'B$ feront parcourues dans le même temps, puifqu'on avoit réduit la queftion à trouver deux fecteurs proportionnels à ces ellipfes, dans lefquels les flèches fuffent comme les diftances. Mais fi deux ellipfes qui ont un axe de commun font parcourues en temps égaux, & que deux ellipfes qui n'ont point d'axe commun, mais qui foient femblables, foient auffi parcourues dans le même temps, il eft clair que toutes les ellipfes imaginables le feront auffi, puifqu'on n'aura qu'à faire fur l'axe de l'une une ellipfe femblable à l'autre. *C. Q. F. D.*

DE LA PHILOSOPHIE NATURELLE. 139

XXVII.

PROPOSITION XVII. PROBLÊME X.

Trouver la courbe que le corps décrira, en supposant $Y = \dfrac{n}{y^3}$.

On aura dans cette supposition $\int Y\,dy = \dfrac{\int n\,dy}{y^3}$, & en intégrant $\int Y\,dy = \dfrac{-n}{2yy}$, donc alors l'équation générale $dx = \dfrac{dy}{y\sqrt{\dfrac{2Byy - 2yy\int Y\,dy}{l^2 f^2} - 1}}$ deviendra en substituant pour $\int Y\,dy$ sa valeur présente $\dfrac{-n}{2yy}$, $dx = \dfrac{dy}{y\sqrt{\dfrac{2Byy + n}{l^2 f^2} - 1}}$;

on a trouvé (Art. o.) $\dfrac{2B - 2\int Y\,dy}{l^2 f^2} = \dfrac{1}{p^2}$ qui devient dans la supposition présente $\dfrac{2B + \dfrac{n}{yy}}{l^2 f^2} = \dfrac{1}{p^2}$, d'où je tire (en mettant l pour p & h pour f) $2B = f^2 - \dfrac{n}{hh}$, & mettant cette valeur de $2B$ dans l'équation précédente, elle devient $dx = \dfrac{dy}{y\sqrt{\dfrac{\left(f^2 - \dfrac{n}{hh}\right)y^2 + n}{l^2 f^2} - 1}}$: mais dans le cas présent la force φ supposée agir uniformément sur le corps pour lui donner la vîtesse f, en tombant de la hauteur K est $\dfrac{n}{h^3}$; donc en employant le même Théorème dont on a fait usage (Art. 21.) on aura $f = \sqrt{\dfrac{2nK}{h^3}}$, & mettant pour f^2 sa valeur dans l'équation précédente, elle sera $dx = \dfrac{dy}{y\sqrt{\dfrac{\left(\dfrac{2nK}{h^3} - \dfrac{n}{h^2}\right)y^2 + n}{\dfrac{2nKl^2}{h^3}} - 1}}$

ou $dx = \dfrac{dy}{y\sqrt{\left(\dfrac{1}{l^2} - \dfrac{h}{2Kl^2}\right)yy + \dfrac{h^3}{2Kl^2} - 1}}$, équation générale de toutes les trajectoires qui peuvent être décrites, lorsque la force agit en raison inverse du cube des distances.

XXVIII.

PROPOSITION XVIII. THEORÈME IX.

Cas où l'équation $dx = \dfrac{dy}{y\sqrt{\left(\dfrac{1}{l^2} - \dfrac{h}{2Kl^2}\right)y^2 + \dfrac{h^3}{2Kl^2} - 1}}$

se réduit à celle de la logarithmique spirale.

Si dans dans cette équation on suppose $\dfrac{1}{l^2} = \dfrac{h}{2Kl^2}$, le premier terme du signe radical sera zéro, & alors l'équation se réduira à $dx = \dfrac{dy}{y\sqrt{\dfrac{h^3}{2Kl^2} - 1}}$ qui donne $y\,dx$ à dy dans

la raison constante de 1 à $\sqrt{\dfrac{h^3}{2Kl^2} - 1}$, ce qui est la propriété de la spirale logarithmique d'où l'on tire son équation : car tous les rayons de cette courbe faisant un angle constant avec les arcs qui les terminent, $y\,dx$ est toujours à dy en raison constante ; donc dans cette hypothèse, c'est-à-dire lorsque la vitesse projectile sera telle que $1 = \dfrac{2K}{h}$, la trajectoire sera toujours une spirale logarithmique.

XXIX.

DE LA PHILOSOPHIE NATURELLE.

XXIX.

PROPOSITION XX. THÉORÈME X.

Réduction de l'équation $dx = \dfrac{dy}{y\sqrt{\left(\dfrac{1}{l^2} - \dfrac{h}{2Kl^2}\right)y^2 + \dfrac{h^3}{2Kl^2} - 1}}$

dans le cas où l'on suppose que le corps part du point P perpendiculairement à la ligne CP, & dans lequel par conséquent $l = h$.

Cette équation deviendra donc alors $dx = \dfrac{dy}{y\sqrt{\left(\dfrac{1}{h^2} - \dfrac{1}{2Kh}\right)y^2 + \dfrac{h}{2K} - 1}}$, qu'on peut écrire ainsi $dx = \dfrac{dy}{y\sqrt{\dfrac{y^2}{hh} + \dfrac{h}{2K} - 1 \cdot \left(\dfrac{h}{2K} - 1\right)}}$, d'où l'on tire $dx = \dfrac{dy}{y\sqrt{1 - \dfrac{h}{2K}} \times \sqrt{\dfrac{yy}{hh} - 1}}$

ou $dx = \dfrac{dy}{y\sqrt{\dfrac{h}{2K} - 1} \times \sqrt{1 - \dfrac{yy}{hh}}}$, selon que $\dfrac{h}{2K}$ sera

< ou > que 1. Le premier de ces deux cas, celui de $\dfrac{h}{2K}$ < se construit par l'arc de cercle, & le second celui de $\dfrac{h}{2K}$ > 1 par le secteur hyperbolique.

Premier Cas. Ayant tracé le cercle AVP dont le rayon CP Fig. 16. $= h$, tirant une tangente TV à l'un de ses points quelconques V, & prolongeant l'axe CP jusqu'en T, où il rencontre la tangente TV, on aura la trajectoire cherchée en prenant toutes les $CM = CT$, & faisant les angles MCT aux angles PCV comme $\dfrac{1}{\sqrt{1 - \dfrac{h}{2K}}}$ est à 1.

Tome II.

Pour le prouver faisant les lignes $CQ = u$. $QV = z$. $CP = h$. $CT = \frac{hh}{u} = CM = y$, on a pour la valeur de l'angle $VCP \int \frac{du}{\sqrt{hh-uu}}$, mais puisqu'on $\frac{hh}{u} = y$, on aura $du = \frac{-hh\,dy}{yy}$ & $\sqrt{hh-uu} = \frac{h\sqrt{yy-hh}}{y}$, & $\frac{du}{\sqrt{hh-uu}} = \frac{h\,dy}{y\sqrt{yy-hh}}$; donc puisque l'angle PCM est à l'angle PCV comme $\frac{1}{\sqrt{1-\frac{h}{2K}}}$ est à 1, on aura $dx : \frac{h\,dy}{y\sqrt{yy-hh}}$ $:: \frac{1}{\sqrt{1-\frac{h}{2K}}} : 1$, d'où l'on tire $dx = \frac{h\,dy \times 1}{\sqrt{1-\frac{h}{2K}}}$ ou dx

$= \frac{dy}{y\sqrt{1-\frac{h}{2K}} \times \sqrt{\frac{yy}{hh}-1}}$, qui est l'équation qu'on se proposoit de construire.

Fig. 17.   *Second Cas.* Pour avoir maintenant la courbe que le corps décrit, lorsque $\frac{h}{2K} > 1$, on trouve l'hyperbole équilatere PV, dont $CP = h$ soit le demi axe transversal : on menera une tangente quelconque VT à l'un de ses points quelconques V ainsi que le rayon CV, & la trajectoire cherchée se construira en prenant les $CM = CT$, & en faisant les angles MCT aux rapports $\frac{CPV}{CP^2} :: \frac{1}{\sqrt{\frac{h}{2K}-1}} : 1$.

Pour les trouver je fais les lignes $CQ = u$. $QV = z$. $CP = h$. $CT = \frac{hh}{u} = CM = y$. On aura le secteur $CPV =$

DE LA PHILOSOPHIE NATURELLE.

$\frac{1}{2} \int u \, dz - \frac{1}{2} \int z \, du$; mais $z = \sqrt{uu - hh}$ & $dz = \frac{u \, du}{\sqrt{uu - hh}}$, donc le secteur $VCP = \frac{1}{2} \int \frac{uu \, du}{\sqrt{uu - hh}} - \frac{1}{2} \int du \sqrt{uu - hh} = \frac{1}{2} \int \frac{hh \, du}{\sqrt{uu - hh}}$; mais puisque $\frac{hh}{u} = y$, on aura $\sqrt{uu - hh} = \frac{h}{y} \sqrt{hh - yy}$ & $du = \frac{-hh \, dy}{yy}$, & par conséquent le secteur $\frac{CPV}{CP^2} = - \int \frac{h \, dy}{y \sqrt{hh - yy}}$, d'où l'on tirera $dx = \frac{dy}{y \sqrt{\frac{h}{2K} - 1} \times \sqrt{1 - \frac{yy}{hh}}}$ qui est la courbe qu'on se proposoit à construire. C. Q. F. D.

X X X.

COROLLAIRE.

Au reste il est aisé de voir que la construction donnée dans ces deux cas, est la même que celle de M. *Newton*, Corol. 3. Prop. 41. qu'on trouve à la page 136. de cet Ouvrage, Tom. I.

X X X I.

SCHOLIE.

Si on supposoit que la force fut centrifuge au lieu d'être centripéte, la lettre n qui désigne la quantité de la force devroit être négative, & par conséquent la lettre K le seroit aussi, ce qui donneroit à l'équation précédente $dx = \frac{dy}{y \sqrt{1 - \frac{h}{2K}} \times \sqrt{\frac{yy}{hh} - 1}}$, la forme $dx = \frac{dy}{y \sqrt{1 + \frac{h}{2K}} \times \sqrt{\frac{yy}{hh} - 1}}$, laquelle ne peut être construite, comme il est aisé de le voir, que par l'opération du cas premier, où l'on a vû par la nature de la courbe, ainsi que par celle du Problême, que le corps en partant du point P s'éloignera de plus en plus du centre.

XXXII.

PROPOSITION XXI. PROBLÊME XI.

Trouver la trajectoire que le corps décrira en supposant $Y = \dfrac{n}{yy} + \dfrac{mn}{y^3}$.

On aura dans ce cas $\int Y dy = -\dfrac{n}{y} - \dfrac{mn}{2yy}$ en intégrant : alors l'équation générale trouvée (Article 17.) $dx = \dfrac{dy}{y\sqrt{\dfrac{2Byy - 2yy\int Y dy}{l^2 f^2} - 1}}$ se changera en $dy =$

$\dfrac{dy}{y\sqrt{\dfrac{2Byy + 2ny + nm}{l^2 f^2} - 1}}$. Mais on a trouvé dans ce

même article, $\dfrac{2B - 2\int Y dy}{l^2 f^2} = \dfrac{1}{p^2}$, donc on aura $2B + \dfrac{2n}{h} + \dfrac{nm}{hh} = f^2$ (en mettant h pour y & l pour p) d'où on tire $2B = f^2 - \dfrac{2n}{h} - \dfrac{nm}{hh}$; donc $dx =$

$\dfrac{lf dy}{y\sqrt{\left(f^2 - \dfrac{2n}{h} - \dfrac{nm}{hh}\right) yy + 2ny + nm - l^2 f^2}}.$

Pour essayer de réduire cette équation aux équations polaires des sections coniques, je lui donne cette forme $dx =$

$\dfrac{\dfrac{lf dy}{\sqrt{l^2 f^2 - mn}}}{y\sqrt{\dfrac{\left(f^2 - \dfrac{2n}{h} - \dfrac{nm}{hh}\right) yy + \dfrac{2ny}{l^2 f^2 - nm}}{l^2 f^2 - nm} - 1}}$ d'où l'on

tire

DE LA PHILOSOPHIE NATURELLE.

tire $dx = \dfrac{dy}{\sqrt{1 - \dfrac{nm}{l^2 f^2}}} \cdot \dfrac{1}{\dfrac{y\sqrt{f^2 - \dfrac{2n}{h} - \dfrac{mn}{hh}} yy + \dfrac{2ny}{l^2 f^2 - mn}}{l^2 f^2 - mn}} - 1.$

Mais on a vû (note de l'Art. 20.) que $f^2 = 2\varphi K$, or dans la présente suppoſition Y ou $\varphi = \dfrac{n}{hh} + \dfrac{mn}{h^3}$ (car on a ſuppoſé y ou la diſtance $= h$) on aura donc $\varphi = \dfrac{n}{h^3}(m+h)$, & par conſéquent $f^2 = 2\dfrac{nK}{h^3}(h+m)$. Subſtituant à préſent cette valeur de f^2 dans la derniere équation $dx = \dfrac{dy}{\sqrt{1 - \dfrac{nm}{l^2 f^2}}} \cdot \dfrac{1}{\dfrac{y\sqrt{f^2 - \dfrac{2n}{h} - \dfrac{nm}{hh}} yy + \dfrac{2ny}{l^2 f^2 - mn}}{l^2 f^2 - mn}} - 1$, on aura $dx =$

$\dfrac{dy}{\sqrt{1 - \dfrac{mh^3}{2l^2 K(h+m)}}} \cdot \dfrac{1}{\dfrac{y\sqrt{\dfrac{2K(h+m)-2h^2-mh}{2Kl^2(h+m)-mh^3}} y^2 + \dfrac{2h^3 y}{2Kl^2(m+h)-mh^3}}{}} - 1;$

or on voit par cette équation, en la comparant avec l'équation polaire des ſections coniques, qu'elle peut leur être comparée exactement, à l'exception du coëfficient de dy, lequel apprend ſeulement que cette équation exprime une ſection conique dont on augmente ou diminue les angles en raiſon conſtante, & on conſtruira ainſi cette trajectoire.

Soit décrite la ſection conique $A Q P$ exprimée par l'équation $dx =$ Fig. 18. & 19.

Tome II.   V

$$y\sqrt{\frac{2K(h+m)-2h^2-mh}{2Kl^2(h+m)-mh^3}}yy+\frac{2h^3y}{2Kl^2(m+h)-mh^3}\overline{}-1,$$

soient pris ensuite les angles PCM aux angles PCQ dans la raison de 1 à $\sqrt{\frac{mh^3}{2Kl^2(h+m)}}$, & la courbe qui passera par tous les points M, sera la trajectoire cherchée. *C. Q. F. T.*

XXXIII.

SCHOLIE.

Fig. 18. & 19. On verra aisément que si l'on suppose que pendant que le corps marche dans l'ellipse AQP de P en Q, cette courbe elle-même avance d'un mouvement angulaire qui se fasse autour du centre C dans le même sens, & que le mouvement angulaire soit de la quantité $PCH = QCM$ le corps étant arrivé au point Q de l'ellipse se trouvera au point M par le mouvement de l'ellipse même, donc la courbe qui passera par tous les points M sera la courbe cherchée.

Cette construction s'exécutera donc en supposant simplement un mouvement angulaire dans les apsides de cette section conique, qui soit de la quantité que donnera le coëfficient de dy, & qui se fera dans le même sens que le mouvement du corps ou en sens contraire, c'est-à-dire du côté de Q ou du côté opposé, selon que l'angle $PCM \gt$ ou $\lt PCQ$, c'est-à-dire, selon que la quantité qui est sous le signe du coëfficient de dy, sera $\gt$ ou $\lt 1$.

Remarque. On a commencé par examiner dans le Problême précédent, ce qui arrive dans le cas où Y exprimant la force en raison inverse du quarré des distances, on y ajoute une force inversement proportionnelle au cube des distances exprimée par $\frac{mn}{y^3}$, parce que le cas de la force en raison inverse du quarré des distances étant celui qui a lieu dans le Système du Monde, est le

DE LA PHILOSOPHIE NATURELLE.

plus important à connoître, & on a supposé de plus, dans cet Article précédent, que le corps partoit du point donné avec une vîtesse & une direction données. Examinons à présent ce qui arriveroit dans toutes sortes d'hypothèses de pesanteur, par la même addition de force.

XXXIV.

PROPOSITION XXI. PROBLEME XII.

On demande les trajectoires décrites dans toutes sortes d'hypothèses de pesanteur, en ajoutant à la force quelconque la force $\frac{m}{y^3}$.

Fig. 12.

Dans ce cas Y où la force totale seroit $Y + \frac{m}{y^3}$, donc on auroit alors au lieu de $\int Y dy$ la quantité $\int Y dy + \int \frac{m\,dy}{y^3}$, c'est-à-dire $\int Y dy - \frac{m}{2yy}$. Prenant à présent l'équation générale $dx = \dfrac{dy}{y\sqrt{\frac{2By^2 - 2y^2 \int Y dy}{l^2 f^2} - 1}}$ de toutes les trajectoires, & y substituant pour $\int Y dy$ sa valeur dans la supposition présente, on aura alors l'équation $dx = \dfrac{dy}{y\sqrt{\frac{2Byy - 2yy\int Y dy + m}{l^2 f^2} - 1}}$, dans laquelle je substitue au lieu des constantes B, l, f de la solution précédente, d'autres constantes B', l', f', afin de n'être pas restraint à faire partir le corps avec la même vîtesse & la même direction, & de pouvoir déterminer au contraire la relation des nouvelles constantes aux premieres, la plus propre à comparer les courbes que l'on a dans ces deux hypothèses.

L'équation précédente peut avoir cette forme $dx = \dfrac{dy}{y\sqrt{\frac{2B'}{l'^2 f'^2 - m}yy - \frac{2yy}{l'^2 f'^2 - m}\int Y dy - 1}}$, & on aura alors $\frac{2B'}{l'^2 f'^2 - m} = \frac{2B}{l^2 f^2}$ & $\frac{1}{l'^2 f'^2 - m} = \frac{1}{l^2 f^2}$, où $l'^2 f'^2 - m = l^2 f^2$, d'où l'on voit qu'en donnant au corps au point de départ une vîtesse & une direction convenables, on décrira cette trajectoire en supposant un mouvement d'apsides dans la courbe que l'équation de l'art. 17. a donnée : il ne s'agira donc plus que de déterminer les l & f, c'est-à-dire de donner au corps en partant de P une certaine direction, car alors on connoîtra B; reprenant donc la valeur générale de B trouvée $\frac{2B - 2\int Y dy}{l^2 f^2}$

$= \frac{1}{p^2}$, elle deviendra dans le cas présent $\frac{2B' - \int Y dy + \frac{m}{2yy}}{l'^2 f'^2}$

$= \frac{1}{p^2}$, & mettant l' pour p & h pour y, comme dans l'Art. 20. elle deviendra $2B' - \int Y dy + \frac{m}{2hh} = f'^2$, & supposant que $\int Y dy = H$ lorsque $y = h$, on aura $2B' = f'^2 - \frac{2hh}{m} + H$: supposant en même tems que l'on ait fait dans l'Article 20. $\int Y dy = H$ lorsque y a la même valeur h, la valeur de B dans cette supposition deviendra $2B = f^2 + H$. Mettant donc dans l'équation ci-dessus $\frac{2B'}{l'^2 f'^2 - m} = \frac{2B}{l^2 f^2}$ pour B', & pour B les deux valeurs qu'on vient de trouver, on aura $\frac{f'^2 - \frac{m}{2hh} + H}{l'^2 f'^2 - m}$

$= \frac{f^2 + H}{l^2 f^2}$. Ayant ainsi les deux équations $\frac{f'^2 - \frac{m}{2hh} + H}{l'^2 f'^2 - m} =$

$\frac{f^2 + H}{l^2 f^2}$, & $l'^2 f'^2 - m = l^2 f^2$ lesquelles ne renferment plus que les deux inconnues l' & f', on en tirera les valeurs de ces deux quantités, lesquelles seront $f' = \sqrt{f^2 + \frac{m}{2hh}}$ & $l' =$

DE LA PHILOSOPHIE NATURELLE.

$\sqrt{\frac{(l^2 f^2 + m) 2 h^2}{h^2 f^2 + m}}$; mais l & f donnent la direction & la vîtesse que doit avoir le corps au point P afin qu'il décrive la même trajectoire que celle que l'équation de l'Art. 17. a donnée; donc en donnant à cette courbe le mouvement d'apsides déterminé par le coëfficient de dy, elle deviendra celle qui résulte de la force $Y + \frac{m}{y^3}$ supposée ici. *C. Q. F. T.*

XXXV.

SCHOLIE.

Cette Proposition contient la démonstration des Propositions 44 & 45 de la section 9 du premier Livre qui traite du mouvement des apsides. Après avoir vû dans les Propositions précédentes le temps & la vîtesse des corps dans les courbes que différentes forces centripètes leur feroient décrire, on ne sera peut-être pas fâché de trouver ici le temps & la vîtesse des corps à différentes distances du centre, lorsqu'ils y tombent en ligne droite, ce qui arrive lorsqu'on ne leur donne aucune impulsion à leur point de départ, ou lorsque celle qu'on leur donne tend au centre.

XXXVI.

PROPOSITION XXII. PROBLÊME XIII.

On demande le temps & la vîtesse d'un corps qui tombe vers un centre vers lequel il est attiré par une force quelconque, ce corps étant placé à une distance quelconque de ce centre.

Faisant d'abord $AC = a$. $CP = y$. $AP = a - y$. $Pp = dy$, Fig. 20. la vîtesse acquise de A en $P = u$, l'instant employé à parcourir Pp sera $-\frac{dy}{u}$, & multipliant cet instant par la force Y on aura $du = -\frac{Y dy}{u}$, ou $u\,du = -Y\,dy$ dont l'intégrale est

$A - \int Y dy = \frac{1}{2} u u$. Quant à la constante A elle se détermine par cette condition, que si $y = a$, u soit $= o$, c'est-à-dire, qu'au point de départ le corps n'ait aucune vîtesse (s'il en avoit une vers le centre, on feroit A tel que u seroit égal à cette vîtesse lorsqu'on feroit $y = a$): de $u^2 = 2A - 2\int Y dy$, on tire $u = \sqrt{2A - 2\int Y dy}$; donc $dt = \frac{-dy}{u}$, devient $dt = \frac{-dy}{\sqrt{2A - 2\int Y dy}}$. C. Q. F. T.

XXXVII.

COROLLAIRE I.

Supposant à présent le cas où $Y = \frac{n}{y^2}$, on aura $-\int Y dy = \int \frac{n\,dy}{yy} = -\frac{n}{y}$, mettant donc dans les équations précédentes $-\frac{n}{y}$ pour $-\int Y dy$, on aura $2A + \frac{2n}{y} = u^2$; or quand $y = a$, $u = o$ (hyp), donc on aura dans cette supposition $2A + \frac{2n}{a} = o$; donc alors $A = -\frac{n}{a}$, & mettant à la place de A cette valeur dans l'équation $2A - 2\int Y dy = u^2$, on aura $-\frac{2n}{a} + \frac{2n}{y} = u^2$ qui donne $u = \sqrt{\frac{2n}{y} - \frac{2n}{a}}$ ou $\sqrt{2n} \times \sqrt{\frac{a-y}{ay}}$, ou $\sqrt{\frac{2n}{a}} \times \sqrt{\frac{a-y}{y}}$; $dt = \frac{-dy}{\sqrt{2A - 2\int Y dy}}$ deviendra par les mêmes substitutions $dt = \frac{dy}{\sqrt{\frac{2n}{a}} \times \sqrt{\frac{a-y}{y}}}$

ou $dt = \frac{-dy \sqrt{y} \times \sqrt{\frac{a}{2n}}}{\sqrt{a-y}}$, & le temps total par AP sera

DE LA PHILOSOPHIE NATURELLE.

l'intégrale de cette quantité, & pourra être déterminé par cette construction.

Ayant décrit sur la ligne AC le demi cercle $AMVC$, le temps de la chute par AP sera proportionnel au produit du secteur ACM par $\sqrt{AC}$. *Fig. 11.*

La raison de cette construction est aisée à trouver. Faisant les lignes $AC = a$, $PM = \sqrt{ay - yy}$, $CM = \sqrt{ay}$, $mo = \dfrac{-a\,dy}{2\sqrt{aa-ay}}$, $AM = \sqrt{aa-ay}$, $CP = y$, $AP = a - y$, pour s'accorder avec les dénominations précédentes. On voit d'abord que le petit secteur Mcm différentielle du secteur ACM a pour valeur le produit de CM par mo différentielle de AM, c'est-à-dire $\sqrt{ay} \times \dfrac{-a\,dy}{2\sqrt{aa-ay}}$; donc le secteur $ACM = \dfrac{-a\int dy \sqrt{y}}{4\sqrt{a-y}}$, qui étant multiplié par $\sqrt{\dfrac{8}{an}}$ deviendra l'expression précédente du temps par Pp, ou $dt = \dfrac{dy\sqrt{y}}{\sqrt{a-y}} \times \sqrt{\dfrac{a}{2n}}$, donc le temps par AP sera égal au secteur $\dfrac{ACM}{\sqrt{AC}} \times \sqrt{\dfrac{8}{n}}$ quand la force est comme le quarré.

XXXVIII.

COROLLAIRE II.

Et le temps total de la chute par AC sera $\dfrac{APCVM}{\sqrt{AC}} \times \sqrt{\dfrac{8}{n}}$, ou $\dfrac{1}{4} c \times AC^{\frac{3}{2}} \sqrt{\dfrac{2}{n}}$, en mettant à la place du demi cercle $APCVM$ sa valeur $\dfrac{1}{8} c \cdot AC^2$, on voit par cette expression que dans la loi de pesanteur en raison renversée du quarré de la distance, le temps des chutes depuis un point quelconque jufqu'au centre des forces, eft comme la racine quarrée du cube de l'efpace parcouru en tombant. On devoit bien s'atendre à l'accord de cette Prop. avec celle qui eft entre le temps périodique des planetes & leur moyenne diftance, puifqu'on peut regarder un corps qui tombe vers un centre, comme s'il décrivoit une ellipfe infiniment étroite dont le grand axe feroit hauteur de la chute, & qu'en ce cas la chute ou l'efpace AC eft le double de la moyenne diftance ; c'eft ainfi que M. *Newton* a confidéré les chutes rectilignes des corps (Prop. 36.)

Si on vouloit comparer le temps de la révolution d'une planete avec celui qu'elle mettroit à tomber dans le Soleil, rien ne feroit plus facile par ce qu'on vient de donner : car le temps de la chute par le rayon pouvant être regardé comme la demie révolution dans une planete qui auroit ce rayon pour grand axe,

il n'eft queftion que de prendre la moitié de la partie $\frac{1}{2}\sqrt{\frac{1}{2}}$ du temps de la révolution même de la planete pour avoir le temps de fa chute, en fuppofant qu'elle commençât à tomber du lieu où elle eft dans fa moyenne diftance.

Si elle tomboit d'un autre lieu, le temps total de fa chute feroit à ce qu'il feroit en partant de la moyenne diftance, en raifon fefquiplée de la raifon qui eft entre le rayon par lequel on la fuppoferoit tomber & la moyenne diftance. Si on veut comparer le temps qu'une planete mettroit à tomber vers le Soleil avec celui qu'un fatellite mettroit à tomber vers la planete qui lui fert de centre, il faudra prendre les rapports qu'auroient les mêmes temps, fi on regardoit le fatellite comme une planete principale qui feroit à la même diftance du Soleil que le fatellite de fa planete principale, & divifer la raifon de ces temps par celle qui eft entre les racines quarrées des maffes centrales, c'eft-à-dire de la maffe ou planete qui attire le fatellite, à la maffe du Soleil.

XXXIX.

DE LA PHILOSOPHIE NATURELLE.

XXXIX.

COROLLAIRE III.

Si au lieu d'avoir supposé $Y = \dfrac{n}{yy}$ on l'avoit supposé $= ny$, on auroit eu $\int Y dy = \int ny\, dy$, & en intégrant $\int Y dy = \dfrac{nyy}{2}$, mettant ensuite cette valeur dans l'équation $2A - 2\int Y dy = u^2$, & supposant de même que quand $y = a$, $u = 0$, on aura $2A = naa$, & on aura en substituant $u = \sqrt{naa - nyy}$, ou $\sqrt{n} \times \sqrt{aa - yy}$. Et $dt = \dfrac{-dy}{\sqrt{2A - 2\int Y dy}}$ devient en ce cas $dt = \dfrac{-dy}{\sqrt{n} \times \sqrt{aa - yy}}$, d'où l'on voit qu'en faisant sur AC comme rayon un quart de cercle, & élevant au point P la perpendiculaire PM, le temps employé à parcourir la droite AP aura pour valeur l'arc $ACM \times \dfrac{1}{\sqrt{n}}$, car cet arc est $\dfrac{-dy}{\sqrt{aa - yy}}$.

Si on suppose dans cette équation $dx = \dfrac{-dy}{\sqrt{n} \times \sqrt{aa - yy}}$ $y = a$, on aura alors pour l'expression du temps par AC le produit de $\dfrac{1}{\sqrt{n}}$ par le nombre qui exprime l'angle droit, ou ce qui revient au même par le rapport du quart de cercle au rayon.

Ce qui fournit cette remarque singuliere que le corps central étant le même dans cette hypothèse de pesanteur, de quelque distance que ce corps parte, il arrivera dans le même temps au point C, puisque la hauteur n'entre pas dans l'expression du temps.

Fig. 22.

X L.

S C H O L I E.

Il en est donc des chutes rectilignes comme des mouvemens dans les orbes elliptiques, & la hauteur totale dans le premier cas, répond à l'axe transversal dans l'autre, ce qu'il est aisé de voir en considérant la hauteur *A C* comme la derniere ellipse qu'on peut décrire sur elle, & c'est ainsi que M. *Newton* l'a considérée dans la Section 7e. de son premier Livre des Principes.

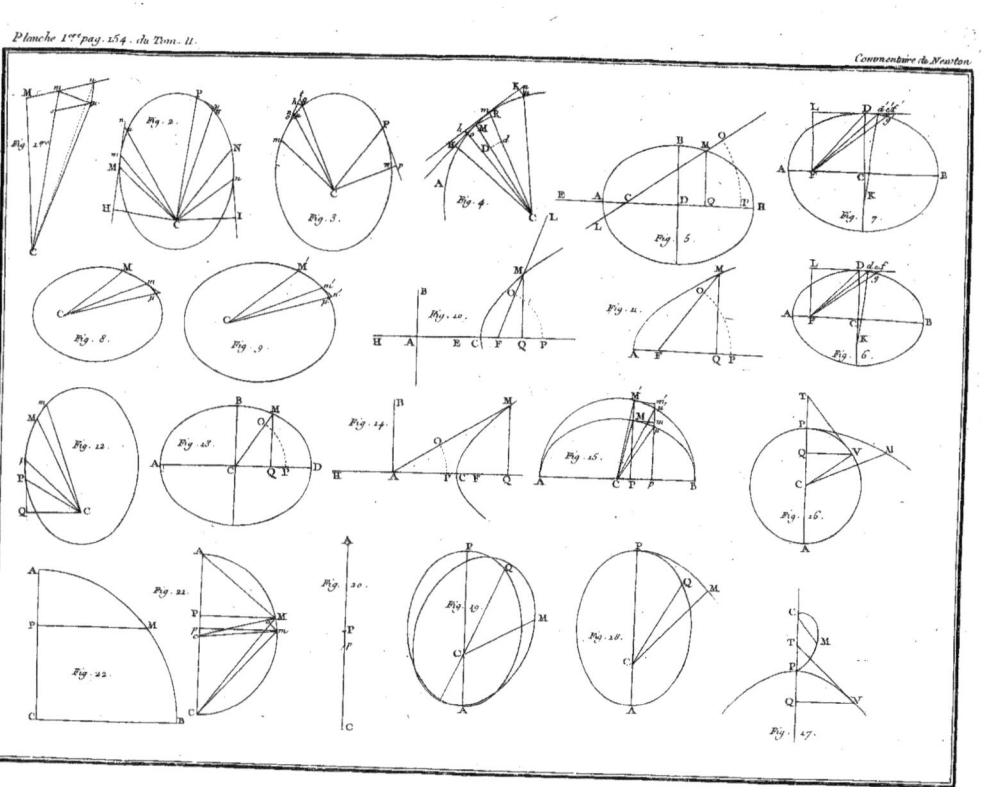

Planche 1.re pag. 154. du Tom. II.

Commentaire de Newton.

SECTION II.
DE L'ATTRACTION DES CORPS
en ayant égard à leurs figures.

PREMIERE PARTIE.
De l'attraction des Corps sphériques.

I.

PROPOSITION I. PROBLÊME I.

Trouver l'attraction de la surface sphérique dont le diamètre seroit AB *sur un corpuscule* P *placé sur le prolongement de ce diamètre, en supposant que toutes les parties de cette surface sphérique attirent comme une puissance quelconque* n *de la distance.*

On imaginera la surface sphérique ACB composée d'une infinité de petits cones tronqués produits par la révolution des élémens $IHQq$ autour de l'axe AB, & on commencera par chercher l'attraction de toutes les petites zones ou surfaces coniques HI.

Fig. 1.

Ayant donc fait les lignes $PI = z$. $PS = f$. $AS = g$. $SE = u$. je commence par chercher la valeur du cosinus de l'angle IPQ pour le rayon 1. elle est $\frac{PE}{PS} = \frac{z^2 + f^2 - g^2}{2zf}$, & le sinus du même angle pour le rayon PI est $PQ = \frac{z^2 + f^2 - g^2}{2f}$,

donc $dPQ = Qq = \frac{z\,dz}{f}$.

La valeur de la petite zone sphérique HI est $HI \times IQ$, ou $Qq \times AS = \frac{g z dz}{f}$; donc l'expression de l'attraction de la petite zone HI sur le corpuscule P, laquelle est en général $\frac{c}{r} \left(IH \times IQ \times IP^n \times Cos. IPQ \right)$ aura pour valeur $\frac{c}{r} \left(\frac{g z dz \times z^n \times \overline{zz + ff - gg}}{2 z ff} \right)$ qui se réduit à $\frac{c}{r} \left(\frac{g z^{n+2} dz + g(f^2 - g^2) z^n dz}{2 ff} \right)$ dont l'intégrale est $\frac{c}{r} \left(\frac{g z^{n+3}}{2(n+3) ff} + \frac{g(ff - gg) z^{n+1}}{2(n+1) ff} \right)$: pour la completter je fais ensorte qu'elle s'évanouisse lorsque z ou PI devient $IA = f - g$. J'ai alors $\frac{cg}{2 rf^2} \left(\frac{1}{n+3} \left(z^{n+3} - \overline{f-g}^{n+3} \right) \right.$ $+ \frac{f^2 - g^2}{n+1} \left. \left(z^{n+1} - \overline{f-g}^{n+1} \right) \right)$ qui est l'attraction de la zone AI. je fais ensuite PI ou $z = f + g$, & il vient par ce moyen $\frac{2 rf^2}{cg} \left(\frac{1}{n+3} \left(\overline{f+g}^{n+3} - \overline{f-g}^{n+3} \right) + \frac{f^2 - g^2}{n+1} \right.$ $\left. \left(\overline{f+g}^{n+1} - \overline{f-g}^{n+1} \right) \right)$ pour l'attraction de la surface sphérique totale.

II.

PROPOSITION II. PROBLEME II.

Trouver l'attraction de la sphere solide entière $ACBD$ sur le corpuscule P placé dans le prolongement de son axe.

Fig. 2. Je fais comme dans la Proposition précédente les lignes $PI = z$. $PS = f$, $AS = g$. Puisqu'on vient de voir dans cette Proposition, que la surface sphérique ACB attire le corpuscule P avec une

DE LA PHILOSOPHIE NATURELLE.

une force exprimée par $\frac{cg}{2rff}\left(\frac{1}{n+3}\left(\overline{f+g}^{n+3}-\overline{f-g}^{n+3}\right)\right.$
$\left.+\frac{f^2-g^2}{n+1}\left(\overline{f+g}^{n+1}-\overline{f-g}^{n+1}\right)\right)$ il est clair qu'en multipliant cette expression par la petite épaisseur $Aa = dg$, on aura l'expression de l'attraction que le petit orbe $abcd\,ABCD$ exerce sur le même corpuscule P, & en intégrant, on aura l'attraction cherchée de la sphére solide. $ABCD$. C. Q. F. T.

III.

PROPOSITION III. PROBLÉME III.

Trouver l'attraction de la surface sphérique entiere ACB *sur le corpuscule* P, *en supposant que toutes ses parties l'attirent par une force qui agisse en raison inverse du quarré de la distance.*

On aura dans ce cas $n = -2$; reprenant donc l'expression Fig. 1. générale de l'attraction de cette surface sphérique laquelle a été trouvée dans l'Article premier, & mettant pour n sa valeur -2 dans la présente supposition, on aura $\frac{cg}{2rff}\left(2g-\overline{ff-gg}\right.$ $\left.\times\frac{-2g}{ff-gg}\right)$ ou en réduisant $\frac{cg}{2rf^2}\times 4g = \frac{2cg^2}{rff}$, qui exprime l'attraction de la surface sphérique lorsque $n = -2$. C. Q. F. T.

IV.

COROLLAIRE I.

Pour avoir l'attraction de l'orbe $abcd\,ABCD$ dans cette Fig. 2. hypothèse, il suffira de multiplier cette expression $\frac{2cg^2}{rff}$ par $dg = Aa$, & en intégrant cette expression de l'attraction du petit orbe, on aura $\frac{2cg^3}{3rff}$ pour l'expression de l'attraction de la sphére solide entiere $ABCD$, dans cette même hypothèse de

Tome II. b b

$n = -2$ & comme $\frac{2\,c\,g^3}{3\,r}$ est l'expression de la solidité de la sphére, on voit que dans cette hypothèse l'attraction est comme la masse divisée par le quarré de la distance de son centre au corpuscule attiré.

V.

COROLLAIRE II.

Dans cette hypothèse de l'attraction réciproquement proportionnelle au quarré de la distance, deux sphéres s'attirent de même que si leurs masses étoient réunies à leur centre.

Fig. 3.

Pour le prouver, supposons d'abord qu'au centre A il y ait un corpuscule de même masse que la sphére A elle-même, on a vu (Article précédent) que la sphére B exercera sur ce corpuscule A la même attraction que si elle étoit elle-même toute réunie à son centre B; mais on doit voir aussi, par la même raison, qu'elle sera attirée par le corpuscule A de la même maniere, soit qu'elle soit toute réunie à son centre B, soit qu'elle ait conservée sa forme réelle.

De plus, (même Article) la sphére entiere A attire toutes les particules M de la sphére B de la même maniere, que si elle étoit toute réunie à son centre A; donc il est indifférent pour l'attraction de deux sphéres l'une vers l'autre dans l'hypothèse de la raison inverse des quarrés des distances, qu'elles gardent leur forme ou qu'elles soient supposées réunies à leur centre, pourvû qu'elles conservent la même masse.

VI.

SCHOLIE.

On voit par l'expression de l'attraction de la sphére solide totale, que dans l'hypothèse en raison inverse du quarré de la distance, il en est des sphéres entieres comme de leurs plus petites parties, & qu'elles attirent de même que ces parties en raison de la masse divisée par le quarré de la distance.

VII.

PROPOSITION IV. PROBLÉME IV.

Trouver l'attraction de la surface sphérique entiere ABCD *sur le corpuscule* P, *en supposant que toutes les parties de la sphére attirent ce corpuscule par une force qui agisse en raison de la simple distance.*

On aura dans ce cas $n = 1$, reprenant donc l'expression trouvée (Art. 1.) & en y mettant pour n sa valeur 1 dans l'hypothèse présente, on aura $\frac{cg}{2rff}\left(\frac{1}{4}(8f^3g+8fg^3)+\frac{f^2-g^2}{2}\right.$ $\left.(4fg)\right)$ qui se réduit à $\frac{cg}{2rf^2} \times 4f^3g = \frac{2cg^2f}{r}$, valeur de l'attraction de la surface sphérique ACB lorsque $n=1$.

VIII.

COROLLAIRE I.

Pour avoir l'attraction de l'orbe $abcd\ ABCD$ dans cette hypothèse, il faut multiplier comme dans l'Art. 4. l'expression $\frac{2cfg^2}{r}$ par dg, & l'expression de l'attraction de cet orbe sera $\frac{2cfg^2dg}{r}$, & en intégrant on aura $\frac{2cg^3f}{3r}$ qui exprime l'attraction de la sphére solide entiere dans cette hypothèse.

IX.

COROLLAIRE II.

Et comme cette expression n'est autre chose que le produit de la masse par la distance, l'on voit que dans l'hypothèse de la simple distance comme dans celle de la raison inverse du quarré de la distance, la sphère totale attire suivant la même loi que les particules qui la composent.

X.

COROLLAIRE III.

Dans cette même loi de l'attraction proportionnelle à la distance, les corps de figure quelconque ont les mêmes propriétés que les sphéres, d'attirer suivant leur force totale, suivant la même loi que leurs particules.

Fig. 4.   Pour la démontrer, soit tiré par C où l'on suppose le corpuscule attiré, une droite CBP qui passe par le centre de gravité du corps attirant X, & soit décomposée l'attraction de chaque particule M dans le sens de cette ligne CP, il est clair que l'attraction de la particule M étant comme CM, la partie, suivant CBP, sera CP; donc le produit de toutes les particules M du solide proposé par les distances CP sont l'attraction totale : mais il est clair par les principes de la Statique, que la somme de ces produits est égale au produit de la masse totale par la distance au centre de gravité, & quant aux forces qui agiroient dans le sens PM, on verroit aisément qu'elles se détruisent réciproquement; donc l'attraction d'un corps de figure quelconque dans l'hypothése qu'on vient d'examiner est comme la distance du corpuscule au centre de gravité.

XI.

PROPOSITION V. PROBLÉME V.

Trouver l'attraction de la surface sphérique ABC *sur le corpuscule* P, *en supposant que toutes les parties de cette sphére l'attirent par une force qui agisse en raison renversée de la quatrième puissance.*

Fig. 1.   Alors $n = -4$. Reprenant donc l'expression générale de l'Article 1. & substituant à n sa valeur -4, elle deviendra

$$\frac{cg}{2rff}\left(\frac{-1}{+1}\overline{(f+g)}^{-1} - \overline{f-g}^{-1}\right) + \frac{ff-gg}{-3}\left(\overline{(f+g)}^{-3} - \overline{f-g}^{-3}\right)$$

qui se réduit à $\frac{cg}{2rff}$

$$\left(-\frac{2g}{f^2-g^2} - \frac{1}{3}\frac{\overline{f-g}^3 - \overline{f+g}^3}{(ff-gg)^2} \right) \text{ ou } \frac{c}{3rf^2}$$

$\times \frac{6f^2g^2 - 2cg^4}{(f^2-g^2)^2}$ qui exprime l'attraction de la petite surface infiniment mince $ABCD$ lorsque $n = -4$.

XII.

COROLLAIRE.

Pour avoir l'attraction de l'orbe $ABCD\,abcd$ il faut multiplier cette expression par la petite épaisseur Aa ou dg, ainsi on aura $\frac{6f^2g^2\,dg - 2g^4\,dg}{(f^2-g^2)^2} \times \frac{c}{3rf^2}$, dont l'intégrale $\frac{c}{3rf^2}$ $\left(-\frac{2g^3}{f^2-g^2} \right)$ est l'expression de l'attraction de la sphère entière solide $ABDS$ sur le corpuscule P dans cette hypothèse de $n = -4$.

XIII.

PROPOSITION VI. PROBLÈME VI.

Trouver l'attraction d'une surface sphérique AI sur un corpuscule placé en P dans l'intérieur de cette surface, en supposant que toutes les parties de cette surface agissent comme une puissance quelconque n de la distance.

Je fais les lignes $AP = g$. $PS = f$. $PI = z$. $SE = v$. & j'ai par conséquent $PE = \sqrt{f^2-v^2}$, & $IP + PE = z$ $+ \sqrt{f^2-v^2}$, d'un autre côté $IP + PE$ ou IE doit avoir pour valeur $\sqrt{gg-vv}$; on a donc l'équation $zz + 2z\sqrt{f^2-v^2}$ $+ f^2 - v^2 = g^2 - v^2$ de laquelle on tire $\frac{g^2-z^2-f^2}{2z} = \sqrt{ff-vv}$, & partant $\frac{PE}{PS}$ ou le cosinus de l'angle IPQ sera $= \frac{g^2-z^2-f^2}{2zf}$.

Tome II.   Fig. 5.

mais par l'Art. 1. l'attraction de la petite portion de surface sphérique produite par la révolution de IH, a pour valeur $\frac{c}{r}(IH \times IQ \times IP^n \times Cos.$ de $IPQ)$; donc à cause que $IH \times IQ = AS \times Qq = \frac{g\zeta d\zeta}{f}$ on aura $\frac{c}{r}\zeta^n \times \frac{g\zeta d\zeta}{f}$ $\left(\frac{g^2 - f^2 - \zeta^2}{2f\zeta}\right)$ ou $\frac{cg}{2rf^2}\left(\left(g^2 - f^2\right)\zeta^n d\zeta - \zeta^{n+2} d\zeta\right)$ ce qui sera l'expression de l'attraction de la petite tranche IH de surface sphérique laquelle attirera le corps vers B, tant que IP fera un angle aigu avec AP.

En intégrant cette différentielle on aura $\frac{cg}{2rf^2}\left(\frac{\left(g^2-f^2\right)\zeta^{n+1}}{n+1}\right.$ $\left. - \frac{\zeta^{n+3}}{n+3}\right)$, laquelle étant complettée par cette condition que tout se détruit quand ζ ou $PI = PA$ ou $g-f$, donne pour expression de l'attraction de la zone AI, $\frac{cg}{2rf^2}\left(\frac{\left(g^2-f^2\right)\zeta^{n+1}}{n+1}\right.$ $\left. - \frac{\zeta^{n+3}}{n+3} - \frac{\left(g^2-f^2\right) \times (g-f)^{n+1}}{n+1} + \frac{(g-f)^{n+3}}{n+3}\right)$. Afin d'avoir ensuite l'attraction de toute la surface sphérique $AIBA$, il faut faire dans la valeur précédente $\zeta = g+f$, & alors elle deviendra $\frac{cg}{2rf^2}\left(\frac{g^2-f^2}{n+1} \times \overline{g+f}^{n+1} - \overline{g-f}^{n+1}\right.$ $\left. + \overline{g-f}^{n+3} - \overline{g+f}^{n+3}\right)$, qui exprimera l'attraction de toute la surface sphérique $AIBA$ sur le corpuscule placé en P. C. Q. F. T.

XIV.

SCHOLIE.

Dans les cas où cette valeur sera positive, l'attraction se fera vers A & au contraire.

DE LA PHILOSOPHIE NATURELLE. 163

XV.

PROPOSITION VII. PROBLEME VII.

Trouver l'attraction de la même surface sphérique, en supposant $n = -2$.

Conservant les dénominations de la Proposition précédente, & substituant dans l'expression qu'on y a trouvée à la place de *n* sa valeur -2, on verra que tous les termes disparoissent, & que par conséquent dans cette loi d'attraction un corps placé dans l'intérieur d'une sphére creuse n'éprouveroit aucune attraction.

XVI.

PROPOSITION VIII. PROBLÉME VIII.

Trouver l'attraction de la surface sphérique AIBA, *en supposant* $n = 1$.

Gardant les mêmes dénominations que ci-dessus, on aura dans cette hypothése $\frac{cg}{2rf^2}\left(\frac{\overline{g-f}^4 - \overline{g+f}^4}{4} - \frac{\overline{g^2-f^2}}{2}\left(\overline{f+g}^2 - \overline{f-g}^2\right)\right)$ qui se réduit à $\frac{cg}{2rf^2} \times -4f^3 g$ ou $-\frac{2cfg^2}{r}$ pour l'attraction de la surface *AI*, laquelle tirera le corps vers *S* puisque l'expression est négative.

Fig. 5.

XVII.

COROLLAIRE.

Multipliant cette quantité par dg, on aura $-\frac{2cfg^2 dg}{r}$ pour l'attraction de l'orbe infiniment mince *AIi* sur le corpuscule *P* vers *S*, & son intégrale $\frac{2cfg^3}{3r}$ exprimera l'attraction

Fig. 6.

de l'orbe API fur P, pourvu qu'on retranche le terme $\frac{2cf^4}{3r}$ que devient cette quantité lorfque $f=g$.

Donc alors $\frac{2cfg^3 - 2cf^4}{3r}$ fera l'attraction de l'orbe API fur P vers S; mais l'attraction de la fphère PS fur le même corpufcule P laquelle fe feroit auffi vers S, feroit $\frac{2cf^4}{3r}$ (felon l'Art. 9.) lorfque $f=g$, donc $\frac{2cfg^3}{3r}$ exprime l'attraction de la fphére pleine entière AI fur le corpufcule P placé au dedans d'elle, cette attraction fe faifant toujours vers S & en raifon directe de la diftance. C. Q. F. T.

XVIII.

PROPOSITION IX. PROBLÈME IX.

Trouver l'attraction qu'exerce vers A *la furface fphérique* A I a *fur le corpufcule placé dans l'intérieur de cette fphère, en fuppofant* $n = -4$.

Fig. 5. Confervant toujours les mêmes dénominations & reprenant la formule générale, (Art. 1.) & y fubftituant -4 pour n, on aura

$$\frac{cg}{2rf^2}\left(\frac{g^2-f^2}{-3(f+g)^3} - \frac{g^2-f^2}{3(f-g)^3} + \frac{\frac{1}{g-f}-\frac{1}{g+f}}{-1}\right)$$

qui fe réduit à $\frac{cg}{2rf^2} \times \frac{8f^3}{3(g^2-f^2)^2}$ ou $\frac{4cgf}{3r(g^2-f^2)^2}$ pour l'attraction cherchée de la furface fphérique AIA, dont la direction fera vers A.

XIX.

COROLLAIRE I.

Fig. 6. Multipliant cette dernière quantité par dg, on aura $\frac{4cfgdg}{3r(g^2-f^2)^2}$ pour

DE LA PHILOSOPHIE NATURELLE.

pour l'attraction de l'orbe infiniment mince $AIai$ sur le corps P vers A, & en intégrant cette quantité, on aura $\frac{-2cf}{3r(g^2-f^2)}$ qui exprime l'attraction d'un orbe fini lorsqu'on aura ajouté à cette quantité la constante relative à l'épaisseur de cet orbe.

Supposant que cette constante soit A lorsque l'orbe au lieu d'être terminé à la surface AI dont le rayon est g, l'est à la surface BL dont le rayon est h, on aura alors $\frac{-2cf}{3r(h^2-f^2)} = A$: retranchant cette expression de celle-ci $\frac{-2cf}{3r(g^2-f^2)} + A$, on aura le reste $\frac{2cf}{3r(g^2-f^2)} - \frac{2cf}{3r(h^2-f^2)}$ pour l'attraction de l'orbe fini $BLAI$ sur le corpuscule P vers B.

XX.

COROLLAIRE II.

Si on faisoit $g = f$ alors l'intégrale deviendroit $\frac{2cf}{3r(o)} - \frac{2cf}{3r(h^2-f^2)} = \infty$, ce qui apprend que dans une sphére creuse le corpuscule qui seroit adhérent à la surface intérieure de la croute solide de cette sphére éprouveroit une attraction infinie dans cette supposition de $n = -4$.

XXI.

COROLLAIRE III.

Pour avoir l'attraction qu'un corpuscule P placé au-dedans d'une sphére AI éprouve de la part de cette sphére, il faut prendre la différence de l'attraction de l'orbe API vers A sur le corpuscule, & de la sphére PQ vers S sur le même corpuscule ; mais comme ces deux attractions sont infinies, l'attraction cherchée se trouveroit dépendre de deux infinis ; recherche qui

Fig. 8.

Tome II. d d

PRINCIPES MATHÉMATIQUES

demande beaucoup de circonspection pour ne s'y pas tromper. Je vais donner le moyen de la déterminer.

On voit d'abord par le raisonnement suivant que cette différence de deux quantités infinies ne peut dans ce cas être que finie.

Fig. 9. Soit imaginée la sphére AV au dedans de la sphére AI, & que cette sphére AV ait le corpuscule P placé à son centre, & AP pour rayon, il est clair que toute la matiere comprise dans cette sphére intérieure, n'exerce aucune attraction sur le corpuscule placé en P; donc la matiere comprise dans le solide concavo-convexe $AIBLOD$ est la seule partie de la sphére proposée qui attire : mais toutes les parties de ce solide étant à des distances finies du corpuscule P, leur force totale sur lui ne peut être que finie.

Pour trouver ensuite l'expression du solide concavo-convexe $AIBLOD$ sur le corpuscule placé en P centre de AoD, on supposera ce solide partagé en une infinité de tranches IVL lui par des sphéres qui ont toutes P pour centre, & on cherchera l'attraction qu'exercent tous ces orbes sur le corpuscule P.

Dans cette recherche il faudra commencer par trouver l'attraction qu'une calotte IVL exerce sur un corpuscule placé à son centre.

Fig. 10. Pour cela, ayant fait le rayon HP de cette calotte $= a$, l'abcisse PQ qui répond au point $I = x$, on aura $Iz = \dfrac{a\,dx}{\sqrt{aa-xx}}$ & le petit anneau produit par la révolution de Iz, lequel est l'élément de la calotte proposée, sera $\dfrac{c}{r}\sqrt{aa-xx} \times \dfrac{a\,dx}{\sqrt{aa-xx}}$ $= \dfrac{c\,a\,dx}{r}$, multipliant ce petit anneau par $\dfrac{1}{a^4}$ qui exprime l'attraction réciproquement proportionnelle à la quatriéme puissance de la distance IP des particules Iz au corpuscule placé en P, & décomposant ensuite cette force de IP suivant PQ, c'est-à-dire

DE LA PHILOSOPHIE NATURELLE.

la multipliant par $\frac{PQ}{IP}$ ou $\frac{x}{a}$, on aura $\frac{c\,x\,dx}{r\,a^4}$ pour l'attraction de l'anneau sur P, donc en intégrant on aura $\frac{c\,x^2}{2\,r\,a^4}$ pour l'attraction de l'anneau IF; donc celle de la calotte HI sera $\frac{c}{2r}\left(\frac{aa-xx}{a^4}\right)$ c'est-à-dire $\frac{c}{2r}\left(\frac{QI^2}{PI^4}\right)$ ou $\frac{c}{2r}\frac{(Sin.\,QPI)^2}{PI^2}$ laquelle tireroit vers H.

Celle de la calotte VI sera la même & tirera de l'autre sens, puisque les deux attractions jointes ensemble doivent se détruire, une surface sphérique entiere n'exerçant point d'attraction sur le corpuscule placé à son centre.

Par ce moyen $\int \frac{c}{2r}\frac{(Sin.\,QPI)^2\,Vu}{PI^2}$ sera la valeur de l'attraction du solide cherché.

Pour exécuter les opérations qu'indique cette expression, faisons comme dans l'Article 1. $PI=z$. $AS=g$. $SP=f$. on aura comme dans cet Article, $Cos.\,IPQ=\frac{g^2-f^2-z^2}{2zf}$, & pour le quarré du sinus du même angle $\left(1-\left(\frac{g^2-f^2-z^2}{2zf}\right)^2\right)$ qu'il faut substituer dans la formule précédente.

Fig. 5.

Ainsi on aura à intégrer $\frac{c\,dz}{2rzz}\left(\frac{(2gg+2ff)z^2-z^4-(g^2-f^2)^2}{4z^2f^2}\right)$, c'est-à-dire $\frac{c}{8f^2r}\left(\frac{2gg+2ff}{zz}dz-\frac{(gg-ff)^2}{z^4}dz-dz\right)$: l'intégration faite il vient $\frac{c}{8rf^2}\left(-\frac{2gg+2ff}{z}+\frac{(gg-ff)^2}{3z^3}-z\right)$ à une constante près qu'il faut déterminer par cette condition que z devenant AP ou $g-f$ tout se détruise.

Par ce moyen l'intégrale complette cherchée sera $\frac{c}{8f^2r}$
$\left(-\frac{2gg+2ff}{z}+\frac{(g^2-f^2)^2}{3z^3}-z+\frac{2ff+2gg}{g-f}-\frac{(gg-ff)^2}{3(g-f)^3}+g-f\right)$

qui se réduit à $\frac{c}{8f^2 r}\left(-\frac{2ff+2gg}{z}+\frac{(g^2-f^2)^2}{3z^3}-z+\frac{8gg+8ff-8fg}{3(g-f)}\right)$ & c'est-là la valeur de l'attraction du solide $AVIODL$.

Faisant ensuite dans cette valeur $z = PB = f + g$, on aura $\frac{cf}{3r(g^2-f^2)}$ pour l'attraction du solide proposé concavo-convexe $ABILO$ sur P, ou, ce qui revient au même, pour celle de la sphére entière $AIBA$ sur le même corpuscule.

SECTION II.

SECONDE PARTIE.
De l'attraction des Corps de figure quelconque.

XXII.

PROPOSITION X. PROBLÉME X.

Trouver l'attraction d'un cercle sur un corps qui répond perpendiculairement à son centre.

Fig. 11. Soit le cercle MBO, il faut commencer à trouver l'attraction d'une particule quelconque M de ce cercle sur le corps A.

Supposant donc que la particule M attire le corps A suivant une puissance n de la distance, son attraction suivant la direction AM sera proportionnelle à AM^n; mais l'attraction suivant la direction AM se décompose suivant les directions MP & AP, celle selon MP n'est pas à compter, parce qu'elle est détruite par l'attraction de la particule qui tireroit dans la direction opposée OP. On ne compte donc que l'attraction suivant AP qui sera $\frac{AP}{AM} \times AM^n = AP \times AM^{n-1}$.

Pour

DE LA PHILOSOPHIE NATURELLE.

Pour mettre cette expression en valeurs analytiques, soit fait $AP = a$. $PM = x$. $AM = \sqrt{a^2 + x^2}$. $Mm = dx$, la valeur de la circonférence Mo dont le rayon est x sera $\frac{cx}{r}$, donc l'attraction $AP \times AM^{n-1}$ de la particule M sera $a(aa+xx)^{\frac{n-1}{2}}$ donc celle de la circonférence entiere Mo sur le corpuscule A, suivant AP sera $\frac{acx}{r} \times (aa+xx)^{\frac{n-1}{2}}$; car toutes les particules qui composent cette circonférence agissent de la même maniere sur le corpuscule A, puisqu'il répond perpendiculairement à son centre, & qu'elles sont par conséquent toutes placées de même par rapport à ce corpuscule. Donc l'attraction de la petite couronne $AmoD$ sera $\frac{acx\,dx}{r} \times (a^2+x^2)^{\frac{n-1}{2}}$, & $\frac{ac}{r} \times \frac{(aa+xx)^{\frac{n+1}{2}}}{n+1}$ sera l'attraction du cercle entier MBO sur le corpuscule A, lorsqu'on aura ajouté la constante convenable, on trouvera ce qu'est cette constante en faisant $x = o$, car alors comme le cercle sera nul, son attraction devra être nulle aussi.

Or, lorsque $x = o$ la quantité $\frac{ac}{r} \times \frac{(aa+xx)^{\frac{n+1}{2}}}{n+1}$ devient $\frac{ac}{r}(a^2)^{\frac{n+1}{2}} = \frac{ca^{n+2}}{r(n+1)}$, donc $\frac{ac}{r(n+1)}(aa+xx)^{\frac{n+1}{2}} - \frac{ca^{n+2}}{r(n+1)}$ ou $\frac{c}{r(n+1)}(AP \times AM^{n+1} - AP^{n+2})$ sera l'attraction du cercle BMO sur le corpuscule A dans la direction AP. C. Q. F. T.

XXIII.

COROLLAIRE.

Si l'attraction se faisoit en raison renversée de la distance, c'est-à-dire si on avoit $n = -1$, l'intégration précédente ne

Tome II.

donneroit rien, & la valeur cherchée ou l'attraction du cercle dépendroit des logarithmes. On la trouveroit ainsi.

La différentielle $\frac{a c x d x}{r} \times (aa+xx)^{\frac{n-1}{2}}$ feroit $\frac{a c x d x}{r(aa+xx)}$

dont l'intégrale est $\frac{ac}{2r} L(aa+xx)$, laquelle devient $\frac{ac}{2r} L(a^2)$

ou $\frac{ac}{r} La$ lorsque $x = 0$; donc cette intégrale complette sera

$\frac{ac}{2r} L(aa+xx) - \frac{ac}{r} La$, ou $\frac{c}{r} AP \times l\, AM - \frac{c}{r} AP \times l\, AP$, qui est par conséquent l'attraction du cercle BMO dans cette hypothèse.

XXIV.

PROPOSITION XI. PROBLEME XI.

Trouver l'attraction du solide produit par la révolution de la courbe quelconque BM *autour de son axe* BP, *sur le corpuscule* A *placé sur cet axe.*

Fig. 12. Je commence par faire les lignes $AB = a$. $BP = x$. $PM = y$. $AM = \sqrt{(a+x)^2+y^2}$. $Pp = dx$. L'attraction du cercle dont PM est le rayon, est, selon la formule de l'Art. 22. $\frac{c}{r(n+1)}$ $(AP \times AM^{n+1} - AP^{n+1})$; donc dans les dénominations présentes l'attraction du cercle dont le rayon est PM sera $\frac{c}{r(n+1)}$

$\left(\overline{a+x} \times \overline{a+x}^2 + y^2 \right)^{\frac{n+1}{2}} - \overline{a+x}^{n+2} \right)$; donc l'attraction du petit cilindre $MmPp$ sera $\frac{c}{r(n+1)} \left(\overline{a+x} \times dx \right.$

$\times \overline{a+x}^2 + y^2 \right)^{\frac{n+1}{2}} - \overline{a+x}^{n+2} \times dx \right)$, dont l'intégrale est l'attraction du solide PBM, produit par la révolution de BM autour de l'axe PB.

DE LA PHILOSOPHIE NATURELLE.   171

Ainsi lorsque y sera donnée en x par l'équation de la courbe proposée, on la substituera dans cette valeur qui étant alors toute en x & en constantes s'intégrera par les méthodes ordinaires, ou se réduira aux quadratures.

XXV.

COROLLAIRE.

Dans le cas où $n = -1$, l'attraction du cercle BMO étant (Article 23.) $\frac{c}{r} AP \times l\,AM - \frac{c}{r} AP \times l\,AP$, on aura, en employant les dénominations de cette Proposition $\frac{c}{r}\left(\overline{a+x} \times dx\, L \sqrt{\overline{a+x}^2 + yy} - \overline{a+x} \times dx \times L \overline{a+x}\right)$ celle du solide entier MBH dans la même hypothèse sera $\int \frac{c}{r}\left(\overline{a+x} \times dx \times L \sqrt{\overline{a+x}^2 + yy} - \overline{a+x} \times dx \times L \overline{a+x}\right)$

XXVI.

PROPOSITION XII. PROBLÉME XII.

Trouver l'attraction qu'un cylindre $OKMN$ exerce sur un corpuscule placé en A dans son axe de révolution ABP.

Je fais les lignes $PM = b$. $AB = a$. $BP = x$. $AM = \sqrt{(a+x)^2 + bb}$. $AO = \sqrt{aa+bb}$, & alors l'expression de l'Article 24. c'est-à-dire, l'attraction du petit cylindre deviendra dans les dénominations présentes $\frac{c}{r(n+1)}\left(\overline{a+x} \times dx \times \overline{a+x}^2 + bb^{\frac{n+1}{2}} - \overline{a+x}^{n+2} \times dx\right)$, dont l'intégrale est $\frac{c}{r(n+1)}\left(\frac{(\overline{a+x}^2+bb)^{\frac{n+3}{2}}}{n+3} - \frac{\overline{a+x}^{n+3}}{n+3}\right)$, pour com-

Fig. 13.

pletter cette intégrale je fais $x = 0$, & j'ai alors $\dfrac{c}{r(n+1)}$
$\left(\dfrac{\overline{aa+bb}^{\frac{n+3}{2}}}{n+3} - \dfrac{a^{n+3}}{n+3}\right)$: donc $\dfrac{c}{r(n+1)}\left(\dfrac{\overline{(a+x)^2+bb}^{\frac{n+3}{2}}}{n+3}\right.$

$\left. - \dfrac{\overline{aa+bb}^{\frac{n+3}{2}}}{n+3} + \dfrac{a^{n+3}}{n+3}\right)$ ou $\dfrac{c}{r(n+1)}\left(\dfrac{1}{n+3}\left(AM^{n+3}\right.\right.$

$\left.\left. - AP^{n+3} - AO^{n+3} + AB^{n+3}\right)\right)$, sera l'attraction du cilindre $OKMN$ sur le corpuscule A, placé à la distance donnée de ce cilindre. *C. Q. F. T.*

XXVII.

PROPOSITION XIII. PROBLÉME XIII.

Trouver l'attraction du cilindre $OKMN$ *sur le corpuscule* A, *en supposant* $n = -1$.

Fig. 13. Pour avoir dans ce cas l'attraction du cilindre il faut intégrer
$\dfrac{c}{r}\left(\overline{a+x}\,dx \times L\,\overline{\sqrt{\overline{a+x}^2+bb}}\right) - \dfrac{c}{r}\left(\overline{a+x}\,dx\,L\,\overline{a+x}\right)$
qui est ce que devient l'expression générale trouvée, (Art. 25.) lorsque $n = -1$ comme dans cette supposition, & que $y = b$ par la nature du cilindre.

Pour intégrer la premiere partie je fais $\sqrt{\overline{a+x}^2+bb} = z$; ce qui donne $\overline{a+x}\,dx = z\,dz$, & transforme par conséquent $\left(\overline{a+x} \times dx \times L\,\sqrt{\overline{a+x}^2+bb}\right)$ en $z\,dz \times L\,z$ dont l'intégrale est $\frac{1}{2}\,zz\,Lz - \int \frac{1}{2}\,zz\,dLz$ ou $\frac{1}{2}\,zz\,Lz - \frac{1}{4}\,zz$: donc en remettant AM pour z qu'il représente, l'intégrale de la premiere partie $\dfrac{c}{r}\left(\overline{a+x} \times dx \times L\,\sqrt{\overline{a+x}^2+bb}\right)$ de

la

DE LA PHILOSOPHIE NATURELLE. 173

la quantité à intégrer sera $\frac{c}{2r} AM^2 \times l\,AM - \frac{c}{4r} AM^2$ à une constante près qu'on déterminera ensuite.

L'intégrale de la seconde partie $\overline{a+x} \times dx \times L\,\overline{a+x}$ sera $\frac{1}{2}\overline{a+x}^2 \, L\,\overline{a+x} - \int \frac{1}{2}\overline{a+x}\, dx$, ou $\frac{1}{2}\overline{a+x}^2 \, L\,\overline{a+x} - \frac{1}{2}\overline{a+x}^2$ ou en remettant les valeurs en lignes $\frac{1}{2} AP^2 \, l\,AP - \frac{1}{2} AP^2$.

Donc l'intégrale totale sera $\frac{c}{2r} AM^2 \times l\,AM - \frac{c}{4r} AM^2 - \frac{c}{2r} AP^2 \times l\,AP + \frac{c}{4r} AP^2$ ou $\frac{c}{2r}\left(AM^2 \times l\,AM - AP^2 \times l\,AP - \frac{1}{2} BO^2\right)$, & on la complettera en faisant enforte que tout se détruise lorsque x est égal à zéro.

L'intégrale complette sera ainsi $\frac{c}{2r}\left(AM^2 \times l\,AM - AP^2 \times l\,AP - AO^2 \times l\,AO + BA^2 \times l\,AB - \frac{1}{2} BO^2\right)$ qui est l'expression de l'attraction totale du cylindre $OKMN$ sur le corpuscule A dans la supposition de $n = -1$. C. Q. F. T.

XXVIII.

PROPOSITION XIV. PROBLÉME XIV.

Trouver l'attraction du cylindre $OKMN$ *sur le corpuscule* A, *en supposant* $n = -3$.

Dans cette supposition de la valeur de n, l'intégration faite dans l'Art. 26. ne sçauroit avoir lieu, & il faut reprendre alors la différentielle $\frac{c}{r(n+1)}\left(\overline{a+x}\, dx \times \overline{\overline{a+x}^2 + b^2}^{\frac{n+1}{2}} - \overline{a+x}^{n+2} \times dx\right)$ de l'attraction cherchée, qui devient.

Fig. 15.

Tome II.   ff.

dans ce cas $-\dfrac{c}{2r}\left(\dfrac{\overline{a+x}\,dx}{\overline{a+x}^2+b^2} - \dfrac{dx}{a+x}\right)$ ou $\dfrac{c}{2r}\left(\dfrac{dx}{a+x}\right.$

$\left. -\dfrac{\overline{a+x}\,dx}{\overline{a+x}^2+bb}\right)$, dont l'intégrale est $\dfrac{c}{2r}\left(\text{Log.}\,\overline{a+x} - \text{Log.}\right.$

$\left.(\overline{a+x}^2+bb)\right)$, ou $\dfrac{c}{2r}(l\,AP - l\,AM)$ laquelle étant

complettée donne $\dfrac{c}{2r}(l\,AP - l\,AM - l\,AB + l\,AO)$

ou $\dfrac{c}{2r}\left(l\,\dfrac{AO \times AP}{AB \times AM}\right)$ pour l'attraction cherchée dans la présente hypothèse.

XXIX.

PROPOSITION XV. PROBLÉME XV.

Supposant que la particule M *attire en raison inverse du quarré de la distance, trouver l'attraction du cylindre* OKMN *sur le corpuscule* A *placé sur le prolongement de son axe.*

Fig. 13. Dans cette supposition de $n = -2$ la quantité $\dfrac{c}{r(n+1)}$

$\left(\dfrac{1}{n+3}AM^{n+3} - \dfrac{AP^{n+3}}{n+3} - \dfrac{AO^{n+3}}{n+3} + \dfrac{AB^{n+3}}{n+3}\right)$ qui

est l'expression générale de l'attraction du cylindre BPM, devient $-\dfrac{c}{r}(AM - AP - AO + AB)$ ou $\dfrac{c}{r}(BP - AM + AO)$

laquelle, en décrivant l'arc OH du centre A & du rayon AO,

peut s'écrire ainsi, $-\dfrac{c}{r}(OM - HM)$ ou $\dfrac{c}{r}OL$ en décrivant

l'arc HL du centre M & du rayon MH; donc $\dfrac{c}{r}OL$ est l'attraction du cylindre $OKMN$ sur le corpuscule A, en supposant que ses parties attirent en raison renversée du quarré des distances à ce corpuscule. C. Q. F. T.

DE LA PHILOSOPHIE NATURELLE.

XXX.

PROPOSITION XVI. PROBLÉME XVI.

Suppofant que l'attraction agiffe dans une proportion plus grande que la raifon inverfe du cube des diftances, & que cet excès foit marqué par l'indéterminée m, *on demande quelle fera l'attraction du cylindre* OKMN *fur le corpufcule* A *placé fur fon axe.*

On aura dans ce cas $n = -3 - m$, & l'expreffion générale Fig. 13. $\frac{c}{r(n+1)(n+3)}\left(AM^{n+3} - AP^{n+3} - AO^{n+3} + AB^{n+3}\right)$

fera $\frac{c}{mr(2+m)}\left(\frac{1}{AM^m} - \frac{1}{AP^m} - \frac{1}{AO^m} + \frac{1}{AB^m}\right)$, valeur de l'attraction du cylindre $OKMN$ dans le cas de la Propofition préfente.

XXXI.

COROLLAIRE I.

Suppofant à préfent $m = 1$, on aura $n = -4$, & par conféquent l'expreffion générale ci-deffus devient $\frac{c}{3r}\left(\frac{1}{AM} - \frac{1}{AP} - \frac{1}{AO} + \frac{1}{AB}\right)$.

XXXII.

COROLLAIRE II.

En fuppofant $AP = \infty$, on aura $\frac{c}{3r}\left(\frac{1}{\infty} - \frac{1}{\infty} - \frac{1}{AO} + \frac{1}{AB}\right)$ ou $\frac{c}{3r}\left(\frac{1}{AB} - \frac{1}{AO}\right)$, par laquelle on apprend que lorfque la diftance AB eft très-petite, l'attraction eft très-grande, & que fi cette diftance étoit infiniment petite, l'attraction feroit infiniment grande.

XXXIII.
COROLLAIRE III.

Si le cylindre est infini dans le sens BO & qu'on ait par conséquent $BO = \infty$, l'attraction sera alors exprimée par $\frac{c}{3r} \left(\frac{1}{AB} - \frac{1}{\infty} \right) = \frac{c}{3r} \times \frac{1}{AB}$, c'est-à-dire qu'elle sera en raison inverse de la distance.

XXXIV.
SCHOLIE I.

On voit par ces deux cas, que lorsque le solide est infini & la distance AB finie, non seulement son attraction n'est pas infinie sur le corpuscule hors de lui, mais qu'elle diffère peu de ce qu'elle seroit dans la supposition des dimensions finies, mais beaucoup plus grandes que la distance AB.

Pour en donner un exemple, supposons le cylindre tel que la base $AP = 101\, AB$, & sa hauteur $BO = 50\, AB$; l'expression générale $\frac{c}{3r} \left(\frac{1}{AM} - \frac{1}{AP} - \frac{1}{AO} + \frac{1}{AB} \right)$ deviendra alors $\frac{c}{3r} \left(\frac{1}{113\, AB} - \frac{1}{101\, AB} - \frac{1}{50\, AB} + \frac{1}{AB} \right)$ dont les trois premiers termes se réduisent à $-\frac{0,02105}{AB}$, c'est-à-dire, que dans ce cas l'attraction ne diffère de ce qu'elle seroit si les dimensions étoient infinies que d'une fraction qui est entre $\frac{1}{47}$ & $\frac{1}{48}$.

XXXV.
SCHOLIE II.

Lorsque m est positif & que par conséquent n est négatif & plus

DE LA PHILOSOPHIE NATURELLE.

plus grand que 3, on voit que dans le cas où le corps a des dimensions très-grandes par rapport à la distance du corpuscule, son attraction sera sensiblement la même que s'il étoit infini, & dans ce cas l'expression de son attraction pourra toujours être réduite à

$$\frac{c}{F.(2+m)}\left(\frac{1}{m.AB^m}\right).$$

XXXVI.

SCHOLIE III.

Si le corpuscule A est placé sur l'axe au dedans du cylindre en prenant $Ab = AB$, & menant le plan OBK parallèle aux faces OBK, MPN du cylindre, il seroit aisé de remarquer que la partie $OBKoK$ du cylindre ne sçauroit exercer aucune attraction sur le corpuscule A, parce que les forces de toutes ses parties se détruisent mutuellement; ainsi le Problême est en ce cas le même que lorsque le corpuscule est au dehors du cylindre, à la même distance de la surface extérieure OBK, toute la différence c'est que le cylindre attractif qui est alors $obKMN$ est plus petit; mais si les dimensions du cylindre sont infinies comme dans le cas qu'on vient de considérer, l'attraction d'un corpuscule placé au dedans ou au dehors sera précisément la même, pourvu que la distance du corpuscule à la surface extérieure soit la même.

Fig. 14.

SECTION II.

TROISIEME PARTIE.
De l'attraction des sphéroïdes en particulier.

XXXVII.

PROPOSITION XVII. PROBLÊME XVII.

Trouver l'attraction qu'un sphéroïde BMO *exerce sur un corpuscule* A *placé sur son axe de révolution dans l'hypothèse que ses parties attirent en raison renversée du quarré de la distance.*

Fig. 15.

Je commence par faire les lignes $AB = f$. $BC = a =$ au demi axe du sphéroïde. $PB = x$. $PM = y$. $CD = b =$ au rayon de l'équateur, on aura par la propriété de l'ellipse $y = \frac{b}{a}\sqrt{2ax - xx}$;

donc $AM = \sqrt{(f+x)^2 + yy} = \frac{\sqrt{bb(2ax-xx) + ff + 2fx + xx}}{aa}$.

Faisant à présent $n = -2$ dans la valeur $\frac{c}{r(n+1)}$ $(AP \times AM^{n+1} - AP^{n+2})$ de l'attraction du cercle PM sur le corpuscule A trouvée (Article 22.) lorsque l'attraction est supposée agir comme une puissance n de la distance; on aura $\frac{c}{r}\left(1 - \frac{AP}{AM}\right)$ pour l'attraction du cercle PM dans la supposition présente, c'est-à-dire, que $\int\left(\frac{cdx}{r} - \frac{c(f+x)dx}{r\sqrt{\frac{bb}{aa}(2ax - xx) + ff + 2fx + xx}}\right)$ sera l'attraction cherchée.

DE LA PHILOSOPHIE NATURELLE.

Pour intégrer cette quantité au lieu de $\frac{bb}{aa}$ $(2ax - xx)$ $+ f^2 + 2fx + xx$, j'écris $f^2 + 2\left(f + \frac{bb}{a}\right)x + \left(1 - \frac{bb}{aa}\right)xx$, & des 2 cas que renferme cette valeur dans la supposition de $\frac{bb}{aa} >$ ou $<$ que 1, je choisis d'abord celui où $\frac{bb}{aa} > 1$, c'est-à-dire ou $b > a$, ou, ce qui revient au même, celui où le sphéroïde est applati.

Premier Cas. Au lieu de $\frac{bb}{aa} - 1$, je mets $\frac{gg}{aa}$ & la partie ci-dessus devient $f^2 + 2\left(f + \frac{bb}{a}\right)x - \frac{gg}{aa}xx$, ou (en faisant $f + \frac{bb}{a} = h$), $f^2 + 2hx - \frac{gg}{aa}xx$.

Je fais ensuite $\frac{ha^2}{gg} - x = u$, & cette quantité se change en $\frac{gg}{aa}\left(\frac{aaff}{gg} + \frac{h^2 a^4}{g^4} - uu\right)$: de $\frac{ha^2}{gg} - x = u$ on tire $- dx = du$.

L'autre partie de la différentielle, sçavoir, $f + x$ devient par les mêmes substitutions $= f + \frac{ha^2}{gg} - u$, ce qui change la différentielle proposée en $\frac{c}{r}\left(\dfrac{- du + \frac{a}{g}\left(f + \frac{ha^2}{gg} - u\right)du}{\sqrt{\frac{aaff}{gg} + \frac{hha^4}{g^4} - uu}}\right)$

que l'on voit aisément être en partie intégrable, & en partie réductible à un arc de cercle.

Je commence par mettre à part les termes $-du - \dfrac{\frac{a}{g}u\,du}{\sqrt{\frac{aaff}{gg} + \frac{h^2 a^4}{g^4} - uu}}$ dont l'intégrale est $- u + \frac{a}{g} \times$

180 PRINCIPES MATHÉMATIQUES

$\sqrt{\dfrac{aaff}{gg} + \dfrac{h^2 a^4}{g^4} - uu}$. L'autre partie $\dfrac{\left(\dfrac{h a^3}{g^3} + \dfrac{af}{g}\right) du}{\sqrt{\dfrac{aaff}{gg} + \dfrac{h \cdot h a^4}{g^4} - uu}}$

de la même différentielle, aura pour intégrale le produit de $\dfrac{h a^3}{g^3} + \dfrac{af}{g}$ par l'angle dont le sinus est u pour le rayon $\sqrt{\dfrac{a^2 f^2}{g^2} + \dfrac{h^2 a^4}{g^4}}$: par conséquent l'intégrale entiere est $\dfrac{c}{r}$ $\left(-u + \dfrac{a}{g}\sqrt{\dfrac{a^2 f^2}{g^2} + \dfrac{h^2 a^4}{g^4} - uu} + \left(\dfrac{h a^3}{g^3} + \dfrac{af}{g}\right) \times \text{Ang. } Sin. \dfrac{u}{\sqrt{\dfrac{a^2 f^2}{g^2} + \dfrac{h^2 a^4}{g^4}}}\right)$, & en remettant pour u la valeur

$\dfrac{h a^2}{g^2} - x$, l'intégrale proposée deviendra $\dfrac{c}{r}\left(-\dfrac{h a^2}{gg} + x + \dfrac{a}{g}\sqrt{\dfrac{aa}{ff} + \dfrac{2 h a^2}{gg} x - xx} + \left(\dfrac{h a^3}{g^3} + \dfrac{af}{g}\right) \times \text{Ang. } Sinus\; \dfrac{\dfrac{h a^2}{gg} - x}{\sqrt{\dfrac{a^2 ff}{gg} + \dfrac{h^2 a^4}{g^4}}}\right)$, & faisant $x = 0$ pour complettre cette

intégrale, on aura la quantité $\dfrac{c}{r}\left(x + \dfrac{a}{g}\sqrt{\dfrac{aaff}{gg} + \dfrac{2 h a^2}{gg} x - xx}\right.$

$+ \left(\dfrac{h a^3}{g^3} + \dfrac{af}{g}\right) \times \text{Ang. } Sinus\; \dfrac{\dfrac{h a^2}{g^2} - x}{\sqrt{\dfrac{a^2 ff}{gg} + \dfrac{h^2 a^4}{g^4}}} - \dfrac{h a^2}{gg}$

$\left. - \left(\dfrac{h a^3}{g^3} + \dfrac{af}{g}\right) \times \text{Ang. } Sin. \dfrac{\dfrac{h a^2}{gg}}{\sqrt{\dfrac{a^2 f^2}{gg} + \dfrac{h^2 a^4}{g^4}}}\right)$: ce qui

exprimera

DE LA PHILOSOPHIE NATURELLE.

exprimera l'attraction de la portion de sphéroïde BMP sur le corpuscule A.

En faisant dans cette valeur $x = 2a$, on aura la quantité
$$\frac{c}{r}\left(2a + \frac{aa}{gg} \times \overline{f + 2a} + \left(\frac{ha^3}{g^3} + \frac{af}{g}\right) \times \text{Ang. } \textit{Sinus}\right.$$
$$\frac{ha^2 - 2agg}{\sqrt{a^2 ffgg + h^2 a^4}} - \frac{haa}{gg} - \left(\frac{ha^3}{g^3} + \frac{af}{g}\right) \times \text{Ang. } \textit{Sinus}$$
$$\left.\frac{ha^2}{\sqrt{a^2 ffgg + h^2 a^4}}\right):$$ ce qui est l'expression de l'attraction du sphéroïde entier BMO, dont toutes les parties sont supposées attirer en raison inverse du quarré des distances, dans le cas de l'applatissement vers les pôles. *C. Q. F. T.*

Second Cas. Supposons à présent $\frac{bb}{aa} < 1$, ce qui rendroit le sphéroïde allongé, on voit qu'en ce cas la quantité $\frac{gg}{aa}$ sera négative; & qu'ainsi, en supposant que $\frac{gg}{aa} = 1 - \frac{bb}{aa}$ au lieu de $\frac{bb}{aa} - 1$, le calcul précédent seroit le même, pourvu qu'on substituât $-\frac{gg}{aa}$ à la place de $+\frac{gg}{aa}$. Faisant donc cette substitution dans la différentielle $\frac{c}{r}\left(-du + \frac{\frac{a}{g}\left(f + \frac{haa}{gg} - u\right)du}{\sqrt{\frac{aaff}{gg} + \frac{h^2 a^4}{g^4} - uu}}\right)$,

on aura $\frac{c}{r}\left(-du + \frac{\sqrt{-\frac{a}{gg}}\left(f - \frac{haa}{gg} - u\right)du}{\sqrt{-\frac{aaff}{gg} + \frac{h^2 a^4}{g^4} - uu}}\right)$,

ou $\frac{c}{r}\left(-du + \frac{\frac{a}{g}\left(f - \frac{haa}{gg} - u\right)du}{\sqrt{\frac{a^2 ff}{gg} - \frac{hha^4}{g^4} + uu}}\right)$ ou enfin

$$\frac{c}{r}\left(-du - \frac{\frac{a}{g}u\,du}{\sqrt{\frac{aaff}{gg} - \frac{hha^4}{g^4} + uu}} + \frac{\frac{a}{g}\left(f - \frac{haa}{gg}\right)du}{\sqrt{\frac{aaff}{gg} - \frac{hha^4}{g^4} + uu}}\right)$$

dont l'intégrale est
$$\left(-u - \frac{a}{g}\sqrt{\frac{aaff}{gg} - \frac{hha^4}{g^4} + uu} + \frac{a}{g}\left(f - \frac{haa}{gg}\right) \times Log.\left(\frac{u + \sqrt{\frac{aaff}{gg} - \frac{hha^4}{g^4} + uu}}{\sqrt{\frac{aaff}{gg} - \frac{hha^4}{g^4}}}\right)\right)$$ qui

en remettant pour u sa valeur $-\frac{haa}{gg} - x$ se change en

$$\frac{c}{r}\left(\frac{haa}{gg} + x - \frac{a}{g}\sqrt{x^2 + \frac{2ha^2x}{gg} + \frac{aaff}{gg}} + \frac{a}{g}\left(f - \frac{a^2h}{gg}\right)\right.$$
$$\left.\times L\left(\frac{-\frac{ha^2g}{gg} - x + \sqrt{x^2 + \frac{2ha^2x}{gg} + \frac{aaff}{gg}}}{\sqrt{\frac{aaff}{gg} - \frac{h^2a^4}{g^4}}}\right)\right).$$

C'est-là la valeur cherchée de l'attraction de la portion BPM du sphéroïde allongé sur le corpuscule A, à une constante près qu'on déterminera en faisant $x = o$, & alors on aura

$$\frac{c}{r}\left(x - \frac{a}{g}\sqrt{xx + \frac{2ha^2x}{gg} + \frac{aaff}{gg}} + \frac{a}{g}\left(f - \frac{ha^2}{gg}\right) \times L\right.$$
$$\left(\frac{-\frac{haa}{gg} - x + \sqrt{xx + \frac{2haax}{gg} + \frac{aaff}{gg}}}{\sqrt{\frac{aaff}{gg} - \frac{h^2a^4}{g^4}}}\right) + \frac{a^2f}{gg}$$
$$\left.-\frac{a}{g}\left(f - \frac{haa}{gg}\right) \times L\left(\frac{-\frac{haa}{gg} - \frac{af}{g}}{\sqrt{\frac{aaff}{gg} - \frac{hha^4}{g^4}}}\right)\right) : \text{expression qui}$$

DE LA PHILOSOPHIE NATURELLE.

est celle de l'attraction de la portion BPM du sphéroïde allongé BMO sur le corpuscule A.

Qu'on fasse à présent dans cette expression $x = 2a$, elle deviendra

$$\frac{c}{r}\left(-\frac{2abb}{gg} + \left(\frac{af}{g} - \frac{ha^3}{g^3}\right) \times L \frac{\left(-\frac{ha^2}{gg} - 2a + \frac{a}{g} \times \overline{f-2a}\right)}{\sqrt{\frac{aaff}{gg} - \frac{h^2 a^4}{g^4}}}\right.$$

$$\left. - \left(\frac{af}{g} - \frac{ha^3}{g^3}\right) \times L \frac{\left(\frac{ha^2}{gg} - \frac{af}{g}\right)}{\sqrt{\frac{aaff}{gg} - \frac{h^2 a^4}{g^4}}}\right) : \text{ ce qui est l'at-}$$

traction du sphéroïde entier BMO lorsque $\frac{bb}{aa} < 1$, ou que $b < a$, c'est-à-dire, lorsqu'il est allongé.

SECTION III.

Explication de la réfraction de la Lumiere, en employant le principe de l'attraction.

I.

LEs effets que les corps exercent les uns sur les autres par leur attraction, ne sont sensibles que lorsqu'elle n'est pas absorbée par celle de la terre, & l'on a vu que cette attraction mutuelle des corps ne s'apperçoit sensiblement que lorsqu'ils sont presque contigus, & qu'alors elle agit dans un rapport plus que triplé des distances ; or les corps agissant sur la lumiere d'une maniere sensible, il est certain que si l'attraction en est la cause, elle doit suivre ce rapport.

L'avantage du principe de l'attraction est de n'avoir besoin d'aucune supposition ; mais seulement de la connoissance des phénoménes, & plus les observations & les expériences sont exactes, plus il est facile d'appliquer le principe attractif à leur explication.

II.

On sçait assez que la lumiere se détourne de son chemin en traversant obliquement des milieux de différente densité. *Snellius*, & depuis lui *Descartes*, ont trouvé par l'expérience que le sinus d'incidence & celui de réfraction sont toujours en raison constante.

M. *Newton* employe la quatorziéme & derniere Section de son premier Livre à faire voir la raison pour laquelle ces sinus doivent

être

être en raison constante, & à prouver que ce rapport dépend du principe attractif.

M. *Clairault* a éclairci & démontré cette théorie de M. *Newton* dans un mémoire donné à l'Académie en 1739, & dont je parlerai ci-après.

III.

Tout rayon de lumiere qui pénètre obliquement dans un milieu quelconque, est dans le cas d'un mobile sollicité en même temps par deux forces, & c'est ainsi qu'il faut considérer les rayons afin de pouvoir appliquer à leurs effets les principes de la méchanique.

Descartes & *Fermat* considérèrent la lumiere comme un corps d'une grandeur sensible, & sur lequel les milieux agissent de la même maniere qu'ils paroissent le faire sur les autres corps : & trouvant que les milieux que la lumiere traverse faisoient sur elle des effets contraires à ceux qui dévoient résulter des principes méchaniques, ils imaginèrent chacun une hypothèse pour accorder dans ce cas les loix de la méchanique dont on ne peut douter, & les effets physiques qui sont presque aussi certains.

V.

On sçait que plus les milieux sont denses, plus ils résistent aux corps qui tendent à séparer leurs parties en les pénétrant ; or dans ce cas l'angle rompu est plus grand que l'angle d'incidence, parce que la vîtesse verticale du corps étant diminuée par la résistance du milieu, la vîtesse horisontale influe davantage dans la direction de la diagonale que le corps parcourt en obéissant à ces deux forces, dans lesquelles son mouvement se décompose.

C'est par ce principe que lorsque la résistance du milieu est invincible, le corps au lieu de le pénétrer retourne sur ses pas par son élasticité, & l'on pourroit donner telle proportion entre cette résistance & la vîtesse verticale du corps, que ce corps perdroit tout son mouvement vertical, & glisseroit sur la surface du milieu, s'il étoit sans ressort & que cette surface fût un plan parfaitement poli.

V.

Or il arrive tout le contraire aux rayons de lumiere, plus le milieu qu'ils traversent est dense, plus le sinus d'incidence surpasse celui de réfraction ; donc la vîtesse verticale des rayons est augmentée dans ce cas, & il leur arrive alors tout le contraire de ce que les loix de la méchanique paroissent indiquer.

Descartes pour les accorder avec l'expérience qu'il ne pouvoit éluder, prétendoit que plus les milieux étoient denses, plus ils ouvroient un passage facile à la lumiere. Mais c'étoit donner de ce phénoméne une raison plus capable de le faire révoquer en doute que l'expliquer.

V I.

Fermat trouvant l'explication physique de *Descartes* impossible à admettre, aima mieux avoir recours à la métaphysique & aux causes finales. Il se retrancha donc à dire qu'il étoit convenable à la sagesse de l'auteur de la nature, de faire aller la lumiere d'un point à un autre par le chemin du plus court temps, puisqu'elle n'y va pas par le chemin le plus court qui seroit la ligne droite. Ce principe admis, il suivoit que les sinus d'incidence & de réfraction étoient entr'eux comme les facilités des milieux à être pénétrés.

V I I.

Il est aisé de voir comment l'attraction donne le dénouement de cette difficulté ; car ce principe montre que le mouvement progressif de la lumiere n'est pas seulement moins retardé dans le milieu le plus dense, comme le vouloit *Descartes*, mais qu'il est réellement accéléré, & cela par l'attraction du milieu plus dense lorsqu'il le pénétre.

Ce n'est pas seulement lorsque le rayon a atteint le milieu refringent & au point d'incidence, qu'il agit sur lui ; l'incurvation du rayon commence un peu auparavant, & elle augmente à mesure qu'il approche du milieu réfringent, & même dans l'intérieur de ce milieu jusqu'à une certaine profondeur.

L'attraction rend compte de tout ce qui arrive à la lumiere dans ce passage d'un milieu dans un autre : car le rayon augmente sa vîtesse verticale dans le milieu plus dense qu'il traverse jusqu'à ce qu'il soit parvenu au point où les parties supérieures & inférieures de ce corps agissent également sur lui. Alors il continue son chemin avec la vîtesse acquise, jusqu'à ce qu'étant prêt à en sortir, les parties supérieures de ce milieu l'attirent plus fortement que les parties inférieures. La vîtesse verticale du rayon est diminuée par-là ; & la courbe qu'il décrit à son émergence est parfaitement égale & semblable à celle qu'il a décrit à son incidence (en supposant les surfaces qui terminent le milieu refringent parallèles) : & cette courbe est dans une position entierement opposée à la premiere qu'il avoit décrit : le rayon enfin passe par des dégrés de rétardation qui sont dans le même rapport & le même ordre inverse que les dégrés d'accélération qu'il a eu à son incidence.

VIII.

L'illustre M. *Newton*, qui étoit aussi supérieur dans l'art de faire des expériences que dans celui de les employer, a trouvé en examinant la déviation du rayon dans les différens milieux, que l'attraction exercée sur les particules de la lumiere est en raison de la densité de ces milieux, si l'on en excepte ceux qui sont gras & sulphureux.

Puisque la différente densité de ces milieux est la cause de la réfraction de la lumiere, plus les corps seront homogénes, & plus ils seront transparens, & les plus hétérogénes seront les plus troubles ; car la lumiere en les traversant, étant perpétuellement détournée en des sens différens, dans l'intérieur de ces corps, il en reviendra d'autant moins de rayons vers nos yeux. C'est ce qui fait que par un ciel ferain on diftingue fi bien les étoiles, au lieu que lorfque l'air eft chargé de vapeurs, leurs rayons ne peuvent plus arriver jufqu'à nous.

IX.

On déduit auffi du principe de l'attraction la caufe pour laquelle la réfraction fe change en réflection à une certaine obliquité d'incidence, lorfque le rayon va d'un milieu plus denfe dans un moins denfe ; car dans le paffage du rayon d'un milieu plus denfe dans un autre qui l'eft moins, la courbe qu'il décrit eft infléchie vers le milieu plus denfe d'où il fort ; or la proportion entre fon obliquité & la force qui le rappelle vers le corps, peut être telle qu'il arrive à la fituation parallèle à la furface du milieu qu'il abandonne, avant d'être forti des limites dans lefquelles l'attraction de ce corps agit fur lui, & l'on voit qu'alors il doit retourner vers le milieu refringent d'où il fortoit, en décrivant une branche de courbe égale & femblable à celle qu'il avoit décrit en fortant, & reprendre par conféquent après être rentré dans le milieu, la même inclinaifon que celle qu'il y avoit avant d'en fortir.

X.

L'action des milieux que la lumière traverfe, peut donner aux rayons l'obliquité qui leur manque pour être réfléchis, & comme plus les milieux contigus différent en denfité, moins il faut d'obliquité d'incidence pour que la réflection commence ; le cas où les rayons fe réfléchiront à la plus petite obliquité d'incidence, fera celui où l'efpace contigu au milieu refringent fera purgé d'air, & où le vuide fera le plus parfait. C'eft auffi ce qui arrive dans la machine pneumatique, dans laquelle plus on augmente le vuide, plus le rayon fe réfléchit promptement de deffus un prifme qu'on y a placé.

La réfraction fe change donc en réflection à différentes incidences felon la denfité des différens milieux. Le diamant qui eft
le

le corps le plus brillant que nous connoissons, opére une réflection totale quand l'angle d'incidence est seulement de 30°, & c'est selon cet angle que les Jouailliers taillent leurs diamans, afin de perdre la plus petite quantité possible de la lumiere qu'ils reçoivent.

On sent aisément que lorsque le rayon passe d'un milieu plus rare dans un plus dense, la réfraction ne peut jamais se changer en réflection quelle que soit l'obliquité de l'incidence. Car lorsque la lumiere est prête d'abandonner le milieu moins dense, l'autre qui lui est contigu commence à agir sur elle, & augmente sa vîtesse verticale, ainsi elle ne peut jamais être détruite dans ce passage, puisqu'elle est au contraire perpétuellement augmentée.

M. *Clairault* a renfermé toute la théorie de la réfraction dans un seul Problême; comme je ne crois pas qu'on puisse n'en ajouter à l'élégance & à la clarté de sa démonstration, je me contenterai de la donner ici.

XI.

PROBLEME.

Un corpuscule de lumiere partant du point A *avec la vîtesse connue de la lumiere, & selon une direction donnée; on suppose qu'il est attiré vers une surface* P S *par une force qui agit comme une fonction quelconque de la distance à cette surface, & on demande la courbe qu'il décrit dans ce mouvement.*

Supposant le corps arrivé en M, & ayant tiré MQ, mq perpendiculaires à SP, soient faites les lignes $MQ = x$, $PQ = y$, & nommée X la fonction de x qui exprime la force qui agit au point M.

Fig. 16.

Soit de plus μm la petite ligne parcourue par le corps en vertu de la force qui le porte vers PS, pendant le petit temps dt qu'a employé la force impulsive à lui faire parcourir Mm.

Si les Qq ou les dy qui sont proportionnels au temps sont supposés constans, on aura $\mu m = ddx$, ce qui donne $X dt^2 =$

Tome II. k k

$- ddx$; car les petites flèches μm sont comme les forces multipliées par les quarrés des temps. Je mets le signe $-$ à ddx parce que la nature de la courbe est d'être concave vers son axe.

Multipliant cette équation par dx afin de l'intégrer, on aura $X dx dt^2 = - dx ddx$ ou $- 2 X dx dt^2 = 2 dx ddx$, dont l'intégrale est $a dt^2 - 2 dt^2 \int X dx = dx^2$. ($a dt^2$ est une constante qu'il faut ajouter dans l'intégration.) Pour chasser maintenant le dt^2 de cette équation, je supposerai que le corps décrivant la trajectoire en question, aye pour premiere vîtesse, c'est-à-dire pour celle dont il est porté lorsqu'il commence à éprouver la force X, la vîtesse f, & que l'inclinaison qu'il a dans le lieu A, d'où on le suppose parti, soit telle que le sinus de l'angle aAP soit m. On aura alors $\frac{dy}{mf} = dt$, puisque $\frac{dy}{m}$ sera dans cette supposition le premier petit côté de la trajectoire, & que l'espace divisé par la vîtesse donne le temps. Cela posé l'équation $a dt^2 - 2 dt^2 \int X dx = dx^2$ se changera en $\frac{a dy^2}{m^2 f^2} - \frac{2 dy^2}{m^2 f^2} \times \int X dx = dx^2$, ou $\frac{a dy^2}{m^2 f^2} - \frac{2 dy^2}{m^2 f^2} [x] = dx^2$, en prenant $[x]$ pour représenter l'intégrale de $X dx$.

De cette équation on tire $dy^2 = \dfrac{dx^2}{\frac{a}{m^2 f^2} - \frac{2}{m^2 f^2} [x]}$, donc $dx^2 + dy^2 = dx^2 \left(1 + \frac{a}{m^2 f^2} - \frac{2}{m^2 f^2} [x] \right)$ & $\dfrac{dy^2}{dx^2 + dy^2}$

$= \dfrac{1}{1 + \frac{a}{m^2 f^2} - \frac{2}{m^2 f^2} [x]}$. On déterminera ensuite la constante a par cette condition que le sinus de l'angle Mor devienne celui de l'angle aAP, c'est-à-dire m, lorsque x ou MQ est la distance AP supposée $= b$, de laquelle distance on suppose le corps parti.

On a par ce moyen $m^2 = \dfrac{1}{1 + \dfrac{a}{m^2 f^2} - \dfrac{2}{m^2 f^2}[b]}$, par conséquent $\dfrac{a}{m^2 f^2} = \dfrac{1}{m^2} - 1 + \dfrac{2}{m^2 f^2}[b]$. Cette valeur de la constante $\dfrac{a}{m^2 f^2}$ étant substituée dans l'équation $dy = \dfrac{dx}{\sqrt{\dfrac{a}{m^2 f^2} - \dfrac{2}{m^2 f^2}[x]}}$, on aura pour l'équation de la trajectoire cherchée, $dy = \dfrac{dx}{\sqrt{\dfrac{1}{m^2} - 1 + \dfrac{2[b] - 2[x]}{m^2 f^2}}}$ qu'on pourra construire dès que l'on connoîtra X ou la fonction de x, c'est-à-dire la loi de la pesanteur vers la surface PS. $C. Q. F. T.$

XII.

COROLLAIRE.

La valeur générale du sinus de l'angle MOr qui est $\dfrac{dx}{\sqrt{dx^2 + dy^2}}$ devient par la même substitution de la valeur a à sa place, la quantité $\dfrac{m}{\sqrt{1 + \dfrac{2}{ff}[b] - \dfrac{2}{ff}[x]}}$, & si on compare le sinus de l'angle quelconque MOr avec celui de l'angle aAP qui est m, on verra que leur rapport est exprimé par celui de 1 à $\sqrt{1 + \dfrac{2[b] - 2[x]}{f^2}}$; or comme ce rapport ne contient point la lettre m qui marquoit l'inclinaison du projectile en partant, il suit que quelle que soit cette inclinaison, pourvu que la vîtesse au point de départ soit la même, les angles que ces trajectoires font avec la perpendiculaire à la surface refringente, ont des sinus qui sont en raison constante à même distance de cette surface.

XIII.
SCHOLIE.

Dans le cas de la lumiere, l'angle aAP représente l'angle d'incidence, & l'angle MOr devient l'angle rompu, lorsque le point O devient le point H, où la puissance qui infléchit le rayon cesse d'agir : & comme, par ce qu'on vient de trouver par le calcul, le sinus de MOr est en raison constante à celui de aAP, quelle que soit sa distance Or, pourvu qu'elle soit la même dans les différens projectiles qu'on compare, cette raison sera constante en comparant l'angle aAP où la force réfractive commence à agir, avec l'angle hHL où elle n'a plus aucun effet, c'est-à-dire, en comparant l'angle d'incidence avec l'angle rompu.

XIV.

On tirera très-facilement du Problême précédent l'équation de la courbe que le rayon de lumiere décrit, en supposant que l'attraction des parties du milieu refringent, agisse suivant une puissance quelconque n de la distance. Car reprenant l'équation générale $dy = \dfrac{dx}{\sqrt{\dfrac{1}{m^2} - 1 + \dfrac{2[b] - 2[x]}{m^2 f^2}}}$, qui exprime toutes les courbes de cette nature, si on veut appliquer cette solution générale au cas où la force X est le résultat de toutes les attractions d'un corps dont toutes les particules attirent comme la puissance n de la distance, on n'aura qu'à substituer pour x la quantité $\dfrac{c}{r(2+m)} \times \dfrac{1}{m x^m}$, qu'on a trouvé pour l'attraction de ce corps (Art. 35. de la Sect. 2.) dans la supposition de $n = -3 - m$: & alors $[x]$ ou $\int X dx$ sera $\dfrac{c x^{1-m}}{r(2+m) m(1-m)}$, par conséquent $[b] = \dfrac{c b^{1-m}}{r(2+m) m(1-m)}$, ainsi l'équation précédente de la courbe cherchée sera $dy = \dfrac{dx}{\sqrt{\dfrac{1}{mm} - 1 + \dfrac{2 c b^{1-m} - 2 c x^{1-m}}{r(2+m) m(1-m)}}}$.

SECTION

SECTION IV.
DE LA FIGURE DE LA TERRE.

PREMIERE PARTIE.
Où l'on traite en général de l'équilibre des fluides dans toutes sortes d'hypothèses de gravité.

I.

POur déterminer la figure de la terre, M. *Newton* ne s'est servi que de ce principe : *Que pour qu'une masse fluide soit en équilibre, il faut que le poids de deux colomnes* MC, NC *qui aboutissent de la circonférence au centre, soit égal.* Fig. 1.

M. *Hughens* a employé celui-ci : *Que pour qu'une masse fluide conservât une forme constante, il falloit que sa surface* PE pe, *fût dans chacun de ses points perpendiculaire à la direction de la pesanteur.*

M. *Bouguer* en examinant cette question, a le premier reconnu que chacun de ces principes employé séparément, étoit insuffisant pour s'assurer de l'équilibre d'une masse fluide ; il a fait voir qu'il y a une infinité de cas dans lesquels la figure que demande l'équilibre de toutes les colomnes qui vont de la surface au centre, ne seroit pas la même que celle qui suit de la perpendicularité de la direction de la pesanteur à tous les points de la surface ; mais il n'a pas examiné si une masse fluide dans laquelle ces deux principes s'accorderoient, seroit nécessairement en équilibre, ou du moins, il ne paroît pas avoir cherché d'autres principes pour s'assurer de son équilibre.

I I.

M. *Clairaut*, dont le voyage au Pole a nécessairement tourné les vûes du côté de cette question, a trouvé que ces deux principes réunis étoient encore insuffisans pour s'assurer de l'équilibre d'une masse fluide, au moins lorsque la réunion ne se fait qu'à la surface extérieure ; & qu'il y avoit telle hypothèse de pesanteur où cet équilibre seroit impossible, & dans laquelle cependant la réunion de ces deux principes donneroit la même figure.

Il a donc cherché un principe par lequel on pût s'assurer si une loi de pesanteur est possible, c'est-à-dire, si l'équilibre du fluide dans lequel on la supposeroit pourroit en résulter, & qui eût par conséquent la généralité & la sûreté qui manque à la réunion des deux principes qu'on employoit avant lui.

Le principe qu'il a trouvé, est celui-ci : *Une masse fluide ne sçauroit être en équilibre, que lorsque les efforts de toutes les parties comprises dans un canal de figure quelconque, qu'on suppose traverser cette masse, se détruisent mutuellement.*

La masse entiere fluide est en équilibre, c'est-à-dire, que toutes ses parties sont dans un parfait repos par l'hypothèse ; mais si elle est en équilibre, toutes les parties de tous les canaux de figure quelconque dans lesquels je puis la supposer divisée, doivent être en repos, puisque de tous ces canaux je puis n'en considérer qu'un ORS, & supposer que tout le reste de la masse se durcisse ; mais les parties de ce canal ORS ne peuvent être en repos, que les efforts que fait le fluide pour s'échapper par O & par S ne soient égaux : donc si la masse entiere $PEpe$ est en équilibre, toutes les parties du canal ORS feront des efforts égaux, donc ils se détruiront mutuellement.

Fig. 1.

I I I.

Ce principe renferme celui de M. *Hughens* & celui de M. *Newton*; & on fera voir dans la suite, qu'il est plus général, & d'une application plus sûre, que ces deux principes réunis.

DE LA PHILOSOPHIE NATURELLE. 195

Je dis qu'il les renferme, car on voit clairement que celui de M. *Newton* y est renfermé, puisque le canal *O R S* aboutit, ainsi que les deux colomnes de M. *Newton*, à deux points de la surface, & que par conséquent dans toute masse fluide dans laquelle un canal quelconque est en équilibre, les colomnes tirées du centre à la circonférence seront de même poids, puisque ces deux colomnes composent un canal qui est un des cas du canal quelconque *O R S*.

Il renferme aussi le principe de M. *Hughens*; car en supposant le canal couché sur la surface du fluide, en sorte qu'il devienne le canal *F G D*, il ne sera encore alors qu'un cas particulier du principe général qu'on vient de poser, ainsi il devra toujours être en équilibre; mais comme dans ce cas la longueur de ce canal ne peut être déterminée, & qu'il n'y a point de raison suffisante pour décider l'équilibre de la partie *F G* avec *G D*, plûtôt qu'avec telle autre partie qu'on voudra comme *G E*, par exemple; l'équilibre de ce canal ne peut donc avoir d'autre cause que la perpendicularité de la direction de la pesanteur à tous ses points, & par conséquent à tous ceux de la surface, ce qui est le principe de M. *Hughens*.

Au lieu de considérer un canal aboutissant à la surface du fluide, supposons que ce canal rentre en lui-même comme *I T L K*, on voit clairement que ce cas n'est qu'un corollaire de l'équilibre d'un canal quelconque aboutissant à la surface; car en supposant que deux points quelconques *I* & *L* de ce canal communiquent à la surface par les canaux *I F*, *L G*; les deux branches *I T L*, *I K L* de ce canal rentrant en lui-même, formeront, avec les deux branches *I F*, *L G*, deux canaux aboutissans à la surface par les parties communes *I F*, *L G*; or puisque ces deux canaux aboutissans à la surface font des efforts égaux, ôtant les parties *I F*, *L G* communes, les deux parties restantes *I T L*, *I K L* qui composent le canal rentrant qu'on considère, seront en équilibre.

Fig. 1.

Fig. 2.

N ij

IV.

La loi de pesanteur étant donnée, c'est un Problème déterminé que de trouver la forme que doit avoir une masse fluide, afin que le principe de M. *Hughens*, ou celui de M. *Newton*, soit observé ; or la loi de pesanteur étant telle qu'un canal quelconque rentrant en lui-même soit en équilibre, en déterminant la forme de la masse fluide par cette loi de pesanteur, & par le principe de M. *Hughens*, par exemple, puisque cette loi est telle qu'un canal quelconque rentrant en lui-même est en équilibre, en supposant une partie de ce canal couché sur la surface, il sera encore en équilibre, puisque ce sera toujours un canal rentrant.

Fig. 3.

Mais par le principe de M. *Hughens*, la partie OE de ce canal couchée sur la superficie est en équilibre ; donc l'autre partie qui devient le canal ORS, terminé par la superficie, est aussi en équilibre ; donc la loi de pesanteur étant telle qu'un canal rentrant en lui-même soit en équilibre, on pourra toujours trouver pour le fluide, une surface telle que tous les canaux qui la traverseront seront en équilibre, ce qui est l'inverse de la proposition qu'on vient de prouver précédamment.

On voit de même, que si on avoit déterminé la figure de la surface par le principe de M. *Newton*, l'équilibre de la masse entiere, ou, ce qui revient au même, d'un canal quelconque, aboutissant d'un point de la surface à l'autre, suivroit de celui d'un canal quelconque rentrant en lui-même ; car prenant $MHNC$ pour ce canal, & sçachant par l'observation du principe de M. *Newton*, que MCN est en repos, il suit que MHN y est aussi.

V.

Mais comme la terre & toutes les planettes tournent sur elles-mêmes, il faut considérer cette rotation pour pouvoir déduire leur figure des principes qu'on vient de poser.

Considérons d'abord ce qui doit arriver à deux canaux de figure quelconque $abCB$ qui tournent autour d'un axe Pp, & dont les extrémités $abCB$ sont à des distances respectivement égales de cet axe.

Fig. 4.

Supposant ces canaux partagés en une infinité de petits cylindres par des lignes parallèles, à cause de la petitesse de ces cylindres, on peut regarder les forces centrifuges comme étant les mêmes dans chacune de leurs particules ; par exemple, en m & en n ; de plus, toutes les parties du fluide tournent en même temps, ainsi la force centrifuge sera la même en m & en μ. Donc les forces par lesquelles le fluide renfermé dans ces petits cylindres tend à s'échapper par les extrémités b & β, seront égales ; car la masse est comme les longueurs mn, μv, & les parties des forces acquises par la rotation dans les directions mn & μv, sont réciproquement comme ces longueurs ; or comme les canaux entiers ab, $\alpha\beta$ sont supposés être partagés en une infinité de ces petits cylindres, l'effort de tout le fluide renfermé dans le canal ab vers b, lequel effort vient de la rotation, est égal à l'effort de tout le fluide renfermé dans le canal $\alpha\beta$ vers β, lequel vient de même de la rotation.

Fig. 4.

D'où il suit qu'on peut faire abstraction de l'effet de la force centrifuge, quand on examine si selon une loi de gravité donnée, le fluide peut avoir une forme constante ; car en partageant le canal rentrant en lui-même $abcd$ dans les deux canaux abc, cda, on verra que les parties ab, bc du canal abc, faisant des efforts égaux en b par la force centrifuge, & les parties cd, ad du canal adc, faisant aussi des efforts égaux vers d en vertu de leur force centrifuge, la rotation ne changera rien à l'équilibre du canal $abcd$ rentrant en lui-même ; donc on peut faire abstraction de la force centrifuge en considérant l'équilibre d'un tel canal, & par conséquent celui de toute la masse fluide qui en résulte.

Fig. 5.

V I.

On a considéré jusqu'à présent l'équilibre d'un canal de figure quelconque rentrant en lui-même, & on a fait voir que de l'équilibre de ce canal, fuivoit celui de la maffe fluide entiere ; pour fimplifier cette démonftration & l'appliquer plus facilement aux planetes, il faut faire enforte de n'avoir à confidérer que l'équilibre d'un canal placé dans le plan d'un méridien du fphéroide, & d'en tirer l'équilibre d'un canal de figure quelconque rentrant en lui-même ; car il eft certain qu'alors la queftion fera fimplifiée, & plus aifée à traiter.

Fig. 6. Commençons par confidérer deux canaux HI, KL remplis d'un même fluide, & terminés par deux paralléles à l'équateur, & fuppofons-les placés fur la même furface de circonvolution $AFGB$, les poids de ces deux canaux feront les mêmes : car la pefanteur étant fuppofée la même dans tous les points d'un paralléle à l'équateur, un corps qui feroit placé en M & qui ne pourroit fortir de la furface $ABFG$, ne pourroit prendre d'autre direction que celle du méridien Mr, puifque ce méridien eft la commune fection du plan dans lequel fe fait la gravité, & de la furface de circonvolution qu'on confidére.

Suppofons les deux canaux HI, KL partagés en une infinité de petits cylindres égaux Nn, Mm, coupés par des plans paralléles à l'équateur, les forces qui agiront fur ces petits cylindres feront égales, & dans la direction Mr, Ns, ces forces Mr, Ns, peuvent être décompofées dans deux forces, dont l'une feroit dans les directions Mm, Nn du fluide, & l'autre leur feroit perpendiculaire ; les forces perpendiculaires à Mm, & à Nn, n'imprimeront aucun mouvement au fluide renfermé dans ces canaux, les forces reftantes Mm, Nn feront en raifon renverfée des longueurs Mm, Nn ; mais les maffes font comme ces longueurs : donc les poids de Mm, & de Nn feront égaux ; donc les poids entiers des canaux HI, KL feront égaux entr'eux ; donc le canal AB & le canal HI, feront du même poids.

Or, puifqu'on a réduit ci-deffus l'équilibre d'une maffe fluide à celui d'un canal de figure quelconque rentrant en lui-même,

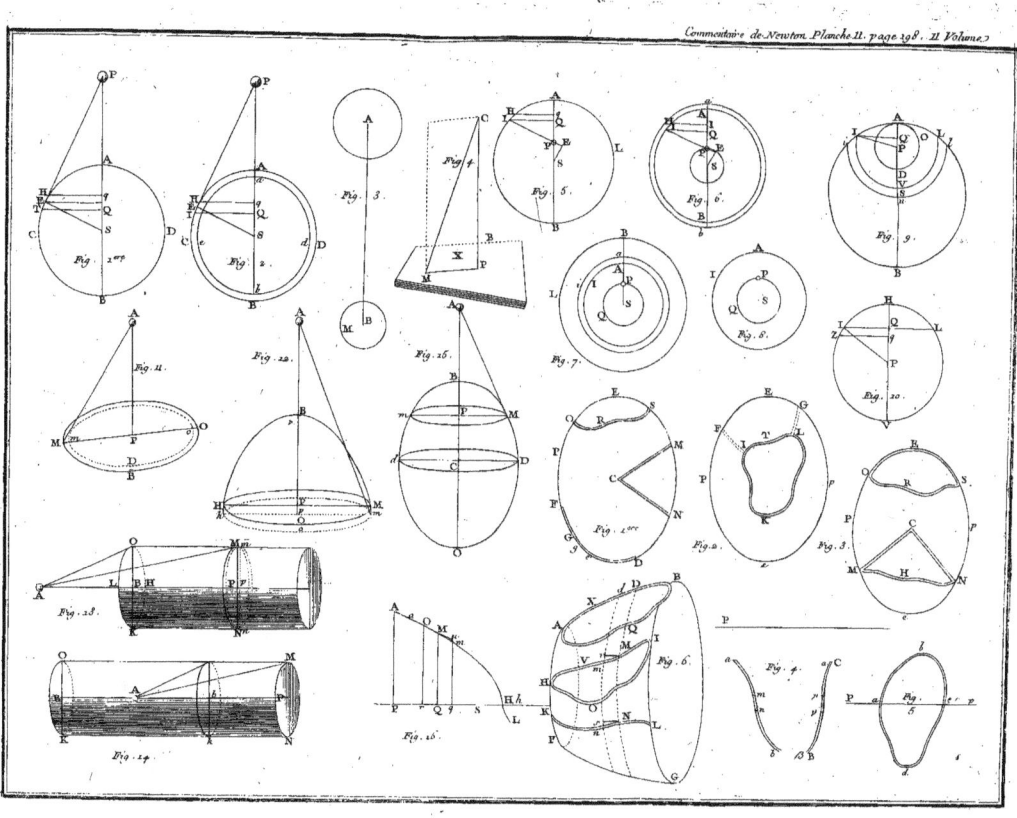

il suit, de ce qu'on vient de dire, que ce même équilibre se réduit à celui d'un canal rentrant $AQBX$, & placé dans le plan d'un méridien ; car tout canal $HOIV$ à double courbure, peut être confidéré comme compofé des deux branches HOI, HVI, & chacune de fes branches eft de même poids refpectivement, par ce qui vient d'être dit, que les branches AQB, AXB du canal $AQBX$ puifque les branches feront les communes fections du méridien, & des furfaces de révolution qui paffent par les branches à double courbure HOI, HVI; donc fi on a reconnu que $AQBX$ eft en équilibre, on verra que $HOVI$ y fera auffi ; donc pour qu'un fphéroïde foit en équilibre, il fuffit qu'un canal quelconque placé dans le plan du méridien de ce fphéroïde foit en équilibre, en ne confidérant que la feule force de la gravité ; car on vient de faire voir qu'on peut faire abftraction de la force centrifuge.

On tirera de ce principe la méthode générale de déterminer toutes les hypothèfes de pefanteur dans lefquelles un fluide peut être en équilibre ; mais on va examiner auparavant celles de ces hypothèfes, dont on fe fert ordinairement, parce qu'elles n'ont befoin que de ce qui précéde pour être traitées.

VII.

PREMIERE HYPOTHESE.

Lorfque les parties du fluide ne tendent que vers un feul centre.

On a vu qu'une maffe fluide pourra avoir une forme permanente, fi un canal quelconque rentrant en lui-même eft en équilibre dans cette maffe : fuppofons donc un tel canal comme $BMNA$, & que de plus, la gravité ne dépende que de la diftance au centre ; fi du centre de tendance C on décrit une infinité d'arcs tels que MN, mn, ce canal fera alors compofé de deux branches BMA, BNA qui auront chacune le même nombre de cylindres Mm, Nn ; mais comme on fuppofe que

Fig. 7.

la gravité ne dépend que de la diſtance, & que par conſéquent elle eſt la même en M & en N, & que de plus les petits cylindres Mm, Nn ont la même hauteur, il ſuit que les poids de ces cylindres ſont égaux ; donc les deux branches BMA, BNA auront des poids égaux, puiſqu'elles ſont compoſées d'un même nombre de ces cylindres ; donc le canal entier $BMNA$ ſera en équilibre ; donc on n'aura qu'à déterminer la ſurface du ſphéroïde par le principe de M. *Newton*, ou par celui de M. *Hughens*, & l'on ſera ſûr que toute la maſſe fluide qui compoſe ce ſphéroïde, ſera dans un parfait repos.

VIII.

SECONDE HYPOTHESE.

Lorſque les parties du fluide tendent vers pluſieurs centres.

Fig. 8.

Suppoſant un torrent de matiere fluide qui tourne autour d'un axe, & chaque particule de ce torrent pouſſée par deux forces, (ce qui eſt l'hypothèſe de M. de *Maupertuis*, pour expliquer la formation de l'anneau de Saturne) : que l'une de ces forces tende au centre placé hors du torrent, & l'autre au centre placé dans l'intérieur ; ces deux centres étant dans le plan d'un même méridien, on prouvera de même, que la peſanteur ne dépendant que de la diſtance au centre, la maſſe fluide doit être en équilibre ; car partageant le canal rentrant $BQMA$ comme dans la premiere hypothèſe, en une infinité d'élémens par des cercles décrits du centre C, on aura deux branches de ce canal qui contiendront le même nombre de ſes élémens, & qui par conſéquent ſeront en équilibre ; le partageant encore en une infinité d'autres élémens par des cercles décrits du centre γ, il ſera encore partagé en deux branches qui contiendront le même nombre d'élémens, & dont par conſéquent les efforts ſe contre-balanceront ; donc le canal entier ſera en équilibre en vertu de ces deux forces, comme il y ſeroit par une ſeule, & ſi la figure annulaire ou ſphéroïdale que

que doit prendre ce torrent, a été déterminée par l'un des deux principes ordinaires, toutes ses parties ayant cette double tendance seront en équilibre.

On sent que ce seroit la même chose, si on supposoit dans chaque méridien un nombre quelconque de centres de forces, au lieu d'en supposer deux.

IX.

TROISIÈME HYPOTHESE.

Lorsque la gravité est le résultat de l'attraction de toutes les parties d'un corps central de figure quelconque.

Si l'on considére la figure du corps central, c'est-à-dire, si au lieu de supposer, comme on a fait jusqu'à présent, chaque corps central comme un point, & n'agissant que dans le plan du méridien où il est placé, (ainsi que dans l'hypothèse de M. de *Maupertuis* pour la formation des anneaux) on suppose que la gravité de chaque particule du torrent, ou de la matiere destinée à former un sphéroïde, soit le résultat des attractions exercées sur elle en tout sens par toutes les parties du corps qui lui sert de centre, on détermineroit l'équilibre de la masse fluide, en considérant chaque partie du corps central qui attire comme un centre de tendance ; or, on vient de voir que chacun de ces centres exercera sur chaque particule, des attractions dont les efforts se contrebalanceront dans la masse totale ; donc les efforts de toutes les parties de ce corps central se contre-balanceront ; donc la masse totale sera en équilibre.

Mais pour déterminer dans cette hypothèse de pesanteur la figure que doit prendre la matière fluide, il faudroit employer un calcul plus difficile que celui que demandent les hypothéses dont on vient de parler, parce que chaque particule du corps central agit dans un méridien différent : ainsi il faudroit commencer par calculer la somme de toutes les attractions du corps central dont la forme eſt ſuppoſée donnée, ſur un corpuſcule placé hors de lui.

Ce Problême qui dépend des quadratures étant réſolu, on déterminera aiſément la figure du ſphéroïde de l'anneau, en employant le principe de M. *Hughens*.

On a ſuppoſé le corps central de figure quelconque, parce qu'on s'aſſurera de même de l'équilibre des parties de l'anneau ou du ſphéroïde, ſoit que la peſanteur ſoit le réſultat de l'attraction de toutes les parties d'un cercle, ou d'un noyau ſolide qui ait la forme d'un ſphéroïde, ou celle d'un anneau.

X.

QUATRIÉME HYPOTHESE.

Lorſque la peſanteur eſt l'effet de l'attraction de toutes les parties du ſphéroïde ou de l'anneau.

On a eu égard dans cette hypothèſe, non ſeulement à l'attraction de toutes les parties du corps central ſuppoſé de figure quelconque, mais encore à celle de toutes les parties du fluide même dont on cherche la figure ; dans ce cas, la détermination de la forme que la maſſe doit prendre, eſt infiniment plus difficile ; car alors la loi de la gravité dépend de la courbe qu'on cherche ; mais on voit qu'il exiſte une courbe, telle que l'attraction du ſolide qu'elle forme, jointe à celle du noyau, produit une gravité, qui, combinée avec la force centrifuge, donne pour force compoſée une force dont la direction eſt perpendiculaire à la ſurface du ſphéroïde ou de l'anneau : prenant donc cette courbe pour donnée, on verra alors la néceſſité de l'équilibre dans ce ſphéroïde ou dans cet anneau, par la même raiſon par laquelle on a vu que le ſphéroïde ou l'anneau dans lequel la peſanteur ne réſulte que de l'attraction des parties du noyau, doit être en équilibre.

XI.

CINQUIÉME HYPOTHESE.

Lorsque la gravité ne résulte que de l'attraction des parties du fluide même, sans considérer celle du noyau.

On voit encore de même, que si la gravité étoit le résultat des attractions de la masse fluide seulement, il se formeroit toujours un sphéroïde dont toutes les parties seroient en équilibre, & on pourroit le déterminer en employant le principe de M. *Hughens*, ou celui de M. *Newton*.

Dans cette hypothèse on ne voit pas avec la même facilité, qu'il peut se former un anneau qui n'eut point d'anneau intérieur solide ; il paroît même très-vraisemblable qu'un tel anneau qui entoureroit un corps central, n'arriveroit à l'équilibre que lorsque toutes ses parties seroient tombées sur le corps central avec lequel il ne feroit plus qu'une planette.

XII.

SIXIÉME HYPOTHESE.

Lorsque le noyau solide est composé de couches de densités différentes.

On ne se serviroit pour s'assurer de l'équilibre du sphéroïde dans cette hypothèse, que des principes ci-dessus employés ; on détermineroit l'attraction de chacune de ces couches, & ayant déterminé la loi que suivroit la gravité totale par l'opération de calcul intégral qui donne la somme des attractions de toutes ces différentes couches, on trouveroit la figure cherchée en employant le principe de M. *Hughens*, ou celui de M. *Newton*.

XIII.

Si en supposant l'attraction de toutes les parties d'une masse fluide ou d'une planette, on suppose sa figure donnée, on pourra trouver pour le noyau folide, une figure & une denfité telles que la figure donnée pour la maffe entiere foit celle de l'équilibre, c'eft-à-dire, que dans cette hypothèfe on peut expliquer comment une planette allongée ou applatie d'une maniere quelconque pourroit être en équilibre.

Fig. 9.   Car on voit aifément qu'on peut trouver un fphéroïde $KLkl$ tel que fon attraction, étant ajoutée à celle de la matiere renfermée entre le fphéroïde donné $PEpe$ & le cherché $KLkl$, produife, étant combinée avec la force centrifuge, une force dont la direction foit perpendiculaire à la furface $PEpe$; or la courbe $KLkl$ étant connue, on fçait, par tout ce qu'on a dit précédemment, que toutes les parties du fluide qui l'entoure feront en équilibre.

XIV.

Ce raifonnement ne fuffit pas pour faire voir qu'il feroit poffible que la terre eût une figure donnée, allongée, par exemple; car après avoir trouvé la figure du noyau d'où réfulteroit l'allongement fuppofé, il faudroit encore faire voir que cette hypothèfe s'accorderoit avec les phénoménes qu'on connoît, comme, par exemple, celui du raccourciffement du pendule en allant du nord au fud; ainfi quand même les mefures qu'on vient de prendre au nord & fous l'équateur, n'auroient pas appris que les dégrés vont en augmentant du fud au nord, le raifonnement précédent ne pourroit fuffire feul pour admettre la poffibilité de la figure allongée de la terre, comme il fuffiroit pour admettre cette poffibilité dans les autres planettes qui nous font moins connues; ainfi dans ce cas nos connoiffances s'oppofent à nos conclufions, & c'eft ordinairement l'effet qu'elles font dans les fciences qui ne peuvent s'éclairer du flambeau de la Géométrie.

XV.

Après avoir fait voir que le principe de M. *Clairaut* fuffit pour

s'assurer de l'équilibre d'une masse fluide dans toutes les hypothèses de pesanteur, il faut faire voir que les principes qu'on a
employés jusqu'à présent n'avoient pas cet avantage, & qu'il y
a telle loi de pesanteur dans laquelle une masse fluide ne prendroit
jamais une forme constante, quoique le principe de M. *Hughens*,
& celui de M. *Newton*, s'accordassent à lui donner la même
figure.

L'hypothèse dans laquelle la loi de pesanteur seroit telle que
la gravité dépendroit de la distance au centre, & de quelqu'autre
quantité, comme de l'angle du rayon & de l'axe, ou bien de, &c.
seroit du nombre de celles où il y auroit un mouvement conti-
nuel dans les parties du fluide.

Car si on suppose dans le sphéroïde $P E p e$, un canal $a b d c$ Fig. 10.
composé de deux arcs de cercles terminés par les deux petits
cylindres $a c, b d$, dirigés vers le centre c, d'où on a tracé les
arcs, on verra aisément que la gravité étant perpendiculaire aux
deux branches circulaires, elle ne donnera aucun mouvement aux
parties qui les composent ; donc pour qu'il y ait équilibre, il
suffira que les efforts des deux petits cylindres qui les terminent
soient les mêmes : mais il faudroit pour cela que la pesanteur
fut la même en a & en b, ce qui est contre l'hypothèse de la
loi que nous examinons, puisqu'on l'a supposée différente à des
distances égales ; donc on peut conclure que dans toutes les hypothèses où la gravité dépendroit de la tendance vers un centre,
& non pas uniquement de la distance à ce centre, il y auroit un
mouvement perpétuel dans les parties du fluide.

Or dans ces hypothèses l'équilibre des colomnes, & la perpendicularité de la direction de la pesanteur à la surface, pourroient s'accorder à donner la même figure au sphéroïde, & jet-
teroient par conséquent dans l'erreur ceux qui feroient dépendre
la possibilité de l'équilibre de l'accord de ces deux principes ; car
soit $P M E$ un sphéroïde dont le centre soit C, supposant que $E K$ Fig. 11.
exprime la force centrifuge en E, & prenant $M G : E K ::$

$QM : CE$, MG exprimera la force centrifuge en M; ainsi tirant le rayon MC & la ligne MH perpendiculaire en M à la courbe, qu'on méne par le point G la ligne GH paralléle à MC, & qu'on achéve le parallélogramme $MGHI$, la ligne MI exprimera la force centrale en M telle que le principe de M. *Hughens* la demande, pour que le sphéroïde PME soit en équilibre; or, on a vu que dans l'hypothèse d'une pesanteur qui ne dépend que de la distance au centre, les deux principes s'accordent à donner une forme constante au fluide; supposant donc qu'on ait calculé la pesanteur à tous les points M du sphéroïde EM, on verra que si la pesanteur dépend, en allant de chaque point M de la circonférence vers c, de quelqu'autre quantité que de la distance, on pourra trouver une infinité de loix différentes de pesanteur qui donneront une même quantité pour le poids des colomnes MC; donc toutes ces colomnes MC qui étoient en équilibre dans la premiere supposition d'une gravité dépendante seulement de la distance au centre, y seront encore dans plusieurs des cas où la gravité dépendroit de la distance, & de quelqu'autre quantité: cependant on sçait, par ce qui vient d'être dit, qu'une telle loi de pesanteur ne donneroit jamais d'équilibre à la masse entiere du fluide; donc l'accord de ces deux principes ne peut suffire pour s'assurer de la possibilité d'une loi de pesanteur.

XVI.

Dans tout ce qui précéde pour appliquer les loix de l'hydrostatique à la détermination de la figure de la terre, on a été obligé de supposer la matiere qui la compose entierement homogéne, ce qui peut n'être pas; il faut donc examiner ce qui seroit nécessaire pour que les parties d'un sphéroïde composé de différens fluides qui ne peuvent se mêler fussent en équilibre; or dans une telle masse il faudroit que tous les points de toutes les surfaces qui terminent les différens fluides, fussent perpendiculaires à la direction de la pesanteur comme celle qui termine le fluide supérieur.

DE LA PHILOSOPHIE NATURELLE.

On voit d'abord que tous les points de la furface extérieure doivent être perpendiculaires à la direction de la pefanteur, puifque ce fphéroïde, pour être compofé de fluides de différentes denfités, n'en eft pas moins dans le cas général d'une maffe fluide quelconque qu'on fçait ne pouvoir être en équilibre fans que la direction de la pefanteur foit perpendiculaire à tous les points de fa furface.

Pour faire voir à préfent que les furfaces intérieures qui terminent les différens fluides doivent auffi avoir cette condition, fuppofons un canal $O\,Q\,R\,S$ dont les points O & S fe terminent à la furface extérieure, & les points Q & R à la même furface intérieure fur laquelle la branche $Q\,R$ foit couchée. Ce canal eft en équilibre parce que la branche $Q\,R$ ne pefe point, car fi elle pefoit, il eft clair que ce canal $O\,Q\,R\,S$ qui eft en équilibre lorfque cette branche $Q\,R$ eft dans la couche $Q\,N\,H$ que je fuppofe de vif argent, par exemple, n'y feroit plus, fi $Q\,R$ étoit dans la couche $L\,T\,G$ que je fuppofe d'eau. Donc fi la direction n'eft pas perpendiculaire à tous les points de la furface $Q\,R\,H\,K$, elle preffera plus vers Q ou vers R ; donc le canal $O\,Q\,R\,S$ ne fera plus en équilibre, mais le fluide qui y eft contenu s'échappera vers O ou vers S, felon que le canal $R\,Q$ pefera plus vers Q ou vers R, afin que le fphéroïde entier puiffe être en équilibre ; il faut donc que la pefanteur foit perpendiculaire à tous les points de la furface interne $Q\,R\,H\,K$: on fera le même raifonnement fur toutes les furfaces qui féparent les différens fluides.

Fig. 12.

Mais cette confidération nouvelle ne rendra pas la détermination de la forme que doit prendre une maffe fluide quelconque plus embarraffante ni plus compliquée, lorfque la pefanteur ne dépendra point de la forme de la planette, & il eft aifé de faire voir que l'équilibre des planettes hétérogènes dépend des mêmes loix de pefanteur que celui des planettes homogènes ; car dans les planettes hétérogènes les canaux rentrans en eux-mêmes & contenus dans une même couche feront en équilibre, puifqu'ils feront dans le même cas des canaux rentrans d'une sphére homogéne ; donc les canaux $GHLK$ terminés par les deux surfaces d'une même couche, sont de même poids ; or, si les poids des tuyaux FG, ML, GK, HL, &c. sont respectivement égaux, un canal quelconque $FGKHLM$ qui traversera tant de fluides qu'on voudra, sera toujours en équilibre ; ainsi la loi de pesanteur étant donnée, si on veut voir la forme que doit prendre une masse composée de fluides hétérogénes, il suffira de calculer par les principes ci-dessus donnés la figure que la même masse auroit en la supposant homogéne.

XVII.

Mais si on vouloit avoir la figure HKR de la surface qui sépare deux fluides quelconques de la planette dans l'hypothése de l'attraction, on ne trouveroit pas la même forme pour une planette hétérogéne & pour une planette homogéne, car alors la loi de pesanteur seroit différente.

Si on vouloit chercher la figure KHR d'une surface interne qui sépare deux fluides quelconques, il suffiroit, la loi de pesanteur étant donnée, de faire abstraction de toute la matiere supérieure à cette surface, & chercher ensuite la figure de la masse fluide restante, comme si elle étoit seule.

Mais dans l'hypothése où la pesanteur est produite par l'attraction mutuelle de toutes les parties de la matiere, on ne pourroit plus faire abstraction de la couche supérieure ; car l'attraction de cette couche doit entrer dans l'expression de la pesanteur des parties de la masse restante.

XVIII.

Sans connoître la forme d'un sphéroïde hétérogéne dans cette hypothése de l'attraction mutuelle des parties de la matiere, c'est-à-dire, sans avoir déterminé la loi de pesanteur qui en résulte, on peut s'assurer que cette loi est une de celles dans lesquelles une masse fluide peut prendre une forme constante.

Car

DE LA PHILOSOPHIE NATURELLE.

Car il feroit aifé de voir par les raifons déja employées à l'égard des planettes homogénes, que les canaux rentrans en eux-mêmes, qui feroient renfermés dans une couche quelconque d'un même fluide, feroient en équilibre ; or, donnant à ces canaux une figure $LHGK$ compofée de deux branches LG, HK qui joignent deux arcs GK, HL placés fur les deux furfaces extérieures de la couche, lefquelles auroient été déterminées par cette condition, que la gravité en chacun de leurs points feroit perpendiculaire au plan tangent de la furface en ce point, il eft clair que les branches GK, HL feroient néceffairement de même poids ; & comme on verroit de la même maniere que les branches FG, ML, HVK qu'il faudroit ajouter à ces premieres GK, HK pour former un canal qui traversât tant de couches que l'on voudroit du fluide, & qui aboutit à deux points de la furface extérieure du fphéroïde, feroient encore en équilibre, on en concluroit néceffairement que tous les canaux menés à volonté d'un point de la furface du fphéroïde à l'autre, feroient en repos, & par conféquent le fphéroïde entier.

X I X.

Ce qu'on vient de dire fur l'équilibre des planettes hétérogénes, fait voir l'erreur où font tombés quelques auteurs, lefquels pour diminuer la grandeur du rayon de l'équateur que donnent les loix de l'hydroftatique, ont fuppofé que les colomnes des fluides du centre à la furface font d'autant plus denfes, qu'elles font plus près de l'équateur ; car on fçait que deux fluides de denfité inégale ne peuvent être dans la même couche, & que de plus ils doivent fe placer de maniere que le plus pefant foit le plus proche du centre ; & on vient de voir qu'il faut que la furface qui les fépare ait tous fes points perpendiculaires à la direction de la pefanteur, conditions qui s'oppofent toutes à la fuppofition de ces auteurs.

Tome II.

Fig. 13.

J'ai dit, Art. 7. que pour sçavoir si une hypothèse de gravité étoit propre à donner l'équilibre à une masse fluide EMP, il suffisoit d'examiner si un canal quelconque $OSNK$ rentrant en lui-même, & placé dans le plan ECP du méridien de cette masse fluide, étoit en équilibre lui-même ; ou, ce qui revient au même, si le fluide renfermé dans un canal de courbure quelconque ON qui aboutit à deux points pris à volonté O, & N, fait le même effort pour sortir vers O ou vers N que le fluide renfermé dans tout autre canal OKN qui aboutiroit aux mêmes points O, N. Pour faire voir l'usage de ce principe, non seulement pour décider la possibilité de l'équilibre des fluides dans les hypothèses de pesanteur dépendantes de l'attraction, telles que celles que je viens de considérer, mais encore dans toutes sortes d'autres hypothèses de gravité, je considérerai la question plus en général de la maniere suivante.

Ayant abaissé d'un point S & du point s qui en est infiniment près, les ordonnées SH, sh à la courbe ON, soient faites $CH = x$, $HS = y$, $Sr = dx$, $sr = dy$, $Ss = \sqrt{dx^2 + dy^2}$; soient ensuite décomposées toutes les différentes espèces de forces qu'on suppose agir sur les particules du fluide proposé en deux directions, les unes suivant SH perpendiculaires à l'axe CP, & les autres suivant la parallèle à ce même axe ; & soit pris P pour désigner la somme de toutes les forces qui agissent suivant SH, & Q pour désigner la somme de celles qui agissent dans la direction parallèles à CP.

Si l'on décompose ensuite la force P pour avoir la partie de cette force qui agit dans la direction Ss qui est celle du canal, on verra que la partie de cette force avec laquelle le fluide placé en Ss fait effort pour sortir de ce canal, soit vers H, soit vers O,

doit être $\dfrac{P\,dy}{\sqrt{dx^2 + dy^2}}$; on verra de même que la partie de la force Q qui agit suivant la même direction doit être $\dfrac{Q\,dx}{\sqrt{dx^2+dy^2}}$, enforte que leur fomme, ou la force totale qui follicite le fluide placé en S à fortir vers O ou vers N, doit être $\dfrac{P\,dy + Q\,dx}{\sqrt{dx^2 + dy^2}}$ multipliant donc cette force par la particule Ss ou $\sqrt{dx^2+dy^2}$ qu'elle anime, on aura $P\,dy + Q\,dx$ pour le poids de Ss, c'eft-à-dire, pour l'effort que fait cette particule pour fortir vers l'une des extrémités du canal ON; donc l'intégrale de $P\,dy+Q\,dx$ qu'on auroit commencé par completter par cette condition qu'elle foit nulle lorfqu'on fait $x = CG$ qui eft l'abfciffe qui répond au commencement O du canal, & dans laquelle on auroit enfuite égalé x à CI (qui eft l'abfciffe qui répond à l'extrémité N du même canal,) cette intégrale, dis-je, devroit donner une quantité qui fut toujours la même, quelque fut la courbure ON.

Il faut donc pour que l'équilibre des fluides foit poffible dans une hypothèfe de pefanteur, que les forces P & Q qui réfultent de cette hypothèfe foient telles, que la quantité $P\,dy + Q\,dx$ puiffe s'intégrer fans connoître la relation de x à y; ainfi $P\,dy + Q\,dx$ doit être en ce cas de ces fortes de différentielles que M. *Clairaut* a appellé *Complettes* dans un Mémoire qu'il a donné à l'Académie, & qui fe trouve dans le Volume de 1740. *p.* 294.

XXI.

$x\,dx + y\,dy$, $x\,dy + y\,dx$, $\dfrac{y\,dx - x\,dy}{yy}$ font de ces fortes de différentielles, parce qu'elles ont pour intégrales des fonctions de x & de y, qui ne dépendent d'aucune relation entre x & y, $y\,dx - x\,dy$, $yy\,dx + xx\,dy$ ne font point de telles différentielles, parce qu'il n'y a aucune fonction de x & de y qui en puiffe être les intégrales.

M. *Clairaut* a donné dans le Mémoire que je viens de citer, un Théorème pour diftinguer ces différentielles intégrales par quelque fonction de x & de y ; il a fait voir que si la différentielle de P prise en faisant y constante & x variable, se trouvoit, après avoir été divisée par dx, égale à la quantité qui viendroit en divisant par dy, la différentielle de Q prise en faisant x constant & y variable ; la différentielle $P\,dy + Q\,dx$ avoit toujours pour intégrale une fonction de x & de y indépendante de toute relation entre x & y.

XXII.

Fig. 14.

Pour donner une application de cette méthode, supposons qu'on ait choisi, pour hypothèse de gravité, celle dans laquelle les particules s d'une masse fluide qui tourneroit autour de son axe CP tendroient toutes vers le centre C par une force qui agiroit en raison composée de la raison renversée du quarré des distances CS au centre, & de la raison directe du sinus de l'angle SCH: faisant les lignes $CH = x$. $HS = y$, la force qui anime chaque particule S seroit donc une force poussant vers C, & exprimée par $\dfrac{y}{\sqrt{xx+yy}} \times \dfrac{1}{xx+yy}$, puisque $\dfrac{y}{\sqrt{xx+yy}}$ est le sinus de l'angle que feroit avec l'axe CP la ligne tirée de S au centre C.

Décomposant donc la force proposée $\dfrac{y}{\overline{xx+yy}^{\frac{3}{2}}}$ suivant la direction SH & la parallèle à HC, on aura $\dfrac{yy}{(xx+yy)^2}$ pour la force exprimée par P & $\dfrac{yx}{(xx+yy)^2}$ pour celle exprimée par Q, & par ce qu'on vient de dire, l'équilibre du fluide dans cette hypothèse demande que $\dfrac{yy\,dy + yx\,dx}{(xx+yy)^2}$ soit une différentielle complette, c'est-à-dire, qu'elle ait pour intégrale quelque fonction de x & de y indépendante de la relation de x à y.

DE LA PHILOSOPHIE NATURELLE.

Pour s'en assurer il faut différencier P ou $\dfrac{yy}{(xx+yy)^2}$ en regardant y comme constante, il viendra pour la différentielle $-\dfrac{2xyy\,dx}{(xx+yy)^3}$, qui étant divisée par dx donne $-\dfrac{2xyy}{(xx+yy)^3}$, différenciant de même Q ou $\dfrac{xy}{(xx+yy)^2}$ & faisant x constante, il viendra la différentielle $\dfrac{x^3\,dy - xyy\,dy}{(xx+yy)^3}$, qui étant divisée par dy donne $\dfrac{x^3 - xyy}{(xx+yy)^3}$; maintenant on voit que la quantité $-\dfrac{2xy^2}{(xx+yy)^3}$ venue par la premiere opération, n'est point la même que $\dfrac{x^3 - xyy}{(xx+yy)^3}$ venue par la seconde ; donc la différentielle proposée n'est point intégrale en général, c'est-à-dire, quelle que soit la relation de x à y ; donc l'hypothèse de gravité qui a donné cette différentielle, est de celle dans lesquelles les fluides ne seroient point en équilibre.

XXIII.

Pour donner un exemple d'une hypothèse qui réussisse, imaginons que les particules du fluide soient animées par des forces qui les fassent tendre à deux centres A & B placés dans l'axe de révolution : la premiere de ces forces agissant comme une puissance quelconque m de la distance AS, & la seconde comme une puissance quelconque n de la distance BS. Je commence par faire les lignes $HS = y$. $CA = a$. $CH = x$. $BC = b$. $AH = x - a$. $AS = \sqrt{\overline{x-a}^2 + yy}$. $BH = b + x$. $BS = \sqrt{\overline{b+x}^2 + yy}$. la force par laquelle la particule S tendra vers A, sera donc $A \times AS^m$, ou $A \left(\overline{a-x}^2 + yy \right)^{\frac{m}{2}}$, & la force par laquelle cette même particule S tendra vers B, sera exprimée par $B \times BS^n$, ou $B \left(\overline{b-x}^2 + yy \right)^{\frac{n}{2}}$, CH & HS

Fig. 15.

étant les coordonnées répondantes au point S, CA & CB, les droites qui marquent la position des points attractifs A & B par rapport à l'origine de x.

Il est évident que la force P trouvée en décomposant les forces des points A & B suivant $S H$, sera $A \cdot (AS)^m \times \frac{HS}{AS} + B \cdot (BS)^n \times \frac{HS}{BS}$, c'est-à-dire, en termes analytiques, $Ay \left(\overline{x-a}^2 + yy\right)^{\frac{m-1}{2}} + By \left(\overline{b+x}^2 + yy\right)^{\frac{n-1}{2}}$. La force Q se trouvera de même exprimée par $A \times \overline{x-a} \left(\overline{x-a}^2 + yy\right)^{\frac{m-1}{2}} + B \times \overline{b+x} \left(\overline{b+x}^2 + yy\right)^{\frac{n-1}{2}}$; différenciant maintenant P ou $Ay \left(\overline{x-a}^2 + yy\right)^{\frac{m-1}{2}} + By \left(\overline{b+x}^2 + yy\right)^{\frac{n-1}{2}}$, & faisant y constante & divisant par dx la différentielle venue, on aura $A \times \overline{m-1} \left(\overline{x-a}^2 + yy\right)^{\frac{m-3}{2}} \times y \times \overline{x-a} + B \times \overline{n-1} \left(\overline{b+x}^2 + yy\right)^{\frac{n-3}{2}} \times y \times \overline{b+x}$.

Différenciant de même Q ou $A \times \overline{x-a} \left(\overline{x-a}^2 + yy\right)^{\frac{m-1}{2}} + B \times \overline{b+x} \left(\overline{b+x}^2 + yy\right)^{\frac{n-1}{2}}$ en supposant x constant, & divisant la différentielle par dy, on aura $A \times \overline{x-a} \times \overline{m-1} \, y \left(\overline{x-a}^2 + yy\right)^{\frac{m-3}{2}} + B \times \overline{b+x} \times \overline{n-1} \, y \left(\overline{b+x}^2 + yy\right)^{\frac{n-3}{2}}$; or cette quantité étant visiblement la même que celle qu'on a eu en différenciant P ; cette différentielle $Pdy + Qdx$, est une différentielle complette dans cette hypothèse, & l'équilibre y est possible.

Au reste, sans prendre la peine de différencier P & Q, on pouvoit reconnoître facilement que la différentielle proposée, $Ay\,dy \left(\overline{x-a}^2 + yy\right)^{\frac{m-1}{2}} + By\,dy \left(\overline{b+x}^2 + yy\right)^{\frac{n-1}{2}}$, étoit complette : car son intégrale se trouve tout de suite, & est

DE LA PHILOSOPHIE NATURELLE.

$$\frac{A}{m+1}\left(\overline{x-a}^2+yy\right)^{\frac{m+1}{2}}+\frac{B}{n+1}\left(\overline{b+x}^2+yy\right)^{\frac{n+1}{2}},$$

& je n'ai donné la maniere de reconnoître la possibilité de son intégration par l'opération précédente, que pour mieux faire voir l'usage du Théoréme de M. *Clairaut* dans d'autres cas où il seroit peut-être si difficile d'intégrer, qu'on abandonneroit l'intégration sans sçavoir si elle possible ou non.

XXIV.

Après avoir reconnu qu'une hypothèse de gravité n'a rien de contraire à l'équilibre des fluides, on trouvera de la maniere suivante la figure que doit avoir, dans cette hypothèse, une planette dont le temps de la rotation est donné.

Soit imaginé que le canal ON est prolongé d'une part jusqu'au centre C, & de l'autre jusqu'à la surface M, il est évident, par ce qu'on vient de dire, que l'intégrale de $Pdy+Qdx$ étant complettée par cette condition, qu'elle disparoisse quand y & $x=0$, on n'aura qu'à retrancher de cette intégrale, laquelle exprime le poids total du canal COM (en supposant que x & y soient les coordonnées CQ & QM du méridien) la somme des efforts centrifuges des parties de CM, & faire la différence égale à une constante.

Fig. 13.

Comme la somme des efforts centrifuges de CM doit être, par ce qu'on a vû, la même que celle des efforts d'un canal QM placé dans le sens de l'ordonnée, la question est réduite à sommer les efforts de QM.

Soit donc nommée f la force centrifuge produite à la distance r par la rotation du sphéroïde, on aura $\frac{fy}{r}$ pour la force centrifuge à une distance quelconque y, & $\frac{fy\,dy}{r}$ pour l'effort centrifuge de la particule dy; intégrant donc cette différentielle, on aura $\frac{fyy}{2r}$ pour l'effort centrifuge total des parties de QM

où de CM; donc $\int(P\,dy + Q\,dx) - \dfrac{fyy}{2r}$ étant égalé à une constante, donnera l'équation cherchée du méridien de la planette dans l'hypothèse, où la pesanteur décomposée suivant les deux axes a donné les forces P & Q.

Ainsi dans l'hypothèse que je viens de prendre d'une gravité produite par la tendance à deux points A & B, la différentielle $P\,dy + Q\,dx$ ayant donné pour son intégrale $\dfrac{A}{m+1}\left(\overline{x-a}^2 + yy\right)^{\frac{m+1}{2}} + \dfrac{B}{n+1}\left(\overline{b+x}^2 + yy\right)^{\frac{n+1}{2}}$, l'équation du sphéroïde dans cette hypothèse, doit être
$$\frac{A}{m+1}\left(\overline{x-a}^2 + yy\right)^{\frac{m+1}{2}} + \frac{B}{n+1}\left(\overline{b+x}^2 + yy\right)^{\frac{n+1}{2}} - \frac{fyy}{2r} = C,$$
($\dfrac{fyy}{2r}$ étant la somme de la force centrifuge sur une colomne comme y, & C étant une constante qu'on suppose égale au poids des colomnes quelconques qui vont du centre à la surface.)

Si on suppose les centres attractifs A & B réunis, & qu'on prenne les origines des x de ce centre, l'équation précédente seroit, en ce cas, $\dfrac{A}{m+1}(xx+yy)^{\frac{m+1}{2}} + \dfrac{B}{n+1}(xx+yy)^{\frac{n+1}{2}} - \dfrac{fyy}{2r} = C$ qui exprime la figure d'une planette dans l'hypothèse que ses parties pesent vers un centre suivant une force composée de la somme de deux puissances différentes de la distance, cette force étant alors $A\,d^m + B\,d^n$, (d exprimant la distance des particules au centre attractif.)

X X V.

Pour montrer la maniere dont on doit faire usage de l'équation générale précédente dans des applications aux cas qui ont lieu

DE LA PHILOSOPHIE NATURELLE.

lieu dans la nature, je vais montrer comment on doit déterminer les coéficiens de l'équation $\frac{A}{m+1}(xx+yy)^{\frac{m+1}{2}} + \frac{B}{n+1}(xx+yy)^{\frac{n+1}{2}} - \frac{fyy}{2r} = C$ dans le cas où le sphéroïde est la terre, en supposant que la gravité y fut produite par une tendance vers un centre exprimée par $A d^m + B d^n$.

Supposant que le demi axe de révolution soit donné, & qu'il soit égal à t, je substitue cette valeur pour x dans l'équation $\frac{A}{m+1}(xx+yy)^{\frac{m+1}{2}} + \frac{B}{n+1}(xx+yy)^{\frac{n+1}{2}} - \frac{fyy}{2r} = C$, je fais en même temps $y = o$ dans cette même équation, parce que l'ordonnée doit être au pole, & il me vient alors $\frac{A}{m+1} t^{m+1} + \frac{B}{n+1} t^{n+1} = C$, ce qui détermine la constante C.

Je suppose ensuite que r soit le rayon de l'équateur, & je prends φ pour exprimer le rapport de la force centrifuge à la gravité sous l'équateur, & dans le cas où le sphéroïde est la terre, $\varphi = \frac{1}{288}$ à peu près : comme dans l'hypothèse qu'on examine ici, la gravité à l'équateur, c'est-à-dire à la distance r, doit être $A r^m + B r^n$; j'ai donc $\varphi A r^m + \varphi B r^n$ à substituer à f (ces quantités exprimant la force centrifuge absolue); je fais donc cette substitution dans l'équation $\frac{A}{m+1}(xx+yy)^{\frac{m+1}{2}} + \frac{B}{n+1}(xx+yy)^{\frac{n+1}{2}} - \frac{fyy}{2r} = C$, & j'ai $\frac{A}{m+1}(xx+yy)^{\frac{m+1}{2}} + \frac{B}{n+1}(xx+yy)^{\frac{n+1}{2}} - (\frac{1}{2}\varphi A r^{m-1} + \frac{1}{2}\varphi B r^{n-1}) yy = \frac{A}{m+1} t^{m+1} + \frac{B}{n+1} t^{n+1}$; pour déterminer ensuite le rapport de t à r je fais $x = o$, & $y = r$, car lorsque l'abscisse est nulle l'ordonnée devient le rayon de l'équateur, & j'ai par

Tome II.

ce moyen l'équation $\frac{A}{m+1} r^{m+1} + \frac{B}{n+1} r^{n+1} - \frac{1}{2} A\varphi r^{m+1}$
$- \frac{1}{2} B\varphi r^{n+1} = \frac{A}{m+1} t^{m+1} + \frac{B}{n+1} t^{n+1}$ par laquelle
on voit bien qu'on ne peut pas manquer d'avoir le rapport cherché de t à r, quel que soit le rapport φ de la force centrifuge sous l'équateur, & quels que soient les nombres choisis pour A, B, m, n dans l'hypothèse de gravité $Ad^m + Bd^n$.

Lorsque φ est une très-petite quantité comme cela arrive dans le cas de la terre, le calcul peut se simplifier beaucoup.

Soit mis $r(1-\delta)$ à la place de t, & par conséquent r^{m+1}
$\left(1 - \overline{m+1}\,\delta + \frac{\overline{m+1} \times \overline{m+2}}{2}\,\delta^2 - \frac{\overline{m+1} \times \overline{m+2} \times \overline{m+3}}{2 \times 3}\,\delta^3 + \&c.\right)$ à la place de t^{m+1} & $r^{n+1}\left(1 - \overline{n+1}\,\delta\right.$
$\left.+ \frac{\overline{n+1} \times \overline{n+2}}{2}\,\delta^2 - \frac{\overline{n+1} \times \overline{n+2} \times \overline{n+3}}{2 \times 3}\,\delta^3 + \&c.\right)$
à la place de t^{n+1}, & en substituant les quantités dans l'équation $\frac{A}{m+1} r^{m+1} + \frac{B}{n+1} r^{n+1} - \frac{1}{2} A\varphi r^{m+1} - \frac{1}{2} B\varphi r^{n+1}$
$= \frac{A}{m+1} t^{m+1} + \frac{B}{n+1} t^{n+1}$ elle deviendra $\frac{A}{m+1} r^{m+1}$
$+ \frac{B}{n+1} r^{n+1} - \frac{1}{2} A\varphi r^{m+1} - \frac{1}{2} B\varphi r^{n+1} = \frac{A}{m+1} r^{m+1}$
$\left(1 - \overline{m+1}\,\delta + \frac{\overline{m+1} \times \overline{m+2}}{2}\,\delta^2 - \&c.\right) + \frac{B}{n+1} r^{n+1}$
$\left(1 - \overline{n+1}\,\delta + \frac{\overline{n+1} \times \overline{n+2}}{2}\,\delta^2 - \&c.\right)$ qui se réduit à
$- \frac{1}{2} \varphi A r^{m+1} - \frac{1}{2} \varphi B r^{n+1} = \frac{A r^{m+1}}{m+1}\left(-\overline{m+1}\,\delta\right.$
$\left.+ \frac{\overline{m+1} \times \overline{m+2}}{2}\,\delta^2 - \&c.\right) + \frac{B}{n+1} r^{n+1}\left(-\overline{n+1}\,\delta\right.$
$\left.+ \frac{\overline{n+1} \times \overline{n+2}}{2}\,\delta^2 - \&c.\right)$ ou bien $+ \frac{\varphi}{2} A r^{m+1} + \frac{\varphi}{2} B r^{n+1}$

$$= A r^{m+1} \left(\delta - \frac{m+2}{2} \delta^2 + \frac{\overline{m+2} \times \overline{m+3}}{2 \times 3} \delta^3 - \&c. \right)$$

$$+ B r^{n+1} \left(\delta - \frac{n+2}{2} \delta^2 + \frac{\overline{n+2} \times \overline{n+3}}{2 \times 3} \delta^3 - \&c. \right)$$

$$= \left(A r^{m+1} + B r^{n+1} \right) \delta - A r^{m+1} \left(\frac{m+2}{2} \delta^2 \right.$$

$$\left. - \frac{\overline{m+2} \times \overline{m+3}}{2 \times 3} \delta^3 + \&c. \right) - B r^{n+1} \left(\frac{n+2}{2} \delta^2 + \right.$$

$$\left. \frac{\overline{n+2} \times \overline{n+3}}{2+3} \delta^3 + \&c. \right)$$ & en divisant les deux membres de cette derniere équation par $A r^{m+1} + B r^{n+1}$, & transposant tous les termes où sont δ^2, δ^3, &c. on aura $\delta = \frac{\varphi}{2}$

$$+ \frac{A r^{m+1} \left(\frac{m+2}{2} \delta^2 - \frac{\overline{m+2} \times \overline{m+3}}{2 \times 3} \delta^3 + \&c. \right)}{A r^{m+1} + B r^{n+1}}$$

$$+ \frac{B r^{n+1} \left(\frac{n+2}{2} \delta^2 - \frac{\overline{n+2} \times \overline{n+3}}{2 \times 3} \delta^3 + \&c. \right)}{A r^{m+1} + B r^{n+1}}$$

Si on suppose maintenant que δ soit une très-petite quantité, ainsi qu'elle l'est en effet pour la terre, on peut négliger sans scrupule tous les termes qui suivent $\frac{\varphi}{2}$, desorte que (quels que soient A, B, m, n,) δ qui marque ce que l'excès de l'équateur sur l'axe est à l'équateur, se trouve, sans erreur sensible, la moitié de ce que la force centrifuge est à l'égard de la gravité ; ainsi φ étant pour la terre $= \frac{1}{289}$, ou à $\delta = \frac{1}{578}$, ou, ce qui revient au même, les axes sont en ce cas comme 578 à 577 quels que soient A, B, m, n.

On verroit de même que quelque fut le nombre de termes tels que $A \delta^m + B \delta^n + C \delta^p + \&c.$ qu'on prendroit pour exprimer la gravité, & enfin que quelle que fut la loi de gravité, pourvû qu'elle tendit au centre, le rapport des axes ne feroit pas fenfiblement plus grand que celui de 578 à 577.

XXVI.

M. *Clairaut* a démontré cette Propofition d'une autre maniere page 141. de fa Théorie de la figure de la terre, & il en a conclu que toutes les hypothêfes de pefanteur où la force tendroit vers le centre de la terre, devoient être exclues, quelle que fut la loi de cette tendance, puifque les obfervations ont appris que l'applatiffement de la terre eft plus confidérable que celui d'un fphéroïde dont les axes feroient entr'eux comme 578 à 577.

Il femble d'abord qu'on ne foit en droit de rejetter par ce calcul que les hypothêfes qui feroient dépendre la tendance vers un centre de la feule diftance à ce centre, mais fi l'on fe fouvient qu'on a vu Art. 15. que l'équilibre des fluides ne permet pas de fuppofer qu'il entre dans l'expreffion de la force qui tend vers un centre, autre chofe que la diftance à ce centre, on verra qu'on ne peut, fans être démenti par l'expérience journaliere de l'équilibre des eaux qui couvrent la terre, ou par les opérations faites au Nord, en France & à l'équateur pour déterminer la figure de la terre, recevoir aucune hypothêfe où la pefanteur ne tendit que vers un centre.

XXVII.

Je ne ferai aucune autre application du Problême précédent à la théorie de la figure de la terre, parce que mon but étant de traiter les matieres relatives au Livre des Principes, je dois donner la préférence aux hypothêfes où la gravité fur la terre dépend de l'attraction de toutes les parties de la terre : la détermination de la figure de la terre eft bien plus embarraffante dans ces hypothêfes, & elle feroit peut-être d'une difficulté infurmontable fans les abréviations qu'apporte la fuppofition que fes axes différent très-peu l'un de l'autre.

Je regarderai donc ces différences d'axes comme on regarde

les différentielles dans le calcul infinitésimal ; ainsi plus elles feront petites, plus les axes feront déterminés exactement par la théorie suivante.

Si, par exemple, les axes ne défèrent entr'eux que de $\frac{1}{200}$ e, ce qui est à peu près le cas de la terre ; les calculs suivans feroient exacts à $\frac{1}{(200)^2}$ ou $\frac{1}{40000}$ près, ou, ce qui revient au même, les erreurs qui pourroient s'y glisser seroient telles, qu'au lieu de trouver l'axe au diamétre de l'équateur comme 200 à 201, on le trouveroit peut-être comme 199 à 200, ou comme 201 à 202 ; on voit bien que de telles erreurs ne sont pas d'assez grande conséquence pour chercher à les éviter par des calculs très-pénibles.

SECTION IV.

SECONDE PARTIE.

De la théorie de la figure de la Terre, en supposant que la gravité soit le résultat des attractions de toutes les parties de la Terre.

XXVIII.

PROPOSITION I. PROBLÊME I.

On demande l'attraction qu'exerce un sphéroïde elliptique B E b e *sur un corpuscule* P *placé sur le prolongement de son axe de révolution.*

Fig. 16.

Soient $BDbd$ la sphére inscrite à ce sphéroïde, EC le diametre de l'équateur du sphéroïde, Pmn, PMN deux droites quelconques partant de P & faisant un angle infiniment petit

PRINCIPES MATHÉMATIQUES

entr'elles, kmq, KMQ, LNR, lnr des plans élevés perpendiculairement à PBb.

Nous chercherons premierement l'attraction qu'exercent sur P, suivant PC, les deux petits anneaux produits par la révolution de $KMkm$, $LNln$ autour de Bb.

La petite couronne produite par la révolution de KM, aura pour valeur $KM \times QM \times c$ (en supposant que c exprime le rapport de la circonférence au rayon,) & multipliant cette valeur par l'épaisseur Qq, $KM \times QM \times C \times Qq$ exprimera la solidité de l'anneau $KMKm$, & toutes les parties de l'anneau attirant également le corpuscule P, il faut multiplier cette expression $KM \times c \times QM \times Qy$ par $\frac{1}{PM^2} \times \frac{PQ}{PM}$ qui exprime l'attraction du corpuscule placé en M sur P, décomposée suivant PQ, & le produit $c \times KM \times QM \times Qq \times \frac{PQ}{PM^3}$ exprimera l'attraction de l'anneau entier sur P dans la direction PQ.

Remarquant maintenant qu'à cause de la propriété de l'ellipse $KM = QM \times \frac{DE}{CD}$, & que les triangles semblables PCO, PQM donnent $\frac{PO}{PC} = \frac{PQ}{PM}$, & $\frac{CO}{PC} = \frac{MQ}{PM}$, l'expression précédente se changera en $c \times \frac{ED}{CD} \times CO^2 \times \frac{PO}{PC^3} \times Qq$.

On verroit de même que l'attraction de l'anneau $NLln$ dans la même direction, seroit $c \times \frac{ED}{CD} \times CO^2 \times \frac{PO}{PC^3} \times Rr$, ainsi la somme de ces deux attractions sera $c \times \frac{ED}{CD} \times CO^2 \times \frac{PO}{PC^3} \times \overline{Qq+Kr}$ ou $c \times \frac{ED}{CD} \times CO^2 \times \frac{PO}{PC^3} \times d(QR)$

Soit faites les lignes $CD = r$. $CP = e$. $OM = ON = u$.

DE LA PHILOSOPHIE NATURELLE.

& le rapport $\frac{ED}{CD} = \delta$, on aura $CO = \sqrt{rr-uu}$, & par conséquent $PO = \sqrt{PC^2 - CO^2} = \sqrt{ee - rr + uu}$, & $QR = \frac{2u\sqrt{ee-rr+uu}}{e}$; donc l'expression $c \times \frac{ED}{CD} \times CO^2 \times \frac{PO}{CP^3} \times \overline{Qq + Rr}$ deviendra $c\delta(rr - uu) \times \frac{\sqrt{ee-rr+uu}}{e^3}$

$\times d\left(\frac{2u\sqrt{ee-rr+uu}}{e}\right) = c\delta(rr - uu) \times \frac{\sqrt{ee-rr+uu}}{e^3}$

$\times \frac{2ee - rr\,du + 4uu\,du}{e\sqrt{ee - rr + uu}}$ qui se réduit à $c\delta\,du\left(\frac{2e^2r^2 - 2r^4}{e^4}\right)$

$+ c\delta u^2\,du\left(\frac{6r^2 - 2e^2}{e^4}\right) - \frac{4c\delta u^4\,du}{e^4}$, dont l'intégrale

$c\delta\left(\frac{2e^2r^2 - 2r^4}{e^4}\right)u + c\delta\left(\frac{6r^2 - 2e^2}{3e^4}\right)u^3 - \frac{4c\delta u^5}{5e^4}$

exprimera l'atttraction que le solide produit par la révolution de l'espace $KMNL$ autour de Bb exerce sur P.

Si l'on fait dans cette valeur $u = r$, c'est-à-dire, $MO = NO = CD$, elle deviendra $\frac{4cr^3\delta}{3e^2} - \frac{4cr^5\delta}{5e^4}$ & exprimera l'attraction de tout l'espace compris entre la sphère & le sphéroïde: ainsi ajoutant à cette expression $\frac{2cr^3}{3ee}$, qui suivant l'Article quatrième de la deuxième Section, exprime l'attraction de la sphère $BDbd$ sur le même corpuscule, on aura $\frac{4cr^3\delta}{3e^2} - \frac{4cr^5\delta}{5e^4}$

$+ \frac{2cr^3}{3e^2}$ pour l'attraction demandée du sphéroïde. C. Q. F. T.

XXIX.

COROLLAIRE.

Si on suppose $r = e$, c'est-à-dire, si on suppose que le corpuscule soit placé au pole du sphéroïde, l'expression précédente se réduira à $\frac{2cr}{3} + \frac{8}{15}cr\delta$.

PRINCIPES MATHÉMATIQUES
XXX.
PROPOSITION II. LEMME I.

$K \alpha L$ *représentant un cercle ou une ellipse, ou toute autre courbe dont les diamètres sont partagés en deux parties égales par le centre* H, *je dis que l'attraction que cette figure exerce sur un corpuscule placé en* μ *dans la ligne* μH *élevée perpendiculairement au-dessus de son centre, ne diffère de celle qu'il exerceroit sur un corpuscule placé en* M *à même hauteur que* μ, *& à une distance infiniment petite de ce point* μ, *que d'une quantité infiniment petite du second ordre.*

Fig. 17.

Tirant un diamètre quelconque KL à la figure proposée, & joignant les lignes KM, ML, l'attraction suivant μH que deux particules égales supposées en K & en L exercent sur μ, sera exprimée par $\frac{H\mu}{K\mu^3} + \frac{H\mu}{\mu L^3}$; l'attraction de K sur μ suivant $K\mu$ est $\frac{1}{K\mu^3}$, & $\frac{H\mu}{K\mu} \times \frac{1}{K\mu^2}$ est la partie de cette force qui agit suivant $H\mu$ en la décomposant; car on aura $K\mu : H\mu :: \frac{1}{\mu K^2} : \frac{H\mu}{K\mu^3}$, prenant 1 pour la masse de chaque particule supposée K & en L.

L'attraction des mêmes particules sur M suivant MV abaissée perpendiculaire au plan KL, sera $\frac{MV}{KM^3} + \frac{MV}{LM^3}$, abaissant ensuite VX perpendiculaire à KL, & faisant les lignes $HL = KH = b$. $\mu H = MV = a$. $K\mu = \sqrt{aa+bb} = c$. $HX = \alpha$. $XV = \beta$, on aura $KX = b + \alpha$, $XL = b - \alpha$, $HV = \sqrt{\alpha^2 + \beta^2}$, $HM = \sqrt{a^2 + \alpha^2 + \beta^2}$, $KM = \sqrt{cc + \alpha^2 + \beta^2 + 2\alpha b}$, $ML = \sqrt{cc - 2\alpha b + \alpha^2 + \beta^2}$.

Si on substitue maintenant ces valeurs dans les expressions $\frac{\mu H}{K\mu^3} + \frac{\mu H}{L\mu^3}$ & $\frac{MV}{KM^3} + \frac{MV}{ML^3}$, elles se changeront en $\frac{2a}{c^3}$ &

DE LA PHILOSOPHIE NATURELLE.

& $\dfrac{a}{(cc+\alpha^2+\beta^2+2\alpha b)^{\frac{3}{2}}} + \dfrac{a}{(c^2+\alpha^2+\beta^2-2\alpha b)^{\frac{3}{2}}}$. Si l'on éleve maintenant, par le binome de *Newton*, les quantités qui sont au dénominateur, & qu'on néglige les secondes, troisièmes, &c. puissances des quantités infiniment petites α, β, le terme $\dfrac{a}{(c^2+\alpha^2+\beta^2+2\alpha b)^{\frac{3}{2}}}$ se changera en $a \times c^{-3} - \dfrac{3}{2} c^{-5} \times 2 b a$ ou $\dfrac{a}{c^3} - \dfrac{3 a b a}{c^5}$, & le terme $\dfrac{a}{(cc-2ba+\alpha^2+\beta^2)^{\frac{3}{2}}}$ deviendra $\dfrac{a}{c^3} + \dfrac{3 a b a}{c^5}$, & ajoutant ces deux termes, on aura pour leur somme $\dfrac{2a}{c^3}$; donc les deux corpuscules placés en K & en L exercent en μ & en M suivant μH & MV, la même force à un infiniment petit près du second ordre.

L'attraction que les corpuscules K & L exercent en M, ne se faisant pas dans l'exacte rigueur suivant MV, il faut, outre cette attraction suivant MV, en prendre deux nouvelles, dont l'une agit dans la direction XV perpendiculaire à KL, & l'autre suivant KL. L'attraction suivant XV, seroit de même exprimée par $\dfrac{XV}{KM^3} + \dfrac{XV}{ML^3}$, celle suivant KL le seroit par $\dfrac{KX}{KM^3} - \dfrac{LX}{ML^3}$; mais comme ces deux attractions sont infiniment petites, & qu'elles agissent dans des directions perpendiculaires à MV, on voit qu'elles ne produiront jamais par leur composition avec la force suivant VM qu'une somme qui ne différera de la première qu'on a trouvé avant de faire attention à ces forces, que d'un infiniment petit du second ordre, par la même raison que l'hipoténuse d'un triangle, dont un côté est fini & l'autre infiniment petit, ne diffère de son côté fini que d'un infiniment petit du second ordre.

Dès qu'on est donc assuré que deux corpuscules égaux, placés en K & en L attirent également les corps placés en μ & en M, on voit qu'il en doit être de même d'une figure quelconque $K \circ L$,

Tome II. P p

pourvu que H soit le centre de cette figure, c'est-à-dire, pourvu que toutes les lignes qui la traversent soient partagées en deux parties égales lorsqu'elles passent par H.

L'attraction absolue que les corpuscules égaux placés en K & en L exercent sur M, se faisant suivant une direction qui diffère infiniment peu de HM, il est clair que leur attraction, suivant cette direction, ne différera de leur attraction absolue, que d'une quantité infiniment petite du second ordre, & que par conséquent la figure KoL exercent en μ suivant $H\mu$, & en M suivant HM des attractions qui peuvent être prises l'une pour l'autre, en négligeant les différences du second ordre. C. Q. F. D.

XXXI.

PROPOSITION III. LEMME II.

$PEpe$ représentant un sphéroïde elliptique infiniment peu différent d'une sphère dont Pp est l'axe de révolution, Ee le diamètre de l'équateur, Nn un diamètre quelconque de ce sphéroïde, & M un corpuscule placé sur le prolongement de ce diamètre ; je dis que l'attraction exercée par le sphéroïde sur ce corpuscule suivant la direction MN, sera la même que celle qu'exerceroit un autre sphéroïde dont Nn seroit l'axe de révolution, & dont la quantité de matière seroit la même que celle du premier.

Fig. 18. Pour le démontrer soit imaginé le sphéroïde $PEpe$ coupée en une infinité de tranches $LlKk$ par des plans perpendiculaires au méridien $PEpe$ sur les ordonnées LK, lk au diamètre Nn ; H étant le centre de ces tranches, leurs attractions sur M seront les mêmes par l'Article 30. que celles qu'elles exerceroient dans le cas où l'on feroit mouvoir toutes ces tranches autour des points H, jusqu'à ce qu'elles devinssent perpendiculaires à NHn, à cause que supposant l'ellipsoïde infiniment peu différent d'une sphére, les diamètres HN ne peuvent faire avec leurs ordonnées LK que des angles infiniment peu différens de l'angle droit.

DE LA PHILOSOPHIE NATURELLE.

Le solide qu'on auroit par le mouvement infiniment petit supposé aux tranches LK, lk qui les mettroit dans une situation perpendiculaire à l'axe Nn, ne différeroit en solidité du sphéroïde $PEpe$ que d'un infiniment petit du second ordre.

De plus, l'attraction de chacune des tranches elliptiques qui le composeroient, pourroient être regardée comme égale à celle que produiroit des cercles de même superficie, car ces ellipses different infiniment peu de ces cercles par la supposition ; or les cercles qui les égalent en superficie étant supposés placés sur le même plan qu'elles, & avoir le même centre, les différences de leurs attractions sur le corpuscule, ne pourroient être attribuées qu'au plus ou au moins de distance des parties qui composeroient les espèces de lunules qui marqueront l'excédent des deux figures l'une sur l'autre ; or ces lunules étant infiniment petites, le plus ou le moins de distance de leurs parties au corps attiré ne produira qu'un infiniment petit du second ordre dans l'attraction. C. Q. F. D.

XXXII.

PROPOSITION IV. LEMME III.

PE *étant une ellipse infiniment peu différente du cercle*, $PC = 1$ *étant son petit axe*, $1 + \delta = CE$ *son second axe*, $S = $ *sinus de l'angle* MCP, *le rayon* CM *aura pour valeur* $1 + \delta SS$ *en négligeant le quarré de* δ *& ses puissances plus élevées.*

Ayant décrit sur l'axe PC le quart de cercle PD, on verra, par la propriété de l'ellipse, que $MO : QO :: ED : CD$, c'est-à-dire, que $MO = QO \times \delta$; mais à cause que MO est infiniment petite par l'hypothèse, MIO pourra être pris pour un triangle, lequel sera semblable au triangle OCQ ; on aura donc $OC : OQ :: MO : MI$, c'est-à-dire, $1 : OQ :: OQ \times \delta : MI$; donc $MI = OQ^2 \times \delta$; donc $CM = CO + MI = OC + (QO^2) \times \delta$, ou $1 + (QO^2) \times \delta$, ou bien $CO + \left(\dfrac{MQ^2}{MC^2}\right) \times \delta$; car

Fig. 19.

pp ij

puisque $OC = 1$, $\frac{MQ}{MC}$ ne diffère de $\frac{OQ}{OC} = QO$ que d'une grandeur infiniment petite ; donc $\delta \times (OQ^2)$ déjà infiniment petit, ne peut différer de $\delta \times \left(\frac{MQ^2}{MC^2}\right)$ ou δSS que d'un infiniment petit du second ordre ; donc on aura $CM = 1 + \delta SS$.

XXXIII.

PROPOSITION V. LEMME IV.

Préparation du Lemme 4.

On a vu par les Propositions 2 & 3 de cette Section, l'attraction qu'un sphéroïde quelconque, composé d'une infinité de couches de densités & d'ellipticités différentes, exerce sur les corpuscules placés à sa surface dans la direction du rayon ; mais comme cette direction n'est pas celle suivant laquelle se fait l'attraction du sphéroïde, on va chercher les moyens d'avoir la véritable direction. On voit bien, à cause de la différence infiniment petite qui est supposée entre le sphéroïde & la sphère, que la vraie direction de l'attraction ne peut s'écarter que d'un angle infiniment petit de la direction du rayon, & qu'ainsi la force de l'attraction est telle qu'on vient de la trouver quant à la quantité, & que quant à la direction, elle n'en diffère que d'un infiniment petit du second ordre ; mais on a besoin, pour la figure de la terre, d'avoir, outre la quantité absolue de l'attraction à un point quelconque, la vraie direction de l'attraction à ce point.

Fig. 20.

Lemme 4. L'attraction qu'un cercle RIr exerce sur un corpuscule M placé perpendiculairement au-dessus du point H, lequel est infiniment peu écarté du centre Y, étant décomposée suivant HY, la partie de cette force résultante de cette décomposition sera exprimée par $\frac{\frac{1}{2}c \times HY \times RH^2}{MR^3}$ (RHY étant le diamètre qui passe par le point H) en négligeant les quantités infiniment petites du second ordre.

DE LA PHILOSOPHIE NATURELLE.

Ayant élevé IHi perpendiculaire à Rr, & transporté le segment IRi en iZI, il est évident que l'espace lunulaire $iZIr$ sera la seule partie du cercle $RIri$ qui attirera le corpuscule M dans la direction Rr, puisque les deux segmens IRi, IZi ont des attractions qui se détruisent.

Supposons l'espace $IriZ$ partagé en une infinité d'élémens par les lignes QTS, qts perpendiculaires à Ii, il est évident que l'attraction absolue de chaque élément $TtSs$ sur M, sera cet espace même divisé par le quarré de la distance TM; donc $\frac{TtSs}{TM^2}$ est cette force; mais il faut la décomposer suivant HY, ou sa parallèle QT; or cette décomposition la diminuera dans la raison de QT à MT, donc $\frac{TtSs}{TM^3} \times QT$ est l'attraction de l'élément $TtSs$ suivant la direction HY.

Mais la valeur de $TtSs$ est $TS \times Qq$ & $TS = 2HY$ par la construction; donc l'attraction de l'élément $TtSs$ est $\frac{2HY \times Qq \times QT}{MT^3}$, ou $\frac{2HY \times Qq \times QT}{MR^3}$, en négligeant les infiniment petits du second ordre.

Pour intégrer cette quantité dans laquelle HY & MR sont des constantes, je remarque que $Qq \times QT$ est la différentielle du segment $HQTZ$; donc $\frac{2HY}{MR^3} \times HQTZ$ est l'attraction que l'espace $TZVS$ exerce sur M suivant HY.

Supposant ensuite $HQ = Hi$, on aura $\frac{2HY}{MR^3} \times HiZ$ pour l'attraction de l'espace $iTZrS$, dont le double $\frac{4HY}{MR^3}(HiZ)$ sera l'attraction de $IZiSr$, ou, ce qui revient au même, l'attraction du cercle entier.

Si on regarde dans cette valeur l'espace $iHZI$ comme un demi cercle dont le rayon seroit RH, ce qui ne peut apporter qu'une erreur infiniment petite du fecond ordre, cette expreſſion $\frac{4HY}{MR^3}$ (HiZ) ſe changera en $\frac{\frac{1}{2}c \times HY \times RH^2}{MR^3}$.

XXXIV.

COROLLAIRE.

Si la courbe RrI au lieu d'être un cercle étoit une autre courbe qui s'en écartât infiniment peu, telle qu'une ellipſe dont Rr ſeroit l'un des axes, & dont l'autre axe différeroit infiniment peu de celui-ci, l'attraction pourroit toujours, ſans erreur ſenſible, être exprimée par $\frac{\frac{1}{2}c \times HY \times RH^2}{MR^3}$; car on voit bien que ſi l'on faiſoit entrer dans le calcul la différence des axes de cette ellipſe, elle ne pourroit produire dans une quantité, déja infiniment petite par elle-même, qu'une quantité infiniment petite du ſecond ordre.

XXXV.

PROPOSITION VI. LEMME V.

Soit $KLkl$ un ſphéroïde dont l'axe de révolution Kk diffère infiniment peu du diamétre de l'équateur Ll, ſoient de plus M un corpuſcule placé hors du ſphéroïde, $PMEpe$ l'ellipſe ſemblable à $KLkl$ laquelle paſſeroit par le corpuſcule M, MX la perpendiculaire en M à cette ellipſe, laquelle perpendiculaire eſt terminée par la ligne CX élevée perpendiculairement ſur CM ; je dis que l'attraction que le ſphéroïde $KLkl$ exercera ſur M dans la direction CX, aura pour expreſſion $\frac{2}{5} c \times \frac{CN^5}{CM^5} \times CX$.

Fig. 21.

Soient MRS, $MP\Sigma$, deux droites partant de M & rencontrant le ſphéroïde : $RPrp$, $S\Sigma s\sigma$ les deux tranches de ce ſphéroïde que retranchent les plans élevés perpendiculairement ſur MC, & paſſant par les points R, P, Σ, S, ſoit de plus μYZ la droite qui coupe en deux parties égales toutes les perpendiculaires

DE LA PHILOSOPHIE NATURELLE.

ou ordonnées $Rr, Pp, Ss, \Sigma\sigma$, ou, ce qui revient au même, le diamétre de ces ordonnées.

Il est évident que la différentielle de l'attraction que la tranche quelconque $RrSs$ du sphéroïde exerce sur M dans la direction CX, sera l'attraction de la tranche infiniment petite $RrPp$, moins celle de la tranche $Ss\Sigma\sigma$, parce que la premiere attire dans la direction HY, & la seconde dans la direction opposée IZ, toutes deux parallèles à CX.

Par la Proposition précédente $\dfrac{\frac{1}{2} c \times HY \times RH^2 \times Hh}{MR^3}$ sera l'attraction de la tranche $RPrS$, & par le même Lemme $\dfrac{\frac{1}{2} c \times IZ \times SI^2 \times Ii}{MS^3}$ sera l'attraction de la tranche $Ss\Sigma\sigma$; donc $\dfrac{\frac{1}{2} c \times HY \times RH^2 \times Hh}{MR^3} - \dfrac{\frac{1}{2} c \times IZ \times SI^2 \times Ii}{MS^3}$ est la différentielle de l'attraction cherchée.

Je remarque maintenant qu'on peut prendre, sans erreur sensible l'angle CMX pour le même que l'angle $C\mu x$, car le point μ ne peut être qu'infiniment peu écarté de M à cause de l'infiniment petite différence qui est entre l'ellipse $PEpe$ & le cercle; mais l'angle $C\mu x$ seroit le même que l'angle μCM, puisque $C\mu$ étant le diamétre des ordonnées Rr, &c. la tangente en μ est parallèle à Rr, ou perpendiculaire à CHM; donc l'angle $MC\mu$ peut être supposé sans erreur sensible $= CMX$.

Cela posé, on aura $CH : HY \& CI : ZI :: CM : CX$; substituant donc $CH \times \dfrac{CX}{CM}$ à HY & $CI \times \dfrac{CX}{CM}$ à ZI, l'expression précédente $\dfrac{\frac{1}{2} c \times HY \times RH^2 \times Hh}{MR^3} - \dfrac{\frac{1}{2} c \times IZ \times SI^2 \times Ii}{MS^3}$ se changera en $\dfrac{1}{2} c \times \dfrac{CX}{CM} \left(\dfrac{RH^2 \times CH \times Hh}{MR^3} - \dfrac{SI^2 \times CI \times Ii}{MS^3} \right)$

Pour réduire cette expression, je remarque encore que si la courbe $KLkl$ étoit un cercle, & que par conséquent $CH^2 + RH^2$ fut égal à la constante CR^2, on auroit $CH \times Hh$

$+ RH \times dRH = 0$; mais comme la courbe $KLkl$ diffère infiniment peu du cercle, cette équation n'a qu'une erreur infiniment petite, lorsqu'on en fera usage dans la valeur de l'attraction cherchée déja infiniment petite par elle-même.; donc on pourra mettre, sans erreur sensible, dans l'expression précédente $- RH \times dRH$ à la place de $CH \times Hh$ & $- SI \times dSI$, à la place de $CI \times Ii$.

Cela fait, l'expression précédente se changera en $\frac{1}{2} c \times \frac{CX}{CM}$ $\left(- \frac{RH^3}{MR^3} \times d(RH) + \frac{SI^3}{MS^3} \times d(SI) \right)$, qui deviendra $\frac{1}{2} c \times \frac{CX}{CM} \left(- \frac{CG^3}{MC^3} d(RH) + \frac{CG^3}{MC^3} d(SI) \right)$, ou $\frac{1}{2} c$ $\times \frac{CX}{CM^4} \times \left(CG^3 \times d(SI - RH) \right)$ en mettant $\frac{CG}{MC}$ à la place de $\frac{RH}{MR}$ & de $\frac{SI}{MS}$, CG étant une perpendiculaire abaissée de C sur MS.

Pour intégrer maintenant cette différentielle, je fais les lignes $CM = e$. $CN = r$. $RG = u$, & j'ai $CG = \sqrt{rr - uu}$, $RS = 2u$, $SI - RH = 2u \sqrt{rr - uu}$; soient donc substituées ces valeurs dans la formule $\frac{1}{2} c \times \frac{CX}{CM^4} \times CG^3 d(SI - RH)$, & elle deviendra $\frac{1}{2} c \times \frac{CX}{e^4} (r^2 - u^2)^{\frac{3}{2}} \times d\left(\frac{2u\sqrt{rr - uu}}{e} \right)$; mais $d\left(\frac{2u\sqrt{rr-uu}}{e} \right) = \frac{2r^2 du - 4uu\, du}{e\sqrt{rr - uu}}$; donc $\frac{1}{2} c \times \frac{CX}{e^4}$ $(r^2 - u^2)^{\frac{3}{2}} \times d\left(\frac{2u\sqrt{rr-uu}}{e} \right) = \frac{1}{2} c \times \frac{CX}{e^5} \times \overline{r^2 - u^2}$ $\overline{2r^2 - 4u^2} \times du$ ou $c \times \frac{CX}{e^5} (r^4 du - 3r^2 u^2 du + 2u^4 du)$ dont l'intégrale est $C \times \frac{CX}{e^5} \left(r^4 u - r^2 u^3 + \frac{2}{5} u^5 \right)$ valeur de l'attraction

l'attraction de la tranche quelconque $RrSs$, & faisant dans cette valeur $u = r$, c'est-à-dire, $RS = Nn$, on aura $c \times \frac{CX}{e^5} \left(\frac{2}{5} r^5 \right)$
$= \frac{2}{5} c \times \frac{CX}{CM^5} \times CN^5$ pour l'attraction du sphéroïde entier $KLkl$ sur M suivant CX. C. Q. F. D.

XXXVI.

PROPOSITION VII. PROBLÉME II.

Trouver l'attraction qu'un sphéroïde elliptique PMEKT, *composé d'une infinité de couches telles que* BbFfOo *toutes de densités & d'ellipticités* * *différentes, exerce sur un corpuscule placé en un point quelconque* M *de sa surface.*

Ayant fait les lignes $PC = e$. $CE = e(1+\delta) =$ rayon de l'équateur: CB demi axe de la couche quelconque $BNFO = r$, CF rayon de l'équateur de cette couche $= r(1+\gamma)$, le sinus de l'angle $PCM = s$. On commencera par chercher l'attraction que le sphéroïde BFO, supposé homogène, exerceroit sur le corpuscule placé en M; on a vû ci-dessus (Article 33.) que le sphéroïde BFO exercera sur M la même attraction qu'un sphéroïde dont NO seroit l'axe de révolution, & dont la solidité seroit la même ; il faut donc chercher quel doit être le second axe de ce nouveau sphéroïde supposé égal en quantité de matiere à BFO, & qui a pour premier axe de révolution la droite NO.

Fig. 22.

La solidité du sphéroïde $BNFO$ dont l'axe de révolution $BC = r$, & le second $= r(1+\varkappa)$ doit être $\frac{2}{3} cr^3 (1+\gamma)^2$ (c exprimant le rapport de la circonférence au rayon:) supposant que $CN(1+\epsilon)$ soit le rayon cherché de l'équateur du

---

* On appelle ici l'ellipticité d'un sphéroïde, la fraction qui exprime la différence du rayon de l'équateur à l'axe par rapport à l'axe.

sphéroïde, sa solidité sera, par la même raison, $\frac{2}{3} c \times CN^{\frac{1}{2}}$ $(1+\epsilon)^2$, & en égalant ces deux expressions, il viendra $\frac{2}{3} c r^3$ $(1+\gamma)^2 = \frac{2}{3} c \times CN^3 (1+\epsilon)^2$, d'où l'on tire $\frac{r^3(1+\gamma)^2}{CN^3}$ $= \overline{1+\epsilon}^2$ ou $\frac{r^{\frac{3}{2}} 1+\gamma}{CN^{\frac{3}{2}}} = 1+\epsilon$; mais par l'Article 32. de cette Section, CN doit avoir pour valeur $r(1+\gamma ss)$ donc $1+\epsilon$ $= \frac{r^{\frac{3}{2}}(1+\gamma)}{r^{\frac{3}{2}}(1+\gamma ss)^{\frac{3}{2}}}$, ou $\overline{1+\gamma} \times (1+\gamma ss)^{-\frac{3}{2}}$, ou $\overline{1+\gamma} \times \overline{1-\frac{3}{2}\gamma ss}$, (en élevant par le binome de *Newton* $(1+\gamma ss)^{\frac{3}{2}}$ & en négligeant les $\gamma\gamma$) ou enfin $1+\gamma - \frac{3}{2}\gamma ss$ en négligeant encore les $\gamma\gamma$; ayant donc $1+\epsilon = 1+\gamma - \frac{3}{2}\gamma ss$, on aura $\gamma(1-\frac{3}{2}ss)$ pour la valeur cherchée de ϵ, c'est-à-dire, pour l'ellipticité du sphéroïde dont l'axe de révolution seroit NO, & dont la quantité de matiere seroit la même que celle du sphéroïde $BNFO$.

Cela posé, il ne s'agit plus que d'avoir l'attraction qu'exerce un sphéroïde, dont le demi axe de révolution est $CN = r(1+\gamma ss)$, & dont l'ellipticité est $\gamma(1-\frac{3}{2}ss)$ sur un corpuscule placé sur cet axe de révolution à la distance CM, laquelle distance $= e$ $(1+\delta ss)$ par l'Article 32.

On a démontré ci-devant (Article 35.) que lorsque le demi axe de révolution est r, l'ellipticité δ, & la distance du corpuscule au centre e, l'expression de l'attraction étoit $\frac{2 c r^3}{3 e e} + \frac{4 c r^3 \delta}{3 e e}$ $- \frac{4 c r^5 \delta}{5 e^4}$, il faut donc mettre dans cette expression $r(1+\gamma ss)$ à la place de r, & $e(1+\delta ss)$ à la place de e, & $\gamma(1-\frac{3}{2}ss)$ à la place de δ.

Comme les deux derniers termes $\frac{4 c r^3 \delta}{3 e e} - \frac{4 c r^5 \delta}{5 e^4}$ de la quantité dans laquelle on doit faire la substitution sont affectés de la lettre δ qui représente une quantité infiniment petite, il sera inutile de mettre pour r, & pour e, des quantités qui en diffèrent infiniment peu ; ainsi il suffira de mettre dans ces deux termes, à la place de δ, $\gamma(1-\frac{3}{2}ss)$; mais dans le terme $\frac{2cr^3}{3ee}$ qui est fini, il faudra substituer $r(1+\gamma ss)$ à r, & $e(1+\delta ss)$ à e.

Faisant maintenant cette substitution, on aura pour le premier terme $\frac{2cr^3}{3ee} \cdot \frac{(1+\gamma ss)^3}{(1+\delta ss)^2}$, ou $\frac{2cr^3}{3ee} \cdot \frac{(1+3\gamma ss)}{(1+2\delta ss)}$, ou $\frac{2cr^3}{3ee}(1+3\gamma ss-2\delta ss)$ en négligeant les δ^2, les γ^2, & les $\delta\gamma$, & en élevant les quantités par le binome, & effectuant la division indiquée.

On aura ensuite pour les termes $\left(\frac{4cr^3}{3ee}-\frac{4cr^5}{5e^4}\right)\delta$ la quantité $\left(\frac{4cr^3}{3e^2}-\frac{4cr^5}{5e^4}\right)\gamma(1-\frac{3}{2}ss)$ qui devient $\frac{4cr^3\gamma}{3e^2}-\frac{4cr^5\gamma}{5e^4}-\frac{2cr^3ss\gamma}{ee}+\frac{6cr^5ss\gamma}{5e^4}$, & en ajoutant ces deux quantités, on aura enfin $\frac{2cr^3}{3e^2}(1+3\gamma ss-2\delta ss)+\frac{4cr^3\gamma}{3e^2}-\frac{4cr^5\gamma}{5e^4}+\frac{6cr^5\gamma ss}{5e^4}-\frac{2cr^3\gamma ss}{ee}$, ou $\frac{2cr^3}{3ee}-\frac{4cr^3ss\delta}{3ee}+\frac{4cr^3\gamma}{3ee}-\frac{4cr^5\gamma}{5e^4}+\frac{6cr^5\gamma ss}{5e^4}$, & c'est là la valeur de l'attraction que le sphéroïde $BNFO$, supposé d'une densité uniforme, exerce sur le corpuscule M.

Pour avoir l'attraction du même sphéroïde, en supposant qu'il soit composé de couches qui varient tant en densité qu'en ellipticité, soit différenciée l'expression précédente, & l'on aura $\frac{2crrdr}{ee}-\frac{4cr^2\delta ssdr}{ee}+\frac{4c}{3ee}d(r^3\gamma)-\frac{4c}{5e^4}d(r^5\gamma)+\frac{6c}{5e^4}d(r^5\gamma)ss$, qui exprimera l'attraction de l'orbe $BNFO$ $bnfo$, (r & γ étant les indéterminées.)

PRINCIPES MATHÉMATIQUES

Soit maintenant R la densité de cet orbe, on n'aura plus qu'à multiplier la différentielle précédente par R, & l'intégrant, ensuite on aura l'attraction du sphéroïde $BNFO$ de densité variable; faisant enfin dans cette intégrale $r = e$, elle exprimera l'attraction du sphéroïde proposé $PMEKT$. C. Q. F. T.

Nommant en général A la quantité que devient $\frac{Rrrdr}{ee}$ lorsqu'elle est intégrée, complettée, & qu'on y a substitué e à la place de r, B & D les quantités que deviennent $\frac{R}{ee}d(r^3\gamma)$ & $\frac{R}{e^4}d(r^5\gamma)$ dans la même supposition, l'expression précédente

$$\frac{2c}{ee}\int Rrrdr - \frac{4c\delta ss}{ee}\int Rrrdr + \frac{4c}{3ee}\int Rd(r^3\gamma) - \frac{4c}{5e^4}\int Rd(r^5\gamma) + \frac{6c}{5e^4}\int Rd(r^5\gamma)ss,$$

prendra cette forme $2cA + 4c\delta ssA + \frac{4}{3}cB - \frac{4}{5}cD + \frac{6}{5}cssD$.

Si on fait dans cette valeur $s = 0$, ce qui suppose le corpuscule au pole, elle se réduira à $2cA + \frac{4}{3}cB - \frac{4}{5}cD$.

Et si l'on fait $s = 1$, ce qui suppose le corpuscule à l'équateur,
$$2cA - 4c\delta A + \frac{4c}{3}B + \frac{2c}{5}D.$$

XXXVII.

COROLLAIRE I.

Si l'on se proposoit d'avoir l'attraction que le sphéroïde $PMEKT$ exerceroit sur le corpuscule M dans le cas où l'on supposeroit ce sphéroïde homogène, on reprendroit la quantité
$$\frac{2cr^3}{3ee} - \frac{4cr^3\delta ss}{3ee} - \frac{4cr^5\gamma}{5e^4} + \frac{4cr^3\gamma}{3ee} + \frac{6cr^5\gamma ss}{5e^4}$$
qui exprime l'attraction du sphéroïde $BNFO$ sur M, & on feroit

DE LA PHILOSOPHIE NATURELLE.

dans cette expression $r = e$ & $\gamma = \delta$, ce qui la changeroit en $\frac{2}{3} c e + \frac{8}{15} c e \delta - \frac{2}{15} c e \delta s s$.

Si dans cette valeur on fait $s = o$, c'est-à-dire, si on suppose que le point M devient le point P ou le pole du sphéroïde, l'attraction sera alors exprimée par $\frac{2}{3} c e + \frac{8}{15} c e \delta$, qui est la même expression qu'on a trouvée précédemment dans l'Article 29.

Si on fait $s = 1$, c'est-à-dire, si on suppose que le point M devienne le point E, & qu'il soit par conséquent à l'équateur, on aura en ce cas $\frac{2}{3} c e + \frac{8}{15} c e \delta$ pour l'attraction en ce lieu, laquelle est, comme l'on voit, plus petite qu'au pole, de la quantité $\frac{2}{15} c e \delta$.

Et si on compare cette différence avec l'attraction entiere au pole $\frac{2}{3} c e + \frac{6}{15} c e \delta$, on aura par le rapport $\frac{\frac{2}{15} c e \delta}{\frac{2}{3} c e + \frac{8}{15} c e \delta}$, ou $\frac{\delta}{5 + 3 \delta}$, ou enfin $\frac{\delta}{5}$, en négligeant les δ^2 & puissances plus élevées ; donc l'attraction au pole surpasse celle à l'équateur d'une fraction, qui est la cinquiéme partie de celle qui marque l'excès du diamétre de l'équateur sur l'axe.

XXXVIII.

COROLLAIRE II.

Si on suppose que ce sphéroïde soit composé de couches toutes semblables entr'elles, & dont la densité augmente uniformément du centre à la circonférence, on aura alors $\gamma = \delta$ & $R = m r$, quantités qu'il faudra substituer dans l'expression générale.

On voit d'abord que $\frac{R r r d r}{e e}$ sera $\frac{m r^3 d r}{e e}$ dont l'intégrale est $\frac{mr^4}{4ee}$, dans laquelle faisant $e = r$, on a $\frac{mee}{4}$ pour la valeur de A.

On a de même $\frac{R\,d(r^3\gamma)}{ee} = \frac{3m\delta r^3 dr}{ee}$, dont l'intégrale $\frac{3m\delta r^4}{4ee}$ donne $\frac{3m\delta ee}{4}$ pour la valeur de B lorsque $r = e$.

On a enfin $\frac{R\,d(r^5\gamma)}{e^4} = \frac{5m\delta r^5 dr}{e^4}$, dont l'intégrale $\frac{5m\delta r^6}{6e^4}$ donne $\frac{5m\delta e^2}{6}$ pour la valeur de D lorsque $r = e$.

Substituant ces valeurs de A, B, D dans l'expression générale de l'attraction, laquelle on vient de trouver à la fin de cette Proposition, $2cA - 4c\delta ssA + \frac{4}{3}cB - \frac{4}{3}cD + \frac{6}{5}css D$, elle se réduira à $e^2 mc(\frac{1}{2} + \frac{1}{3}\delta)$, dans laquelle expression s n'entrant pas, on voit que quelle que soit la position du point M dans cette hypothèse de densité, l'attraction vers le centre sera toujours la même.

XXXIX.

COROLLAIRE III.

Supposant à présent que les ellipses des couches soient d'autant plus applaties qu'elles sont plus éloignées du centre, ou, ce qui revient au même, faisant $\gamma = \frac{\delta r}{e}$, & supposant de plus que la densité qui est supposée donnée, & qui au centre est $= m$, diminue continuellement & uniformément du centre à la surface, c'est-à-dire, que $R = me - pr$, ou que plus la quantité p sera grande, plus R ou la densité diminue; & faisant ensuite les substitutions indiquées pour avoir A, B, D dans ces suppositions, on aura $\frac{R\,rr\,dr}{ee} = A = \frac{mer^2 dr - pr^3 dr}{ee}$, dont l'intégrale $\frac{mer^3}{3ee} - \frac{pr^4}{4ee}$ donne $(\frac{1}{3}m - \frac{1}{4}p)ee$ pour la valeur de A en faisant $r = e$.

On aura ensuite $\frac{R\,d(r^3\delta)}{ee} = B = \frac{me-pr}{ee} \times d\left(\frac{\delta r^4}{e}\right)$
$= \frac{4me\delta r^3 dr - 4p\delta r^4 dr}{e^3}$, dont l'intégrale $\frac{me\delta r^4}{e^3} - \frac{4}{5}p\frac{\delta r^5}{e^3}$
donne $B = e^2 \delta (m - \frac{4}{5}p)$ en faisant $r = e$.

Et enfin $\frac{R\,d(r^5 \gamma)}{e^4} = D = \frac{6me\delta r^5 dr - 6p\delta r^6 dr}{e^5}$, dont l'intégrale $\frac{me\delta r^6 - \frac{6}{7}p\delta r^7}{e^5}$ donne $D = (m - \frac{6}{7}p)\delta e^2$ lorsque $r = e$.

Substituons maintenant ces valeurs de A, B, D dans l'expression générale $2cA - 4css\delta A + \frac{4}{3}cB - \frac{4}{3}csD + \frac{6}{5}cssD$, & nous aurons $2ce^2(\frac{1}{3}m - \frac{1}{4}p) - 4ce^2(\frac{1}{3}m - \frac{1}{4}p)ss\delta + \frac{4}{3}ce^2\delta(m - \frac{4}{5}p) - \frac{4}{3}c\delta e^2(m - \frac{6}{7}p) + \frac{6}{5}css\delta e^2(m - \frac{6}{7}p)$ ou $2ce^2(\frac{1}{3}m - \frac{1}{4}p) + css\delta e^2(-\frac{2}{15}m - \frac{1}{35}p) + ce^2\delta(\frac{8}{15}m - \frac{8}{21}p)$, qui est la valeur de l'attraction du sphéroïde sur M dans l'hypothèse présente.

Si on fait $s = 0$, cette quantité deviendra $2ce^2(\frac{1}{3}m - \frac{1}{4}p) + ce^2\delta(\frac{8}{15}m - \frac{8}{21}p)$ & exprimera l'attraction du même sphéroïde au pole.

Si on fait $s = 1$, cette quantité deviendra $2ce^2(\frac{1}{3}m - \frac{1}{4}p) + ce^2\delta(\frac{8}{15}m - \frac{8}{21}p) + ce^2\delta(-\frac{2}{15}m - \frac{1}{35}p)$, ou $2ce^2(\frac{1}{3}m - \frac{1}{4}p) + ce^2\delta(\frac{6}{15}m - \frac{43}{105}p)$, & elle exprimera l'attraction du même sphéroïde à l'équateur.

La différence de ces deux attractions est $ce^2\delta(\frac{2}{15}m + \frac{3}{105}p)$, & cette différence étant comparée à l'attraction au pole, donnera pour le rapport $\frac{ce^2\delta(\frac{2}{15}m + \frac{3}{105}p)}{2ce^2(\frac{1}{3}m - \frac{1}{4}p)}$ en négligeant les δ^2 & puissances plus élevées, & cette fraction qui se réduit à $\delta\left(\frac{\frac{2}{15}m + \frac{3}{105}p}{\frac{1}{3}m - \frac{1}{4}p}\right) = \delta\left(\frac{28m + 6p}{140m - 105p}\right)$, exprimera ce que l'excès de l'attraction au pole sur celle à l'équateur, est à l'attraction entière du sphéroïde.

PRINCIPES MATHÉMATIQUES

X L.

PROPOSITION VIII. PROBLÉME III.

Trouver l'attraction suivant la ligne CS *perpendiculaire à* CP *qu'exerce un sphéroïde* PME, *composé d'une infinité de couches elliptiques* KLkl, *toutes de densités & d'ellipticités différentes, sur un corpuscule placé en* M.

Fig. 23.

Soient faites les lignes $CM = e$. $CN = r$. $QM = q$ e; l'ellipticité de $PME = \delta$. celle de $KL = \gamma$. la densité de la couche quelconque $KkLl = R$. Soient de plus MX la perpendiculaire à l'ellipse PME rencontrant CE en V, & MT la perpendiculaire à l'ellipse semblable à KNL & qui passeroit par M, laquelle perpendiculaire rencontre la ligne CE en S.

Il est démontré par l'Article 35. qu'on aura $\frac{2cr^5}{5e^5} \times CT$ pour l'attraction qu'exerceroit sur le corpuscule M suivant CT le sphéroïde KNL supposé homogène ; au lieu de cette attraction suivant CT, j'imagine une force suivant CS propre à donner la même direction, lorsqu'elle sera combinée avec la force suivant CM que la force suivant CT : il est clair que cette force suivant CS, devra avoir pour expression $\frac{2cr^5}{5e^5} \times CS$ pour être équivalente à la force suivant TC, qui a pour expression $\frac{2cr^5}{5e^5} \times CT$.

Il s'agit donc d'avoir la valeur de CS, ou la distance du point C, au point où la perpendiculaire à l'ellipse semblable à KNL rencontre l'axe CE ; mais par la propriété de l'ellipse, cette ligne CS a pour valeur $QM \times \frac{CE^2 - CP^2}{CP^2}$, c'est-à-dire, $2 q e \gamma$ en négligeant les γ^2 ; multipliant donc $\frac{2cr^5}{5e^5}$ par $2 q e \gamma$ valeur de

CS

DE LA PHILOSOPHIE NATURELLE.

CS, on aura $\frac{4cqr^5\gamma}{5e^4}$ pour la force suivant CS, équivalente à l'attraction du sphéroïde KNL supposé homogène, sur M suivant CT.

En différenciant cette force, on aura $\frac{4cq}{5e^4} d(r^5\gamma)$ pour la force suivant CS de l'orbe KNL, en supposant que cet orbe soit de la densité 1.

Mais en le supposant de la densité R, $\frac{4cq}{5e^4} R d(r^5\gamma)$ sera la force de l'orbe $KkLl$, & $\frac{4cq}{5e^4} \int R d(r^5\gamma)$ sera la force du sphéroïde KNL supposé hétérogène.

Si on prend, comme on a fait plus haut, D pour ce que devient la quantité $\int \frac{R d(r^5\gamma)}{e^4}$ lorsque $r = e$, on aura $\frac{4cq}{5} D$ pour la force du sphéroïde proposé PME, sur le corpuscule M suivant CS. C. Q. F. T.

XLI.

PROPOSITION IX. LEMME IV.

Supposant que le sphéroïde précédent PME *tourne dans un temps tel que la force centrifuge qui en résulte soit infiniment petite par rapport à l'attraction totale du sphéroïde, on demande la direction* MZ *qui résulte des attractions qu'exerce sur* M *le sphéroïde* PME*, ces attractions étant combinées avec la force centrifuge produite par la rotation du même sphéroïde.*

Supposant que CM exprime la force de l'attraction du sphéroïde suivant CM, CH la force équivalente à l'attraction suivant la perpendiculaire CX, & HZ la force centrifuge qui agiroit en M, il est évident que MZ seroit la direction demandée.

Soit reprise maintenant l'expression $2cA - 4c\delta ssA + \frac{4}{3}cB - \frac{4}{5}cD + \frac{6}{5}cssD$ qu'on a trouvée dans l'Article 36. pour

Fig. 24.

l'expression de l'attraction suivant CM, ou prenant en cette occasion $2cA$ pour exprimer la force de la gravité à l'équateur, ce qui se peut toujours en négligeant les infiniment petits du second ordre.

Mais comme les forces centrifuges des corps qui tournent dans le même temps sont comme les rayons, on aura CE, ou e à QM, ou qe (on a gardé les dénominations de l'Art. 36.) comme $2cA\varphi$ à $2cA\varphi q$, qui sera l'expression de la force centrifuge en M, ou la force HZ.

Mais la force CH, c'est-à-dire, la force suivant cette direction équivalente à l'attraction suivant CX, vient d'être trouvée dans l'Article précédent $= \frac{4cq}{5}D$; donc $2cA q \varphi + \frac{4cq}{5}D$ est la force totale suivant CH, provenant, tant de l'attraction que de la force centrifuge; donc si on prend CZ à CM comme $2cA q \varphi + \frac{4cq}{5}D$ à $2cA$, ou, ce qui revient au même, si on fait $CZ = \frac{qe(A\varphi + \frac{2}{5}D)}{A}$, ou $= \frac{cr(\frac{2}{5}D + A\varphi)}{2A\delta}$ (en mettant à la place de q, $\frac{cr}{2e\delta}$ qui lui est égal par la propriété de l'ellipse,) MZ sera la direction & la quantité cherchée qui résulte, tant de l'attraction que de la force centrifuge. *C. Q. F. T.*

XLII.

SCHOLIE.

Si l'on imagine maintenant que le sphéroïde précédent ait sa surface couverte de fluide, & qu'on veuille que ce fluide soit en équilibre pendant la rotation donnée au sphéroïde, il est clair que la direction de la force qui fait peser les particules M, laquelle direction est composée de l'attraction & de la force centrifuge, doit être la perpendiculaire même MV à ce sphéroïde; donc il faut que δ, ou l'ellipticité du sphéroïde proposé, soit

DE LA PHILOSOPHIE NATURELLE.

telle, que $CV = \left(\frac{\frac{2}{3}D + A\varphi}{2A\delta}\right)cr$, c'est-à-dire, que cette valeur de δ doit dépendre de la résolution de l'équation $\frac{\frac{2}{3}D + A\varphi}{2A\delta} = 1$, ou $2A\delta = \frac{2}{3}D + A\varphi$, équation qui sera facile à résoudre aussi-tôt que l'on connoîtra A & D, c'est-à-dire, aussi-tôt qu'on aura fixé la loi suivant laquelle la densité & l'ellipticité varient du centre à la surface extérieure.

S'il étoit resté dans cette équation la quantité QM, ou CM, ou toute autre quantité variable, il est évident que la valeur de δ contiendroit des variables, ce qui seroit une absurdité, puisque l'ellipticité du sphéroïde proposé dont on cherche la figure convenable afin qu'il soit en équilibre, doit être une quantité déterminée, & c'est cet évanouissement de la lettre q qui assure la justesse de l'hypothèse qu'on a prise, en regardant la figure PME comme une ellipse.

XLIII.

PROPOSITION X. PROBLÉME V.

Trouver la figure de la Terre supposée homogène.

La terre supposée entierement fluide, ou bien solide, mais couverte d'une lame de fluide infiniment mince, est, pour l'équilibre, dans le cas qu'on a traité dans la premiere partie de cette Section.

Pour déterminer sa figure dans cette hypothèse, il faut chercher ce qu'elle donne pour A & pour D, on remplira la condition de l'homogénéité en faisant $R = 1$, ce qui donnera, en reprenant l'expression générale de A & de D trouvée Proposition 7. de cette seconde partie de cette Section, $\int R\,rr\,dr = \frac{1}{3}r^3$, & alors faisant $r = e$, on aura $A = \int \frac{R\,rr\,dr}{ee} = \frac{1}{3}e, \int R\,d(r^3\gamma)$

sera $\int d.(r^5\gamma)$, ou $r^5\gamma$; donc $D = \int R d \frac{(r^5\gamma)}{e^4}$ est alors $e\delta$; (car en faisant $r = e$, il faut faire $\gamma = \delta$.)

Substituant donc $\frac{1}{5}e$ pour A, & $e\delta$ pour D dans l'équation $2A\delta = \frac{2}{5}D + A\varphi$ de l'Article précédent, cette équation deviendra $\frac{2}{5}e\delta = \frac{2}{5}e\delta + \frac{1}{5}e\varphi$, qui donne $\delta = \frac{5}{4}\varphi$, c'est-à-dire, que dans le cas de l'homogénéité, l'ellipticité du sphéroïde doit être à la fraction qui exprime le rapport de la force centrifuge à la pesanteur sous l'équateur comme 5 à 4 ; ainsi $\frac{1}{288}$ étant cette fraction pour la terre, on aura $\delta = \frac{5}{4 \times 288}$ qui donne environ $\frac{1}{230}$ pour l'excès du diamètre de l'équateur de la terre sur l'axe. *C. Q. F. T.*

XLIV.

SCHOLIE.

M. *Newton* a trouvé à peu près ce même rapport par la méthode qu'il a suivi ; mais il est à remarquer que dans cette méthode il se contente de supposer que le méridien est une ellipse sans le prouver, & même sans assurer qu'il en soit une ; il se contente d'égaler le poids de la colomne de fluide qu'il suppose dans l'axe de révolution, au poids de la colomne qui iroit du centre à l'équateur, sans donner rien qui assure de l'équilibre des autres colomnes.

XLV.

PROPOSITION XI. PROBLÉME VI.

Trouver la figure de Jupiter dans la même hypothèse de l'homogénéité.

Il n'est question, pour y parvenir, que de connoître le rapport de la force centrifuge à la gravité, sur l'équateur de Jupiter.

Pour connoître la premiere de ces deux forces, il faut connoître le rayon de l'équateur de Jupiter & le temps de sa rotation, & l'on connoîtra la seconde par le temps de la révolution de l'un de ses satellites, & par la distance de ce satellite à Jupiter.

T exprimant le temps périodique du satellite qu'on choisit pour cette opération, t celui de la révolution de Jupiter autour de son axe, r le rayon de Jupiter, & R celui de l'orbite du satellite, on aura * $\frac{r^3 T^2}{R^3 t^2}$ pour exprimer φ, ou le rapport de la force centrifuge à la gravité sur l'équateur de Jupiter.

Mettant donc dans cette formule pour T, 24032′, temps de la révolution du 4ᵉ satellite de Jupiter, & pour t, 596′, temps de la révolution de Jupiter autour de son axe; l'unité pour r qui est le rayon de Jupiter, & 26,63 pour R qui est le rayon de l'orbe du satellite, on aura $\frac{r^3 T^2}{R^3 t^2}$ ou $\varphi = \frac{10}{116}$, & par conséquent δ, (ou l'ellipticité de Jupiter dans le cas de l'homogénéité) $= \frac{5}{4} \varphi$ $= \frac{10}{92}$ environ. C. Q. F. T.

---

* Pour démontrer cette formule, soit pris μ pour exprimer un intervalle de temps infiniment petit, pendant lequel on cherche quelle seroit la chute du satellite, & on aura $T : cR :: \mu : \frac{\mu c R}{T}$ qui est la valeur du petit arc parcouru par le satellite dans le temps μ : le quarré de cet arc $\frac{\mu^2 c^2 R^2}{T^2}$ étant divisé par le rayon R, c'est-à-dire, $\frac{\mu^2 c^2 R}{T^2}$ exprimera la flèche ou chute du satellite vers Jupiter, laquelle mesure la force de cette planete à la distance R, & par conséquent, $\frac{\mu^2 c^2 R^3}{T^2 r^2}$ pour la force de la même planete à la distance r de son centre, c'est-à-dire, à sa surface.

Mais on trouveroit la force centrifuge en divisant par le rayon r le quarré $\frac{\mu^2 c^2 r^2}{t^2}$ du petit arc que décrit chaque partie de Jupiter dans le temps μ, ce qui donneroit pour cette force centrifuge $\frac{\mu^2 c^2 r}{t^2}$, divisant donc $\frac{\mu^2 c^2 r}{t^2}$ par $\frac{\mu^2 c^2 R^3}{T^2 r^2}$, on aura $\frac{r^3 T^2}{R^3 t^2}$. C. Q. F. D.

PRINCIPES MATHÉMATIQUES

XLVI.

PROPOSITION XII. PROBLÉME VII.

Trouver la figure d'une planete qu'on suppose composée de couches elliptiques, dont les ellipticités augmenteroient du centre à la surface proportionnellement à la distance au centre ; & dont les densités décroîtroient du centre à la circonference proportionnellement à la même distance.

Dans cette hypothèse, qui est la même que celle qui a été traitée Article 39. on aura, en prenant toujours $me - pr$ pour exprimer la densité R, & $\frac{\delta r}{e}$ pour l'ellipticité γ, $A = (\frac{1}{3}m - \frac{1}{4}p)ee$, $D = (m - \frac{6}{7}p)\delta ee$: substituant ces valeurs dans l'équation $\frac{2}{5}D + A\varphi = 2A\delta$, ou $2D + 5A\varphi = 10A\delta$ trouvée (Article 42.) on aura $\frac{10}{3}me^2\delta - \frac{10}{4}pe^2\delta = 2me^2\delta - \frac{12}{7}pe^2\delta + \frac{5}{3}me^2\varphi - \frac{5}{4}pe^2\varphi$, ou $\frac{10}{3}\delta m - \frac{5}{2}\delta p = 2m\delta - \frac{12}{7}p\delta + \frac{5}{3}m\varphi - \frac{5}{4}p\varphi$, ou enfin $\frac{10}{3}\delta m - \frac{5}{2}\delta p - 2m\delta + \frac{12}{7}p\delta = (\frac{5}{3}m - \frac{5}{4}p)\varphi$, d'où l'on tire $\delta = \varphi \frac{(\frac{1}{3}m - \frac{1}{4}p)}{\frac{4}{3}m - \frac{11}{14}p}$, ou $\delta = \frac{\varphi(140m - 105p)}{112m - 66p}$ qui exprimera l'ellipticité cherchée du sphéroïde proposé aussi-tôt qu'on fixera le rapport de m à p, ce qui dépend de la différence totale de densité qu'on suppose entre la superficie & le centre.

Si on veut, par exemple, que la densité soit double au centre de ce qu'elle est à la surface, on aura $p = \frac{1}{2}m$, & dans ce cas $\delta = \varphi \left(\frac{175}{158}\right)$, qui devient $\frac{175}{158 \times 288} = \frac{1}{260}$ environ, dans le cas où le sphéroïde est la terre.

Si on veut ensuite que la densité à la surface les $\frac{3}{4}$ de celle au centre, on aura alors $p = \frac{1}{4}m$, & par conséquent $\delta = \varphi \left(\frac{140 - \frac{105}{4}}{112 - \frac{66}{4}}\right)$

DE LA PHILOSOPHIE NATURELLE.

ou $\delta = \varphi \left(\frac{455}{382} \right)$ & qui devient $\frac{455}{382 \times 288} = \frac{1}{242}$ environ dans le cas où le sphéroïde est la terre.

Si on faisoit $p = 0$, il est clair qu'on rentreroit dans le cas de l'homogénéité; aussi la formule $\delta = \varphi \left(\frac{140\,m - 105\,p}{112\,m - 60\,p} \right)$ deviendroit en ce cas $\varphi \left(\frac{140}{112} \right)$, c'est-à-dire, $\frac{5}{4} \varphi$, ainsi qu'on l'a trouvé pour ce cas (Article 43.) C. Q. F. T.

XLVII.

PROPOSITION XIII. PROBLÉME VIII.

Trouver la figure d'une planette composée d'une masse fluide qui environne un noyau solide de figure elliptique, dont la densité & l'ellipticité sont données.

Ce cas ne paroît pas d'abord se réduire à la Prop. précédente, dans laquelle la densité & l'ellipticité varioient du centre à la surface; au lieu que dans le cas présent, depuis le centre jusqu'à une distance finie, il n'y a point de variation dans la densité ni dans l'ellipticité, & depuis la superficie extérieure du noyau jusqu'à la surface il n'y a encore aucune variation dans la densité de la masse fluide environnante, ni dans son ellipticité.

Que CA représente le demi axe du noyau, $CH = AG = 1 + f$ sa densité, $CB = e$ le demi axe du sphéroïde, $AF = BE = 1$ la densité de l'orbe environnante, la ligne $HGEF$ est alors l'échelle des densités, qui étoit dans le Prob. général, la courbe dont les ordonnées auroient été R pendant que les abscisses étoient r. Fig. 25.

Pour trouver dans ce cas ci ce que devient la quantité $\int \frac{R\,rr\,dr}{ee} = A$, il faudra calculer cette quantité dans la supposition de $R = 1$ & $r = e$, & en retrancher ce que la même quantité de-

PRINCIPES MATHÉMATIQUES

vient lorsque $r=a$, la quantité qui viendra par cette soustraction sera la partie de $\int \frac{R r r d r}{e e}$ qui répond à l'orbe fluide environnant, & sa valeur sera $\frac{1}{3} e - \frac{1}{3} \frac{a^3}{e e}$, car $\int \frac{R r r d r}{e e}$ dans la supposition de $R=1$ est $\frac{r^3}{3 e e}$ qui devient $\frac{1}{3} e$ lorsque $r=e$, & $\frac{1}{3} \frac{a^3}{e e}$ lorsque $r=a$.

Il faudra ensuite calculer $\int \frac{R r r d r}{e e}$ en faisant $R=1+f$, & $r=a$, cette quantité sera alors la partie de $\int \frac{R r r d r}{e e}$ qui convient au noyau, & sa valeur sera $\frac{1}{3} \frac{a^3}{e e} (1+f)$; ajoutant alors ces deux parties de $\int \frac{R r r d r}{e e}$, on aura pour cette quantité, c'est-à-dire pour A, $\frac{1}{3} e - \frac{1}{3} \frac{a^3}{e e} + \frac{a^3}{3 e e} (1+f) = \frac{1}{3} e + \frac{\frac{1}{3} a^3 f}{e e}$.

Pour trouver de même la quantité D, ou $\int \frac{R d(r^5 \gamma)}{e^4}$ qui répond aux deux parties dont on suppose la planete composée, on fera d'abord $R=1$, & $\gamma = \delta$, ce qui donnera $\int \frac{R d(r^5 \gamma)}{e^4}$ $= \frac{r^5 \delta}{e^4}$ qui devient $e \delta$ lorsque $r=e$.

On retranchera de cette même quantité ce que $\int \frac{R d(r^5 \gamma)}{e^4}$ devient lorsque $R=1$ comme auparavant, & que γ au lieu d'être δ est l'ellipticité du noyau supposée $= \alpha$ pendant que $r=a$; ce qui donnera alors $\int \frac{R \alpha (r^5)}{e^4} = \frac{a^5 \alpha}{e^4}$, retranchant cette derniere quantité de la premiere, on aura $e \delta - \frac{\alpha a^5}{e^4}$ pour la partie D qui répond à l'orbe environnant.

Supposant

DE LA PHILOSOPHIE NATURELLE.

Supposant ensuite dans $\int R(r^5\gamma)$, $R = 1+f$, $\gamma = \alpha$, & $r = a$, on aura $\frac{a^5 \alpha}{e^4}(1+f)$ pour la partie D qui répond au noyau.

Ajoutant ces deux parties de D, on aura pour sa valeur totale $e\delta - \frac{a^5\alpha}{e^4} + \frac{a^5\alpha(1+f)}{e^4} = e\delta + \frac{a^5\alpha f}{e^4}$: substituant enfin les valeurs de A & de D dans l'équation, $\frac{2}{3}D + A\varphi = 2A\delta$, ou $2D + 5A\varphi = 10A\delta$, il viendra $10\delta\left(\frac{1}{3}e + \frac{\frac{1}{3}a^3 f}{ee}\right) - 2e\delta$

$-\frac{2a^5 f\alpha}{e^4} = 5\varphi\left(\frac{1}{3}e + \frac{\frac{1}{3}a^3 f}{ee}\right)$, d'où l'on tire $\delta = \frac{\frac{6a^5 f\alpha}{e^4} + 5e\varphi}{4e + \frac{10a^3 f}{ee}}$

$+\frac{\frac{5a^3 f\varphi}{ee}}{4e + \frac{10a^5}{ee}} = \frac{6a^5 f\alpha + 5\varphi e^3 + 5a^3 f\varphi}{4e^5 + 10a^3 fe^2}$, qui est la même

formule que celle que M. *Clairaut* a donné Art. 31. de la seconde Partie de la Théorie de la figure de la Terre, puisqu'elle n'en diffère qu'en ce que, dans la formule de M. *Clairaut*, la quantité e répond à l'unité.

M. *Clairaut* a tiré ce cas d'un Problême qui diffère de celui que je viens de traiter, en ce que, outre qu'il a supposé (figure de la Terre, p. 210.) que les couches varioient du centre jusqu'à une surface extérieure BF; il a supposé encore un orbe fini de densité homogène, ce que je n'ai pas fait dans la Prop. précédente, dans laquelle la planete ou le sphéroïde est supposé composé d'une infinité de couches toutes infiniment minces.

XLVIII.

COROLLAIRE I.

Par cette formule on trouvera l'ellipticité du sphéroïde aussitôt qu'on aura donné des valeurs à a, f, α, & réciproquement, si δ est donné par observation, on tirera ce que doit être la densité ou l'ellipticité, ou le rayon du noyau, pour que la planete soit en équilibre ; car deux des trois quantités a, α, f, étant données, la troisiéme se déterminera par le secours de l'équation précédente, qui donne la valeur de δ, pourvû que l'on observe que α soit toujours une quantité de l'ordre de δ, c'est-à-dire, une quantité très-petite, que a soit plus petit que e, que f n'ait jamais de valeur négative plus grande que l'unité, parce qu'alors le noyau seroit d'une densité négative, ce qui seroit absurde.

XLIX.

COROLLAIRE II.

Si, par exemple, on vouloit que la planete fut plus applatie que dans le cas de l'homogénéité, & que le noyau fut d'une ellipticité égale à celle de la planete, on auroit en ce cas $\delta = \alpha = \frac{1}{4}\varphi(1+p)$, ($p$ étant un nombre positif) puisque $\delta = \frac{1}{4}\varphi$ dans le cas de l'homogénéité : (Article 43.) or l'équation précédente

$$\delta = \frac{\frac{6a^5 f \alpha}{4e^4} + 5e\varphi + \frac{5a^3 f\varphi}{ee}}{4e + \frac{10a^3 f}{ee}}$$

deviendroit dans cette supposition $\frac{1}{4}\varphi(1+p) =$

$$\frac{\frac{6a^5 f}{e^4} \times \frac{1}{4}\varphi(1+p) + 5e\varphi + \frac{5a^3 f\varphi}{ee}}{4e + \frac{10a^3 f}{ee}},$$

ou $5(1+p)e + \frac{25 a^5 f}{2 ee}(1+p) = \frac{15 a^5 f}{2 e^4}(1+p) + 5e + \frac{5a^3 f}{ee}$,

d'où l'on tire $f = \dfrac{5 p e}{\frac{15}{2} a^5 e^4 \times 1 + p - \frac{25 a^3 p}{2 e^2} - \frac{15 a^3}{2 e^2}}$, ou

$$\dfrac{-1}{\frac{3}{2} p \left(\frac{a^3}{e^3} - \frac{a^5}{e^5} \right) + \frac{5 a^3}{2 e^3} - \frac{3 a^5}{2 e^5}},$$

qui est nécessairement une valeur négative, puisque $a < e$, $\frac{a^3}{e^3} < \frac{a^5}{e^5}$, ce qui rend le dénominateur positif ; ainsi en suivant cette hypothèse, le noyau

DE LA PHILOSOPHIE NATURELLE.

de la planete doit être moins dense que la matiere qui l'environne.

L.

COROLLAIRE III.

Si on veut que la planete soit un orbe d'épaisseur finie dont le milieu soit entierement vuide, il faut alors que $f = -1$ & on aura alors l'équation $-1 = \dfrac{-1}{\frac{3}{2} p \left(\frac{a^5}{e^5} - \frac{a^5}{e^5} \right) + \frac{5 a^3}{2 e^3} - \frac{3 a^5}{2 e^5}}$,

qui étant résolue donnera la valeur de a, nécessaire pour l'équilibre de la planete, c'est-à-dire, la valeur du rayon de l'espace vuide qui se trouvera dans cette hypothèse, lequel rayon est l'inconnue.

Il est évident que des différentes racines que contiendra l'équation qu'on vient de trouver & qui résoudroient le Problème, on ne prendra que les positives.

LI.

COROLLAIRE IV.

On expliqueroit aisément, par le même calcul, comment une planete pourroit être allongée sans que l'équilibre du fluide qui la couvre en fût troublé; car si le noyau est lui-même allongé, c'est-à-dire, si α est négatif & plus grand que $5 \varphi (a^3 f e^2 + e^5)$, δ sera négatif, car la valeur générale de δ étant dans le cas de α négatif, $= \dfrac{-6 a^5 f \alpha + 5 \varphi e^5 + 5 a^3 f e^2 \varphi}{4 e^5 + 10 a^3 f e^2}$; il est évident que cette valeur de δ sera négative si le terme $6 a^5 f \alpha$ est plus grand que les termes $5 \varphi e^5 + 5 a^3 f \varphi e^2$, c'est-à-dire, si $\alpha > 5 \varphi \left(\dfrac{e^5 + 5 a^3 f e^2}{6 a^5 f} \right)$.

LII.

COROLLAIRE V.

Si en supposant toujours que le sphéroïde soit plus applati que dans le cas de l'homogénéité, on veut que la densité du noyau soit plus grande que celle de la partie fluide, ou fluide & solide qui l'entoure, (pourvu que les parties fluides & solides de cet orbe soient d'une même densité,) il faudra en ce cas que l'ellipticité du noyau soit plus grande que $\frac{\delta e e}{a a}$, & à plus forte raison plus grande que δ; car si on substitue dans la valeur de $\delta = \frac{6 a^5 f a + 5 e^5 \varphi + 5 a^3 f e^2 \varphi}{4 e^5 + 10 a^3 f e^2}$ pour a, $\left(\frac{\delta + V}{a a}\right) e e$; cette valeur de δ deviendra $\delta = \frac{6 a^3 f e^2 (\delta + V) + 5 e^5 \varphi + 5 a^3 e^2 f \varphi}{4 e^5 + 10 a^3 f e^2}$ qui donne $\delta = \frac{5}{4} \varphi + \frac{3 a^3 f V}{2 e^3 + 2 a^3 f}$; or comme $\frac{5}{4} \varphi$ est l'ellipticité dans le cas de l'homogénéité, (Art. 43.) on voit, que si l'on veut, que le sphéroïde qui a un noyau plus dense que le reste, c'est-à-dire, dans lequel f est positif, soit plus applati que le sphéroïde homogène; il faut que V soit positif, c'est-à-dire, que a qui est l'ellipticité du noyau & qu'on a fait $= \frac{(\delta + V) e e}{a a}$, soit plus grand que $\frac{\delta e e}{a a}$, & à plus forte raison plus grand que δ C. Q. F. D.

LIII.

SCHOLIE.

On voit par ce calcul qu'il ne suffit pas pour expliquer comment la terre peut avoir ses axes dans un rapport plus grand que celui de 230 à 231, de supposer, comme a fait M. *Newton*, plus de densité au centre qu'à la surface; on voit au contraire

DE LA PHILOSOPHIE NATURELLE. 253

que fi la terre avoit un noyau ou fphérique, ou d'une même courbure qu'elle, ou plus applati, pourvu que cet applatiffement ne fût pas tel que $\alpha > \dfrac{\delta e e}{a a}$, les deux axes de la terre feroient entr'eux dans une moindre raifon que 230 à 231; on verra dans peu ce qui avoit engagé M. *Newton* à croire qu'un plus grand applatiffement que celui de 230 à 231 fe trouvoit par une plus grande denfité au centre.

On voit en même temps que M. *Newton* qui avoit à expliquer pourquoi l'applatiffement de Jupiter, donné par les obfervations, étoit plus petit que celui qui réfultoit de fon calcul fait dans l'hypothèfe de l'homogénéité, n'auroit pas dû prendre une hypothèfe auffi dure que celle qu'il a prife en fuppofant l'équateur de cette planete plus denfe que le refte; il n'avoit qu'à fuppofer plus de denfité au centre qu'à la fuperficie, & alors il auroit eu le dénouement de fa difficulté, fans être obligé de faire une fuppofition, qui, fi elle avoit lieu pour Jupiter, devroit être bien plus fenfible dans la terre; car fi, comme il le prétend, les parties de l'équateur de Jupiter étant plus expofées au Soleil doivent s'être referrées, pourquoi n'en feroit-il pas arrivé de même à la terre.

Au refte ce que nous venons de dire pour un cas fur la diminution d'applatiffement des fphéroïdes qu'apporte le plus de denfité des parties voifines du centre, fe peut traiter plus généralement comme on va le voir dans l'Article fuivant.

PRINCIPES MATHÉMATIQUES

L I V.

PROPOSITION XIV. THEORÉME I.

Si la densité diminue continuellement du centre à la surface du sphéroïde, il sera moins applati que lorsqu'on le suppose homogène, pourvû que les ellipticités ne diminuent pas aussi du centre à la surface, ou que si elles diminuent, ce ne soit pas dans une plus grande raison que le quarré des distances.

$\frac{\delta\, e\, e}{r\, r}$ seroit la valeur de δ si on vouloit que l'ellipticité diminuât du centre à la surface dans la même raison que les quarrés des distances augmentent; donc en supposant que u soit une quantité positive, il faudra, en substituant $\left(\frac{e\,e}{r\,r} - u\right)\delta$ pour γ, faire voir que δ doit être nécessairement plus petit que $\frac{1}{4}\varphi$, la valeur de γ étant substituée dans $\int R\, d(r^5 \gamma)$ changera cette quantité en $5\delta\int e^2 R r r\, dr - \delta\int R\, d(r^5 u)$, ou $5\delta e^2 \int R r r\, dr - \delta R r^5 u + \delta\int r^5 u\, dR$, & donnera par conséquent $D = 5\delta A$ $- \delta G$, en prenant G pour ce que devient $\frac{R u r^5 - \int r^5 u\, dR}{e\,e}$ lorsqu'on fait $r = e$; mettant donc cette valeur de D dans l'équation générale $10\,\delta A - 2 D = 5 A \varphi$ qu'on a trouvée ci-dessus (Art. 42.) on en tirera $\delta = \frac{5\varphi}{4 + \frac{G}{2A}}$ qui sera nécessairement plus petit que $\frac{1}{4}\varphi$, pourvû que G soit positif, ce qui ne sauroit manquer d'être, puisque les deux termes que contient la quantité $\frac{R u r^5 - \int r^5 u\, dR}{e\,e}$ d'où l'on tire G sont tous les deux positifs; le premier $R u r^5$ l'est certainement puisqu'il est affecté du signe +, & le second l'est aussi quoiqu'il soit affecté du signe —, parce que R décroissant lorsque r augmente, dR est négatif. *C. Q. F. D.*

LV.

PROPOSITION XV. PROBLEME IX.

Un sphéroïde composé de couches de différentes densités & de différentes ellipticités, étant supposé tourner dans le temps convenable pour l'équilibre du sphéroïde, trouver la loi que suit la pesanteur, c'est-à-dire, l'attraction totale dont on a retranché l'effet de la force centrifuge depuis le pole jusqu'à l'équateur.

On a vu dans l'Article 41. que φ représentant le rapport de la force centrifuge à la pesanteur sous l'équateur, $2cA\varphi$ exprimera la force centrifuge à l'équateur, & $2cA\varphi \times \dfrac{QM}{CE}$ la force centrifuge en un lieu quelconque M, puisque les forces centrifuges sont comme les rayons, lorsque les corps tournent dans le même temps.

Décomposant ensuite la force centrifuge qui agit en M suivant la direction QM, afin d'avoir la partie de cette force qui agit dans le sens du rayon CM, on aura $2cA\varphi \times \dfrac{QM^2}{CE \times CM}$ qu'on peut prendre, sans erreur sensible, pour $2CA\varphi \times \dfrac{QM^2}{CM^2}$, ou $2cA\varphi SS$, en nommant S le sinus de PCM; retranchant donc cette force $2cA\varphi SS$ de $2cA - 4cSS\delta A + \frac{4}{3}cB - \frac{4}{3}cD + \frac{6}{5}cSSD$ qui exprime (Article 36.) l'attraction du sphéroïde dans la direction CM, on aura $2cA + \frac{4}{3}cB - \frac{4}{3}cD + (\frac{6}{5}cD - 4\delta cA - 2c\varphi A)SS$ pour exprimer la force de la pesanteur en un lieu quelconque. *C. Q. F. T.*

On a supposé dans ce Problême que la direction de la pesanteur étoit celle du rayon CM, & c'est ce qui n'est pas exactement vrai; mais ce qui peut être supposé sans erreur sensible.

dans cette occasion, parce qu'une force décomposée suivant une direction qui diffère infiniment peu de celle du rayon, donne, par cette décomposition, une force qui n'en diffère que d'un infiniment petit du second ordre.

Si on retranche l'expression précédente de celle qui exprime la pesanteur ou l'attraction au pole, laquelle est $2cA + \frac{4}{5}cB - \frac{4}{5}cD$, il viendra pour la différence $(4cA\delta + 2cA\varphi - \frac{6}{5}cD)SS$, ce qui apprend que la diminution de la pesanteur depuis le pole jusqu'à l'équateur, est proportionnelle au quarré du cosinus de la latitude ; car on peut prendre, sans erreur sensible, l'angle PCM pour le complement de la latitude, lorsque le sphéroïde diffère très-peu d'une sphére.

L V I.

PROPOSITION XVI. THEORÉME II.

E. *étant l'ellipticité qu'auroit une planete supposée en équilibre si elle étoit homogéne,* P *la pesanteur des corps au pole de cette planete,* Π *la pesanteur à l'équateur,* δ *l'ellipticité de la même planete dans la supposition qu'elle soit composée comme le sphéroïde de l'Art.* 10. *d'une infinité de couches de densités & d'ellipticités différentes ; je dis qu'on aura toujours* $\frac{P-\Pi}{\Pi} = 2E - \delta$, *quel que soit l'arrangement & la forme des couches dont elle est composée.*

Faisant $S = 1$ dans la quantité précédente $(2cA\varphi - \frac{6}{5}cD + 4cA\delta)SS$, on aura $2cA\varphi - \frac{6}{5}cD + 4cA\delta$ pour exprimer $P - \Pi$, ou l'excès de la pesanteur au pole sur celle à l'équateur ; divisant donc cette quantité par Π, c'est-à-dire, par $2cA$, qui suffit dans cette occasion pour exprimer la pesanteur à l'équateur, on aura $2\delta + \varphi - \frac{3}{5}\frac{D}{A} = \frac{P-\Pi}{\Pi}$; mais on a vu dans l'Article 41. qu'afin que le sphéroïde pût subsister en équilibre, il falloit que $10\delta A - 2D = 5A\varphi$; donc au lieu de

$\frac{3.D}{5.A}$ on peut mettre $3\delta - \frac{1}{2}\varphi$, ce qui changera la quantité $2\delta + \varphi - \frac{3D}{5A}$ en $\frac{1}{2}\varphi - \delta$; mais $\frac{1}{4}\varphi$ est la valeur de l'ellipticité qu'auroit le sphéroïde s'il étoit homogène ; donc $\frac{P-\Pi}{\Pi} = 2E - \delta$. *C. Q. F. D.*

LVII.

SCHOLIE.

Il suit de ce calcul, qu'en supposant la terre homogène & composée comme les sphéroïdes précédens, si son applatissement se trouve plus grand que $\frac{1}{230}$ ainsi que les observations faites au nord & au sud l'ont donné, la diminution totale de la pesanteur depuis le pole jusqu'à l'équateur, doit être autant au-dessous de la fraction $\frac{1}{230}$, que cette même fraction est surpassée par celle qui exprime l'applatissement trouvé par les observations. Ainsi en supposant, comme il le paroît par les observations que je viens de citer, que l'ellipticité de la terre soit la $\frac{1}{174}$, le raccourcissement du pendule du pole à l'équateur devroit être de $\frac{1}{174} - \frac{1}{230} = \frac{56}{40020} = \frac{1}{714}$ environ, ce qui se trouve très-différent de ce que les observations ont appris, puisqu'on voit par ces observations que ce même raccourcissement surpasse la fraction $\frac{1}{230}$ au lieu d'être plus petit.

Cette conclusion est bien contraire à celle de M. *Newton*, qui, en trouvant que les observations faites sur le pendule donnoient son raccourcissement du pole à l'équateur plus grand que $\frac{1}{230}$, vouloit que la terre fût en même temps plus applatie que cette

Tome II.

même fraction ; mais ce fentiment de M. *Newton* étoit fondé fur ce qu'il penfoit que dans tout fphéroïde en équilibre, la pefanteur doit être toujours en raifon renverfée de la diftance au centre, proportion qui n'eft vraie que lorfque le fphéroïde eft homogéne ; on peut voir pag. 253. du Livre de M. *Clairaut*, les paffages de M. *Newton* qui prouvent qu'il s'étoit fondé fur cette fuppofition, fans en avoir vû la vérité que pour le cas de l'homogénéité.

La conclufion à laquelle conduit le calcul ci-deffus, rend la théorie précédente affez difficile à concilier avec les obfervations qui concernent la figure de la terre ; car l'hypothèfe dans laquelle on regarde la terre fuppofée hétérogène comme compofée de couches orbiculaires eft bien vraifemblable, & il feroit bien dur d'avoir recours à l'expédient de fuppofer l'équateur plus denfe que le refte, & à fuppofer les différens rayons qui vont de la furface au centre de différentes denfités, ce qui d'ailleurs pourroit bien ne pas conduire encore à trouver le rapport defiré entre l'applatiffement de la terre, & le raccourciffement du pendule du pole à l'équateur.

Dans les calculs qu'a employé M. *Clairaut*, il a fuppofé à la vérité la forme elliptique aux couches extérieures, & l'on pourroit craindre que des couches d'une autre forme que l'ellipfe, ne donnaffent quelque changement dans le réfultat : c'eft donc une reffource pour ceux qui voudront concilier la théorie de l'attraction avec les obfervations de la figure de la terre dans le fyftême de M. *Newton*, fans joindre aucune autre force à celle de l'attraction ; la recherche eft digne des plus grands Géométres par la difficulté, mais on a tout lieu de craindre qu'elle ne conduife à aucun réfultat plus propre à concilier les obfervations avec cette théorie, fi on ne veut pas donner aux couches qui compofent la terre un arrangement qui paroiffe trop controuvé.

L'hypothèfe des couches elliptiques a une grande raifon pour être préférée aux autres, c'eft que ces courbes font celles qui

DE LA PHILOSOPHIE NATURELLE.

conviennent à toutes les couches, en supposant qu'elles ayent été originairement fluides; c'est ce que M. *Clairaut* a fait voir dans le quatriéme Chapitre de sa Théorie de la figure de la terre.

Je n'entreprends point ici d'éclaircir ce Chapitre, parce qu'il dépend des mêmes principes que ceux dont j'ai parlé précédemment, & que les personnes qui auront eu tous les secours que je leur ai donné par les détails dans lesquels je suis entrée, entendront facilement ce Chapitre dans l'ouvrage même.

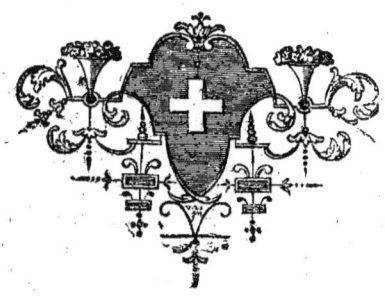

SECTION V.

DES MARÉES.

I.

IL ne s'agit plus de rechercher quelle est la vraie cause des marées ; elle est connue aujourd'hui des Physiciens-Géométres avec toute la certitude dont la Physique est susceptible : il ne reste à présent qu'à développer cette cause, à en tirer toutes les conséquences, & en calculer les effets.

On sçait assez que les marées sont occasionnées par l'inégalité de l'action que la Lune & le Soleil exercent sur les parties qui composent la terre. M. *Newton* a tellement établi le méchanisme de cette cause, qu'il n'est plus permis d'en douter. Il faut cependant avouer que ce grand homme ne s'est pas donné la peine d'entrer là-dessus dans le détail que l'importance de la matiere exigeoit. L'Académie des Sciences a si bien senti à cet égard l'intérêt du Public, qu'elle n'a pas hésité de proposer la question des marées pour le Prix de 1740. prévoyant bien que cela encourageroit les savans à mettre le système de M. *Newton* dans tout son jour, & à le perfectionner autant que l'incertitude de quelques circonstances requises pourroient le permettre. On peut dire que jamais son attente n'a été mieux remplie que cette fois-là : Les soins de l'Académie, & ses heureux auspices, nous ont procuré trois belles Piéces fort étendues, toutes fondées fur les principes de M. *Newton* : elles font de Meſſieurs *Daniel Bernoulli*, *Mac-Laurin* & *Euler*. Je me ſuis ſur tout attachée à lire celle de M. *Bernoulli*, dans laquelle il m'a paru trouver plus d'ordre, de netteté & de préciſion ; & j'eſpére que le Lecteur me ſaura gré, ſi pour Commentaire de notre Auteur ſur cette matiere, je lui donne un abrégé du Traité de M. *Bernoulli ;* ce que je ne pourrai cependant faire, ſans omettre pluſieurs propoſitions eſſentielles, ni ſans changer les démonſtrations de celles que j'alléguerai.

I I.

Il eſt bon de n'examiner d'abord que l'action d'un ſeul luminaire, & de commencer par celle du Soleil, parce que nous en connoiſſons la quantité de matiere relativement à celle de la terre. On remarquera d'abord que le Soleil attire la terre, & que cette force eſt contre-balancée pour la totalité par la force centrifuge qui répond au mouvement annuel de la terre, lequel mouvement nous conſidérerons comme parfaitement uniforme, & circulaire autour du Soleil : mais ce qui eſt vrai pour la totalité, ne peut pas être appliqué à chaque particule de la terre, c'eſt-à-dire, qu'on ne ſauroit ſuppoſer la force centrifuge de chacune de ces particules égale à la force avec laquelle la même particule eſt attirée vers le Soleil, puiſque la force centrifuge eſt la même pour chacune d'elles, pendant que les particules de la terre qui ſont plus proches du Soleil, en ſont attirées plus fortement que celles qui en ſont plus éloignées. Ainſi ſi la diſtance de la terre au Soleil eſt égale à 22000 demi-diamétres terreſtres, & ſi les forces attractives ſuivent la raiſon réciproque des quarrés des diſtances, les forces attractives pour le point de la terre qui eſt le plus proche du Soleil, pour le centre de la terre & pour le point de la terre qui eſt le plus éloigné du Soleil, ces trois forces, dis-je, ſeront à peu près comme 11001, 11000 & 10999, pendant que la force centrifuge de la terre ſera pour chaque point de la terre comme 11000 ; si nous retranchons ensuite pour chacun de ces trois points la force centrifuge de la force attractive, il nous restera 1, 0 & — 1, ce qui marque que les deux extrémités du diamétre de la terre qui est dirigé vers le Soleil, souffrent des forces égales en sens contraire, qui tendent à y éloigner les particules depuis le centre de la terre, ou bien à les élever.

Si dans le même diamétre nous prenons au dedans de la terre deux points également éloignés du centre, ces deux points souffriront encore une pareille force égale de part & d'autre, qui tend à éloigner les particules de ce centre ; mais cette force diminuera en même raison que la distance au centre de la terre. J'appellerai ce diamétre terrestre, dont la direction passe par le centre du Soleil, *l'axe Solaire* de la terre ; si nous considérons à présent l'équateur qui répond à cet axe, nous voyons que chaque point pris dans le plan de cet équateur, peut être censé également éloigné du centre du Soleil, & qu'ainsi aucun point de ce plan, ne se ressentira de l'inégalité entre la force centrifuge & la force attractive, & ne perdra rien de sa pesanteur naturelle vers le centre de la terre. Si l'on conçoit donc deux canaux, l'un tout le long du demi axe solaire, & l'autre tout le long du rayon de son équateur, qui communiquent ensemble au centre de la terre & qui soient remplis d'un fluide, il sera élevé dans le premier canal & descendra dans l'autre, & la chose sera ainsi pour l'un & l'autre demi axe solaire. C'est ici la premiere source du flux & reflux de la mer.

III.

On remarquera en second lieu, que dans le canal de l'un des demi axes solaires, chaque partie du fluide est attirée directement vers le Soleil suivant la direction du canal, au lieu que dans l'autre canal cette force agit avec une petite obliquité ; il faut donc décomposer cette force en deux autres, l'une perpendiculaire au canal, & l'autre parallèle ; la première peut encore être censée parfaitement détruite par la force centrifuge, parce que la différence de cette force à la force entiere, ne fait qu'une espéce d'infiniment petit du second ordre ; mais la seconde force tire chaque particule dans ce canal directement vers le centre de la terre, & se joint à l'action de la pesanteur naturelle ; cette petite force n'existe point dans le canal du demi axe solaire, & ainsi le fluide descendra encore par cette raison dans le canal de l'équateur solaire, & élevera celui de l'autre. C'est-là la seconde source du flux & reflux de la mer.

IV.

Les deux causes que nous venons d'exposer ne sauroient manquer d'élever les eaux vers les deux poles de l'axe solaire, & de les déprimer dans chaque point de l'équateur solaire, quelques hypothéses qu'on veuille faire par rapport aux autres circonstances qui nous restent à considérer, & on voit que la figure de la terre, que la seule pesanteur naturelle lui fait prendre, est un peu changée par l'action du Soleil, & qu'elle en est allongée de maniere que son axe solaire en devienne plus long, & le diamétre de l'équateur solaire plus court. Ce petit changement de la figure de la terre cause aussi-tôt une petite variation dans la pesanteur naturelle, tant en direction qu'en force, & nous démontrerons ci-dessous que cette variation conspire avec les deux premieres causes immédiates à faire le même effet, & cela dans une proportion ni assez grande pour négliger les deux premieres causes, ni assez petite pour la négliger elle-même. Voilà la troisiéme source des marées la plus fâcheuse pour le calcul, & dont l'effet dépend de plusieurs hypothéses & circonstances, qu'on ne pourra peut être jamais déterminer au juste.

V.

La terre ainsi allongée conserveroit la figure sans qu'il y eut aucun flux & reflux, si elle n'avoit point de mouvement journalier : c'est donc la rotation de la terre autour de son axe, conjointement avec son allongement, qui produisent alternativement un baissement & élévation des eaux de la mer. Si l'axe de rotation étoit le même que l'axe solaire, il n'y auroit aucun mouvement dans les eaux de la mer, parce que chaque point conserveroit constamment une même distance depuis les poles solaires, pendant que la terre feroit sa révolution ; mais comme ces deux axes font un angle, il est facile de voir que chaque point de la surface de la terre s'approche & s'éloigne alternativement des poles solaires, & cela deux fois pendant une révolution, & que les eaux s'éléveront dans ce point jusqu'à ce qu'il en soit le plus proche, & qu'ensuite elles se baisseront jusqu'à ce qu'il en soit le plus loin : l'intervalle entre deux marées est de 12 heures solaires, en tant que les marées sont produites par l'action du soleil.

V I.

Ce que nous venons de dire par rapport au Soleil doit être appliqué dans toute son étendue à la Lune, & tous les phénomènes des marées nous font voir évidemment que l'effet de cet astre est considérablement plus grand que celui du Soleil : si on connoissoit avec une précision suffisante le rapport entre les masses de la Lune & du Soleil, il seroit facile d'en déterminer le rapport entre leurs effets ; mais ce rapport entre les masses est assez incertain, & ne sauroit être déterminé que par le moyen de quelques observations sur les marées, ou bien de quelques irrégularités du mouvement de la Lune, ou par quelques autres moyens semblables : Cependant on ne sera pas surpris que l'action de la Lune surpasse considérablement celle du Soleil, malgré la masse énorme de celui ci, quand on considérera la grande proximité qu'il y a entre la Lune & la terre, & que les effets des deux luminaires sont en raison réciproque cubique des distances

distances à la terre, & en raison simple de leurs masses, comme nous verrons ci-dessous. A l'égard de cette cause l'intervale entre deux marées sera de 12 heures lunaires, ou d'environ 12^h 25$'$ solaires.

VII.

En combinant les deux actions du Soleil & de la Lune sur les eaux de la mer, nous voyons qu'il y a à proprement parler continuellement deux espéces de marées, qu'on pourra appeller *marées solaires* & *marées lunaires*, & qui peuvent se former indépendemment les unes des autres ; ces deux sortes de marées paroissent en se confondant n'en faire qu'une seule espéce, mais qui devient sujette à de grandes variations. Je dis que ces marées considérées comme simples, auront toujours les apparences d'être extrêmement variables ; car dans les syzigies les eaux sont élevées & baissées en même temps par l'un & l'autre luminaire, & dans les quadratures les eaux sont élevées par le Soleil, là où elles se baissent à l'égard de la Lune, & réciproquement elles se baissent à l'égard du Soleil au même moment qu'elles s'élèvent à l'égard de la Lune ; desorte que par ces effets, tantôt conspirans, tantôt opposés, il résulte des variations très-sensibles, tant par rapport à l'heure des marées que par rapport à leur hauteur. Toutes ces variations, que la combinaison des deux espéces de marées indique pour toutes les différentes circonstances, répondent parfaitement aux observations qu'on a faites sur cette matiere, desorte que la théorie en est entierement confirmée, ou plutôt démontrée. Voilà l'explication physique de la vraie cause des marées ; c'est à la Géométrie à la mettre dans un plus grand jour ; la matiere est extrêmement riche, & je passerois les bornes d'un Commentaire, si je voulois la traiter dans toute son étendue ; je me contenterai d'en exposer les principes les plus essentiels.

VIII.

Il me paroît sur tout nécessaire de faire voir que la cause des marées telle que nous l'avons exposée, n'a rien de difproportionné aux effets que nous prétendons en déduire; on pourroit apparemment aller plus loin, & démontrer géométriquement une entiere égalité entre les effets & leurs caufes, fans les grandes irrégularités des terres & de l'Océan, & fi on connoiffoit en même temps toutes les circonftances par rapport à l'intérieur de la terre que demande une détermination précife. Il s'agit donc de rechercher de combien les eaux de la mer font élevées près des poles de l'axe folaire de la terre par l'action du Soleil, c'eft-là le Problême fondamental : mais cette queftion dépend de plufieurs circonftances, à la connoiffance defquelles il n'y a aucune apparence de pouvoir jamais parvenir. Il faudroit connoître toutes les variations des denfités de la matiere de la terre depuis la furface jufqu'au centre. Il faudroit enfuite fçavoir, en fuppofant les denfités fenfiblement inégales, fi l'intérieur de la terre doit être confidéré comme un globe folide couvert d'eau, ou bien comme fluide : dans le premier cas le globe ne fauroit changer fa figure; mais dans le fecond cas chaque couche de la terre change fa figure, & fait changer celle de toutes les autres, deforte qu'à la furface de la terre les eaux font plus ou moins élevées fuivant les différentes hypothèfes. Il faut même avouer l'infuffifance de l'analyfe pour calculer les réfultats, & qu'on eft obligé dans la généralité du Problême d'envifager la chofe fous une face qui ne convient pas exactement avec fa nature, ce qui fait qu'en preffant trop les formules, on en tire des Corollaires peu conformes aux apparences de la vérité. Il faudroit encore connoître la figure & la grandeur de l'Océan. Tout cela influe fur notre queftion.

I X.

Les réflexions que je viens de faire excufent fuffifamment M. *Newton* de n'avoir confidéré que le cas le plus fimple, qui eft de fuppofer la terre homogène dans toute fon étendue ; cette fuppofition rend non feulement les calculs praticables, mais elle a

DE LA PHILOSOPHIE NATURELLE.

encore ceci de commode, qu'il n'eſt pas néceſſaire en ce cas de faire aucune diſtinction entre l'hypothèſe d'une entiere fluidité de la terre ou de ſa ſolidité, pourvu qu'on la ſuppoſe toute inondée : auſſi tous ceux qui ont réſolu ce Problême s'accordent-ils entierement pour ce dernier cas. Si donc la terre eſt compoſée d'une matiere d'une même denſité depuis la ſurface juſqu'au centre, & que la ſeule peſanteur naturelle agiſſe ſur toutes les parties de cette maſſe, il eſt évident que la terre en prendra une figure parfaitement ſphérique. Mais ſi enſuite l'action du Soleil ſurvient, cette ſphére ſera changée en ſphéroïde, & on conſidére ce ſphéroïde comme elliptique, tel que chaque méridien faſſe une ellipſe dont la différence des axes ſoit extrêmement petite ; il faut conſidérer la figure des meridiens ſolaires comme connue, puiſque ſans cela on ne ſauroit déterminer la différence entre les peſanteurs naturelles pour la ſphére & pour le ſphéroïde. Cependant on peut démontrer qu'en ſuppoſant une figure elliptique, cette figure n'eſt pas changée par l'action du Soleil, & qu'ainſi le ſphéroïde eſt néceſſairement elliptique. Par cette méthode on peut démontrer que preſque toutes les petites forces perturbatrices, comme, par exemple, la force centrifuge qui répond au mouvement journalier de la terre, changent la figure ſphérique en ſphéroïde elliptique. Il eſt queſtion à préſent de déterminer la différence entre les deux demi axes de l'ellipſe dont il s'agit, différence qui eſt la même que celle du demi axe ſolaire de la terre & du rayon de l'équateur ſolaire. Pour nous mettre en état de la déterminer, j'alléguerai ici quelques propoſitions de M. *Newton* ſur l'attraction des corps homogénes, ſphéroïdiques & elliptiques.

X.
LEMME I.

Fig. 1. Soit BGDH *une ellipse presque circulaire, qui par sa révolution autour du grand axe* BD *forme un sphéroïde homogéne; si on suppose le petit demi axe* GC $= b$, *le grand demi axe* BC $= b + c$; *si on nomme ensuite* g *l'attraction d'une sphére homogéne avec le sphéroïde, & dont le rayon est* $= b$ *pour un point pris dans la surface de la sphére; je dis que l'attraction du sphéroïde pour le pole* B *ou* D *sera* $= g + \frac{c}{5b} g$.

C'est la Prop. 6. du Chap. 2. du Traité de M. *Daniel Bernoulli* sur le flux & le reflux de la mer, & on remarquera que j'appelle ici g ce que ce Géométre exprime par $\frac{2}{3} n \mu b$.

XI.
LEMME II.

L'attraction du même sphéroïde pour un point G *pris dans l'équateur solaire sera* $= g + \frac{2c}{5b} g$.

C'est la Proposition suivante de M. *Bernoulli*.

XII.
LEMME III.

Dans le même sphéroïde l'attraction pour un point quelconque pris dans un diamétre quelconque, est à l'attraction pour l'extrémité du même diamétre, comme la distance du premier point au centre du sphéroïde est au demi diamétre.

C'est le troisiéme Corollaire de la Prop. 91. du premier Livre des Principes de M. *Newton*.

XIII.
PROBLÉME.

Trouver la différence entre le demi axe solaire BC *& le rayon de son équateur* GC.

SOLUTION.

Qu'on imagine les deux canaux BC & GC, qui communiquent ensemble au centre C, remplis d'eau : l'équilibre qu'il y aura entre les eaux des deux canaux, demande que la preſſion totale des eaux ſoit de part & d'autre égale ; il n'y aura donc qu'à chercher ces preſſions totales, & les ſuppoſer enſuite égales. Soit à préſent $GC = b$, $BC = b+c$; qu'on prenne dans le demi-axe BC deux points infiniment proches M & m, & qu'on ſuppoſe $CM = x$, $Mm = dx$: nous aurons en vertu de l'Article dixiéme, la peſanteur au point B vers le centre $C = g + \frac{c}{5b}g$; enſuite l'Article douziéme donne la même peſanteur pour le point $M = \frac{x}{b+c} \times \left(g + \frac{c}{5b}g\right)$, & cette expreſſion peut être cenſée $= \left(\frac{x}{b} - \frac{4cx}{5bb}\right)g$. Soit à préſent la peſanteur ſolaire pour le centre C, c'eſt-à-dire, la peſanteur qui anime une particule placée au centre C vers le centre du Soleil $= \gamma$; & qu'on nomme B la diſtance entre ces deux centres, & la diſtance du point M juſqu'au centre du Soleil ſera $= B - x$; ainſi la peſanteur ſolaire pour le point M ſera $= \left(\frac{B}{B-x}\right)^2 \gamma$ ou bien $= \gamma + \frac{2x}{B}\gamma$. De cette force ſolaire il faut retrancher la force centrifuge qui répond au mouvement annuel de la terre, & qui eſt pour chaque point de la terre $= \gamma$, après quoi il reſte une petite force actuelle $\frac{2x}{B}\gamma$, avec laquelle la petite colomne Mm eſt animée vers B, & la force totale qui anime cette petite colomne vers C ſera $= \left(\frac{x}{b} - \frac{4cx}{5bb}\right)g - \frac{2x}{B}\gamma$. Si on multiplie cette force par la maſſe Mm, qu'on peut exprimer par dx à cauſe de l'homogénéité de la terre, nous aurons la preſſion de la petite colomne

Fig. 1.

vers le centre $C = \frac{g\,x\,dx}{b} - \frac{4\,g\,\mathfrak{c}\,x\,dx}{5\,b\,b} - \frac{2\,\gamma\,x\,dx}{B}$. Si on prend l'intégrale de cette quantité sans ajouter aucune constante, nous aurons $\frac{g\,xx}{2\,b} - \frac{2\,g\,\mathfrak{c}\,xx}{5\,b\,b} - \frac{\gamma\,xx}{B}$: faisons enfin $x = BC = b + \mathfrak{c}$ & nous aurons en négligeant les quantités censées infiniment petites du second ordre, le poids total de la colomne entiere BC vers le centre $C = \frac{1}{2}\,g\,b + \frac{3}{5}\,g\,\mathfrak{c} - \frac{\gamma\,bb}{B}$.

Pour trouver à présent la pression totale du fluide GC, nous remarquerons qu'en vertu du second Lemme la pesanteur au point G doit être exprimée par $g + \frac{2\,\mathfrak{c}}{5\,b}\,g$: si on fait après cela $CN = y$, $Nn = dy$, on aura pour le point N la pesanteur $= \frac{y}{b} \times \left(g + \frac{2\,\mathfrak{c}}{5\,b}\,g \right)$: quant à la pesanteur solaire γ qui se fait vers le centre du Soleil, il faut la résoudre en deux autres, dont la premiere agit parallélement à BC qui n'entre plus en ligne de compte, tant parce qu'elle peut encore être censée $= \gamma$, & qu'ainsi elle est détruite par la force centrifuge du mouvement annuel de la terre, que parce qu'elle agit perpendiculairement contre les bords du canal ; il ne reste donc à considérer que la pesanteur solaire en tant qu'elle agit dans chaque point N dans la direction NC, & qui est $= \frac{B}{y}\,\gamma$: si nous ajoutons cette petite force à celle de la pesanteur, nous aurons la force totale qui anime la petite colomne Nn vers le centre C, & qui par conséquent sera $= \frac{g\,y}{b} + \frac{2\,g\,\mathfrak{c}\,y}{5\,b\,b} + \frac{\gamma\,y}{B}$. Si nous multiplions cette force accélératrice par la masse de la petite colomne Nn ou par dy, nous aurons la pression de cette colomne vers le centre $C = \frac{g\,y\,dy}{b} + \frac{2\,g\,\mathfrak{c}\,y\,dy}{5\,b\,b} + \frac{\gamma\,y\,dy}{B}$. Si on prend l'intégrale de cette quantité & qu'ensuite on fasse $y = b$, on aura

DE LA PHILOSOPHIE NATURELLE.

enfin le poids total de la colomne entiere GC vers le centre $C = \frac{1}{2}gb + \frac{1}{3}gc + \frac{\gamma bb}{2B}$. Si nous faisons enfin cette pression totale égale à la précédente qui répond au canal BC, nous aurons $\frac{1}{2}gb + \frac{1}{3}gc + \frac{\gamma bb}{2B} = \frac{1}{2}gb + \frac{1}{3}gc - \frac{\gamma bb}{B}$ ou $c = \frac{15}{4} \times \frac{\gamma}{g} \times \frac{b}{B} \times b$. Cette expression est la même que celle que donne M. *Bernoulli*, pour ce cas au §. 8. Chap. 4.

XIV.

Comme la quantité γ est un peu variable en considérant l'excentricité de l'orbite de la terre, il sera plus convenable d'exprimer le rapport $\frac{\gamma}{g}$ par celui des masses du Soleil & de la terre; si on exprime ces masses par μ & m, on aura $\frac{\gamma}{g} = \frac{\mu}{m} \times \frac{bb}{BB}$ & $c = \frac{15}{4} \times \frac{\mu}{m} \times \frac{b^3}{B^3} \times b$. Cette expression nous apprend que les élévations des eaux exprimées par c, sont en raison réciproque cubique des distances de la terre au Soleil. Il paroît d'abord par l'une & l'autre de ces expressions, que la valeur de c en nombres devroit être assez incertaine comme dépendante de la distance du Soleil ou de sa parallaxe, laquelle n'est pas encore bien établie ; mais la façon dont on peut se servir pour déterminer les rapports $\frac{\gamma}{g}$ & $\frac{\mu}{m}$ redressent cette incertitude, de maniere que la quantité c ne dépend plus que de la parallaxe de la Lune qu'on connoît assez au juste.

XV.

La réflexion que je viens de faire m'engage à donner une troisiéme expression pour la valeur de c : On remarquera donc que g dénotant la pesanteur naturelle (car l'attraction de la sphére inscrite dans le sphéroïde, ne diffère pas sensiblement de celle de tout le sphéroïde) la pesanteur moyenne de la Lune vers la terre sera $= \frac{bb}{AA} g$, (en entendant par A la distance moyenne de la Lune à la terre, qu'on connoît assez exactement;) & cette pesanteur $\frac{bb}{AA} g$ est à la pesanteur de la terre vers le Soleil ou à γ, comme la force centrifuge de la Lune à la force centrifuge de la terre. Soit le temps périodique moyen de la Lune $= t$, celui de la terre $= T$, la distance moyenne de la Lune au centre de gravité du système de la terre & de la Lune $= nA$, & qu'on entende par B la distance moyenne de la terre au Soleil, on sçait par les Théorèmes de M. *Hughens*, que les forces centrifuges de la Lune & de la terre dans leurs orbites sont comme $\frac{nA}{tt}$ à $\frac{B}{TT}$: nous aurons donc cette analogie $\frac{bb}{AA} g : \gamma :: \frac{nA}{tt} :$ $\frac{B}{TT}$, laquelle donne $\frac{\gamma}{g} = \frac{B}{nA} \times \frac{bb}{AA} \times \frac{tt}{TT}$. Si nous substituons cette valeur dans l'équation de l'Article 13. nous aurons

$$c = \frac{15}{4} \times \frac{b^3}{nA^3} \times \frac{tt}{TT} \times b.$$

XVI.

C'est enfin cette équation qui nous apprend au juste la valeur de c pour la distance moyenne du Soleil : la valeur $\frac{tt}{TT}$ est suivant M. *Newton*, $= \frac{1000}{178725}$; $b = 19695539$ pieds, suivant la mesure de M. *Cassini* ; $\frac{b}{A} = \frac{1}{60\frac{1}{4}}$ suivant M. *Newton*. Quant au coëfficient n, il dépend de la proportion de la masse de la terre à celle de la Lune ; M. *Newton* suppose la premiere 39 fois plus grande que l'autre, fondé sur la différence des marées dans les syzigies & dans les quadratures, & là-dessus il faut faire $n = \frac{39}{40}$:

M.

DE LA PHILOSOPHIE NATURELLE.

M. *Daniel Bernoulli* a beaucoup plus approfondi cette question extrêmement utile pour calculer plusieurs perturbations lunaires, & plusieurs autres petits mouvemens ; il a fait voir qu'il falloit plutôt déduire la masse de la Lune de quelques inégalités sur les intervalles des marées, & cette considération nous apprend que la masse de la Lune est plus petite en raison à peu près de 5 à 9, desorte que la masse de la terre doit être à celle de la Lune environ comme 70 à 1, & qu'il faut par conséquent faire $n = \frac{70}{71}$. Mais pour notre question cette discussion est assez superflue : car si on suppose $n = \frac{39}{40}$ on trouve C d'un pied onze pouces, & un huitième de pouce, & si on suppose $n = \frac{70}{71}$ on trouve environ $2\frac{1}{4}$ lignes de moins.

XVII.

Voilà donc quel seroit l'excès de la plus grande hauteur de la mer par dessus la plus petite, si toute la terre étoit fluide & homogène avec les eaux de la mer, en tant que cet excès est produit par l'action inégale du Soleil sur les parties de la terre. On peut ensuite former une infinité d'autres hypothèses sur la conformation de la terre & sur l'Océan, dont les unes rendent la valeur moyenne de C plus grande, & d'autres plus petite. Cependant nous voyons déja par avance que ladite élévation d'environ deux pieds, n'a rien de disproportionné aux phénomènes que nous en voulons déduire : car nous montrerons que la valeur de C étant d'environ deux pieds pour l'action solaire, elle doit être d'environ cinq pieds pour l'action lunaire, & ces deux causes se joignant ensemble dans les sizigies, nous aurons sept pieds d'élévation pour l'état moyen, & plus de 8 pieds si la Lune est dans son périgée. Selon M. *Newton* l'action lunaire est plus grande, parce qu'il suppose plus de masse à la Lune, & selon lui l'action des deux luminaires réunie sous les circonstances les plus favorables, pourroit élever les eaux jusqu'à la hauteur de 12 ou 13 pieds. Nous allons traiter cette question avec un peu plus de détail.

XVIII.

Il s'agit donc à présent d'examiner quelle sera la valeur de c par rapport à l'action de la Lune : quoique la masse de la Lune soit extrêmement petite par rapport à celle du Soleil, on ne doit pas être surpris qu'elle puisse faire un effet considérablement plus grand ; car la proximité de la Lune avec la terre fait que la pesanteur des parties de la terre vers la Lune est extrêmement inégale relativement au Soleil. En un mot, on voit que la même expression que nous avons donnée à l'Art. 14. servira encore par rapport à la Lune, en entendant par μ la masse de la Lune, & par B sa distance à la terre : Ainsi la détermination absolue de l'effet de la Lune ne dépend que du rapport de sa masse à celle de la terre : avant que d'alléguer les raisons qui peuvent nous donner quelque lumiere sur ce rapport, il ne sera pas hors de propos de réduire le tout à la densité de la Lune par rapport à celle de la terre ; le volume de la terre étant environ $48\frac{1}{2}$ fois plus grand que celui de la Lune, si nous supposons la densité de la terre à celle de la Lune comme d à δ, nous aurons $\frac{\mu}{m} = \frac{\delta}{48,5\,d}$, & ainsi l'élévation entiere des eaux par dessus les plus basses causée par la Lune, sera $= \frac{1.5}{4} \times \frac{\delta}{48,5\,d} \times \frac{b^3}{B^3} \times b$, en entendant par B la distance de la Lune au centre de la terre. Si nous supposons à présent pour cette distance moyenne $B = 60\frac{1}{4}b$, & si nous faisons encore $b = 19695539$, nous aurons par rapport à la Lune l'élévation moyenne des eaux $= 6,96 \times \frac{\delta}{d}$ pieds, ou à peu près de $7 \times \frac{\delta}{d}$ pieds. Si nous voulons supposer les densités δ & d égales entr'elles, nous aurons sept pieds d'élévation, &

l'action solaire sera à l'action lunaire environ comme 2 à 7.
M. *Newton* suppose $\frac{d_l}{d} = \frac{21}{17}$, & cette hypothèse fait l'élévation moyenne lunaire des eaux d'environ 8 ½ pieds, & par conséquent l'action solaire à l'action lunaire environ comme 1 à 4 ½ : il avoit adopté cette proportion, & de-là il détermine $\frac{d_l}{d} = \frac{21}{17}$. M. *Daniel Bernoulli*, induit par d'autres raisons, suppose les actions moyennes du Soleil & de la Lune en raison de 2 à 5, & de-là il s'ensuit que les densités de la Lune & de la terre sont environ comme 5 à 7 : ce rapport des densités rend la masse de la terre environ 70 fois plus grande que celle de la Lune, pendant que M. *Newton* ne l'a fait que 39 fois plus grande. La proportion de M. *Bernoulli* paroît beaucoup mieux répondre aux systêmes astronomiques qui dépendent de cette détermination, que celle de M. *Newton*, & des Géométres du premier ordre ont témoigné la même préférence.

X I X.

Nous voyons au reste que les élévations des eaux qui proviennent de l'action lunaire, sont encore en raison réciproque des cubes des distances de la Lune à la terre, tout comme par rapport au Soleil : cette raison fera varier considérablement les marées à cause de la grande excentricité de l'orbite lunaire, de maniere que la plus petite élévation dans l'apogée de la Lune, sera à la plus grande élévation dans le périgée de cet astre, environ comme 2 à 3, & cette variation répond parfaitement bien aux observations.

X X.

Pour voir maintenant les élévations & les abaissemens successifs des eaux pendant une marée entiere tant solaire que lunaire, il ne faut pas se contenter de connoître la quantité Gg ou l'élévation du point B par dessus le point G; il faut connoître encore quelle est la hauteur du point B par dessus un point quelconque O.

Fig. 1.

Fig. 2. Soit donc l'ellipse $GOBHD$ dans la seconde figure, la même que dans la première; qu'on tire du centre C & du rayon CG le quart de cercle Gob, & les deux demi diamétres Cb^*B & CoO; il est facile à démontrer par la nature d'une ellipse presque circulaire, que Bb sera à Oo, comme le quarré du sinus total au quarré du sinus de l'angle GCO; si on appelle donc le sinus total 1 & le sinus de l'angle $GCO = s$, on aura la petite hauteur $Oo = ssG$ & $Bb - Oo = (1 - ss)G$. On remarquera dans l'application, que l'angle OCB mesure la distance depuis le Zenith jusqu'au luminaire en question. Voici donc à présent comment on pourra connoître les haussemens & les abaissemens des eaux, quelle que soit la latitude du lieu & la déclinaison de la Lune ou du Soleil. Je ne parlerai que des marées solaires pour m'énoncer avec plus de précision; mais le tout doit s'entendre de même par rapport aux marées lunaires.

XXI.

Lorsque le Soleil est à l'horizon, l'axe solaire est horizontal, & on se trouve toujours dans l'équateur solaire. C'est donc toujours alors que les eaux sont les plus basses; on se trouve à ce moment au point G, & comme cela est général, il est bon de partir de ce point. Ensuite les eaux s'éleveront à mesure que le Soleil approchera du méridien, & elles seront les plus hautes au moment que le Soleil y passera; si la hauteur méridienne du Soleil est représentée par l'angle GCO, alors la petite Oo marquera la plus grande élévation des eaux, & elle sera égale à ssG en entendant par s le sinus de la hauteur méridienne du Soleil : après cela les eaux commenceront à baisser jusqu'à ce que le Soleil se couche; cette marée est appellée *marée de dessus*. Après le coucher du Soleil les eaux recommenceront à s'élever, parce qu'on s'approche de l'autre pole folaire, & cette élévation durera jufqu'au paffage inférieur du Soleil par le méridien, & fi on appelle σ le finus de l'arc du méridien compris entre le Soleil & l'horizon, la plus grande élévation des eaux fera $= \sigma \sigma C$; enfin les eaux recommenceront à baiffer jufqu'au moment du lever du Soleil : ces fecondes marées font appellées *marées de deffous*. Voici à préfent quelques propriétés des marées folaires, mais qui fouffrent de grandes altérations par des caufes étrangéres.

Ce n'eft que fous la ligne que les marées de deffus & les marées de deffous font égales entr'elles ; dans tous les autres paralléles ces deux efpéces de marées différent tant en hauteur qu'en durée, à moins que la déclinaifon du Soleil foit nulle.

Vers les équinoxes les marées folaires de deffus & de deffous font égales, mais elles font d'autant plus petites, que la latitude du lieu eft plus grande, & cela en raifon quarrée des finus des latitudes.

Près des poles il peut arriver qu'il n'y ait qu'une feule marée dans le temps de 24 heures, & cela arriveroit dans les climats où le Soleil ne fe couche & ne fe leve pas. Dans ces cas la haute mer & la baffe répondent aux paffages du Soleil par le méridien ; mais ces fortes de marées feront comme infenfibles à caufe des grandes latitudes.

XXII.

Tout ce que nous venons de dire fur les marées folaires eft également vrai pour les marées lunaires, pourvu qu'on faffe les changemens qui conviennent aux termes. De là on voit qu'on peut toujours exprimer pour chaque môment l'élévation des plus hautes eaux par deffus les plus baffes. Soit l'élévation totale des eaux repréfentée par la petite ligne Bb pour le Soleil $= S$, & pour la Lune $= L$; foit le finus de la hauteur verticale du Soleil $= s$ & celui de la Lune $= t$, on aura toujours dans ce moment là l'élévation entiere des eaux provenante de l'action réunie des deux luminaires $= ssS + ttL$: par cette feule expreſſion on réduit toutes les queſtions qu'on peut former fur les marées aux calculs aſtronomiques : mais on remarquera que ladite élévation $ssS + ttL$ doit fe rapporter à la furface fphérique Gob telle qu'elle feroit dans les fizigies fans les autres circonſtances. Cette hauteur changera continuellement jufqu'à ce qu'elle devienne la plus grande, & alors c'eſt la haute mer, après quoi elle diminuera pendant environ fix heures, & puis on aura la baſſe mer ; la différence entre les deux hauteurs donnera ce qu'on appelle *hauteur de marée*. Ainfi on voit que la hauteur de marée dépend d'un grand nombre de circonſtances, fçavoir de la déclinaiſon de chaque luminaire, de l'âge de la Lune, de la latitude du lieu, & enfin des diſtances des deux luminaires au centre de la terre, & fi on vouloit examiner notre queſtion au long fuivant toutes ces circonſtances, on s'ouvriroit un vaſte champ de Problême : mais comme cela nous meneroit bien loin au delà de notre deſſein, nous ne nous arrêterons plus qu'aux principales.

XXIII.

Suppofons d'abord l'orbite de la Lune & celle du Soleil parfaitement dans le plan de l'équateur ; confidérons de plus ces orbites comme parfaitement circulaires, & prenons un point fous la ligne, alors on pourra fuppofer $s = 1$ & $t = 1$; cela arriveroit à midi dans les fizigies, & l'élévation entiere des eaux feroit exprimée par $S + L$, mais fix heures après on aura à peu près $s = o$ & $t = o$, & les eaux n'auront plus aucune élévation ; ainfi la hauteur de marée fera exprimée dans les fizigies par $S + L$: mais dans les quadratures on aura au moment du paſſage de la Lune par le méridien $t = 1$ & $s = o$, & l'élévation des eaux fera $= L$; enfuite fix heures après on aura $s = 1$ & t à peu près $= o$, & l'élévation des eaux $= S$, & la hauteur de marée fera $= L - S$. Donc les hauteurs de marée dans les fizigies & dans les quadratures, feront comme $L + S$ à $L - S$.

M. *Newton* s'est servi de cette proportion pour en déduire le rapport de L à S, qu'il trouve à peu près comme $4\frac{1}{2}$ à 1.

Il est de si grande conséquence de déterminer ce rapport, non seulement pour la perfection de la théorie des marées, mais encore pour plusieurs autres matieres, que je n'hésiterai pas d'exposer le sentiment de M. *Bernoulli* sur ce sujet. Il est à remarquer qu'il y a un grand nombre de causes secondes qui mettent une différence considérable entre la réalité & les résultats de la théorie pure, plus ou moins suivant la nature de la matiere dont il s'agit. Dans nos ports & dans ceux de l'Angleterre, les marées ne sont pas causées immédiatement par l'action des deux luminaires ; ce sont plutôt des suites des marées du grand Océan, tout comme les marées de la mer Adriatique sont des suites des petites marées de la mer Méditerranée; les marées primitives peuvent différer en tout très-sensiblement des marées secondaires : aussi le rapport entre les grandes marées & les marées batardes, est-il très-différent dans chaque port ; il n'y a donc rien à établir sur ces sortes d'observations faites dans les ports de nos climats. Il faudroit plutôt avoir de pareilles observations faites sur les bords d'une petite isle située près de la ligne dans une mer profonde, & ouverte de tout côté jusqu'à une très-grande étendue. Il y a toutes les apparences qu'on y remarqueroit une autre proportion entre les grandes marées & les marées batardes, que celle de 9 à 5 observée par *Sturm*, au dessous de Bristol, qui fait $\frac{L}{S} = \frac{7}{2}$, & qui réduite à l'état moyen des circonstances variables donne suivant le calcul de M. *Newton* $\frac{L}{S} = \frac{9}{2}$ ou plutôt $= 4,4815$.

Il faut remarquer ensuite que les marées ne sauroient entierement se conformer à l'état de l'équilibre; cela supposeroit que toute la mer pût prendre à chaque moment sa figure d'équilibre sans aucun mouvement sensible, & il faudroit pour cela que le mouvement diurne de la terre se fit beaucoup plus lentement qu'il ne se fait. Au contraire si la rotation de la terre se faisoit avec une rapidité extrêmement grande, il ne pourroit y avoir aucune marée sensible : cela fait déja voir que la différence des marées sera plus petite dans la réalité qu'elle ne devroit être suivant le calcul fondé sur l'équilibre : c'est par cette raison que les marées de dessus ne different pas à beaucoup près des marées de dessous qui les suivent autant que l'indique le calcul précédent, tout mouvement tâchant à se conserver tel qu'il est par sa nature. Il est donc entierement sûr que les marées batardes sont plus grandes, & les grandes marées plus petites qu'elles ne seroient suivant le simple équilibre : il sera donc nécessaire de supposer les grandes marées moyennes aux marées batardes moyennes suivant la loi de l'équilibre en plus grande raison que de 9 à 5, & si on les supposoit comme 7 à 3, on en tireroit le rapport de $\frac{L}{S} = \frac{5}{2}$.

C'est-là le rapport auquel M. *Daniel Bernoulli* s'est déterminé, après avoir rassemblé sous ce même point de vûe toutes les variations des marées. La pénétration & la circonspection de ce Physicien Géométre, méritent sans doute qu'on adopte ce rapport moyen jusqu'à ce que d'autres observations répandent de nouvelles lumieres sur cette question, & cela d'autant plus qu'il satisfait mieux aux autres théories qui dépendent de la détermination de la masse de la Lune, & que M. *Bernoulli* fonde sa correction sur des variations qui ne sauroient souffrir aucune altération sensible par les susdites causes secondes que nous dirons bientôt.

XXIV.

Reprenons ici notre formule $ssS + ttL$, qui marque l'élévation des eaux pour chaque moment, afin d'en déduire les hauteurs & les heures des marées pendant le cours de toute une lunaison pour les suppositions qu'on a faites au commencement du précédent Article. Dans les hautes & les basses mers

cette

DE LA PHILOSOPHIE NATURELLE.

cette quantité $ssS + ttL$ fait un *maximum* ou un *minimum*.

Soit $AFGEM$ l'équateur que nous supposons pour faciliter nos calculs dans le plan de l'écliptique & de l'orbite lunaire ; AE le diamètre horizontal ; G le zenith : supposons le Soleil en F & la Lune en H, & un moment après en f & h, nous aurons $FB = s$; $fb = s + ds$; $HD = t$; $hd = t - dt$; or, $ds = \overline{\sqrt{1 - ss}} \times Ff$ & $-dt = \overline{\sqrt{1 - tt}} \times Hh =$ à peu près, à cause du mouvement de la Lune, à $\frac{29}{30} \times \overline{\sqrt{1 - tt}} \times Ff$, & comme la quantité $ssS + ttL$ doit faire un *maximum* ou un *minimum*, nous aurons $Ssds + Ltdt = 0$; si nous substituons donc pour ds & pour dt leurs valeurs $\overline{\sqrt{1 - ss}} \times Ff$ & $-\frac{29}{30} \times \overline{\sqrt{1 - tt}} \times Ff$, nous aurons alors $Ss\overline{\sqrt{1 - ss}} \times Ff = \frac{29}{30} \times L \times t\overline{\sqrt{1 - tt}} \times Ff$, ou enfin $\frac{s\overline{\sqrt{1 - ss}}}{t\overline{\sqrt{1 - tt}}} = \frac{29L}{30S}$.

Fig. 3.

C'est de cette équation qu'on peut tirer les principales propriétés des marées lunaires & solaires, mêlées & confondues.

XXV.

Nous voyons qu'au moment des hautes & des basses mers les quantités $s\overline{\sqrt{1 - ss}}$ & $t\overline{\sqrt{1 - tt}}$ ont toujours le même rapport, qui est celui de $29\, L$ à $30\, S$, ou à peu près de 5 à 2 : or la quantité $s\overline{\sqrt{1 - ss}}$ n'est jamais plus grande que $\frac{1}{2}$, ainsi la quantité $t\overline{\sqrt{1 - tt}}$ ne peut jamais surpasser $\frac{1}{5}$, ou plutôt $\frac{30}{29} \times \frac{1}{5}$ ou $\frac{6}{29}$; il faut donc que l'un des facteurs t ou $\overline{\sqrt{1 - tt}}$ soit toujours assez petit, ce qui marque que la Lune est toujours ou près du méridien ou près de l'horizon dans ces momens. Dans les sizigies & dans les quadratures la haute mer se fait précisément, quand

Tome II.

la Lune paſſe par le méridien & la baſſe mer, quand la Lune eſt à l'horizon : mais hors des ſizigies & des quadratures ce n'eſt pas la même choſe. Soit, par exemple, $s = \sqrt{\frac{1}{2}}$, il faudra faire $t\sqrt{1-tt} = \frac{6}{29}$, & cette équation fait l'arc GH à peu près de 12^d ou 48 minutes lunaires, ou environ 50 minutes ordinaires après le paſſage de la Lune par le méridien, & cela arrivera lorſque la Lune eſt à 57^d du Soleil, ou à la neuviéme marée avant la plus haute, puiſque la plus haute marée ne ſe fait que trois ou quatre marées après les ſizigies, ce qui peut prévenir de différentes cauſes. Ce ſont là les marées qui retardent le plus ſur le mouvement de la Lune. Si nous avions ſuppoſé le rapport de L à S plus grand que de 5 à 2, nous aurions trouvé en même raiſon l'arc GH plus petit ; dans l'hypothéſe de M. Newton il ne ſeroit que d'environ 7^d, & la haute mer ne retarderoit jamais au-delà de 27 minutes ſur le mouvement de la Lune, ce qui eſt contraire aux obſervations. On voit donc qu'on peut déduire le rapport de L à S, du plus grand retardement de la pleine mer ſur le paſſage de la Lune par le méridien ; mais il faudra employer en même temps toutes les corrections : on remarquera auſſi que par des cauſes particulieres la pleine mer dans les ſizigies ne ſe fait pas à midi, mais quelque temps après ſuivant la poſition du lieu ; ce temps doit être ajoûté au temps des obſervations ; par exemple à *Breſt* on a la pleine mer dans les ſizigies à $3^h 15'$, il faudroit donc, ſuivant l'hypothéſe de M. *Bernoulli*, que la marée la plus tardive ſe fit $50'$ ordinaires après le paſſage de la Lune par le méridien, outre les $3^h 15'$ du port de *Breſt*, c'eſt-à-dire, $4^h 5'$ après le paſſage par le méridien ; cela ſuppoſe que la Lune eſt dans ſa moyenne diſtance de la terre, car ſi elle étoit dans ſon périgée, la quantité L en deviendroit plus grande, & le retard plus petit.

XXVI.

Un autre phénoméne remarquable qui répond parfaitement à l'hypothèfe de M. *Bernoulli*, & qui peut donner un grand poids à toute cette théorie, eft une certaine inégalité entre les intervalles de deux marées de deffus qui fe fuivent immédiatement : cet intervalle moyen eft de 24^h lunaires, ou d'environ 24^h 50$'$ folaires ; mais on a remarqué que dans les fizigies cet intervalle obfervé un grand nombre de fois n'eft que de 24^h 35$'$, & dans les quadratures de 25^h 25$'$. Pour expliquer & pour calculer ce phénoméne, fuppofons que dans un certain jour la Lune & le Soleil répondent au point G, & qu'au même moment il y ait pleine mer audit point G ; on voit bien que le lendemain il y aura pleine mer quand la Lune fera en H & le Soleil en F, & que l'intervalle entre les deux pleines mers fera exprimé en heures folaires par la circonférence du cercle augmentée de l'arc GF : or tout l'arc HF qui marque la diftance de la Lune au Soleil, eft à peu près de 12^d 30^m, faifons donc comme ci-deffus le finus de l'arc $GF = \sqrt{1-ss}$, le finus de l'arc $HG = \sqrt{1-tt}$, & il faudra d'abord fatisfaire à la condition que ces deux petits arcs pris enfemble faffent un arc de 12^d 30^m. Ici nous pourrons pour faciliter les calculs fans erreur fenfible, prendre les finus de ces petits arcs pour les arcs mêmes, & fuppofer $\sqrt{1-ss} + \sqrt{1-tt} = Sin.$ 12^d 30^m $= 0,21643$, & par conféquent $\sqrt{1-tt} = 0,21643 - \sqrt{1-ss}$; nous pourrons auffi par la même raifon fuppofer $s = 1$ & $t = 1$: après ces fubftitutions notre équation du § 24. $\frac{s\sqrt{1-ss}}{t\sqrt{1-tt}} = \frac{29}{30} \times \frac{L}{S}$ fe change en celle-ci $\frac{\sqrt{1-ss}}{0,21643 - \sqrt{1-ss}} = \frac{29}{30} \times \frac{L}{S}$: mettons encore $\frac{5}{2}$ pour $\frac{L}{S}$ & nous aurons

$$\frac{\sqrt{1-ss}}{0,21643 - \sqrt{1-ss}} = \frac{29}{12},$$ qui donne $\sqrt{1-ss}$ ou le sinus de l'arc cherché $GF = \frac{29}{41} \times 0,21643 = 0,15308$, qui donne à $8^d\ 48'$, ou bien à $35\frac{1}{3}$ minutes horaires, ce qui répond avec une harmonie remarquable aux observations. Examinons à présent de même quel est l'intervalle de deux marées de dessus qui se suivent immédiatement dans les quadratures. Supposons donc que dans un certain jour la Lune réponde au point G & le Soleil au point A, & que l'angle ACG soit de 90^d, la pleine mer sera dans ce moment précisément au point G; mais afin qu'il y ait au même point G pleine mer le lendemain, il faut que la Lune se trouve en F & le Soleil en H, de sorte que l'arc AH marquera le temps qu'il faut ajouter aux 24^h, pour avoir le temps écoulé entre les deux pleines mers. Je traiterai encore les arcs AH & GF d'assez petits pour qu'ils puissent être censés égaux à leurs sinus : supposons l'arc AH ou son sinus $= s$; l'arc GF ou son sinus $= \sqrt{1-tt}$, & l'arc HGF de 77 degrés & demi, & nous aurons $AH - GF = 12$ degrés 30 minutes, c'est-à-dire, $s - \sqrt{1-tt} = 0,21643$, ce qui donne $\sqrt{1-tt} = s - 0,21643$, pendant qu'on peut censer $\sqrt{1-ss} = 1$ & $t = 1$, & par conséquent $\frac{s\sqrt{1-ss}}{t\sqrt{1-tt}} = \frac{s}{\sqrt{1-tt}} = \frac{s}{s - 0,21643} = \frac{29}{12}$, ce qui donne $s = 0,36920$, qui répond à $21^d\ 40^m$, ou à 1 heure $26\frac{2}{3}$ minutes de temps, de sorte que le temps total est de 25 heures $26\frac{2}{3}$ minutes, pendant que les observations l'ont fixé à 25 heures 25 minutes.

Fig. 5.

XXVII.

Cette harmonie entre les observations, la théorie, les calculs & l'hypothèse de M. *Bernoulli* au sujet du rapport de l'action moyenne lunaire à l'action solaire, ne nous permet plus de douter ni des unes ni des autres; si nous adoptons donc pour ledit rapport celui de 5 à 1, il s'enfuit que la masse de la terre est à celle de la Lune comme 70 à 1. M. *Bernoulli* allégue aussi la raison pourquoi les observations sur les durées des marées & sur leurs intervalles, répondent mieux aux calculs que celle qu'on fait sur les hauteurs inégales des pleines mers ; c'est que ces hauteurs ont beaucoup d'influence les unes sur les autres, pendant que la durée d'une marée ne dépend point, ou seulement très-peu, de celle de la marée précédente.

XXVIII.

Nous voyons donc que le passage de la Lune par le méridien suivra la haute marée depuis les sizigies jusqu'aux quadratures, & qu'il la précédera depuis les quadratures jusqu'aux sizigies; que la plus grande anticipation, ou le plus grand retardement, sera d'environ 50 minutes solaires de temps ; que dans le temps de la plus grande anticipation, ou du plus grand retardement, la distance entre la Lune & le Soleil doit être d'environ 57^d, & qu'ainsi la pleine mer avancera sur le passage de la Lune par le méridien de plus en plus pendant environ neuf marées, à compter depuis celle des sizigies, (ou plutôt depuis la plus haute marée) & que cette plus grande anticipation sera réparée dans les cinq marées suivantes ; c'est-là la raison pourquoi les marées batardes paroissent plus irrégulieres, & il est facile de voir que la moindre cause accidentelle, ou cause seconde, peut empêcher ces marées batardes de se composer entierement suivant les régles d'équilibre.

XXIX.

Voilà l'explication des principaux phénoménes des marées, & tous les principes nécessaires, pour comprendre celle de tous les autres qui sont en grand nombre, du moins autant que l'irrégularité des terres & de l'Océan peuvent le permettre. Il n'est pas difficile de voir ce que les différentes déclinaisons des deux luminaires & la latitude des lieux, peuvent contribuer à la formation des marées : cet examen ne demande que la solution de quelques problêmes d'Aſtronomie & de Trigonométrie ; mais il convient ſur tout d'examiner par quel mouvement les eaux de la mer tendent à ſe compoſer à l'équilibre, qu'elles ne trouvent jamais. Si on ne vouloit conſidérer que les ſeules marées lunaires, ſans faire attention aux cauſes ſecondes non plus qu'à la déclinaiſon de la Lune, il faudroit conſidérer quatre points à 45^d au-deſſus & au-deſſous de l'horizon : dans ces quatre points il n'y auroit aucun mouvement horizontal, & les eaux n'y feroient que monter verticalement ou deſcendre ; les eaux couleroient vers chacun de ces quatre points d'un côté par un mouvement oriental, & de l'autre par un mouvement occidental, & les plus grandes vîteſſes de ces mouvemens ſeroient ſous le méridien où ſe trouve la Lune, & à 90^d de ces deux points. Ces quatre points de repos montrent aſſez que les marées n'ont abſolument rien de commun avec le courant général & permanent d'Eſt, & que ce courant, non plus que le vent général d'Eſt, ne ſauroit être produit par l'action de l'un ou de l'autre luminaire ſur la mer, ou ſur l'atmoſphére.

F I N.

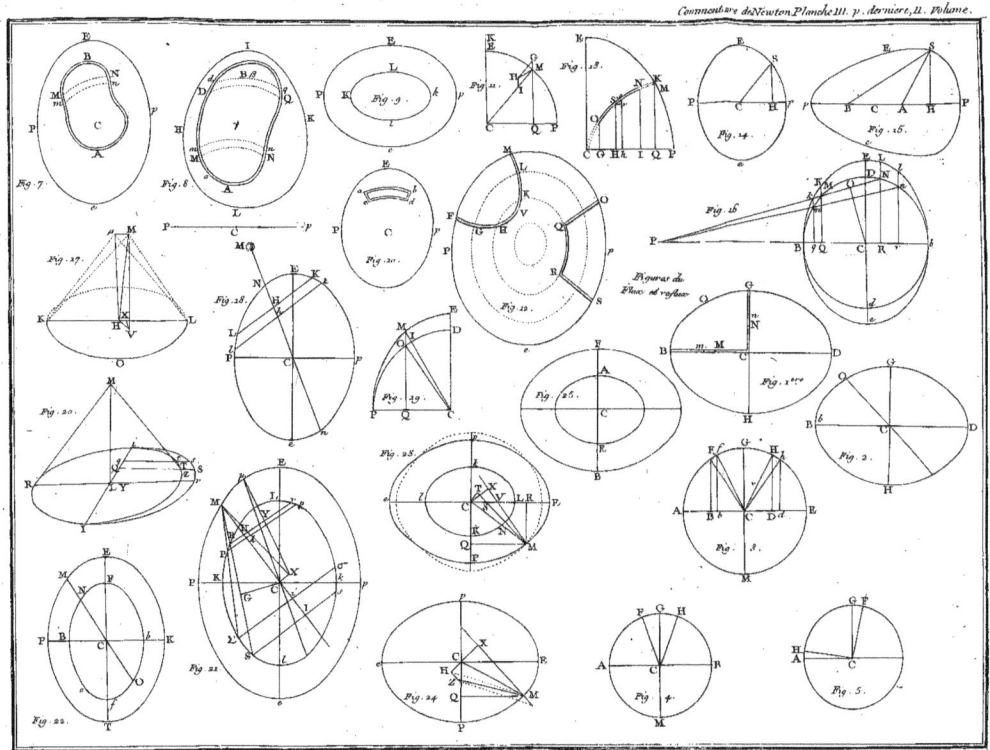

Commentaire de Newton. Planche III. p. derniere, II. Volume.

TABLE
DES MATIERES
Du Commentaire des Principes Mathématiques de la Philosophie Naturelle.

EXPOSITION ABREGÉE
DU SYSTÊME DU MONDE.

INTRODUCTION contenant une histoire abrégée du développement du vrai Systême de l'Univers. Pag. 1

Chap. I. Principaux phénoménes du Systême du Monde. 10

Chap. II. Comment la théorie de M. Nevvton explique les phénoménes des planetes principales. 32

Chap. III. De la détermination de la figure de la terre selon les principes de M. Nevvton. 56

Chap. IV. Comment M. Nevvton explique la précession des équinoxes. 67

Chap. V. Du flux & du reflux de la mer. 75

Chap. VI. Comment M. Nevvton explique les phénoménes des planetes secondaires, & principalement ceux du mouvement de la Lune. 95

Des cometes. 111

SOLUTION ANALYTIQUE
Des principaux problémes qui concernent le Systéme du Monde.

SECTION PREMIERE.
Des trajectoires dans toute sorte d'hypothèse de pesanteur.

I. Prop. I. Théoréme I. Les corps attirés vers un point parcourent des aires égales en temps égaux. 117

Cette Prop. démontre la Prop. I. du premier Livre des Principes, & c'est ce qu'on appelle la premiere regle de Kepler.

TABLE DES MATIERES.

II. *Prop. II, Théoréme II.* Les vîtesses aux différens points de la même courbe font en raison inverse des perp. 118

III. *Prop. III. Théoréme III.* Les forces aux différens points des courbes font comme les fléches lorsque les secteurs font égaux, & comme les fléches divisées par les quarrés des secteurs lorqu'ils font inégaux, en supposant que les intensités soient les mêmes. 117

IV. *Scholie.* Lorsque les intensités font différentes, les forces font comme les fléches divisées par les quarrés des temps. 119

V. *Prop. IV. Probléme I.* Trouver l'expression générale des fléches dans la même courbe. 120

VI. *Cor. I.* Maniere plus abrégée de trouver l'expression des fléches. *ibid.*

VII. *Cor. II.* Autre expression plus abrégée des fléches dans la même courbe. *ibid.*

VIII. *Cor. III.* Expression des fléches dans deux courbes différentes, ou lorsque les intensités ne font pas les mêmes. *ibid.*

IX. *Prop. V. Probléme II* Trouver l'expression de la force centripéte dans l'ellipse en prenant un foyer pour pole, elle est en raison inverse du quarré de la distance. *ibid.*

Note. Trouver l'équation polaire de l'ellipse en prenant un foyer pour pole. 121

X. *Prop. VI. Théoréme IV.* Les vîtesses aux moyennes distances font dans les ellipses en raison renversée des moyennes distances, lorsque les intensités des forces font les mêmes. 122

XI. *Prop. VII. Théoréme V.* Les temps périodiques dans deux courbes différentes font comme les racines quarrées des cubes des moyennes distances lorsque les intensités des forces font les mêmes. 123

XII. *Prop. VIII. Probléme III.* Lorsque les intensités des forces font différentes, les vitesses font comme les racines des masses divisées par les racines des distances. 124

XIII. *Prop. IX. Probléme IV.* Lorsque les intensités font différentes, les temps périodiques font comme les racines quarrées des cubes des moyennes distances divisées par les racines des masses. 125

XIV. *Cor.* Les moyennes distances font entr'elles comme les racines cubes des quarrés des temps périodiques multipliées par les racines cubes des masses. *ibid.*

XV. *Prop. X. Probléme V.* Trouver l'expression de la force centripéte dans l'hiperbole en prenant un foyer pour pole, elle est en raison inverse du quarré de la distance. 126

Note. Trouver l'équation polaire de l'hiperbole en prenant un foyer pour pole. *ibid.*

XVI. *Prop. XI. Probléme VI.* Trouver l'expression de la force centripéte dans la parabole en prenant le foyer pour pole, elle est en raison inverse du quarré de la distance. *ibid.*

Note de la Prop. XI. Trouver l'équation polaire de la parabole. 127

XVII. *Prop. XII. Probléme VII.* Trouver la trajectoire décrite par un corps qui seroit animé par une force qui agit comme une fonction quelconque de la distance au centre, en supposant la vitesse & la direction données. *ibid.*

XVIII. *Cor. I.* Trouver l'expression du temps employé à parcourir un arc fini quelconque de cette trajectoire. 128

XIX. *Cor. II.* Déterminer la quantité constante ajoûtée dans l'intégration de la formule générale des trajectoires. 129

XX. *Prop. XIII. Probléme VIII.* Trouver directement les trajectoires qui peuvent être décrites, en supposant que la force agisse en raison inverse du quarré des distances. *ibid.*

Note de cette Prop. Déterminer la vitesse qu'un corps acquiert en tombant d'une hauteur donnée, étant poussé par une force constante. 130

XXI. *Prop. XIV. Théoréme VI.* Maniere de réduire l'équation de la Proposition précédente aux équations des sections coniques. 131

XXII. *Scholie.* On voit par cette Prop. que lorsque la force tend au foyer & qu'elle agit en raison inverse du quarré des distances, la trajectoire ne peut être qu'une section conique. 133

XXIII. *Prop. XV. Probléme IX.* Trouver la courbe décrite lorsque la force agit en raison de la simple distance. 134

Note de la Prop. XV. Trouver l'équation polaire de l'ellipse en prenant le centre pour pole. 135

XXIV.

XXIV. *Prop. XVI. Théoréme VII.* Maniere de réduire l'équation de la Proposition précédente à celle de l'ellipse, ou maniere d'exprimer la force centripéte dans l'ellipse en prenant le centre de la courbe pour le centre des forces. 135

Note de la Prop. XVI. Trouver l'équation polaire de l'hiperbole en prenant le centre pour pole. 136

XXV. *Scholie.* Quand la force centripéte se change en centrifuge, la courbe devient une hiperbole lorsque la force tend au centre de la figure, & que la force est en raison de la simple distance. *ibid.*

XXVI. *Prop. XVII. Théoréme VIII.* Dans toutes les ellipses les tems périodiques sont égaux lorsque la force tend au centre, & que les intensités des forces sont les mêmes. 137

XXVII. *Prop. XVIII. Probléme X.* Trouver la trajectoire que le corps doit décrire en supposant que la force centripéte décroît en raison du cube de la distance. 139

XXVIII. *Prop. XIX. Théoréme IX.* Réduction de l'équation de la Proposition précédente à celle de la spirale logarithmique. 140

XXIX. *Prop. XX. Théoréme X.* Réduction de l'équation de la Prop. XVIII. aux cas où la direction est perpendiculaire au rayon de la courbe. 141

Ce cas se divise en deux, le premier se construit par le cercle, & le second par l'hiperbole.

XXX. *Cor.* Cette Prop. démontre la quarante-uniéme du premier Livre des Principes. 143

XXXI. *Scholie.* Si la force centripéte devient centrifuge, le corps s'éloignera toujours de plus en plus du centre, & décrira par conséquent une trajectoire qui ne rentrera pas en elle-même *ibid.*

XXXII. *Prop. XXI. Probléme XI.* Trouver la trajectoire que le corps décrira en supposant que la force centripéte agisse en raison renversée du quarré de la distance au centre plus en raison inverse du cube des distances. 144

XXXIII. *Scholie.* L'équation de cette Proposition se construit en supposant dans la courbe décrite un mouvement d'apsides, cette Proposition démontre la Prop. XLV. du premier Livre de M. Newton 145

XXXIV. *Prop. XXII. Probléme XII.* On demande les trajectoires dans toutes sortes d'hipotheses de pesanteur, en ajoutant à la loi quelconque qu'on a choisie une force inversement proportionnelle au cube des distances. 147

XXXV. *Scholie.* On y remarque que la Prop. précédente contient la démonstration de quelques Prop. de M. Newton sur le mouvement des apsides. *ibid.*

XXXVI. *Prop. XXIII. Prob. XIII.* Trouver le temps & la vîtesse d'un corps qui tombe en ligne droite d'un point quelconque vers un centre qui l'attire par une force quelconque, l'équation de cette Proposition se construit par un demi cercle. 149

XXXVII. *Cor. I. de cette Prop.* On fait voir dans ce Cor. ce qui arriveroit au corps dans le cas où la force agiroit en raison renversée du quarré des distances. 150

XXXVIII. *Cor. II.* En quelle proportion sont les temps des chutes rectilignes, & quel temps les planetes employeroient à tomber vers leur centre. 151

XXXIX. *Cor. III.* On cherche la même chose dans le cas où la force agiroit en raison directe de la distance. 153

On tire de-là que cette remarque, de quelque point que le corps parte, il arrivera en temps égal au centre. *ibid.*

XL. *Scholie.* On peut appliquer à cette Prop. tout ce qu'on a démontré sur les orbes elliptiques. 154

Tome II.   Z z

SECTION II.

De l'attraction des Corps en ayant égard à leurs figures.

PREMIERE PARTIE.

De l'attraction des sphéres.

I. *Prop. I. Probléme I.* Trouver l'attraction d'une surface sphérique sur un corpuscule placé sur le prolongement de son axe, en supposant que toutes ses parties attirent comme une puissance quelconque de la distance. 155

II. *Prop. II. Probléme II.* Trouver l'attraction d'une sphére solide sur un corpuscule placé sur le prolongement de son axe. 156

III. *Prop. III. Probléme III.* Trouver l'attraction d'une surface sphérique sur un corpuscule placé sur le prolongement de son axe dans l'hypothése de l'attraction en raison inverse du quarré des distances. 157

IV. *Cor. I.* Quelle est l'attraction d'un orbe & d'une sphére solide dans cette hypothése. *ibid.*

V. *Cor. II.* Dans cette hypothése deux sphéres s'attirent de la même maniere que si leurs masses étoient réunies à leur centre. 158

VI. *Scholie.* Dans cette hypothése les sphéres entieres attirent dans la même raison que leurs parties. *ibid.*

VII. *Prop. IV. Probléme IV.* Trouver l'attraction d'une surface sphérique sur un corpuscule placé sur le prolongement de son axe, en supposant l'attraction en raison de la simple distance. 159

VIII. *Cor. I.* Quelle est l'attraction de l'orbe dans cette hypothése, & celle d'une sphére solide. *ibid.*

IX. *Cor. II.* Dans cette hypothése la sphére totale attire dans la même raison que ses parties. *ibid.*

X. *Cor. III.* Dans cette hypothése de pesanteur les corps de figure quelconque attirent ainsi que les sphéres dans la même raison que leurs parties. 160

XI. *Prop. V. Probléme V.* Trouver l'attraction d'une surface sphérique sur un corpuscule placé sur le prolongement de son axe dans l'hypothése de l'attraction en raison inverse de la quatriéme puissance. *ibid.*

XII. *Cor.* L'attraction d'un orbe & celle d'une sphére solide dans le cas de cette hypothése. 161

XIII. *Prop. VI. Probléme VI.* Trouver l'attraction d'une surface sphérique sur un corpuscule placé dans l'intérieur de cette surface, en supposant que l'attraction se fasse selon une puissance quelconque de la distance. 162

XIV. *Scholie.* De quel côté se fera cette attraction. *ibid.*

XV. *Prop. VII. Probléme VII.* Trouver l'attraction d'une surface sphérique sur un corpuscule placé dans l'intérieur de cette surface dans l'hypothése de l'attraction en raison inverse du quarré de la distance ; dans cette hypothése le corps placé dans l'intérieur de la surface sphérique n'en éprouveroit aucune attraction. *ibid.*

XVI. *Prop. VIII. Probléme VIII.* Trouver l'attraction d'une surface sphérique sur un corpuscule placé dans l'intérieur de cette surface, en supposant que l'attraction agisse en raison directe de la simple distance. *ibid.*

XVII. *Cor.* Détermination de l'attraction d'un orbe quelconque, & de la sphére entiere dans le cas de l'hypothése de la Prop. précédente. *ibid.*

TABLE DES MATIERES.

XVIII. *Prop. IX. Probléme IX.* Trouver l'attraction d'une surface sphérique sur un corpuscule placé dans l'intérieur de cette sphére, en supposant l'attraction en raison inverse de la quatriéme puissance. 164

XIX. *Cor. I.* Quelle est l'attraction d'un orbe quelconque d'une épaisseur finie dans l'hypothése précédente. *ibid.*

XX. *Cor. II.* Quelle est l'attraction qu'éprouveroit un corps adhérent à la surface intérieure de la sphére creuse, & l'on y voit qu'elle seroit infinie dans cette hypothèse. 165

XXI. *Cor. III.* Quelle est l'attraction qu'éprouveroit dans cette hypothèse un corpuscule placé dans l'intérieur d'une sphére solide. *ibid.*

SECONDE PARTIE.

De l'attraction des Corps de figure quelconque.

XXII. *Prop. X. Probléme X.* Trouver l'attraction d'un cercle sur un corpuscule qui répond perpendiculairement à son centre, en supposant que toutes ses parties attirent comme une puissance quelconque de la distance. 168

XXIII. *Cor.* Détermination de l'attraction d'un cercle sur un corpuscule qui répond perpendiculairement à son centre, en supposant l'attraction en raison inverse de la simple distance. 169

XXIV. *Prop. XI. Probléme XI.* Trouver l'attraction d'un solide produit par la révolution d'une courbe quelconque autour de son axe sur un corpuscule placé sur cet axe. 170

XXV. *Cor.* Détermination de l'attraction d'un solide quelconque dans les mêmes circonstances, en supposant que l'attraction agisse en raison inverse de la simple distance. 172

XXVI. *Prop. XII. Probléme XII.* Trouver l'attraction qu'un cylindre exerce sur un corpuscule placé sur son axe de révolution. *ibid.*

XXVII. *Prop. XIII. Probléme XIII.* Trouver l'attraction d'un cylindre dans les mêmes circonstances, en supposant que l'attraction agisse en raison inverse de la simple distance. 172

XXVIII. *Prop. XIV. Probléme XIV.* Trouver dans les mêmes circonstances l'attraction d'un cylindre, en supposant que l'attraction soit en raison inverse du cube des distances. 173

XXIX. *Prop. XV. Probléme XV.* Trouver dans les mêmes circonstances l'attraction d'un cylindre dans l'hypothése de l'attraction en raison doublée inverse des distances. 174

XXX. *Prop. XVI. Probléme XVI.* On demande l'attraction d'un cylindre sur un corpuscule dans les mêmes circonstances, & en supposant que l'attraction agisse dans une plus grande raison que la raison inverse du cube des distances, cet excès sur la raison inverse du cube des distances étant supposé quelconque. 175

XXXI. *Cor. I.* On suppose dans le Corollaire que cet excès $= 1$, & on trouve qu'alors l'attraction du cylindre est très-grande, en supposant que la distance du corps au cylindre soit très-petite, & qu'elle seroit infiniment grande si la distance du corpuscule au cylindre étoit infiniment petite. Si l'excès étoit plus grand que 1, l'attraction à *fortiori* seroit encore infinie. *ibid.*

XXXII. *Cor. II.* On démontre dans ce Cor. que si le Cylindre étoit infini dans le sens de son axe, son attraction différeroit très-peu de ce qu'elle seroit lorsque ce cylindre seroit fini, mais beaucoup plus grand que la distance AB. 175

XXXIII. *Cor. III.* On démontre dans ce Cor. qu'il en seroit de même si le cylindre étoit encore infini dans sa largeur. 176

XXXIV. XXXV. *Scholie. I. II.* On donne ici la formule de l'attraction pour les cas supposés dans le coroll. précédent; où le Cylindre auroit des dimentions infinies. 176

XXXVI. *Scholie. III.* Quelle sera l'attraction du Cylindre infini sur un corpuscule placé au-dedans de son axe. 177

Z z ij

TABLE DES MATIERES.

TROISIÉME PARTIE.

De l'attraction des sphéroïdes en particulier.

XXXVII. Prop. XVII. Probléme. XVII. Trouver l'attraction d'un sphéroïde sur un corpuscule placé sur son axe de révolution, en supposant l'attraction en raison inverse du quarré des distances. 178

Ce Probléme contient deux cas, que l'on traite séparément dans cette Prop. Le premier (page 179.) lorsque le sphéroïde est allongé, & le second (page 181.) lorsqu'il est applati.

SECTION III.

De l'explication de la réfraction en employant le principe de l'attraction.

Discours préparatoire dans lequel on donne une courte explication de la réfraction, où l'on expose la dispute de Fermat & de Déscartes sur la cause de la réfraction, & dans laquelle on fait voir que l'attraction est cette cause. 184 & suiv.

Problême général dans lequel on trouve l'équation générale de la courbe qu'un corps décrit en passant d'un milieu dans un autre avec une vîtesse & une direction données. 189

On tire de l'équation trouvée dans cette Prop. ce coroll. que le sinus d'incidence est au sinus de réfraction en raison donnée. 191

Scholie. On applique dans ce Scholie le problême & son Cor. à la lumiere, on y apprend à trouver l'équation & la courbe que le rayon décrit en traversant différens milieux, & l'on y fait à la lumiere l'application de la formule trouvée dans le Scholie de la Prop. 16. de la troisiéme Section. 192

SECTION IV.

De la figure de la terre.

PREMIERE PARTIE.

I. Quels principes Messieurs Hughens & Newton avoient employé pour s'assurer de l'équilibre d'une masse fluide. 193

II. Principe substitué par M. Clairaut à ceux de Messieurs Hughens & Newton,

dont il a trouvé que la réunion étoit insuffisante pour s'assurer de l'équilibre d'une masse fluide. 194

III. Ce principe de M. Clairaut renferme celui de M. Newton & celui de M.

TABLE DES MATIERES.

Hughens, & a de plus la généralité qui manque à ceux de ces deux Philosophes. 195

IV. C'est un Problême déterminé que de trouver la forme d'une masse fluide, afin que le principe de M. Clairaut soit observé, la loi de pesanteur étant donnée, comme dans ceux de Messieurs Newton, & Hughens. 196

V. On peut faire abstraction de la force centrifuge en considérant l'équilibre de la masse fluide résultante du principe de M Clairaut; ainsi la rotation des planetes n'empêche pas que ce principe ne leur soit applicable. 197

VI. Pour simplifier la démonstration du principe de M. Clairaut, & pour en rendre l'application aux planetes plus facile, on peut ne considérer que l'équilibre d'un canal placé dans le plan d'un Méridien du sphéroïde qu'on considére. 198

VII. *Premiere hypothèse.* L'équilibre d'une masse fluide suit du principe de M. Clairaut, en supposant que toutes ses parties tendent vers un seul centre. 199

VIII. *Hypothèse II.* Cet équilibre en est encore une suite en supposant que les parties du fluide tendent vers plusieurs centres. 200

IX. *Hypothèse III.* L'équilibre suit encore de ce principe lorsque la gravité est le résultat de l'attraction de toutes les parties d'un corps central de figure quelconque, mais alors le calcul est plus difficile que dans les hypothèses précédentes. 201

X. *Hypothèse IV.* L'équilibre en suit encore lorsque la pesanteur est l'effet de l'attraction de toutes les parties du sphéroïde ou de l'anneau, alors le calcul est infiniment plus difficile. 202

XI. *Hypothèse V.* Lorsque la gravité ne résulte que de l'attraction des parties du fluide même, sans considérer celle du noyau, l'équilibre suit encore du même principe. 203

XII. *Hypothèse VI.* Enfin l'équilibre suit encore du principe de M. Clairaut, lorsque le noyau solide est composé de couches de densités différentes. *ibid.*

XIII. On peut expliquer dans cette hypothèse, comment une planete allongée ou applatie d'une maniere quelconque pourroit être en équilibre. *ibid.*

XIV. Mais ce raisonnement ne suffit pas pour conclure que la terre peut avoir une figure donnée, parce qu'il faudroit encore faire voir que cette hypothèse s'accorde avec les phénomenes que les expériences nous ont découverts. 204

XV. Preuve de l'insuffisance de la réunion des deux principes de Messieurs Hughens & Newton, par exemple, dans une loi de pesanteur dans laquelle la gravité dépendroit de la distance au centre & de quelqu'autre condition, il y auroit un mouvement perpétuel dans la masse fluide, quoique le principe de M. Hughens & celui de M. Newton s'accordassent à donner la même figure au sphéroïde. 205

XVI. En supposant que les couches qui composent une planete soient de densités hétérogènes, il suffit dans ce cas que tous les points de toutes les surfaces qui terminent les différens fluides soient perpendiculaires à la direction de la pesanteur, comme la surface qui termine le fluide extérieur de la planete; ainsi la loi de pesanteur étant donnée, il suffira pour déterminer la figure que doit prendre une masse composée de fluides hétérogènes, de calculer la figure qu'auroit cette même masse en la supposant homogène. 206

XVII. Si on suppose l'attraction de toutes les parties de la masse fluide, on ne peut plus déterminer la forme que doit prendre un sphéroïde composé de fluides hétérogènes, par la même méthode qui donneroit celle d'un sphéroïde composé de fluides homogènes. 208

XVIII. Maniere de s'assurer que la loi de pesanteur qui résulte de l'attraction mutuelle de toutes les parties de la matiere dans un sphéroïde composé de couches hétérogènes, est une de celles dans lesquelles une masse fluide peut prendre une forme constante, quoiqu'on ne connoisse pas cette forme. *ibid.*

XIX. Le raisonnement employé dans l'article XVIII. pour déterminer l'équilibre des planetes hétérogènes, fait voir la fausseté de la supposition qu'ont fait quelques Auteurs pour diminuer le rayon de l'équateur que donnent les loix de l'hydrostatique, sçavoir que les colomnes fluides sont d'autant plus denses, qu'elles sont plus près de l'équateur. 209

XX. Preuve analytique de la généralité du principe employé par M. Clairaut pour

TABLE DES MATIERES.

décider la possibilité de l'équilibre des fluides dans toutes sortes d'hypothèses de pesanteur, cette preuve consiste à faire voir que les différentielles qui expriment la force totale qui sollicite le fluide à s'échapper, soient telles qu'elles ne dépendent d'aucune relation entre les coordonnées de la courbe. 210

XXI. Digression sur ces différentielles que M. Clairaut appelle *complettes*. 211

XXII. Application de cette méthode à l'hypothèse de gravité, dépendante de la raison inverse du quarré de la distance au centre, & de la raison directe du sinus de l'angle que le rayon fait avec l'axe, & cette méthode fait voir que dans cette hypothèse le fluide ne pourroit jamais avoir une forme constante. 212

XXIII. Application de cette même méthode à l'hypothèse de gravité, dépendante de la tendante à deux centres, selon une puissance quelconque des distances à ces deux centres, cette méthode fait voir que dans cette hypothèse l'équilibre des fluides est possible. 213

XXIV. Maniere de trouver la figure d'une planete, lorsqu'on a reconnu que l'équilibre des fluides est possible dans l'hypothèse de gravité qu'on a supposé. 215

XXV. Usage de l'équation générale trouvée dans l'article 24 à la détermination de la figure de la terre. 216

XXVI. Il suit de l'article 25. comparé avec les mesures actuelles, qu'on doit exclure toutes les hypothèses où la force tendroit vers un seul centre, lorsqu'on veut déterminer la figure de la terre. 220

XXVII. Quel usage on va faire dans la seconde partie de cette Section du Problême de l'article 24. *ibid.*

SECONDE PARTIE.

Qui traite de la figure de la Terre.

XXVIII. *Prop. I. Problême I.* Trouver l'attraction qu'exerce un spheroïde elliptique, infiniment peu différent d'une sphere sur un corpuscule placé sur le prolongement de son axe de révolution. 221

XXIX. *Cor.* Expression de l'attraction de ce sphéroïde sur le corpuscule supposé au pôle. 223

XXX. *Prop. II. Lemme I.* L'attraction qu'un cercle, ou une ellipse, ou toute autre courbe exerce sur un corpuscule ne differe de celle qu'il exerce sur un autre placé à même hauteur & à une distance infiniment petite du premier, que d'une quantité infiniment petite du second ordre. 224

XXXI. *Prop. III. Lemme II.* L'attraction exercée par un sphéroïde elliptique infiniment peu différent d'une sphere, dans la direction de son rayon, sera la même que celle qu'exerceroit sur le même corpuscule un autre sphéroïde qui auroit un autre axe de révolution, mais dont la quantité de matiere seroit la même. 226

XXXII. *Prop. IV. Lemme III.* Le rayon d'une ellipse infiniment peu différente du cercle, aura pour valeur $1 + \delta ss$, (δ est l'élipticité de la surface & s est le sinus de l'angle MCP.) Voyez les figures. 227

XXXIII. *Prop. V. Lemme IV.* L'attraction qu'un cercle exerce dans le sens de son axe sur un corpuscule placé perpend. au-dessus d'un point infiniment peu distant de son centre, étant décomposée dans le sens de son axe, a pour expression $c \times H'I \times R$, divisé par $2 MR^3$ (H est le point infiniment peu distant du centre, Y est le centre, RH est la distance de la surface au point H, HY est la distance du point H au centre Y, MR est la distance du corpuscule à l'extrémité de l'axe RHY & c est la circonférence.) 228

XXXIV. *Cor.* Si au lieu d'un cercle on avoit une ellipse ou une autre courbe qui s'éloignât infiniment peu du cercle, l'expression de son attraction, dans le même sens, sur un corpuscule placé de même sera la même sans erreur sensible. 230

XXXV. *Prop. VI. Lemme V.* L'attraction qu'un sphéroïde infiniment peu différent du cercle, exerce sur un corpuscule placé hors de lui dans la direction perp.

TABLE DES MATIERES.

au rayon de la courbe, aura pour expression $2c \times CX \times CN^3$ divisé par $5 CM^5$ (c étant la circonférence, CM la distance du centre du sphéroïde au corpuscule, CN le rayon du sphéroïde, & CX la perp. à ce rayon.) 230

XXXVI. *Prop. VII. Prob. II.* Trouver l'attraction qu'un sphéroïde elliptique, composé d'une infinité de couches de densités & d'ellipticités différentes exerce sur un corpuscule placé en un point quelconque de sa superficie dans la direction de son rayon. 233

XXXVII. *Cor. I.* Attraction de ce sphéroïde dans le cas où l'on le suppose homogène. 234

On donne dans ce Cor. l'attraction du sphéroïde sur le corpuscule, supposé placé à l'équateur & au pole, & la différence de ces deux attractions. 236

XXXVIII. *Cor. II.* Attraction de ce sphéroïde dans le cas où la densité des couches qui le composent augmente uniformément du centre à la surface. 237

XXXIX. *Cor. III.* Attraction de ce sphéroïde dans le cas où l'ellipticité des couches augmente proportionnellement à leur approchement du centre.

On donne dans ce Cor. l'attraction du sphéroïde sur le corpuscule placé successivement au pole & à l'équateur dans cette hypothèse. 238

XL. *Prop. VIII. Prob. III.* Trouver l'attraction exercée par un sphéroïde, composé d'une infinité de couches elliptiques, de densités & d'ellipticités différentes, sur un corpuscule placé à un point quelconque de sa surface, dans la direction perpend. au rayon de la courbe. 240

XLI. *Prop. IX. Prob. IV.* Supposant qu'un sphéroïde tourne dans un tems, tel, que la force centrifuge soit infiniment petite par rapport à son attraction totale, on demande la direction qui résulte des attractions qu'exerce ce sphéroïde sur un corpuscule placé à sa surface, ces attractions étant combinées avec la force centrifuge produite par la rotation du sphéroïde. 241

XLII. *Scholie.* On suppose ce sphéroïde couvert de fluide, & l'on cherche la direction de la pesanteur pour que ce fluide soit en équilibre. 242

XLIII. *Prop. X. Probléme V.* Trouver la figure de la terre supposée homogène. 243

XLIV. *Scholie.* On y fait voir en quoi la méthode, par laquelle M. Newton est arrivé à la même conclusion, est défectueuse. 244

XLV. *Prop. XI. Probléme VI.* Trouver la figure de Jupiter dans la même hypothèse. *ibid.*

XLVI. *Prop. XII. Probléme VII.* Trouver la figure d'une planete qu'on suppose composée de couches elliptiques, dont les ellipticités augmenteroient du centre à la surface proportionnellement à la distance au centre, & dont les densités décroitroient du centre à la circonférence, proportionnellement à la même distance. 246

On fait trois suppositions de la proportion entre la densité au centre & celle à la surface ; la premiere pour le cas où elle est à la surface la moitié de ce qu'elle est au centre ; la seconde pour celui où elle en est le quart ; & la troisiéme où elle est égale, qui est le cas de l'homogénéité, & on donne la figure du sphéroïde dans ces trois suppositions.

XLVII. *Prop. XIII. Probléme VIII.* Trouver la figure d'une planete composée d'une masse fluide qui environne un noyau solide de figure elliptique, dont la densité & l'ellipticité sont données. 247

XLVIII. *Cor. I.* On apprend dans ce Cor. à trouver l'ellipticité ou la densité, ou le rayon du noyau, pour que la planete soit en équilibre, de ces trois quantités quand on en connoît deux, on connoît la troisiéme. 249

XLIX. *Cor. II.* On donne la forme de la planete, en supposant qu'elle fut plus applatie que dans le cas de l'homogénéité, & que le noyau eut la même ellipticité qu'elle. 250

L. *Cor. III.* On donne la forme de la planete en supposant qu'elle fut une calotte d'épaisseur finie, dont le noyau fut absolument vuide. 251

LI. *Cor. IV.* On tire de ce qu'on a dit dans cette Proposition & dans ses Cor. comment une planete pourroit être allongée, sans que l'équilibre du fluide qui la couvre en fût troublé. *ibid.*

LII. *Cor V.* On donne l'ellipticité du noyau, en supposant que le sphéroïde fut plus applati que dans le cas de l'homogénéité, & que la densité fut plus grande que celle du reste du sphéroïde. 252

LIII. *Scholie.* On fait voir dans ce Scholie, que M. Newton s'est trompé en croïant qu'une plus grande densité au centre donneroit un plus grand applatissement. *ibid.*

LIV. *Prop. XIV. Théoréme I.* Si la densité diminue continuellement du centre à la surface, le sphéroïde sera moins applati que lorsqu'on le suppose homogêne, pourvû que les ellipticités ne diminuent pas du centre à la surface, ou que si elles diminuent, ce n. soit pas dans une plus grande raison que celle du quarré des distances. 254

LV. *Prop. XV. Prob. IX.* Un sphéroïde étant composé de couches, de densités & d'ellipticités différentes, & étant supposé tourner en un tems convenable pour l'équilibre, trouver la loi que suit la pesanteur depuis le pole jusqu'à l'équateur. 255

LVI. *Prop. XVI. Théoréme II.* On démontre dans ce théoréme la relation qui est entre l'applatissement de la terre, & le racourcissement du pendule. 256

LVII. *Scholie.* On fait voir dans ce scholie que la diminution de la pesanteur du pôle à l'équateur doit être d'autant moindre, que l'applatissement est plus grand, ce qui est entierement contraire à l'observation, & rend la théorie de l'attraction insuffisante en ce point. 257

M. Newton s'est trompé en cela, car il a conclu des observations qui donnoient le racourcissement du pendule que la terre étoit plus applatie que dans le cas de l'homogénéité, mais il auroit dû conclure tout le contraire ; on fait voir dans le même scholie ce qui a jetté M. Newton dans l'erreur, & quelles espérances il reste de concilier en ce point les expériences & la théorie de l'attraction Newtonienne.

SECTION V.

Des Marées.

I. Introduction à la doctrine des Marées. 260

II. III. Explication & calcul de l'action du soleil sur la terre, pour causer l'élévation des eaux dans deux points diamétralement opposés de la terre, & son abbaissement dans deux autres. 261. 2

IV. Continuation du même sujet. 263

V. Quelle est la cause du mouvement des marées ou de l'alternative du flux & reflux. *ibid.*

VI. Application de la théorie précédente à l'action de la lune, cause principale des marées. 264

VII. Distinction des marées en deux sortes, les unes marées solaires, les autres marées lunaires, De quelle maniere, tantôt elles conspirent ensemble, tantôt elles se contrarient. 265

VIII. Réfléxions sur les difficultés de cette théorie, qui naissent de l'incertitude de la conformation intérieure de la terre. *ibid.*

IX. Réfléxions qui justifient M. Newton sur l'hypothèse qu'il a choisie pour calculer les marées. 266

X. *Lemme I.* Où l'on détermine l'attraction qu'exerce un sphéroïde très-peu applati sur un corpuscule placé à son pole. 268

XI. *Lemme II.* Détermination de l'attraction du même sphéroïde, sur un corps placé à son équateur. *ibid.*

XII. *Lemme III.* Détermination de l'attraction du même sphéroïde sur un corpuscule placé dans son intérieur. *ibid.*

XIII. *Problême général.* Trouver la différence entre le grand demi axe du sphéroïde, formé par le soulévement des eaux, occasionné par le soleil, & l'autre demi axe. *ibid.*

XIV. Autre expression analytique de l'élévation des eaux, qui fait voir qu'elles sont en raison réciproque cubique des distances du soleil à la terre. 270

XV. Troisiéme expression de la même élévation, où l'on fait entrer le rapport des forces du soleil & de la lune. 271

XVI.

TABLE DES SOMMAIRES.

XVI. Evaluation de ces expressions en mesures connues, déduite de la distance de la Lune à la terre, & du rapport de leurs masses. 272

XVII. Réflexions sur les résultats de ces expressions, & leurs rapports avec les phénomènes. 273

XVIII. Détermination de l'élévation des eaux occasionnée par la Lune, rapport des actions & des masses solaires & lunaires suivant M. Bernoulli. 274

XIX. Les élévations des eaux causées par la Lune, sont en raison triplée réciproque des distances de la Lune. 275

XX. Où l'on détermine l'élévation de l'eau dans les différens points de la surface du globe terrestre, suivant la position des luminaires. ibid.

XXI. Examen des marées occasionnées par le Soleil, & de leur mouvement produit par son mouvement diurne. 276

XXII. Application des paragraphes précédens, aux marées produites par l'action du Soleil & de la Lune combinées, formule générale pour calculer les marées. 277

XXIII. Application de la formule précédente au calcul des marées. 278

XXIV. Suite de l'application de la formule générale au détail des marées pendant une lunaison entiere. 280

XXV. XXVI. Continuation du même sujet. 281-283

XXVII. Où l'on confirme par le rapport des observations, & du calcul le sentiment de M. *Bernoulli* sur le rapport des actions lunaire & solaire, & celui des masses de la Lune & de la terre. 284

XXVIII. Examen de quelques phénomènes des marées. 285

XXIX. Conclusion de cette théorie.

ERRATA.

Tome II. Livre III. des Principes.

Page 118, ligne 15, grande, *lisez* grandes.
P. 140, l. 11 & ailleurs, *Montenarus*, lisez *Montanari*.
P. 142, l. 8, *Norberg*, lisez *Nuremberg*.
Ibid. l. 15, *Galletius*, lisez *M. Gallet*.
P. 144, l. 27, *Ophiuleus*, lisez *Ophiucus*.
P. 153, l. 23, éclairé, *lisez* éclairée.
P. 159, ligne derniere & la premiere de la 160, *Dunelmensis*, lisez de *Durham*.

EXPOSITION DES PRINCIPES.

P. 17, note (*l*) sensée, *lisez* tensée.
P. 29, note (*u*) *Henelius*, lisez *Hevelius*; puis dans les lignes suivantes au lieu de *ellipti-toansatum*, *Sphæri-cocuspidatum*, lisez *elliptico-ansatum*, *Spharico cuspidatum*.
P. 79, l. 25, *Sturminus*, lisez *Sturmius*.
P. 88, l. 22, *Colopressus*, lisez *Colepress*.
Ibid. l. 23. *Sturnius*, lisez *Sturmius*.
P. 108, l. 27, le parcoure, *lisez* le parcourt.
P. 137, l. 6, dans la formule radicale, *lisez* sous le second signe radical, au lieu de $(hh-2kh)^2$, lisez $\left(\frac{2kh-hh}{2}\right)^2$.

Et ligne 7, corrigez la même faute dans la valeur de *a*
P. 190, l. 9, aye, *lisez* ait.

APPROBATION.

J'ai lû par l'ordre de Monseigneur le Chancelier, la Traduction des *Principes Mathématiques de la Philosophie naturelle*, avec un Commentaire analytique sur le même Ouvrage, par Madame la Marquise du Chastellet, & je n'y ai rien trouvé qui en pût empêcher l'impression. A Paris, ce 20 Décembre 1745.

Signé, CLAIRAUT.

PRIVILEGE DU ROY.

LOUIS, PAR LA GRACE DE DIEU, ROI DE FRANCE ET DE NAVARRE: A nos Amés & féaux Conseillers les Gens tenans nos Cours de Parlement, Maîtres des Requêtes ordinaires de notre Hôtel, Grand Conseil, Prevôt de Paris, Baillifs, Sénéchaux, leurs Lieutenans Civils, & autres nos Justiciers qu'il appartiendra: SALUT. Notre bien amée Madame la Marquise DU CHASTELLET, Nous a fait exposer qu'elle desireroit faire imprimer & donner au Public un Ouvrage de sa traduction qui a pour titre: *Principes Mathématiques de la Philosophie naturelle*, par M. Newton, s'il Nous plaisoit lui accorder nos Lettres de Privilege pour ce nécessaires; A CES CAUSES, voulant traiter favorablement l'Exposante, Nous lui avons permis & permettons par ces Présentes de faire imprimer ledit Ouvrage en un ou plusieurs volumes, & autant de fois que bon lui semblera, & de le faire vendre & débiter par tout notre Royaume, pendant le tems de *Quinze années* consécutives, à compter du jour de la date des Présentes. Faisons défenses à toutes personnes, de quelque qualité & condition qu'elles soient, d'en introduire d'impression étrangere dans aucun lieu de notre obéissance; comme aussi à tous Libraires & Imprimeurs, d'imprimer, faire imprimer, vendre, faire vendre, débiter, ni contrefaire ledit Ouvrage, ni d'en faire aucun Extrait, sous quelque prétexte que ce soit d'augmentation, correction, changement, ou autres, sans la permission expresse & par écrit de ladite Exposante, ou de ceux qui auront droit d'elle, à peine de confiscation des Exemplaires contrefaits, & de trois mille livres d'amende contre chacun des Contrevenans, dont un tiers à Nous, un tiers à l'Hôtel-Dieu de Paris, & l'autre tiers à ladite Dame Exposante, ou à celui qui aura droit d'elle, & de tous dépens, dommages & intérêts; à la charge que ces Présentes seront enregistrées tout au long sur le Registre de la Communauté des Libraires & Imprimeurs de Paris, dans trois mois de la date d'icelles; que l'impression dudit Ouvrage sera faite dans notre Royaume & non ailleurs, en bon papier & beaux caracteres, conformément à la feuille imprimée, attachée pour modéle sous le Contrescel des Présentes; que l'Impétrant se conformera en tout aux Réglemens de la Librairie, & notamment à celui du 10 Avril 1725. & qu'avant de l'exposer en vente le Manuscrit qui aura servi de copie à l'Imprimeur sera remis dans le même état où l'Approbation y aura été donnée, ès mains de notre très-cher & féal Chevalier le Sieur DAGUESSEAU, Chancelier de France, Commandeur de nos Ordres, & qu'il en sera ensuite remis deux Exemplaires dans notre Bibliothéque publique, un dans celle de notre Château du Louvre, & un dans celle de notredit très-cher & féal Chevalier le Sieur DAGUESSEAU, Chancelier de

France : le tout à peine de nullité des Présentes. Du contenu desquelles vous mandons & enjoignons de faire jouir ladite Dame Exposante, ou ses ayans causes, pleinement & paisiblement, sans souffrir qu'il leur soit fait aucun trouble ou empêchement ; Voulons que la copie des Présentes, qui sera imprimée tout au long au commencement ou à la fin dudit Ouvrage, soit tenue pour duëment signifiée, & qu'aux copies collationnées par l'un de nos amés féaux Conseillers & Secrétaires, foi soit ajoutée comme à l'Original. Commandons au premier notre Huissier ou Sergent sur ce requis de faire pour l'éxécution d'icelles tous Actes requis & nécessaires, sans demander autre permission, & nonobstant clameur de Haro, Chartre Normande & Lettres à ce contraires. Car tel est notre plaisir. DONNE' à Paris, le vingt-uniéme jour du mois de Janvier, l'an de grace mil sept cent quarante-six, & de notre Regne le trente-uniéme. Par le Roi, en son Conseil,

Signé, SAINSON, avec grille & paraphe.

Regiſtré ſur le Regiſtre XI. de la Chambre Royale des Libraires & Imprimeurs de Paris, No. 568. fol. 497. conformément aux anciens Réglemens, confirmés par celui du 28 Février 1723. A Paris, le 7 Mars 1746.

Signé, VINCENT, Syndic.

Je reconnois avoir cedé le préſent Privilege à M. Michel Lambert. A Paris, ce 27 Février 1746.
Signé, BRETEUIL DU CHASTELLET.

Regiſtré ſur le Regiſtre XI. de la Chambre Royale des Libraires & Imprimeurs de Paris, fol. 498. conformément aux anciens Réglemens, & notamment à l'Arrêt du Conseil du 10 Juillet 1745. A Paris, le 7 Mars 1746.

Signé, VINCENT, Syndic.

www.ingramcontent.com/pod-product-compliance
Lightning Source LLC
Chambersburg PA
CBHW050607230426
43670CB00009B/1306